张宗和 著

张以𫘝 张致陶 整理

张宗和日记

（第二卷）

1936—1942

ZHEJIANG UNIVERSITY PRESS

浙江大学出版社

图书在版编目(CIP)数据

张宗和日记.第二卷,1936—1942 / 张宗和著；张
以胝,张致陶整理.—杭州：浙江大学出版社,2019.10
ISBN 978-7-308-19288-0

Ⅰ.①张… Ⅱ.①张… ②张… ③张… Ⅲ.①张宗和
—日记 Ⅳ.①K825.4

中国版本图书馆 CIP 数据核字（2019）第 133810 号

张宗和日记(第二卷)：1936—1942

张宗和　著　张以胝　张致陶　整理

封面题字	郑培凯	
责任编辑	罗人智	
责任校对	闻晓虹	
出版发行	浙江大学出版社	
	（杭州市天目山路 148 号　邮政编码 310007）	
	（网址：http://www.zjupress.com）	
排　　版	杭州林智广告有限公司	
印　　刷	浙江海虹彩色印务有限公司	
开　　本	880mm×1230mm　1/32	
印　　张	16	
字　　数	350 千	
版 印 次	2019 年 10 月第 1 版　2019 年 10 月第 1 次印刷	
书　　号	ISBN 978-7-308-19288-0	
定　　价	76.00 元	

张宗和与孙凤竹

孙凤竹在香港（结婚前）

张宗和与孙凤竹结婚照

张宗和孙凤竹夫妇与刚出生的小以靖

张宗和与小以靖

张宗和与张充和

张宗和与张充和在云南

张宗和在云南宣威师范与同事合影

张寰和、张兆和、孙凤竹、张充和与张宗和在云南

宣威师范师生合影

张宗和、孙凤竹夫妇与同事在云南

张宗和文房用具

出版说明

　　本次出版张宗和日记(第二卷),共整理收入张宗和先生自1936年至1942年记录的日记共六本(张宗和先生亲自编号,第十七本至第二十二本),每本日记的起讫时间,具体见正文中说明,为了读者阅读方便,日记按照年度为序分章排录。

　　为了最大程度地尊重和保持作品的真实性,做到对历史、对作者和对读者负责,在整理和编辑过程中,部分地方为保护个人隐私起见,应家属要求稍作删除(所删除文字以□代替),其他尽可能不作删改。

　　本书的编辑体例如下:

　　(一)尽量保持日记原文的标点符号(如文中有许多段落,作者以省略号代替,予以保留,不另作说明),部分地方在保证原文文意的情况下,会根据阅读习惯稍作修改。

　　(二)原文所用的数字表达方式,尽量保留,不作统一处理。

　　(三)对原文中明显的脱字、衍字、错字等,均以□补正。原文中的异体字、繁体字,除人名外,均改作规范简体字。但是,由于作者的文字表述受时代、方言等影响,文中常出现一些与现今通行规范不合的惯用词(如称呼、地名、译名等专有名词),仍按原文照录,部分会在页下进行注释。

　　(四)由于作者所处的年代还未形成规范的现代汉语,原文中存在诸如"的/地/得"不分、"做/作"使用混乱等情况，只要不致误解，一般原文照录。其他如人称代词"他/她/它"混用的情况，为了阅读方便起见，则按照现代汉语习惯进行修改。

限于水平，日记整理和编辑过程中，尚有疏漏失当之处，敬请专家及读者指正，以便重印或再版时修订。

本书编者

2019 年 7 月

记张宗和先生（代序）

戴明贤 *

　　宗和先生是贵阳师范学院（今贵州师范大学）历史系教授，终身站讲台，其在校园以外的知名度不及他的四个姐姐（"合肥四姐妹"——元和、允和、兆和、充和），其实他在许多方面同样优秀，毫不逊色。

　　我不是宗和先生的学生，我妻龚兴群与宗和先生的大女儿以靖是从小的邻居玩伴，是自小学到初中的同窗好友。两家父亲是老贵大的同事，是通家之好，以靖又是我低班的学友。我就是以这个身份与宗和先生结识的，跟着妻子叫宗和夫妇"张伯伯""张伯母"，与宗和先生建立了一种介乎长辈与忘年友之间的关系。进出宗和先生家的年轻人不少，有三个女儿的同学朋友、校园里的后辈等等，年轻人来访时，宗和先生就坐在他们中间，笑眯眯地听他们胡说八道，偶尔用年轻人青涩的词汇与他们对话。有时他心情不佳或精神不济，就会提议："张以靖，请你们到里面房去说好不好？"宽厚、和蔼、幽默，似乎是合肥张家的家族基因。

　　我是1962年春夏之际第一次拜访宗和先生的，但早几年就已经知道沈从文是他姐夫，他家里有包括沈从文、徐迟、卞之琳在内的许多大

* 　戴明贤，生于1935年，贵州安顺人。1956年毕业于贵阳清华中学。历任《友谊》杂志编辑，贵州人民广播电台新闻部编辑，大方县百纳中学语文教师，贵阳市川剧团编剧，贵阳市文联副主席及作协副主席，《花溪》月刊副主编，贵阳书画院院长。现为贵州省书法家协会名誉主席。

作家的老照片。我最初就是抱着看大作家的照片的想法而去造访的。我在学校图书室已经读过沈从文早先出版的多种小说集，读过徐迟从香港回到重庆看话剧《屈原》后彻夜难眠而写给郭沫若的长信，也读过卞之琳的诗(似懂非懂)，对这些大作家满怀崇拜之忱。但因怯场，虽然妻子一再说张伯伯"好玩得很"，我还是一再犹豫，未敢造访。

那时张家住学校安排给教授住的小平房，每栋房住四家，中间隔断，各自出入。与张家紧邻的是项英杰教授，他的夫人孙毓秀是我的历史老师。于是，有一次我趁拜访孙老师的时机正好同时拜访了张宗和先生。

初访的细节记不清了。闲谈中，宗和先生说起当时风靡全国的长篇小说《红岩》。他对《红岩》评价不是很高，觉得它没有写出社会生活的复杂性。但是这部小说倒是引起了他要写一部反映抗日战争生活的长篇小说的念头，而且已经动笔。他每天凌晨三点左右起床，写到上班，已写出两万余字来了。那时我正是"文学青年"，天天听的是"文以载道"的导向，对《红岩》这样的鸿篇巨制当然佩服之至，但也不满足，觉得它的语言缺乏风格，没有笔调。我读《青春之歌》，也是这个感觉。我喜欢《红旗谱》，内容厚重，语言也不错，不是学生腔或文艺腔。文学是"语言的艺术"，"怎么说"和"说什么"同样甚至更加重要。我喜欢语言风格有个性、有笔调的作家，小说没有笔调，好比只供白饭没有菜，更没有酒。那么，张宗和先生写出来的抗战小说，会是一种什么味道？我当然很感兴趣。

但不久他就因为严重的神经衰弱而不得不搁笔了，并且需要到息烽温泉去疗养。这部未完成的遗稿，后来以珉给我读过，三万来字，自传性很强,人物众多,写得很细致生动。我在张家姐妹续编的家庭刊物《水》中,读过宗和先生中学时代的日记,他把日常生活叙述得非常亲切生动,有着写长篇小说的好笔调。写自传性小说会引起无穷无尽的回忆,思绪会像洪水决堤一样不听控制,他肯定睡不好觉。加之凌晨起来爬格子,年富力强者也难坚持,何况宗和先生早已因历次政治运动的刺激而留下神经衰弱的症候。已写成的部分,叙述主人公在抗日战争初期辗转旅途的种种遭遇和交会的旧雨新知,体现了广阔多彩的社会生活视野。大器未竟,太可惜了!

趁我们闲聊,兴群和以靖从内室捧来一叠老相册。于是我看到了沈从文、徐迟、卞之琳的老照片,看到了张门济济一堂的全家福。宗和先生的三弟定和,我也不陌生。宗和提起定和先生在重庆参加话剧运动,为郭沫若的《棠棣之花》谱过曲,我就哼出来:"在昔有豫让,本是侠义儿。"我还能唱定和先生的另一首歌:"白云飘,青烟绕,绿林的深处是我家!小桥啊!流水呀!梦里的家园路迢迢啊……"这首歌是我小时候听大姐唱,听会的,我这两下子很让宗和先生高兴。以靖则大讲长辈们的逸闻趣事。例如沈先生家里有一次闹贼,他爬起来顺手抄了件家伙冲出去助威,等到贼去人散,才发现手里抄的是一把牙刷……此类家庭典故,层出不穷,多数"幽他一默"类型,业绩成就之类是不谈的。记得宗和先生还说到徐迟年轻时写现代诗,把数学方程式写进诗句里。相册中宗和先生和四姐充和在北平时合影很多,看得出姐弟俩感情特别深厚。我们起身告辞时,兴群开口借《秋灯忆语》,宗和先生说那没有什么看头,兴群说最喜欢看,于是他就叫以靖找出来。其实这正是兴群此次来的主要目的。

《秋灯忆语》是宗和先生悼念亡妻孙凤竹女士(即以靖生母)的回忆录,开笔于 1944 年 11 月,写竟于 1945 年 5 月,在立煌印刷,土色草纸,墨色不匀,字迹模糊,是标准的"抗战版",因印量少,该书到此时已成孤本。我妻子读过多次,一再念叨,定要让我也能读到。我带回家读了,果然感动至极。《秋灯忆语》以质朴蕴藉的笔调,记叙了在那个颠沛流离的战乱时代,一对年轻人相爱偕行、相濡以沫,却天人永隔的凄美故事,真如秋雨青灯,娓娓竟夜,堪与巴金的《寒夜》相比。"文革"期间,以靖生恐这一孤本损失,曾托我秘藏过几年。2000 年,宗和先生的小女儿以泯,由于偶然的机缘与香港胡志伟先生相识通信,胡先生知道这部旧作后,力荐在《香港笔会》上全文连载。这时距宗和先生去世已是二十三年,孙凤竹夫人去世更已五十六年了。

从那次拜访开始,我们就三天两头地去宗和先生家玩上大半天,定要就着矮圆桌吃了晚饭才告辞。两位老人很愿意看到我们,叫我是"喝茶的朋友",宗和先生沏好茶待我;叫兴群是"吃辣椒的朋友",伯母做辣味的菜待她,碰上季节,还给做费工夫的荸荠圆子之类的特色菜。吃饭时,我会陪宗和先生喝一点酒,竹叶青、汾酒、五加皮之类。有一次,他说只有金奖白兰地了,就喝它吧。我没喝过,正好尝尝新鲜,一喝怪怪的,宗和先生也不喜欢喝。

回想起来,这应当是宗和先生心情比较宁静、烦恼比较少的一段日子,因为这段时期正好是两次政治运动的间隙,"大跃进"导致的大饥荒刚结束,元气尚待恢复,稍稍放松了的政治之弦还没有重新拧紧。

有一次兴群打趣张伯伯,说小时候看他与贵大学生一起演《红鸾喜》,那么胖的一个穷书生,还差点饿死,拜堂时还在脖子上骑一条红裤子,把贵大子弟小学的学生们差点笑死。宗和先生认真地说,上台之前节食一周,当天还不吃晚饭,临了站在台上,肚子还是圆鼓鼓的,没有办法。但是在1961年以请从都匀回贵阳来生孩子时拍的一张全家福中,他却瘦成了另一个人,看去老了十多岁。

张家姐妹兄弟酷爱昆曲,相册中有许多演出照片。1963年1月,尚小云来筑演出和讲学收徒,宗和先生以京华故人身份,与他欢晤,又写了好几篇评论文章发表在省报上。内行说话当然精当到位,尚先生看了非常高兴。有一次我们去看宗和先生,伯母说他在礼堂教学生,我们就赶去看热闹,见他正在为省京剧团的张佩箴说《断桥》。前些年偶遇张佩箴,我提及此事。她说自己当年除了到省艺术学校听张先生的艺术史课,还每周去请张先生亲授,演员们都很尊敬张先生,说他是大行家。

现在都知道,合肥张家酷爱昆曲,以传字辈关系极深,宗和先生的大姐和四姐在耄耋之年还粉墨登场。我觉得宗和先生虽然是清华历史系毕业,但他对文艺的兴趣显然更大些,他的相册中的青春好友也尽是些作家、艺术家。

"好景不长",是时代的规律,老百姓概括得更为精辟——"饿肚子了,就安分几天;吃上几天饱饭,又开始折腾"。"饱暖即修",防修就靠经常敲打,反对温饱,这回来的是"四清"运动。当时我正在乡下写公社史,有一次回广播电台参加运动,去看望宗和先生。他又犯神经衰弱了,而且相当重,经常心绪不宁,睡不好觉。这是那个时代特有的政治运动综合症,我这样年纪尚且易患,何论老一代都是"惊弓之鸟"了。初访宗和先生之前,我就听在师院化学系念书的表妹说过,在一次全校师生参加的大会上，一个老师上台批宗和先生的"资产阶级思想"，拿《秋灯忆语》说事，还装着不识文字，说什么"这个'口'字旁加个'勿'，我不知是啥意思"，云云，像个小丑似的，连学生都觉得不成体统，替他害臊。此公读过《秋灯忆语》，必为宗和先生故人，竟不惜污己辱人至此地步。宗和先生对政治运动之恐惧，不难想象。

那次贵阳市之极左和残酷，在全国也名列前茅，载入史册。报纸广播动辄发布"某地区某单位的权力实际已掌握在敌人手中"之类天崩地裂的"盛世危言"，令人民心惊胆颤，省市大干部，一个个被点名扣帽子。一两个月后，广播电台系统的"四清"结束，四十余名职工被分别下放到县里去，下放名义是"储备干部"，还摆酒设宴隆重欢送。为我准备的是大方县。大家心里憋屈，知道可别敬酒不吃吃罚酒，能享受储备待遇已经够宽大的了。我和妻子商量后，决定一起下去，用拜伦的豪情给自己壮行色，"不论头上是怎样的天空，我准备承受任何风暴"。

我们去张家辞行，两老并不诧异，也没有说什么惜别的话。那时候人人都有承受风暴的思想准备。宗和先生带上夫人、女儿，在新新餐厅为我们饯行，又去照相馆拍照留念。我于 1965 年 10 月到大方，任百纳中学教师，兴群在小学代课。刚教了一个学期，"文化大革命"又开场了，我们暑假回到贵阳，听说电台留下来的老同事一半成了反革命，另一半成了造反派，两边反目成仇，势不两立。我们被放逐在先的，反而值得庆幸了。当时社会上已无走亲访友一说，我们担心宗和先生的处境，只能从心底里祈祷其平安。后来我们家也被红小兵抄了两次，小姑娘们没收精美小手绢，端死了金鱼，收缴《白毛女》等所谓"黄色唱片"数十张。1973 年暑假我们回筑时，林彪已坠机身亡，社会上显得松动了许多。我们心血来潮,给在医务室上班的张伯母打了个电话,接话者是从都匀来省亲的以靖。我说想去看张伯伯,又担心他怕烦谢客,以靖说她问问。很快,以靖就回答说:"爸爸欢迎你来。他说戴明贤不会讲那些打打杀杀的事。"

此时张家住在校园最高处的工人宿舍楼。他家搬了不止一次,每次降一次格,升一段高,掉价乔迁,但家里照样收拾得窗明几净。宗和先生看上去又憔悴又疲惫,半躺在藤椅里和我们说话,声音很小,渐渐地也就放松起来。以靖多年都在都匀工作,难得见到我们,异想天开要唱《游园惊梦》,让我伴奏,宗和先生连声制止。我也连声说"不会不会",以靖不听,去借了一把二胡塞给我,并把谱子摆好,我只好勉为其难拉了两句。宗和先生又开口劝阻,我见他真正是提心吊胆的表情,就坚决作罢了。以靖是化工厂工人,生活在另一种圈子里,不知道校园这个圈子里水深得很。有个细节,我永远难忘记。晚餐时,宗和先生不慎掉了一小团米饭在地板上,他拾起来看着,怔怔的,不知道怎么办,伯母轻声的说"丢了嘛,丢了嘛",他才醒悟似的把饭团放在桌子上。我佯装不见,只想流泪。他在"文革"中的情况,大家都闭口不提,我前不久才从以泯处听到一件事。有一次以泯放学回家,走到师院院子里,经过操场边,见到闹哄哄的,一看正在开爸爸的批斗会,她赶快跑回家关好门,倒在床上大哭。过了很久她才听见妈妈陪着爸爸回来,后来妈妈告诉她,爸爸回来就想自杀,被妈妈拉住,妈妈好说歹说,才劝得他打消了这个念头。

次年初我调回贵阳,又可以去看宗和先生了。那时他们这批老人都在等候落实政策,心情比较"晴天多云"。有一次我和兴群刚进门,宗和先生正要和以珉下山挑水,就叫我同去,多一个人换肩。在山下宿舍楼外接了水,我挑起水桶,一鼓作气往坡上走,他在后面连声喊停。我想我能让老人和我换肩吗?我咬牙一直挑到家,他好一会才走到家,喘气,夸我好体力。

有一次兴群推荐一种金属拖把架,说比老式圆头的好使,买了就由我蹬车送去张家。宗和先生一人在,他留我吃饭,说正好杀了只病鸡。我还有事,就告辞走了,一路想着他落寞的神情。当时他虽然照样上班,但仍是"身份不明者",天天等候组织结论下来,好知道自己是敌人是朋友还是人民。这就好像头上总是悬块石头,不知几时落下来,也不知会是多大一块,自然日夜不能安宁。有一次,他问我能不能替他批改几本学生作文,因为这些作文竟看得他睡不着觉,头痛欲裂。他还举出了几个吓得背气的例句,比如"星期天,同学们上公园寻花问柳"之类的。我说小事一桩,把十来本未改的带走。其实我也最害怕批改学生作文,因为不像数学题目有标准答案,而是篇篇不同。我教的农村娃娃淳朴得不得了,却是一句话都写不顺畅,更别说什么立意谋篇等。我对这种作业只有一个感觉——"狗咬刺猬,无从下口",只想仰天大吼一声。宗和先生的这些工农兵学员水平还稍稍强一些,我尽力改了送去,宗和先生像得了什么好东西似的欢喜。

这时期我和宗和先生有一共同兴趣,就是书法。早在上清华时,他就跟着四姐充和临褚遂良的楷书,他不喜欢颜真卿的字,说它"笨头笨脑、抱手抱脚的"。我的兴趣则在行草。他有两册《集王圣教序》,一个拓本,一个影印版,他把后者送给了我。他还有一本日本影印的《孙过庭书谱》,被抄走了,当时这本书正在办公室里放着,他答应等还回来就借给我。这是我当时最盼的一件法帖,恨不能立刻看到,于是心急火燎地盼着。但时间一天天、一月月地过去,始终渺无音信。倒是组织结论等下来了,"敌我矛盾按人民内部矛盾处理"。一个从学校到讲台一辈子不沾政治的人,何来"敌我矛盾"? 这对他是沉重的打击,但他也只说些轻松的话题。有一次,我得到一点旧宣纸,就带去求他写鲁迅的诗,于是就有了一本袖珍本的抄本,还写了两张小条幅——"运交华盖"和"曾经秋肃"。

再后来呢? 再后来,"文化大革命"终于收场了。再后来,宗和先生突然辞世了,时在 1977 年 5 月 15 日,没有等到胡耀邦任中组部部长平反冤案。那天我刚从黔北出差回来,一回家就听母亲告诉我噩耗,立即蹬车赶往殡仪馆,正好赶上与宗和先生作最后的告别。

宗和先生得年六十三岁,他本该与他的四位姐姐一样活到近百岁的,他家有长寿的基因。以泯编了一本纪念册叫《思念》,我刻了两枚印——"广陵散绝"和"高山流水",收入册子,以寄托哀思。不意远在美国的充和先生见了,让以泯令我为她刻印,后来我还得以亲见这位"合肥四姐妹"中才华成就最出色的人物。

张伯母刘文思是一位真正关心他人胜过自己的女性,善良、厚道到极点。她的大姑子们在家刊《水》中称她是"张家最好的大嫂"。以泯在一篇文章中说,小时候她和以端认为妈妈偏心,喜欢大姐超过她们,长大才知道大姐从小没有了孙妈妈,母亲才这样处处以大姐优先。以靖一直在剑江化工厂工作,以端在安阳当老师,以泯在师大中文系资料室,先后都退休了。

宗和先生的遗笔，已先后出版了，《秋灯忆语》2013 年由人民文学出版社出版，《一曲微茫》(与四姐充和的通信)2016 年由广西师范大学出版社出版。现在宗和先生的日记也将由浙江大学出版社出版，这令人十分欣慰。他的日记非常好读，一定能吸引广大的读者。

2017 年 7 月

目 录

1936年

10 月 1 日　木

　　乐益童子军预备去南京参加大露营,今夜先在公共体育场预习,下午三点就把东西都挑到公共体育场(自己挑的),到公共体育场北面的草地上,我也把小龙珠①带去看,学生们都欢喜小龙珠,都抢着要抱。

　　看她们搭帐篷可真是费力,也帮她们忙,弄得一手都是铁锈,爸爸也在看,看她们把帐篷搭起来,被窝铺好。她们预备吃饭,我们也在边上,看热闹的散尽,我们才走。

　　不知怎的,在一个地方蹲着,就对着一个地方特别有感情,现在在乐益,对他们也不像从前那样冷淡了。

　　晚上我拿了他们从日本带来的提灯,到观前去配电池,半天才弄好,公共体育场已是上灯的时候了。

　　有的已经睡了,因为夜里要起来守夜。我站在旁边看她们,有许多认识的,我们大家谈谈。王国玉她们说我教书教得太慢,尽不讲书上面的。我刚上地理,这一班教得特别慢,别的班倒是要快点。身上寒冷了才回来。

10 月 2 日　水

　　董昈早上来说,她家三小姐病了,叫我们去玩,三弟吃了饭就去了。我因为那天玩上方山,心里有点不舒服,又想睡过一觉再去,谁知道刘大表兄来了,觉又没有。我趁机便走了。

---

①　即沈从文先生的大儿子沈龙朱。此处疑是作者笔误。

打了几下门，三弟出来开的。他们一家都在睡，三弟在替他们放照片着色。我也无聊极了，想着还有几封信没有写，便到他们前面的书房去写信，先写了一封给老刁。一会儿大家都起来了，听见楼上三小姐的房里有声音，知到〔道〕她醒来了，便上楼去看看。她的病是疟疾，两天发烧一次，睡在床上。和她谈谈，后来他们也上来了，我们就谈天说地的瞎谈了一阵。天已经慢慢黑下来了，四姑来叫她起来。吃晚饭的时候她起来了，四姑去买了些酱鸡酱鸭之类的回来。我们大家烧饭吃，我也帮着烧火，颇费事地吃了一顿饭。

家里好多卷子在，无论怎样说总是不放心，明天不改，后天又放下了，后天又没得玩了，所以非回去不可。他们都出来送我，送到西关桥。

回来改卷子，爸爸、十九爹爹①都在我的房里。

10 月 3 日　土

英文读音小考，大家都还好。国文讲了一点钟，讲作文上的错处和好的地方。各科都要小考了，学生们因为我是新先生，都问我怎样考法。其实我还没有想到呢！爸爸要接小弟弟和他一阵到城东小学去一趟，学生都走完了，找不到他，只好回来。

夜晚四姐回来了。她是到南京去的，在我房里蹲到十二点钟。她的床给陆家表妹睡在，她只好睡在张干的床上。

---

① 在合肥方言中，"爹爹"用以称呼祖父辈的长辈。——整理者注

10 月 4 日　日

　　四姐帮我改卷子，一上午把日记、大字、地理、英文四种本子全都改了，想下午可以出去玩了。

　　这两天中日之间很不好，上海人心惶惶的，五弟复旦在江湾，更怕，他回来了。

　　顾志成在我们这儿，我们要出去，不带他去，他老不肯走。今天他是要回南京去了，他走了，到观前街去了。我们等了一会儿才去，五芳斋鸭血汤吃不成了，人太多了，没有座位。四姐说去吃蟹，同去的有五弟和陆家表妹，今天的螃蟹不好。

10 月 5 日　月

　　是第七周，规定小考的一周。今天我一下子就考了三样课，一乙地理，一甲是英文，二上是地理，卷子又拿了不少回来。

　　王荨民①打电话来说，溥西园②来了，叫四姐去，我对她说，若他今天不走，可请他到我们家来，因为久闻其大名，还未见过其人呢！

　　饭后四姐回来，说今晚我们家请溥侗，他自然会来的。

---

① 王荨民（1896—1953）：昆曲家，吴县甪直人。曾任吴县浒关区区长等公职。出身于书香门第，他受家庭熏陶（祖父王小松先生为紫云曲社创始人之一），自幼雅好昆曲，又从沈月泉大师学曲。他多才多艺，能诗善画，尤嗜爱昆曲，从沈月泉习曲、兼学身段，为甪直紫云曲社的中坚分子。

② 溥西园（1877—1952）：即红豆馆主爱新觉罗·溥侗，号西园，与张伯驹、张学良、袁克文并称"民国四公子"。溥侗精于古典文学和文物鉴赏，并通晓词章音律，酷好剧艺，世人尊称为"侗五爷"。曾被清华大学聘为教授，讲授昆曲。1934 年，赴南京任国民政府蒙藏委员会委员。

　　五六点钟，慢慢的人都来了，李太太、陆先生、传芳①、传瑛②、传镇③、溥西园(并不太老，面色很好)、长成、陈太太、二老倌、许振寰、徐体山、王莆民……总之，还是他们那一班唱曲的人。来了谈不了几句话，就开始唱起来了。先是吴礼初唱《惊梦》，叫我唱小生，溥西园和吴礼初合唱《贩马记》《写状》，唱得并不好，吴也不好，两人都有许多地方不会。

　　唱完戏就入席，一共两桌，我们一家，三弟、五弟、爸爸都在内。菜是义昌福的菜，都很不错，都很烂，大概很合老年人的胃口。席快终时，每人唱一支曲子，传瑛唱的是《访谱》，二老倌唱《骂曹》，小许《惊梦》，陆先生《下山》，李、陈二位太太的是《藏舟》，振寰的《情挑》，殷炎麟的《题曲》，大姐、四姐的《断桥》，我唱《乔醋》，可算盛会也。

　　席散后，四姐、陆先生又串《游园》，溥西园他做了一遍"原来姹紫嫣红"。这才见到他的好处，脚步身段，无一不好看，稳极了。

　　十点多，客都走了，我们自然是以溥西园为中心谈话了。

----

①　即张传芳(1911—1983)：苏州人，著名昆曲旦角。1921年8月入昆剧传习所，师承尤彩云等，二三十年代在苏沪等地拥有众多观众，红极一时。昆剧传习所演员的艺名，名字中间均有"传"字(寄予了昆剧薪火相传的厚望)，通称"传"字辈演员，并用名字的最后一个字区分行当，如小生以"玉"旁(如顾传玠、周传瑛)，旦以"草"头(如朱传茗、张传芳)，老生、外、末、净以"金"旁(如施传镇、郑华鉴)，副、丑以"水"旁(如王传淞、华传浩)。

②　即周传瑛(1912—1988)：苏州人，昆剧传习所著名演员，工小生，主巾生、鞋皮生、翎子生、小冠生。扮相儒雅俊秀，风度翩翩，表演细腻，善于运用眼神、身段、舞姿塑造各类舞台形象。

③　即施传镇(1911—1936)：苏州人，1922年初入昆剧传习所，工老生。其父施桂林为清末苏州著名昆旦。

10 月 6 日　　火

到街上替四姐买药,还要赶回来上课,跑了许多药房才买到。回来一会儿就去考试。往常老是被人考,被考的人的心情和考人的人的心情是完全两样的,被考的是恐惧,考人的是怜悯。我总不出太刁的题目,叫人为难,希望大家都能及格。

寄宿生几次三番的,要来看分数,站在学校同我们家的门口,说了半天的话,晚上又来敲我的房门。无奈我还未改好,等我改好时,怕她们都已经睡了。

10 月 7 日　　水

早上四点钟就睡不着了,爬起来改卷子。把卷子改好,分数登记好,今天到班上去报告的事情做好,再去睡觉。二上的地理很好,差不多都在七十分以上,报出来自然没有人不开心了。

英文课上,陆汝英读书既不用功,又会闹,被我骂了一顿,她不在乎的样子。要是哭了倒好,坏就坏在她不哭,而且还要笑。

丁先生陪童子军到南京,体育课他们自己上,玩游戏,玩倒是好玩的。我看了半天,后来她们说张先生看得羡慕的很。

晚上补记日记,把好多天的日记好好的写完。

10 月 8 日　　木

考国文,还有时间又讲讲诗。

英文课上有个殷秀珍,英文全不懂,让她混到现在,这种事我自己都不好,如今叫她从第一课再练起来。陆汝英是不用功,不是不会,下课也叫她来,好好的说了她一顿。

考国文时,四姐到窗户外面,我和她说要她上下午的写字课,她答应了。但后来又不上了,怕人说话,只好我去上了。

傅公雷请客在松鹤楼,说有点事儿。我猜不透是些什么事。

七点打电话来催。还约好五弟,吃了饭到乐群洗澡。去了,他们已在吃了,大舅、高怀之、卫一萍,谈些学校里的学生的事,后来才谈到正事。

快九点钟,五弟打电话来催,我便到乐群。很久没有洗澡了,身上太脏了,从前总是跟小舅一同来的。回家才十点多钟。

10 月 10 日　土

早就接到老刁的信,双十节也许来苏州一趟。早上我还睡在床上,电报来了说十二点的车到,我自然得去接他了。

陪四姐看牙,大姐海门学校也有先生来,我们一同合请在松鹤楼。我中上去接老刁,不费事就找到了。一同到松鹤楼,人真多,没有房间,我们靠窗坐下,他们都没有来。等了半天才来,大姐、陆榴铭、陈燕如,一会儿五弟也来了,四姐看牙也来了。家里叫吾妈重新搭好一张床,预备给老刁睡。我们先回家一趟,大姐她们去留园等我们。

雇车到留园,在留园玩了一会儿,陪老刁去虎丘。到那儿天已经晚了,回来时天很暗了,坐在马车上,非常冷清。

10 月 11 日　日

昨天就订了船,说今天玩天平山,今天我叫了一条小船预备六七个人去：我，老刁，四姐，五弟，许振寰。昨天他睡在这儿，不好不邀他。我们等了半天，人都来不齐，四姐又发脾气，不肯去了。过一会儿，人都来齐了，等买菜的回来，就开船了。

周耀、老刁、五弟、表妹，四个人打牌，我们三个便在船头上吃菱。船小而新，颇佳。

小时候以为天平山又远又高，现在看看，一点也不高。

我就知道抬轿子的女人会跟着的，果然不错，七个人下船，就叫人跟着。二姐、周耀先坐，我们都不肯坐。女轿夫就拉住老刁坐，大概看他是外路人，拉拉扯扯的，颇似妓女拉客的样子。我们一共坐了四顶轿子。

上山就到钵盂泉，二姐、周耀、五弟，坐下来就不走了，只剩我们四个人上山。山上还和以前的情形差不多，一路也没有过中白云、上白云。就要到顶的时候，老刁又不肯上去了，也不知道他为什么。

下到钵盂泉，吃一杯茶。又下到范坟，自然得去看范坟了。从九曲桥出来，别人都坐轿子，和表妹一路走到船上，他们都已经在吃饭了，已经是三点多，快四点了。

归程时，大家才看到路上的风景，都坐在船头上，

回胥门，二姐一定要到她家去吃蟹，老刁不肯去，二姐都要生气了，他才去。

10 月 12 日　月

今天我要上课，四姐陪他去玩狮子林、拙政园。中上回家，预备两样菜，就在家里吃了。

四点等我下了课，我们一同去观前街吃鸭血汤、排骨。老刁今天要走，买了点东西。想要去看电影，五弟说《赤胆忠魂》好看，我们便买了票去看。

十点从电影院出来。车是夜里一点五十五的，四姐想要去送，我叫她不要送了，因为太夜深了。

十点到一点，我们在房里抽烟，也没有多话。吾妈下了老刁带来的面。车子来了，我送他走，路上简直就没有人，冷冷静静的，而且夜里很冷。城门开一条小缝，出了城，路灯特别的亮。

车站上人很少，只有可数的几个人。他上了车，车开了，我才跳下来。一个人坐车回来，城门还没有开，还等了一会儿，有点气。若是大人物，他们便不得不开了。回家弄到三点半才睡。

10 月 13 日　火

八时起来还是照样上课。

老刁昨天为我看了三下的地理卷子，有三个不及格，学生倒不怕，我倒怕了起来。一班只有十五个人，有三个不及格，有 1/5 不及格了，想再看一遍再报告，今天上课时便没有报告。

下午难受极了，睡了一觉，起来上课。

10 月 14 日　水

下午只有一课，二姐去妇女会，四姐看牙，陪她们上观前。两个人坐一部车，警察叫下来，走了一会儿，又坐上路。遇到殷炎麟，四姐也叫他跟了来。买头绳，吃鸭血汤，又看跳蚤戏。跳蚤拉小跑车，拉地滚子，踢球,推大轮子,踢球最好玩了。我们进去时,跳蚤戏快完了,在杀头,四姐害怕。这毫无道理,一点血没有出来,头杀掉后,用方匣子装好,拿到另一个椅子上,头又在挤眼了。那女的倒漂亮,没有江湖气,被杀过,又被装进箱子里,用刀伸进去,许多刀子进去。花了不少的钱上去看,我觉得毫无道理。

青岛孙小姐来信,晚上回她一封信。

10 月 15 日　木

今天是最忙的一天,只有二点到三点有空,还要改初三的卷子。四姐来,睡在我的床上。下课回来借了一部《水浒》,因为大姐在串戏,她和许振寰又在唱另一出戏。我说她一声,她就和我吵,我马上就走了,晚上都没有说话。

上国文课,是作文,出了两个题目:"我的家""我理想中的乐园"。"我的家"她们都做过,于是再作"一封信"。作文课可以舒服一点,改改卷子,第二堂课就有许多学生已经做好了。在图书馆里看报,去和她们说了说,她们看的小说倒不少。叶至美是叶绍钧的女儿吧,我和她谈起她爸爸。她说她爸爸的文章不好看,我说过一阵子我想去和她爸爸谈一谈关于教国文的事情。

10 月 16 日　金

四点醒来,记日记看看书。快六点,到外面去,看见四姐在乐益操场上打拳。邀她一块儿到公园去,到公共体育场我们也跑了一圈。公园也有人在打太极拳。

今天最舒服,只有两课,下午没有事。大姐、二姐到李家,我为三弟读英文的事到东吴去一趟。回来和四姐去看电影,叫《孝子弑父记》,还不错。又到老正兴吃饭,回家,殷在家等我们。想改改卷子都不行,留四姐一人陪他。

10 月 17 日　土

继续昨天的打拳,预备一直打下去。课多,颇累人。

10 月 18 日　日

早上跑完后,到孔庙里面坐了一会儿,又到沧浪亭、乌鹊桥。真想到二姐家去,怕他们还没有起来。今天是星期日,周耀昨天才回来的。

改卷子。大姐又叫搭戏,他们预备公演,就在最近几星期内。

中上二姐家叫吃饭。殷炎麟也在这儿,他和四姐还在唱,我也还有几本卷子没有改好。等了半天,四姐来了,我还有一点,她倒等不及了,出去了。路上我不高兴。到二姐家,菜饭很好,吃的很饱。

吃过饭马上就想回家改卷子的,周耀新发明了回力球,我们打了一会儿,很好玩,打得一身的汗。

回家改卷子,小七姐、吴三子来了,他们一定要为我记分数,只好让他们帮忙。五哥也在帮我改卷子。叶至美的字写得太坏,批了一大堆字,给了一个中,颇不满意。她还不高兴。改了一天卷子,改倦了。

10 月 19 日　月

跑完后,我们从公园路那边到十梓街回来。四姐说我一看见殷炎麟跟她在一块儿就不高兴，说昨天也是，其实倒不尽然。

第一课没有上，被纪念周占去了，是因为到南京去的童子军有些不很好的行为，所以傅公雷大骂那天的事。其实我都听高怀之说过了，预备记过，纪念周占了我一课。

把五哥批的"上"看一看，又把叶至美的一本卷子重新改了一下。因为卷子发下来，她们自然都问了。

下午还信债，真写了不少，陶光、宗斌、汪健君①、远义、老㐅、宋汉篪、五弟、黄席椿，一共七封，还有几封信没有回呢。四姐又在我房里睡觉，看《水浒》。

10 月 20 日、21 日　火　水

反正是这两天中的一天早上吧，他们到了我房里来了一次。

二十一日星期三，上了一课地理，卞之琳来了，眼红红的，说起来刚死了母亲，从青岛回海门的。到上海邀了巴金、靳以他们来苏州，又因为鲁迅最近死了，上海文艺界都非常忙，所以只他一个人来了。

先陪他在学校看一圈。他说比济南高中的好，他在济南高中教过书。我十一点到十二点还有课，四姐陪他上沧浪亭去玩，等他们回来一同到松鹤楼吃饭。下午的一课英文也打电话回了，明天请一天假，陪他玩天平山，船也定好了。

饭后先看看吴苑，又到玄妙观，然后到采芝斋买了点吃的带到虎

①　汪健君（1903—1999）：武昌人，业余曲家，工官生、小生，并擅吹曲笛和箫。曾任职于清华大学图书馆，是当时清华谷音社成员，红豆馆主溥侗在清华授课时，他曾从旁积极协助。

丘。坐洋车去，先到留园，差不多都走到了。西园不去了。到虎丘大家都渴了，上冷香阁吃茶。吃茶就登了半天才慢慢的玩，一直到赤红的太阳照在塔上。我们费了好大的劲，三个人用自动相机照了一张相。

下山拉我们来的车还等在，我们就坐了车，从山塘街回来。一路上有月色，是新月，河边颇叫人满意。

到观前街把胶卷送了，又去吃蟹。人真多，只有一张桌子空了，还摆着些蟹笼。

10 月 22 日　木

就只有三个人去玩天平，再也找不出人来了。也不愿意去找，上次就是因为找人，找出许多麻烦来。

船上冷冷清清的三个人，倒也另有一种趣味，吹吹笛子，唱唱曲，在船头上拍拍照。在船上吃了一顿中饭，我只要他们做一块钱的菜，料子很好，有蟹黄、虾仁什么的，很是不错。

这次还好，没有许多轿夫跟着我们，我们舒舒服服地走过童子门。走到山脚下，大家嘴都很干，先到钵盂泉去吃茶。我才来过天平，所以不想上去，后来到底还是上去了，并且爬到了顶。四姐也到顶了。大约是下午三点钟的样子，我们在顶上呆了一会儿，喝了一瓶橘子水，又下到钵盂泉喝茶。

走到船上时，太阳已经没有了，慢慢的天暗下来，夜凉了。船家知道我们饿了，下面来给我们吃。其实我们先在岸上吃了点豆腐花，但总觉得不能吃饱，所以一盘暖暖的炒面吃的非常好。

船头上凉了，进船舱来，月亮也跟了进来。我不知道为什么有点不高兴,自己坐在一旁,嘴里哼哼个不停。卞之琳不赞成京戏,我就偏要唱京戏,心里老想和他作对。他和四姐谈诗,谈的都是昨晚和我谈的一样。

水上月下船中吹笛子,有一种特别好听的声音,即使吹错了,也还是好听的。卞之琳更是赏识极了。他还是才迷上的昆曲,买了许多朱传茗的片子,就想见一见传茗,可惜他今晚就要走了。

到胥门,到家已经八点钟了。他说十点有车,我一看,知道到九点多有车,吃了点米面丝,让他走了。我也没有留他,因为睡觉不方便。

10 月 23 日　金

自修补上一课,英文缺了两点钟。

殷炎麟来了,人也来得多了。四姐到我房里来,他也跟了来,我们谈到化妆搭戏的事儿。我今天穿了靴子,更是僵了。我们不能谈搭戏,一谈就要吵,今天又是为了这个。

今天吃晚饭人很多,我们去炒饭,四姐一看是炒饭,就不吃,有点烫饭,一吃咸了也不吃了,我知道她生气了。

五哥来我们这儿,在三弟房里吃饭。他现在住在三弟房里。五哥说起四哥临死前的事儿,非常叫人伤心,我差一点没有哭出来。

10 月 24 日　土

乐益今天旅行,还是天平,我自然不去。

戴广运今天和八姐结婚,看帖子,是给我、给四姐、给三弟的。

昨天四姐生了气,今天我去叫她起来运动,她也起来了,很好。我们打了拳,在公共体育场跑步。

问大姐送戴家的礼的事，大姐说问十九爹爹。我八点钟去十九爹爹家，他们还正在忙着收拾房间，说是二伯伯要用。十九爹爹说，添箱十元，送四元礼券吧。回来就去观前街买礼券，马上回来，叫人送礼券，十元钱等一会儿自己带去吧。

叔昭回来了，四姐，大姐正在搭戏。戏完，四姐去做白娘娘的衣裳，我和叔昭、五哥到四姑家。

现在他们家有两个肺病的病人，董昕、纯和，所以吃饭用公筷，我们都不习惯。

哥哥回来了，又在外面赚了钱，弟弟妹妹们自然要敲竹杠，二小姐和表弟都要钱去看电影。

吃过饭，吾妈来了，说大姐不去旅馆了，把十元钱的红封让我带去。

三点钟就要去，我说是太早了。二姐、三姐、小七姐，她们都打扮好了，叫车到中央饭店。冷冷清清的，没有什么人，只看见二伯伯和四姑。我们把钱交到了女客房，十四奶奶、大婶母、小八姐都在。

礼堂布置得难看极了。原说是四点钟行礼的，六点钟才行，既是新法，却又有毯子，垫脚垫，真是不通。军乐队是 35566i65① 的乐队，难听极了。

费了好大的事，礼堂上看的人也不多，等了半天才来。司仪没有叫新郎新娘一鞠躬，用印就算完了。我真不赞成这种仪式，要就不要仪式，要就庄重一点，只要老法，要就什么都不要。

到新房里去看看，戴广运被许多小孩子围在一起，他出了一头的汗，不高兴的样子。新娘子也比以前瘦了，大概办这种事心里总是不开心。

---

① 此处是乐谱。——整理者注

趁着人多,我溜之大吉,去观前街拿相片。相片照得很好。

10 月 25 日—11 月 10 日

这半月来,就没有记过日记,不是因为没有事可记,实在是因为事情太多了,记不胜记。

爸爸妈妈都到常熟去了,二十五号才回来的。为了演戏,常和四姐吵,她说我不肯好好的学戏,我有时也实在没有兴致,有时高兴也就玩玩,她就说我不用心。

有一天早上,她不跑了,说到宝带桥去。一早到平桥头打开人家的门,租了车子,沿路又买了大饼馒头。踏倒不吃力了,就是上觅渡桥,下桥推着车子累。没有一会已到宝带桥,边上是新造的一座木桥,是通汽车的,难看极了。早上,桥上草上尽是露水,湿湿的。我们看了靖达公①的碑亭,吃了大饼,又骑车子回来,从盘门回来。我就知道盘门外也有高桥,四姐还要推上去,下来是我拿下来的。第二天,她又吐了许多血,到青岛后,她两个多月没有吐血了,这一吐,差不多每天早上都有一点了。

十月三十一号早上萧乾、萧太太,还有一位姓陈的朋友一同来苏。下午章靳以还要来,四姐先陪他们去玩虎丘、留园,我有课。

下午我去接章靳以。车到了,找了半天才找到他,我们一同回家。在家里,我早就叫吾妈架好一张床了。我们走到北寺塔,又坐车去玩玄妙观,吃了鸭血汤排骨才走的。

晚上大姐他们有许多客人,自然也是为了昆曲演出的事儿。大姐

---

① 指张树声,"靖达"是其谥号。

叫了两块钱的菜，菜太少，四姐不大满意，八点钟带了他们一同到松鹤楼吃了一顿。

夜里和靳以谈话，从四姐吐血到巴金，谈到卞之琳，一直谈到富连成将到上海，两点钟才睡。

十一月一号天阴下雨，船是昨天就定了的，不能不去，雨中坐船也很好玩。三弟也去，他带了提琴。先前还不怎么样下雨，快到天平时，却下起了大雨来。我们只在船上吃了一顿船菜，便又坐船回来了。

萧太太只吃不说话，自然更不能管家，全不〔像〕太太的样子，是一个共产党女子。靳以也说她思想和萧乾并不相同，萧乾也说他太太不会管家，萧乾自己自然更是不管的了。听说他们把香蕉皮都丢在柜顶上，一个月要吃三十元的水果，而萧乾的收入，每月只有九十元的样子。

船回到胥门，才四点钟的样子。四姐还要和徐菊生去合《痴梦》《点香》，先走了。我们都到二姐家，萧乾太太他们三人都住在二姐家。家里没有人，只有老太太在家。我、萧乾、靳以到叶绍钧家。

叶家在滚绣坊青石巷里，新造的房子，一排半洋式的平房，有点像我们在西山住的房子，比那个房子还要傻一点。叶绍钧人也像一个商人的样子，萧乾假装正经地谈了一会儿，我们便出来了，找到叶至美说话。叶家留我们吃饭，因为家里有萧太太在，不好意思，冒雨借伞而归。晚上在小林家吃蟹。

二号天气非常的好，萧太太和陈先生坐汽车去天平山，我们因为中上和叶家有饭约，我又有课，所以没有去。

中上把叶至美叫住，等我们一阵走。四姐也被章大胖子拖走，她真不好意思去，但是到底还是去了，叶绍钧还要请她写字呢！饭不大好吃，叫了一点菜，都没有吃完。我第一课还有课，急急的走了。下午是审排，叶绍钧夫妇也来听的，后来人愈来愈多。学校下了课，叶至美又带了一大堆学生来，大姐她们的床都挤倒了。

有一天顾传玠来我们〔这〕把《情挑》研究了三个多钟头，一点一点的对上，颇有用处。

四号星期三是公演的第一天，日场有大姐、四姐、李太太、吴太太的全本《牡丹亭》。四姐扮的漂亮极了，娇怯怯的，似一朵弱不禁风的花似的，她一出来大家都注意。

晚上有我和四姐的《情挑》，我一点也不慌，自己知道自己只是头一段"明月云淡"稍微有点着慌外，其余的都还好。一出场就有彩，自然是靳以他们的捧场，萧乾他们早回上海了。"数落红"下场也有彩，完了自然也有彩，我自己也觉得比平时在家练习的时候好得多。我下台下妆时，许多人都来说好，尤其是说我的扮相好极了，竟说是标准的风流小生。到台下看戏时，许多人老是看我，真是不好意思。

写快信打长途电话叫巴金来，他都不来，靳以有点气。

五号日场有大姐、四姐的《楼会》，没有去看，因为有课。晚上有全本的《长生殿》，上海来的票友。

六号日场大姐、四姐、王莆民的《断桥》，我看到了。晚上《痴诉》《点香》，就没有看，回来睡了。四姐早上还是吐了血，晚上还照样演戏。

殷炎麟三晚上都睡在我们家，睡我的床，我睡吾妈的床。我真有点生气，学校又不是不能回去，是怕叫门麻烦，所以上我们家来。第二天我们走回来，都下雨了。第三天靳以走了，第二天我马上把靳以睡的那张床拆了。

靳以这次来，说卞之琳和四姐很可以好的。我不好讲什么，卞之琳可真配不上四姐，靳以自己我倒是很欢喜他的，如果他要跟四姐恋爱，我是不反对的。我的许多朋友中，宗斌、巴金、靳以，我都不反对，黄席椿、戴七兄、老殷，都反对，都以为他们不配。我和靳以谈到巴金，他说巴金这小子，根本就不想结婚恋爱，所以没有办法。

听说四姐欢喜吃葡萄汁，那天我去买她吃的止血药和止痛药，他也买了两大瓶葡萄汁送给四姐。又有一个下午，我在上课，四姐睡在床上，他就坐在大姐床上陪了一下午，一晚上。四姐对他还不恶，他自己意思不知如何。张大姐她们要给他做媒，说李家五小姐。那天五小姐、八小姐都来了，他说没有看清楚，不知是真是假。

唱戏后还是吐血，又和在西山时差不多了。那天找李广新去看了一趟，吃了点药，这两天总算不吐了，希望能就此不再吐下去。

生了病她待我好了，也温存极了，像在北平公寓里时的情景。这三天，每天下午都出去看电影，真是好极了。

第二次小考了，只有国文和英文。我这次的题目比较难一点，分数也紧了，如叶至美、周美珍，这般锋芒太露的学生，都把分数打得紧紧的，杀杀她们的气。有一次乙一班太闹了，级长也闹，让我说了几句。我说，自己做了级长都闹，怎样能管得住旁人？叶至美倒哭了，果然保了几天没有吵。甲一班还是闹，那天让高怀之在隔壁打了板底才好了点，真叫我难堪极了。

这两天，妈妈的母亲来了，说妈妈有什么病，要进医院所以来的。她还是那样直挺挺的。顾桂芳也来了。

11 月 12 日　　木

托总理的福,在我课最多的一天放了学,真叫人高兴。

和四姐到乐益那边去晒太阳,带着兔子,老藤椅也搬那里。太阳非常大,热极了,都脱掉只剩一件单褂子,舒服极了。最近刚读过劳伦斯的一篇《太阳》,写一个女人裸体在日光中生活,写得好极了美极了。

坐在廊檐上晒太阳,有学生来,将近正午太热了,所以进房里来了。

还是一月前洗的澡,身上难过极了。四姐也要洗。炎麟也在,就一同剃了头。炎麟已经洗好了,我上楼去洗,他就走了。我叫人擦背捏脚,舒服得很,一会儿四点半钟,一个人坐车回家。

11 月 13 日　　金

苏州防空空气算是颇浓,今天算是正式演习,一天之中只放几点钟的交通,路上有许多警察管理交通,不准出来,不准在街上走动,否则便捉进避难所去。昨晚好容易把阿用捉来替四姐拍了三遍曲子,说今天连着又来,今天又有防空演习,不能来了。四姐真想阿用来(昨晚九妈、母亲要我和四姐唱戏给她看,四姐不愿意),我正想去看二姐和表妹她们,她们都病在。去了一趟回来,好婆还在四姐房里坐着,没法,只好演唱给他们看,阿用来了,吹笛子才比较有劲。

下午去学校算账。我、韦大舅,一共算了两个钟点。

灯火统治,不准点灯,真是害人,青岛回来只有一次。今天本来灯还开着,张干一定不叫开。

11月14日　土

昨天睡的太早，今天五点半就起来改卷子，改到七点多四姐来了，还没有吃早饭。她们要去看病，我因为课多，没有空陪她们，下午她们回来。晚上振华三十周年纪念会，请大姐、李太太表演。大姐的《情挑》，这次一定要去看一看。

大姐只给了我一张票，四姐邀殷炎麟也去看。先到李太太家去，我不高兴，我就知道他今晚一定又要住在我床上了。我一定要早一点回来，不和他们碰头，一回来就自己睡在床上，也不理他，看他怎样。

在二弟房里待到七点钟才去看戏，人多极了，台上已经在开始表演了。想找四姐他们，又找不着，坐在后面。

台上全是些小学生在演歌舞，就像我们小学时演的剧一样，只有退步，并没有进步。

台上演些却儿斯顿舞、孔雀舞，我站起来一看，看见殷炎麟在招呼我。他们坐在第二排，位置好极了，想招呼我去。因为心里生气，不想坐到前面去。看到大姐一场戏，一会儿我就走了。

临走时，四姐对他们说，炎麟今天要住在我们家。回到家才十点，和佣人们说他一定要来住的事，我们都说他太呆。

爸爸妈妈他们都回来了，都说《游园》真精彩。没法，我只好又睡到吾妈床上。郭大姐也来睡了，一会儿她就打上了呼噜，一会儿低一会儿高。我本来心里就气，她这样一吵，我更是睡不着，一点办法也没有。

听见打门声，四姐和殷回来了，又说大姐在李太太〔那〕不来了。于是我就到大姐床上去睡了，是郭大姐的呼声催着我赶紧走。

11 月 15 日　日

一醒就谈到昨晚的《游园》,大家都笑了,反正也睡不着,我便起来了。三弟、五哥都来了,五哥一来就说起他在福建的事儿,颇为精彩。这样一闹,已经九点多钟了。

我所预料的果然不错,殷不走,要在这蹲一天。上午唱曲子,四姐早就破了戒,吹笛子了。我唱《闻铃》,他们都说我能唱冠生,所以拼命的练这支曲子。

夜里没有睡好,下午就想睡。四姐要去看电影,大姐又说要等传瑛来。大姐要到二姐家去,叫我蹲在家里,四姐就不高兴了,绷着脸不睬人。一会儿听见她的脚步声在外面的厨房里,起来看她在弄牛肉汤,吃大饼,一点不给我吃,自然是生我的气。走到园门口睡在藤椅上,接着起来,说要去看电影,我说陪她去,她十分高兴。走到青年会,正好片子才开场,片子很好看。

出来饿了,时间是五点多一点,便又到广州食品公司吃点心、吃炒面,四姐请的客。一路上慢慢的走回来,她说小时候和亲奶奶在大雨后救小鸟的故事,好是动人。

11 月 16 日　月

今天又是防空演习。下午早放学,我的一课地理也放了,便定定心心的在家里。等我走出去的时候,二年级的学生问我为什么不上课,我才想起是四点到五点才防空演习,一点到四点并不放,只好下次再补了。

陆先生来听我唱了一遍《闻铃》,说我很可以唱冠生了。

晚上六点钟，灯就熄了。我去大姐她们房里，大姐躺在床上打毛衣，四姐在前房陪陆先生说话。我们说说话，就回来睡了。

11 月 17 日　火

十一点到十二点，没有课，大姐要去救济院，去结账，我们想要去看小孩子，所以我跟着一同去了。谁知道救济院原来没有小孩子，是个衙门样子的地方，进去很深。找到院长潘振霄①，看他们算账，大姐又交钱。

出来到观前街去，吃排骨，荡荡又吃了鱿鱼、五芳斋排骨血汤，还有炒面，吃胀死了。去喝茶吧，上次四姐在瑞裕吃出好处来了，所以今天还要去吃。

在茶馆里喝茶，不得不看报纸。大姐去拿鞋，我三点到四点有课，二点半就回来了，正好预备预备上课。

传瑛来，我搭《梳妆》，四姐也回来了，五哥也在，房里一大堆人，又说又笑又唱又吵。四姐头疼了，便到我房里来了。孙小姐来信了，四姐拆着看了。后来她对我说孙小姐的事，她说你好自为之吧。我也不管了，看时不觉得什么，晚上我在床上想想，觉得很叫人伤感的。

11 月 18 日　水

第二堂又没有课，我和爸爸在丁先生办公室里谈了这三个月的经费问题。卫一萍自然愿意爸爸干干脆脆地拿出需要的二千一百五十元

① 潘振霄：苏州名流，业余昆曲家，教育家。是苏州昆剧传习所的发起人之一，也是"苏州美术赛会"的发起人之一。

费用,爸爸的意思是要他们自己到银行里去做交易。谈了一点钟,也没有什么结果。

今天一天都在下雨,闷极了,天气好的几天没有放假,今天却放了。

11 月 19 日　木

二姐和陆家大表妹都生病。二姐生的是有小孩子的病,不要紧的。大表妹今天已经好多了,到我们家来,瘦了一点,比以前好看一点,就是两眼凹进去了一点。

大姐到李太太家,四姐和表妹出去。五点我下了课,一同到李太太家去吃蟹,表妹没有去。

坐车去的,在天赐庄,传瑛、传芳、许振寰、大姐都在,一间小客房里挂满了戏装照片和油画,太俗气。他们说《踏庄》,大姐、许、先做一遍《茶叙》。李先生的儿女放学回来,叫了一声爹娘,就上楼了,我觉得挺滑稽的。

吃过蟹,大姐剥给我吃的。又到客房,李先生只要睡觉,昆曲一点不懂,况且他们家的空气也使人不好受,我和四姐就先走了。慢慢的走回来,路上已经很冷清了。

回房里写信给孙小姐和小舅舅,预备明天中午去上海。

11 月 20 日　金

本来说明天防空演习的,现在又延到下星期一二了,但说好要走的,也只好走了。早上上课的时候就对高先生说了,请假一天。卫一萍又托买卡片、篮球、计分簿。大姐说要寄给二弟钱,我便问妈妈要了一百五十元钱。我这半年的二百元已经〔用〕完了,寄一百元给他们,带到上海,要周耀去汇。

十二点半的车,我最后一课上完的,匆匆的来家,上洋车,到车站。

到车站有一车停在站上,卖票处哄了许多人,时间才十二点一刻。四姐就发急,骂我,又要哭的样子似的,以为一定要踢车①了。谁知她们一问,上海的车还没有来,站上的车不是到上海的。

车中挤极了,我们坐在一个六十多岁军政部议员和一个二十多岁训练总监部做事的小伙子边,一起谈话,倒是非常有趣。

四姐预先写信告诉靳以的,所以一下车,靳以就来了,萧乾他们在门口等。

上海真是闹。汽车坐不惯了,汽油味大,路上人又多,简直要吐。老伯伯他们就没有想到我们会来,把靳以、萧乾让到客房里坐了一会儿。萧先生说有事,约好晚上在悦宾楼会面。我们又坐了一会儿,头晕稍微好一点,就去看电影。我们坐电车去的,时间还早,我们在大新公司转转,什么也没有买。电影很有趣,是 *Cain and Mabel* 是 Gable 和 Davies 演的,Gable 有酒窝,眼眯眯的,四姐说像我。

出戏院,我们慢慢走到悦宾楼,巴金、萧乾他们都没有来。还是巴金先来的,一会儿萧乾找来了,说找了半天才找到。他们说今天会外国记者的事儿,我和四姐都搭不上话。

吃的是北方菜,有家常饼、水饺等,吃吃就饱了。十点了我们才走,约好明天下午二时在《良友》相会。从四川路到静安寺,长长的一段路,四姐在我肩上睡着了。

---

① 踢车：方言,"错过车"的意思。——整理者注

全都睡了。我睡丫头床，四姐搭了一张小床在小妹妹他们房里，倦的很。

11 月 21 日　土

送钱给周耀，汇钱给四弟。四姐又要去看生病的许文锦。

到江苏银行把钱交了，说了几句话，马上就走了。周耀也是在生病，脸色不大好看。

不很费事，我们就找到了，只是一座一楼一底的房子。四姐先进去，许文锦睡在床上，另外有老太太过来，不知是钱的母亲，还是他的姑母。

我头晕，坐在一张桌子旁。房子倒是新房的样子，靠窗子摆了一张写字台，有台灯和挂灯，全是北京货，我一看就知道，四姐把我房里的手卷《题曲》送她挂上，并不丢人。墙上有一幅字，不知是谁写的，并不好。一切家具全是绿的，但木料并不算好，房间倒是还干净。

老婆婆很会说话，谈我们谈了一阵，去叫钱存训①。我是早就听四姐说他丑，所以看一看。许文锦在床上和四姐谈了半天，我很识相，马上就出来了，看看婆婆住的房子后又到晒台上站站。老婆婆只站了一下，就上了楼。钱存训并不是很难看，但是也不好看，有一块紫色在脸上，脸上还痉挛。坐下来和他谈了一下学校的事儿。看他也不会谈天

① 钱存训（1910—2015）：江苏泰县（今泰州）人，著名华人汉学家、中国书史和文化史研究泰斗。1932 年毕业于南京金陵大学，1947 年起担任美国芝加哥大学远东图书馆馆长至 1978 年退休。他与夫人许文锦经过多年不懈的努力，将1936 年以来芝加哥大学图书馆所积存的十多万册中文藏书，加以整理和编目，为芝加哥大学远东图书馆日后的迅速发展奠定了基础。

样子,一定是个老实人,将来绝不会和别的女人浪,自然绝不会抛弃许文锦。

一会儿,一个太太来了,也不介绍,很难过。快十一点了,我们和老伯伯说好的,要回去吃饭的,所以我们走了。四姐说明天再来看她。

一路上四姐老气,说许文锦不该嫁这样一个丑男人,又说许的姐姐不好看,嫁老钱的哥哥大钱,在外交部做事,是顶漂亮的人,许这样好看的人,嫁这样丑的人。又说自己不好,一路生气回家,几乎就要哭了出来。

回来吃了饭,歇了一会儿,刚想睡午觉,四姐又叫出去走走。

我们找到章大胖子,要去买像他那样的表,五块钱。坐两层汽车,又替表妹做大衣,在新雅吃茶,吃点心,看五点半的电影。趁四姐去上茅房的时候,章大胖子对我说,要我打听打听四姐对卞之琳的意思,要我写信告诉他,是一件要紧要紧的事儿。

快八点了到巴金家,在拉都路吧,他一个人住,朋友都走了,还有一个女佣人,巴金的弟弟也不在家。饭是自备的。佣人姓孙,四姐和她搭上了在讲话,一大桌子菜很好,四姐临走时给了她一块钱。

巴金的房子就没有靳以的好了,书多,书架子上不整齐。

得早点回去,又叫汽车坐回去。九点钟,就睡了,姑爷跳舞未回。我把章靳以的话告诉四姐,还好,四姐也喜欢他,说卞之琳不好看。四姐今夜怕睡不着了。

11 月 22 日　日

今天一早醒了,回祖麟的信,记记日记,又替小妹妹做做练习。小四妹回来闹,和我打了一架,在她家里就是她最好看。四姐也起来了,我们都在晒台上,洗了脸。一同出去找小钱,在马斯南路,坐了电车去。他的房里也是书太多,但还算清爽。我说今天下午要回去的,他不要我走,我说票子买好的,下午一定得走。约好下午一点,在大上海门口等他。

和四姐去买东西,到一家俄国店里,说了半天英文,两块钱买了一只漂亮的粉红的粉盒子。我又去买卡片、记分簿子、篮球。靳以来了,到霞飞路东华俄国菜馆吃饭,还不错。

老伯伯给我们带了许多东西,一篮子柚子、火腿,又有周耀托带的东西,实在太多了。

晓得车慢,睡了一觉,已到苏州。叫洋车,看着月色回家,大姐他们刚从外面回来,半天还睡不着。

11 月 23 日　月

没亮就起来改卷子,总算把作文卷子都改好了。到学校去遛遛,遇见傅公雷,谈起星期六丁先生、高先生吵嘴的事,说怕有人利用彼此的事要辞职。后来也没说什么,谈了谈时局。

三弟听说钱存训知道一个人专看白癜风,马上着急要到上海去,问爸爸拿了一百元。

今明两天又是防空演习,七点半就睡了。

11 月 24 日　火

下午大姐要布置房,买布,我要去买本中国近代史,一同到观前街。观前街两点要禁止交通,匆匆的回来。晚间殷来,我们谈到九点才走。

11月25日　水

学校篮球比赛，三下对一甲。三下是常胜将军，自然是赢了的，好像是四十分对二十三分。

大姐的新房才布置好，李太太、五太太、许振寰他们都来了。许振寰烫了头发，很不好看。

为了高和丁闹事，几位先生请他们吃饭，今晚在松鹤楼请客。吃到快完了，才说出一番话来，很长很长，到十点钟才散。

我要买钢杆回家挂窗帘，但店家已经打烊了。一路走了回来，下雨，都湿了。

11月26日　木

两课作文，不作文，又讲了一课书。宋濂说母子之爱、子对母爱，很感动人。我又顺便讲到我们家的一首儿歌，是母鸡将被杀时，对小鸡的嘱咐的话。全班那时都很静，有人几乎要哭了，我觉得我很成功。

二姐来，几乎不认识了，更瘦了，肚里有孩子又在害了。

今天风真大，和北方的气候差不多了。

晚上在我房里吃饭，二姐只吃了一点点，大姐到李太太家去了。二姐一会儿也叫车走了，家里只剩我和表妹在，倦极了，瞎说了一会儿。站起来走走，还好一点。她上去了，我也马上去睡了。

11 月 27 日　金

　　昨天施仁夫①打电话来说,明天是实小立校纪念,要请我去演说,我答应了。今天早上又打了电话,问他们何时开会,我一定来。

　　表妹下学了,就一同到实小去,找到了施先生。

　　快九点钟才开会,施先生报告完了,就叫我讲话。讲得并不好,又讲的是苏州话,一会儿就下来了,所幸学生有六七百人并不吵。

　　会开完,我也就走了,施先生还送我到门口。

　　坐车一直到观前,买铜条来挂窗帘。

　　下午没有课,在操场走走。下午三点到五点,我有地理课复习,我决定到董家去一趟。他们全不在家,只有董昒、董晌在家。他们都在楼上睡觉,把他们叫起来的,一会儿我就走了。

　　刚好赶上三点钟的课,学生们比球,我教教他们,一直到天黑了才走。

　　回家给吾妈写信。

11 月 28 日　土

　　第一课英文,叫陆汝英念,她死不开口,于是叫她站着。几回给她机会叫她坐下去,她都不想,这不能怪我啦,我让她站了一点钟。这样一来,全班安静多了。

　　上地理课,大家都不会找地图,只能替她们找了,这总不是事。

　　晚饭后去洗澡,想到要买鞋买袜,下午向吾妈借了二十块钱。月亮

---

①　施仁夫(1908—?):江苏江阴人,现代著名的会计师、会计学家。1933 年毕业于上海商学院,后受聘于上海立信会计师事务所。

很好,走得去的。一双袜子七毛多一点,一双鞋一块三,还剩几毛钱去洗澡。乐群社人多极了,不能一个人在一间房,盆也不空。听见外面有说话声,我出来,十九爹爹带了两个小老爷来的。我先洗了出来,一直等到十一点才回来,和十九爹爹坐一辆车,到九如巷下车。

11 月 29 日　日

早就要说做袍子,今天和大姐一早上观前乾泰祥做了两件衣裳:一件丝绵袍子,一件长衫。然后又陪大姐买了不少东西,痰盂、台灯、碰到传芳。又有摸彩,摸到不少杯子来家。

董旭来找我们去吃饭,周耀也找我们。大姐去周家,我去董家。路上五哥骑车子,把三弟的车子链条弄断了。我们又抬杠,心里很不高兴,没趣得很,吃了一顿饭就回来了。

欠下许多信,写了一写,躺在大椅子上看书,睡着了。吾妈送孙小姐的信来,把我惊醒起来,一下午功夫写了八封信(许世瑛、华粹深、窦祖麟、朱自清、卞之琳、宋汉篪①、孙凤竹、刁鸿翔)。

11 月 30 日　月

三弟借来防毒面具,我听他说了一遍,今天纪念周上就要到讲台上去报告,还要叫各位级长带着来试试。

大姐说许振寰叫我们到学校里去玩,在桂园。我先去看了一下比篮球,一会儿大姐叫吾妈来叫我。

坐车去的,他们还在开会,我们在外面走走。

①　原文写成"宋汉慈",依《秋灯忆语》,改为宋汉篪。——整理者注

在一间摆满了蚕茧的房里,有一张台球台子,有两个小孩子来和我们打台球。孩子都很好玩,我先以为是学生,后来才知道,他们的父亲是在这儿做事的。有一个叫刘文欢的,笑起来有两个小酒窝,甜甜的,很是好玩。今晚的菜很好吃,小孩子好玩极了,我真舍不得走了。他们排排队跟着我回家,路上我们就分手了。我替大姐买牙刷,提了个小灯回来。

12 月 1 日　火

又伤风咳嗽,一点到三点没有课,到外面走了一趟。因为太无聊了,带两本画报回来,又在观前买了茨菇片和花生米。

批评那些讲演的,演的都不熟,到台上就全忘了。

12 月 2 日　水

下午只有一课,我知道要开教职员会,因为不舒服,不高兴去。一下课就邀大姐出去,把那天镶的两颗红豆拿回来,再到大光明看电影,到观前买了点吃食之类回来。

到家看见挂在我墙上的两张小的四姐的照片没有了,我就知道她一定回来了。果然不错,正在房里看照片,

不叫她吹笛子,又为了想起在上海我临走时的情形,四姐又生气了。回到房来想想不好,这样会闷一夜的,于是又去哄她。大姐也说她,一会儿她就好了。

12 月 3 日　木

今天作文出的几个题目是:"风""沙""今天""明天"。学生都说不会做。

下午看学生比球。

12月4日　金

大姐今天三十岁生日，她要出去躲生日，一早就和四姐到昆山去玩。我也一早就醒了，跟她们一同吃面。看她们上车，我才回来改卷子，那时候还很早。

陆家表妹来了，好像有什么事，大姐不在，她把一封信拿给我看。有点像五哥写的，里面是一张中国纸，写的是图案字"榴铭留念"，底下是"心赠"。完全是胡闹，我先还以为不是五哥写的，后来三弟来说，一定是他写的，因为他常常写这些寄给董家表妹。我叫表妹把信放在这里，等大姐回来再说吧。

吃过中饭，原想一个人出去到董家，我下午没有课，拖了五哥一块儿去。我们一路走去的，我说他不该和四婶妈闹。他有当面夸我，我知道他说的是恭维我的话。

四姑要出去，要去买鱼，还要去二姐家。不知怎的，说起去看《风月海盗》，大家都赞成。这次是五哥请的客，他叫车把我们带到青年会。买好票，时间还早，我说先去上茶馆，大家都不说话。五哥说要去看照片，就先走了。等到快三点半的时候，我们才到青年会去，他早就在那儿了。电影还是好看。

看完电影，一路走回家，原来约好大姐她们，叫她们从火车站直接到广州食品公司，我们替大姐做寿。可是吃饭的时候，电话来了，是大姐她们来的，说她们蹧车了，只好到下一班车回来，晚饭也就免了。

一会儿二姐和表妹来了，本来是一同去的，也不用去了，就在我房里吃了点韭菜盒子，一会儿她们走了。我怕二姐她们冷，还给了她一条围巾围了去。

时间还早,我就改卷子,等大姐她们回来,晚上十一点睡觉。

12 月 5 日　土

二姐要去吃鱼头。下午虽然不上课,但要监考常识测验。我和五哥、大姐、四姐去吃,五弟说:"那小鬼不知道去不去,若不去我去拖。"小鬼指董暄。

早上一共接到四封信:孙小姐、小舅舅、四弟、鼎芳。真高兴。

昨天乙一和三上比篮球,时间看错了。三上赢了一分,一乙的人都气哭了。今天重新比。我心里有点帮乙一,因为上他们的课比较多。

到场上还没有几个人。问问叶至美、周美珍,她们说三上不来比。不比球,看她们打着玩。

殷来吃晚饭。天气冷,四姐为了充热水袋,和张干生气。劝劝她也就好了。

12 月 6 日　日

为了吹一个腔,和四姐闹了起来。操场上学生们打篮球,我也去。叶至美带了两个弟弟来,周美珍也带了一个弟弟来,田祖泰。我们一块打打篮球,骑骑车子。我带了三个小孩子骑一辆车,小孩子渐渐的都和我熟了。我把三弟的大车子拿了出来,女学生们都要骑,又骑不上,我教她们。叶至美跌了下来,把腿都跌破了,我回家拿了点红药水给她搽,又拿水给她们喝。她们要看我的戏装照片,于是一本一本的搬去给她们看,小孩子们也夹在里面要看。我又搬画报给她们看,她们都不肯回家了，家里的人来催，她们也不想走，还要到我房里来看照片。

二姐、周耀、四姐、我公请大姐在广州食品公司，他们都到了，来电话催我。我被学生们缠住，半天都走不出来。

叫车到观前街吃饭，吃得很久，两点出来遇到大出丧，看了一会儿。听四姐和表妹她们去看《风月海盗》，人多极了，为了和人抢票，我还和别人吵了嘴。

12 月 7 日　月

我正在后房，忽然听见前面房间有人大声吵嘴。我赶紧跑过去，是五哥和三弟闹了起来。我连忙喝住三弟，叫他不要出声。他看三弟不理他，就和大姐说，大姐又同他吵。我也想和他说两句，刚一开口，他也要和我吵。他那样子太欺负人了。他说别人欺负他，他说他受人气也受够了，在这儿吃碗饭，谁也不敢得罪。其实他把谁都得罪了。我站在旁边，脸都气红了。一会儿他走了，三弟气哭了，大姐也气哭了。

12 月 8 日　火

看看卷子，看到孙世武和黄佳琪的两本，做得太坏了，生气。国文课骂了学生一顿。

这两天伤风咳嗽，话都懒得说，上课自然书也懒得讲，学生一闹我就生气。田祖泰最会闹了，上课时故意打东西，叫她站起来讲书，她半天也讲不出来。正讲到一句"贪得无厌"，我就骂了她一顿，说像你这样就是贪得无厌，她还哭了。叫她坐下去，她就伏在桌子上哭，我懊悔，她还是好玩的。

今天气大，英文课上，郭淑芳也站了一点钟。英文课郭、陆汝英、王月琴、顾梅芳四个人最会闹了。

下午搭戏，把《梳妆》搭好，五哥回来了。昨天下午他说他到城墙上去看风景去了。

晚上写信。

12 月 9 日　水

徐文琴、徐文益她们姐妹走了，因为搬家。小孩子们都不肯，舍不得，已经哭过多少回了。同学们也都哭，她们对同学也都很好。

晚间陆茂林来了（陆二先生的儿子），是他爸爸叫他来的，一是为卖田还债的事来的，二是为我们分租的事。

没有地方睡，自然又在我房里搭床了，我知道糟了，这几天又不能做事了。我正在和爸爸说家里房子上应该怎样分配的事，心里生气，到四姐房里，不知怎样说夏妈、张大姐偏心的事。她马上叫张干来，使我难受极了，我话还没有说完呢！于是跟她吵了几句，就马上出来了，听见她在房里大哭大闹的，把我叫夏妈送去的菜连碗都掼掉了。三弟也在边上看着，她睡在床上哭。往往是这种小事，到后来演成大事，我想想心里也难受，也想哭。回到房里来，快十一点了，大姐才回来，躺到床上，好半天才睡着。

12 月 10 日　木

下星期小考，是第三次国文，在星期四。今天两课作文，题目是"初雪"，是四姐想的，他们都说不会做。

四姐因为没有钱了,也在写文章。一篇《雏》,她给我带到课堂里来看,就是那天晚上她闲着写的。写的很好,一篇东西中,有几句句子特别好。看完后,我拿了回来,和她看看,有些地方要改一改。

这两天老是阴天下雨的。

请小陆先生看电影《白衣观音》。导演的手法有许多不好,小陆先生自然看得更无趣。电影院出来,殷也来看的,一同去松鹤楼吃饭。吃了三块钱,慢慢走回来。

12月11日　金

英文下课,张祖英找到我,问我怎样考?这学生真是不及格了,其实她本来很可以及格的,她自己不用心。

国文念了一遍冰心的《寄小读者》。

下午没有课,我陪小陆先生去买东西。他所要买的东西,都是替人买的,天官图,湖绉绸子,小脚皮鞋,丝绒帽子,女人的红绿卫生衣之类,自己买了一双皮鞋,一顶呢帽。自然他很乡气,譬如说,"乖乖,这东西太贵","这东西不赞",但是他很好玩。我自己买了一把镜子、两把牙刷,坐车回来到学校里看杂志。

晚上要去洗澡,八点多就回来了。

小陆先生明天要走,晚上早睡了,我写了一封信,也睡了。听他讲在家里乡下佃农看到强盗和绑票的、打劫的事儿。

12月12日　土

早上还下着小雨,小陆先生就走了,我们把扣租的事和卖田的事都同他商量好了。

我下午满满的三节课。下了课去敲四姐的门,她睡眼蒙蒙的起来开门,说心跳得很。

大姐到上海去了,别人又不知道她在睡觉。天气暗暗的,叫人发闷,真是一个睡觉的好环境。

和表妹、七姐去看音乐会,替三弟捧场。四姐今晚打扮的特别漂亮,穿上红旗袍,披上大衣,带上小红帽,搽了粉,像是在北平时的样子。在苏州,我还是第一次看见她这样。

音乐会早就知道不会好的,合奏只有一支霓裳曲,也不太熟。会中有拉锯琴,苏州人都觉得奇怪,其实我们北方人看的太多了。拉的是东吴学生,贼腔极了。

来看的人认识的太多了,四姑、董暄、董晒、董晔、七姐、二姐、五哥、表妹、四爷家小弟弟,还有乐益的学生,她们还表演《义勇军进行曲》。我坐在最后一排,是在乐群社的礼堂。

散了以后,和乐益的学生一块回来。三弟没有吃饭,留了点烫饭给他们吃。

12 月 13 日 日

我们在房里唱曲子。我吹《游园》,四姐吹《闻铃》,我们合吹《小宴》《惊变》,表姐唱。十一点多钟,有电话找四姐,后来又说也找我,原来是周耀说大姐今天在上海彩排,问四姐去不去看。还有一件事,要二姐找一张小桌子、一张小椅子,送到地方法院看守所,给章乃器。他自己马上就要到上海去了。

四姐自然马上就要去，十二点三十五有一班快车，四姐到车站。我就和表妹到二姐家去，她家有一桌麻将。七姐、周四姐在拆衣裳上的花，慢极了，我也帮她们拆。二姐就在牌桌子边上写文章，我真是很佩服。

吃了饭还不让我走，叫好车子到看守所，带了一张小桌子和一张小藤椅子。我并不认识章乃器，所以二姐写了张条子带进去。一个警察样的人带了我进去，弯弯曲曲的走了几条小胡同，一个新的小栅栏门，一块小草地。看到章先生，大个子，有点秃顶，说话是南方口音。我一手拿了一张桌子，一手一张椅子。他还叫人给我拿，我就跟他们到他房里，和宿舍一样的房子。他和邹恩润(邹韬奋)住最西边的一间，邹我是认识的，因为好像在姑爷家里见过他。他一见我就握手，我马上介绍我自己，说刘凤生是我们姑父，自然就熟了。他还有客人在，是工程师，眼睛不好，戴黑眼镜。还有一个小孩子，九岁，有点大舌头，唱歌，还演说宝带桥的历史，国语说的很好，他的志气是当指挥官，不是苏州人。我把带来的报纸给章，他们已经知道蒋被扣的事。邹的客人去后，我说起在东吴听他演说的事儿，又说到清华。他是老清华了，我们马上就谈到了清华，先是说到清华的近况和"一二·九""一二·一六"清华砸汽车的事。他告诉我几次蒋要找他，几次他不去的详细情形。我们谈了有一小时的样子。天阴的很，院子大，天也大。我说这儿看到的天也很大，自然引他说了："天地虽大，无我们容身之地。"我一直不觉得我在牢房里和犯人说话，这句话才是提醒。一个人来请他们吃饭，"我们一起吃吧。"他说。我感到要该走了。后来章先生才知道，是所长请犯人，我要是跟去吃，倒也是一件笑话。

回到章、邹房里细看,他们房里有窗帘(是张自己带的),钢铁床,新漆的矮木床,原来犯人睡的,小长凳,一盏电灯,下面是一张小桌子,像学堂里的课桌,桌上有菊花还没有谢。最精彩的是马桶,是蓝漆的,是做在墙边上,像小凳子一样,很漂亮美观呢!我坐在我送去的小凳子上和他们说话。沈钧儒有些道貌俨然的,并不老的老头。和他们闲谈,抽烟,我表演吐烟圈,并不精彩,好停止了,以免出丑。沈先生看我还不到二十岁,章、邹都知道我们家的事儿,他们也教过二姐、三姐。我们谈的并不重要,都是闲谈。我手上的红豆戒指,他们也都传观了一遍。五点钟我告辞出来,他们送到栅栏门口。

"优待",每人一房,有诊察室,无医生,有浴室,有会客室,说有火炉,不知有无沙发。

去找地图,出地理题目,明天有三种考试。

12 月 14 日   月

一乙地理,二上地理,一甲英文,三种考试,他们都说题目难。这次好像难一点,我自己也费了不少事。

下午四姐回来,因为殷炎麟在她房里吹唱,也不好问她到上海去的情形了。

殷来没有别的事,就是吹吹曲,他有时把自己弄得很窘但又不肯走。

晚饭后,我不再陪他们了,又怕四姐不高兴,和四姐说好,我便出来到房里来改卷子。分数都不好,我不高兴。听听他们还在吹曲唱,到三弟房里。五哥在,他在说××的不好,我觉得他不对。我总劝他看人要看好的地方,一个人总有他的好处,自然也有坏的地方,你把他坏处扩大,自然看这个人就是坏人了,但是反过来,你若是不捡它的坏处看,自然这个人也不是一个怎样坏的人。他说××老,是他最不满意的,这真叫人伤心,老是可以避免的事吗?难道一个人愿意自己衰老下去吗?难道夫妻一到老了便要离婚吗?说她老,自然是他的直率,但是她老,她已经生小孩子了,这一切你也应当负一部分的责任。我劝了他一阵,他说起他们以前怎样的许多事儿,我不知道他有没有一点感触。

九点多钟回房睡,买了点药回来吃,也不见效,老是咳嗽。

12 月 15 日　火

一早起来记日记,看两本卷子。

到四姐房里替她吹《弹词》《闻铃》,装老生。她告诉我到上海去的事儿,从去一直到回来,怎样怎样的遇见周耀,到东园去看戏,怎样的不好,章大胖子又找不到吃饭的地方。讲到精彩的地方,要我请她吃鸡汤,其实应该是她请我才对。

下午她又到朋友家听琵琶,我上完课她还不回来,我就去打球。一会儿她和二姐都回来了。

晚饭后吹笛子,让妈妈和我们唱,妈妈是不行。

12 月 16 日　水

前两天就有人告诉我,二上考地理时有人作弊,她们要重考。上课时又有许多人说要重考,我将她们好好的说了一顿。现在我上课好像比从前会说的多。

国文讲了一课白居易的《慈乌夜啼》,其有提到吴起、曾参的事。我翻了《史记》,又到爸爸那儿拿了一本什么《四书集林》之类的书上堂讲了一点钟的故事,学生们都说好听。但是仍旧有闹的,恐怕她们一点也没有听见。

英文课上,陆汝英、郭淑芳、王月琴最会闹了。今天郭淑芳坐在前面来,郭和陆折纸标,我早就看见了,让我狠狠的骂了她们一顿。我根本不要她们来念,要是再闹,英文课不要她们来上。

两点下课,四姐说看电影,看看不好。我们从青年会出来,遇见一个车夫诉苦,老是跟着我们,自称是朱大少爷,是因为落难了,被绑了票,如今逃了出来。他在边上缠,把我们跟定了。知道他是骗子,但是还是给了他两毛钱。

到广州食品公司吃点心。我们先是谈谈朱大少,慢慢谈到我们现在的生活。我为了我的脆弱,很是伤心。我说到要把我的份子钱四百元中的一百元寄给四弟,四弟来信说谢谢的事,我觉得伤心极了。他来信说的时候我不觉得,写回信的时候也不觉得,现在想起来觉得是伤心的事。

雨下了起来,走不出去又坐下来,从三点半坐到五点半,说的话真是不少。叫车回家,吃烫饭。

12 月 17 日　木

昨晚就应该出国文题目,没有出,今天一早就出好题目。看看《史记》,又改改卷子。

国文考试，我带了《史记》在教室里看。又上了地理和英文，英文她们还是闹，我真是要发脾气了。

天阴的很，四点到五点的一节写字课，没有叫她们写字，讲了一点钟的课。也没有预备，居然能够讲的出来，我是佩服得很啊。

四姐回来，说天阴的很，没有出去，在家里整照片。晚饭后她就上床，看田上的报销账。没有钱了，她生气了，不高兴，由(陆)茂林说到大姐，以为她有钱，要多抽她一百元的会钱，叫我不好受，虽然她是一时生气。我劝劝她，也就好了。

12 月 18 日　金

下午没有课。章大胖子、巴金星期一要飞京，说是今天到苏州来，要和我们说说话，在广州食品公司等他们。我下了课，四姐也打扮打扮。我向夏妈借了五块钱，总是预备请他们一次。十二点三十六的车，到快两点了还没有来，我们都疑心他们不来了。等人的时候最难过了，我们大家都不说话，努力地看报。这两天的重要消息，都是老蒋在西安被扣的事儿。我的感觉很奇怪，我很高兴他们来，我对章的感觉其实是说不出来。我和四姐也说过，不是不愿意，愿意也不是，也不是不愿意，总之是说不清。

我们已经叫了饭在吃了他们才来，说是因为前面的车子撞车了，所以迟了。叫的菜几乎都吃光了，巴金吃的最多。巴金现在大变，会谈会笑，只是嘿嘿的笑，好像反而比章活泛多了。

吃完饭已经三点多了，到观前街转一转，就回家了。天冷不想出去怎么玩，都在房里把炉子烧着说话，乱谈一阵，毫无正经话。章说下之琳和四姐的事,他说已经当面和四姐说过了,也不用我转达了。

下雨,晚饭家里已经开过了,说在家里随便弄点什么吃吃,他们又不肯。晚上一定要请四姐到广州食品公司,我不赞成,于是又到松鹤楼。几样菜很清静的,吃得很好。巴金居然喝酒,把脸都喝红了。

看他们上了车站,我们才回。

12 月 19 日　土

昨天没有做事,今天可忙了。

第一课考地理。下午考三下的地理,第二张没有印好,迟了一会儿。三点到四点,考三上的地理,总算没有迟。我带的《史记》也没有看多少。

下课有点微雨。江逸春向我要卷子,我带她到我房里来。她会唱曲子,带她到了四姐房里,四姐吹了一曲《寄子》《番儿》,她也会唱。

12 月 20 日　日

周耀正在吃饭,饭后大谈国事以及学事,我和四姐都在听他说。表妹来了,四姐于是和她说起去南洋做事的事,我们都不赞成。我说她不能做事,又说她找了事也不做,她马上就气了,到后房去大哭,收拾东西就要走。周耀走后,又不知道哭了多久,亏得表妹在后面劝她,晚饭后才好一点。

七点钟大姐回来了,说二弟已在上海,带来了不少东西,我们大家都有份。我把一箱子东西拿出来,大家分。四姐〔的〕是一个很奇怪的钟,不用开,自己就会走,还有粉、镜子。带给我的是两盏小电灯,好玩极了。四姐要去一盏,像小棒似的,还有一盏大灯和一个小皮夹。

12 月 21 日　月

有什么"拒毒运动"，学生到体育场上去了。第一课都没有上，我看卷子。四姐来说到公园里去转转，说起昨晚的事，又吵了起来，赶快回来。

回来改卷子，学生们都来看，到我房里来大闹了一顿。看到毛世来、李丽芳的照片，说是大姐、四姐。看到我和董晭的照片，说是我的女朋友，漂亮的嘞。还在我的房里打架，都打到我的床上来了。

二点到三点，没有课，改卷子。学生们又要进来，不让她们进来，她们在外面闹，我在房里贴笛膜。

二上的地理报告分数，不及格的很多，因为有许多人作弊，我问了级长知道的。

看电影，大姐、四姐、表妹、我，苏州大戏院，是《绝岛冤魂》，是历史事实，片子很不错。

12 月 22 日　火

四姐一早到我房里，谈了许多正经话。

课后演讲竞赛会，都不好，有的没有讲完，有的讲讲就讲不出来了，下去了再上来。

12 月 23 日—29 日

日记被四姐借去了，这好多天没有记日记，这一半不是我的错。

这几天中大姐走了，到上海，到海门。二弟自日本回来，在上海吃了史荣光的喜酒才回来。他西装笔挺，和我们不大同，说起话来还是以前的神气。他来家,我们吃的东西可就多了。

信来了一大堆。不知为什么忙,总是学校的事就占掉我不少的时间。有时我清早就起来改卷子,觉得早上的时间太好了,改卷子有点可惜,应当自己做点事情。可是这两天早上也起不来了,总是要睡到六七点钟,所以许多事情都没有做。

许多信,就是没有孙小姐的信。她有点奇怪,有时我当她是大人,有时我又当她是小孩子,写信写得很好玩,文章也做得不错。

四姐一直不提缅甸仰光的事,本来不到二姐家去的,这一阵子去了,到二姐家就和四姐谈缅甸仰光的事情,回来自己就讲。我们都不赞成她去,她却是个犟脾气,不要她去,她非要去。所以我们现在也不说了,让她去,说要走,像真的要走似的。

星期二初三地理小考,才考过,我实在没有什么可考的了,只有请三弟画了一张地图。初三下因为要毕业了,除了要学期考试外,还有一次毕业考试。

老刁来信,想我还到德中去。我心又活了,可是又觉得这儿的学生可爱,乙一级我最喜欢的,虽然她们一班最闹。乐益的聘书我看了,又是半年的,所以我更想走了,想到内地去看看。我很奇怪不大想出洋,只想往中国的内地跑跑,我初中毕业的时候就有这样的想头。

爸爸到天津捉四爷去了,临走时说了一番,把五哥也说了一顿。他走了,家里顿时少了不少人,二弟来了,还热闹些。

12 月 30 日　水

卫一萍写张条子来,要我转向妈妈要一千一百元,是十二月份的经费。我把条子给妈妈,她看了就不高兴,说爸爸事先没有打招呼,钱不能给,要他们打电话给爸爸报才能给,意思是条子上没有提到她,所以她大不高兴,手续是不对的,其实是要学校正式写封信给她才行。回来时看见有爸爸自北平来的快信,有问学校款的事,吃饭时说起爸爸来信,说要付学校款的事,才把事情办了,就是四姐说的,"别扭"。

二弟、三弟到董家,我下午有课,没有去。听说青岛有人来,在四姐房里,我当是卞之琳,回来一问才知道是传芷来了。因为他爸爸沈月泉死了,孙先生让他带橘子来,孙先生还叫四姐去。

12月31日　木

昨天讲一段,让好多人讲《赤壁之战》,许多人都讲不出。蒋婉芬、吴宗林、吴忠云,问不出都站起来了。问到田祖泰,她不说也不站起来,我可真是火啦!不说就站了起来,我在问旁人,她就是不肯站起来。我不能放她过去,我放她过去,怎么对得起站着的人?我不讲书了,坐下来看书。叶至美坐在她的后面,用脚去踢她叫她站起来,她还是不肯。这样僵了十分钟的样子,我可受不了啦!对叶说:"下课!我不上了!"做先生这一点权威都没有了,我也可以不做了。后来许多人说情叫她站起来,她用手遮着脸站起来,又不好好的站,不知道她是在哭还是在笑。田祖泰的脾气不好,她们几个都仗着我平时比较喜欢她们,是我把她们宠坏了的。

下午英文,陆汝英也让我狠狠的骂了一顿,我简直就不想让她来上课。

书法课因为发什么单子没有上。

去车站接华粹深,谁知在站上就遇见鼎芳和他的女朋友张凤清。问他们什么时候来的,他们不肯说。六点二十几分,接到了华粹深和许世瑛。

预定是在松鹤楼吃饭的,四姐也去。老苏也要来,一晚上已经到了两次车站了。接到老苏,八毛钱给他开了一间房,回来时已经十一点多了。

1937年

1937 年元旦日　金

天气不好,阴阴的不作美。我们刚好预备今天玩,醒的很早,正在吃早饭,花园饭店有电话来,我匆匆就去了。带了老苏来,老苏穿了军装,倒是蛮精神的。

也来不及谈什么,叫了马车到留园、西园、虎丘。留园最精彩了,一大部分住了兵,不让进去,只有最不好的一部分开放了,我们气死了。他们都没有到过苏州,只有查小姐来过,但是已经记不得了。

中饭大家在冷香阁吃面,是殷会的账①。吃饭后意见不统一,我说到狮子林,他们没有来过,根本不知道。殷替我叫了车,他自己一个人走了,说回学校有事,这一点我最气了。我们从山塘街到五人墓,一趟下来,可惜现在没有什么花。走长长的路到狮子林,山洞把他们全都转晕了。

到观前街,先到观里,今天自然是更热闹了,人都挤不动。许世瑛一心惦记着要吃黄天源的汤团,鼎芳就要找地方拍结婚照,他们都是听来的,自然又到采芝斋买糖果,也是听说好。

慢慢的荡回家里。回到家里,抱了一大堆照片来看。四姐带了高、徐二位出去玩儿,一会儿四姐来电话说,不回来了。我知道他们一定在外面吃东西了,说叫不要等他们了。大家猜拳喝酒高兴的很,大唱曲子。

鼎芳未婚夫妻明天要到嘉兴去,他们还送礼给我们,是南京的鸭子。

---

① 会账:方言,"付钱"之意。——整理者注

1月2日　土

和殷一块儿去送鼎芳他们,去买了胶卷,他们坐十点十分的车到嘉兴。世瑛不大舒服,所以也要走,我也不强留他,就让他走了。

送两头的客人,车开后,我带华粹深先到北寺塔。一路上我们谈些正经事,我想不在苏州,想到别处去找事干。

三块钱合菜,菜又不好又慢,还弄错了我们的菜,不高兴。吃完会账时二弟居然发脾气,当着几个客人的面,居然如此叫人下不来,拿盆子在桌上乱掼,搞得一肚子的气。

到怡园去消消气,从怡园出来,再到拙政园。四姐、表妹、二弟不去了,我们四个坐车子去。老苏还是老脾气,要到处找笔,大概是要做诗。

由拙政园回家,四姐他们不在,我们马上又到沧浪亭,带他们去看书画展览。在南园转了一下,慢慢的走回来,已经是黄昏时分了。

晚饭是在家里吃的。传芳来了,搭《佳期》给他们看,我和四姐、传芳合演《游园惊梦》。送他们走后,我和二弟、四姐又在房里唱了一会儿京戏。

1月3日　日

华、苏二人也乘十点十分的车走,我和四姐去送他们,

客人走了,松了一口气。这半年来,在苏州应酬客人的钱几乎占了我薪水的一半,总是不断的有客,而且都还是远客。

由车站回到观前洗照片,买邮票,办了一些事儿才回来。

下午想做一点事,看一点半的电影,是老殷他们请客,请我们三人,四姐、表妹。《精忠报国》,颇佳。

出来三点钟回家,想到有许多信没有写,家里人多,总是做不了事。

1 月 4 日　月

放假几天,本该上课了,但是学校纪念碑今天揭幕。这碑就在我房的窗外,三弟看见了就骂说不好看,他也太过分了一点。

早上一早起来就做事,爸爸到了,从北京回来了。我们自然讲北京的事儿,三爷、三姐怎样了,一讲,事就没有做多少。

纪念周节目里,他们还一定要我演讲,我胡闹说了几句。现在居然不想一想,能在台上讲话了。

放炮竹,唱校歌,有最小的学生张昭,揭幕。

晚上还有电影,学生们搬椅子到操场上去,我也帮他们搬。

学生拿了许多纪念册来叫我给他们写,四姐也写。

电影一塌糊涂,什么《外蒙豪杰》,小弟弟最要看这类豪杰的片子,我和四姐没有看完就搬着椅子先走了。

开教职员会议到十一点。为了学籍问题,教育厅已经驳回,毫无办法,只有请求甄别,并决定明天三下的大考停止。

1 月 5 日　火

国文上《赤壁之战》。下午没有课,唱曲子,四姐替我吹《吊打》,我替她吹《撇子》。二弟今晚到上海,说七号动身到日本。

1 月 6 日　水

二上的地理是"失地史",我讲中日韩的历史,讲近代史,她们一点不觉得有趣。

一小时的空,菊生来,我和四姐唱一遍《小宴》。

我和三弟带学生们去看东吴新建的健身房。乐益和苏州师范比球,结果乐益大赢。

1月7日　木

作文不上了,我自己讲赤壁之战,因为明天后天是温书,下星期就要大考了。

傅公雷召集高怀之、黄故之、卫一萍、韦茵史、章伟良、我,六人在律师公会谈话,讨论公安局对顾诗甯和学生刘金粟的注意问题。二上有组织的读书会①,顺便讨论了学生的操行问题。

有雨雪,没有去看乐益和慧灵比球,三弟说是胜的,二十一对十。

1月8日　金

今天不上课了,但是我有一课国文要上的,因为没有上完。

经济核算委员会核算一次,十月、十一月两个月份的情况。

下雪,我和四姐仍然去看电影,叫《闺怨》。去吃西餐,喝了半杯白兰地,很舒服。

1月9日　土

英文考读音,考是考了,将来算分数可真是一件麻烦事。

1月10日　日

黄席椿今天又来了,恰巧殷也在这里,自然到观前去荡荡。还借钱

---

① 原文如此,大概是指二位学生有组织读书会的嫌疑。——整理者注

请客,饭后到虎丘,两人玩得很好。在冷香阁谈了半天,给卖橘子水的小姑娘咪去了一毛钱,又坐车到西园、留园。我们不进城,到安庆楼打电话给四姐,她不在家。我钱不够了,吃饭的账还是黄会的。看全本《貂蝉》,看的不起劲,十一点多就回来了,搭了张床让黄睡。

1 月 11 日　　月

大考了,第一课八点半,我考国文。黄席椿让四姐招待到沧浪亭去玩。我监考了两小时,回家一同去吃饭,酒热,吃的难受极了。吃过饭去看电影,看了电影回来,也不出去玩了。黄席椿替我出英文题目。

夜晚九点钟,黄席椿乘快车走了。

1 月 12 日　　火

二姐自上海回来,告诉我们几件事。一件是大姐要卖沙田的事,还有一件是杨诗瑞的事,说他们家很愿意。我们后来又说了许多事,我自己出去不出去的事,宗斌、粹深都来信要我到南京、镇江去做事,四姐到南阳去的事。

下午考二三年级的地理,看《史记》。二姐有孩子在肚里睡在,谈了一下午,什么事也没有做。

1 月 13 日—1 月 16 日

所有的课都考过了,麻烦的事就是改卷子。学生看卷子,田祖泰76 分,还想要加分,别人就闹了。房里一阵大哄,都是来看分数的。

三下的学籍已经不成问题,教育厅派人来监考,题目仍然是我们自己出。

五弟回来了,咳得厉害,住在三弟房里。十六号发下薪水,出去大玩了一顿。先吃的豆腐浆,看电影是《天诛地灭》,又到山吴饭店吃五毛钱的西菜。

要想走的事告诉了爸爸妈妈,爸爸妈妈在饭桌上劝了我一大顿,我仍然想走。四姐走了,没有人蹲在家里,一点劲也没有,不如到外面去寂寞的好。

1月17日 日

早上起来写了不少封短信,把不可不敷衍的信先写了发了。

周耀叫我去有事。四姐肿了起来,劝她去看医生。打电话到柏溪医院说能看,于是我们一同到门口,她走都不大走得动,叫车子,让她坐了去。我到二姐家去,他们都才起来,J也在这儿,大肚子又是一个。周耀和我说了几句爸爸欠账的事,我下半年的事儿,学校的事儿。王莆民来了要找四姐,十一点钟我们一同回家,天阴有点小雨。在乌鹊桥路,遇见四姐坐车回来,说是医生做礼拜去了,真叫人生气。下午让她到圣德医院去看看,小医院也许好一点。我、三弟、五弟都在家里改卷子,天很暗,亮灯,改了一下午、一晚上。四姐看了病回来,一直躺在我的床上。

1月18日 月

写了不少封信。

两天来一直下雨,讨厌极了,可是我们要出去还是要出去的。

今天一定要把卷子都改好。三下考完,傅公雷请教育厅派来的监考人张之琨先生作陪,就在学校图书馆里。他监了几天考,一定无聊极了,我们许多人的事让他一个人做了,是该请他吃吃饭。看他很老实的样子,一口南京话,是中大毕业的。我们谈了不少话。

饭后四姐、五弟替我改卷子。

晚上答应小弟弟每天七点到八点替他温书,又和妈妈、四姐在堂屋里大唱了一晚。今晚嗓子特别好,唱的不少,可算是小同期了。我和妈妈唱《折阳》,我唱旦的地方,简直不行。妈妈唱《闻铃》,我吹,四姐唱《撇子》,她们两人又唱《南浦》,我又唱《定情》,直到九点钟才停。

四姐的病今天已经好一点了。

1 月 19 日　火

八点以前七点半之后,给小弟弟补课,为他讲了一点地理和历史。

四姐看病去。菊生来,我就拍《惊梦》。刚拍完,爸爸说学生找我,是叶至美、周美珍和田祖泰三个人,来要本子的。要本子是小事,看分数是大事,分数我已经交了上去。田祖泰昨晚做梦说她的地理五分,不放心,所以来看。她们三个我还是欢喜的,想叫她们来唱曲子,又怕她们不热心,不叫了。

晚上和五弟、三弟、四姐在他们房里谈北平的事,大家说的很有味。

谈到去上海看韩世昌①,我怕四姐有病在身,所以去的不爽快。到底去不去呢?

---

① 韩世昌(1897—1976):著名昆曲演员,河北高阳人,在 20 世纪 20 年代被誉为"昆曲大王"。1928 年率团赴日本演出,深爱欢迎。1936—1938 曾到南方各省巡演,是北方昆曲剧团向南方传播的一次壮举。

1月20日　水

到底去不去上海，烦得很。一早起来我就去四姐房里，她就说有个十块钱，是借来的，我有二十五元，叫吾妈还对爸爸妈妈说，我们去看韩世昌了。十一点十二特别快车，车上意外的寂静，一车子人都听不见说话，只有我和四姐说话。

真快，马上就到上海了。没有吃中饭，我们到四川路，吃了童〔子〕鸡和腊味煲饭。

到崇明路德林公寓，一元四的房间没有了，只有二元一间的，没有办法，只好定下来了。到平安里十一号黄席椿家，黄请客，我们三点钟才吃的饭，吃不下去，菜贵而且不好。

戏是侯俩武的《倒铜旗》（不是侯永堂），张文生的《安天会》，侯玉山的《嫁妹》（最好最漂亮的，功夫也好），白云生、韩世昌的《藏舟》（不坏，嗓子还好），韩的《相梁》《刺梁》，小丑很好，身段好看，口齿清楚。他们这一批都卖劲，所以好。

黄自己弄了辆车来接我们。送四姐回德林公寓，我就住在黄家楼上。睡不着，和黄讲了好多话。

1月21日　木

早上九点多钟，去找四姐。四姐睡在床上，不舒服了。我跑了好多趟，去给她买止疼药。就在公寓里登了一天，晚上到黄家睡觉。

1月22日　金

吃早饭，把牛肉汁和在粥里，太浓了，吃多了，全吐掉了。一个人走到卡德路口,在小摊上买了一本《世界知识》。章靳以在陪四姐,十一点半他有应酬走了。我们去吃点心,很节省,只吃了几毛钱的,点心还好,只是吃不饱。

预备去灌音,打电话让殷炎麟来。殷带了胡琴来和一和,预备灌一面《采莲》《寻梦》,练了几遍。

让四姐去梳洗,和殷在外面谈了一些家事。

四姐预备好了,一同到新世界中国灌音公司。我替他们俩配好声音,是我出的钱,六块钱打八折,两根针一共五块。

巴金在家请客,很好吃,可惜太多了,吃不了,可惜了。四姐神经病,对自己的片子太热情了,让人去借留声机来,大开而特开机器。巴金大概是不好意思不听,靳是真心实意的。

看戏我们是先去的,熟人多了,有李太太、吴太太等等,一班上海唱曲子的人。戏是《和番》《打子》《思凡》,特别有十八罗汉,身段也颇好看,和四姐她们的大不相同。

我也不管他们,自己叫洋车,到黄席椿家。

1 月 23 日　　土

我醒得很早,在他们房里门口边上看画报。打量四姐已经起来了,打电话给她,问她决不决定今晚回去。我是在上海也呆厌了,钱也快用完了。

到公寓和四姐谈了许多正事。关于章大胖子,关于她将来的问题,关于她身体的问题,讲讲总是叫人难受。

等章来了,我们说要走,他一定不让四姐走。说心里话,我是决定今晚无论怎样也要回去的。

又是何家的童子鸡，碰到巴金和赵家璧。

约好殷炎麟在灌音公司等我们。殷自己灌了一面胡琴，一面空着没有灌，钱是我付的。灌好了，我们一同到思派里看昆曲。

今天的戏坏极了，《游园惊梦》《拾画叫画》，简直不成东西。回去和传芳坐在一块，一会儿传瑛也来了，殷炎麟也来了。我们要去吃饭，他就是不走，不识相。吃饭的时候，他一定想要四姐去把那空白的半面灌掉，我是实在不愿意。

黄席椿家有留声机，我们在他家开，他母亲也要听。

晚上十一点钟的特别快车，黄拿汽车送我们到车站。上车后找不到座位，四姐气，坐下后就伏在我身上睡了。

一到家，她就开她自己的片子。

1 月 24 日　日

董叔昭来了，我、五弟、董三人去周耀家。大姐在上海老是不回来，表妹决定明天走了。

在周耀家，和周耀两人理了一次发，一同回到我们家。

为了我们到上海，没有给家里打招呼，妈妈向张干说了，舅妈也问我，我们自己脸倒红了。

我决定先到南京接洽励志中学的事，再到扬州，爸爸也答应了。晚间，爸爸当着二姐、我、四姐的面，说家里的经济情形，自然是不好的，有债务，二姐、我们顺便说了一下学校里的事。我决定〔搭〕明天十点钟的特别快车走。

1月25日　月

爸爸想妈妈做正式校长，不挂名真做事，让我去劝，妈妈一定不肯。

就是三弟没有去，我们都去了。没有钱，都归二姐一个人出，回来再说。我带我薪水余下的十元，预备到南京去用的。

在火车上，我们人多热闹极了。到镇江，二姐、四姐、表妹、五弟都下去了，我一个人又坐了一小时的火车，到下关。

打电话到励志中学，宗斌不在，放假了。又到图书馆，找到鼎芳叫他等着我。我就去了，问了不少的路才到成贤街，提着一只箱子颇重。

等到五点钟，鼎芳下班，一同到宗斌处。他倒是在家，房子只有三间。和宗斌一同出来，到一处广东店吃晚饭，鼎芳请的客。饭后又到中央商场去兜了一圈，因为腰里没有钱，什么东西也没有买。

李鼎芳回去了，我和宗斌回到他家。她妹妹在中央护士学校念书没有回来，宗斌的床让我睡，他睡他妹妹的床，谈到十一点才睡觉。

1月26日　火

上午，宗斌为我在社里去问一问我的事怎样，我昨晚找高昌南①没有找到。今天早上去中央日报社找高昌南，他在三楼，邀他一同到百帘桥看一看三妈的房子。又到夫子庙走走，去吃了豆腐浆，也还不错，就

---

① 高昌南，毕业于光华大学，曾在光华实中担任英文教员，指导过见和和充和的写作与英语学习。

是咸了点。

李宗斌要我到他家吃中饭，高不去，我一个人去了。宗斌说事情下午一点可以决定，大概不成问题的。我定今天下午三点钟的车，到镇江转扬州的。

一点半了，都还没有人送信来，我要走了，还得到鼎芳那儿去一趟。在宗斌家留话，让他写信到扬州回话。

到了中央图书馆，马上就接到了电话找李鼎芳。是宗斌的电话，叫我马上就回去，有两位先生要见见我。我只好打消今天要走的念头，赶快坐车去。

夏先生还认得，坐了一会儿，一同坐公共汽车到励志中学。说要见一见总干事施先生，施先生说两点钟来的。等到五点钟，他还没有来，真不耐烦呢，先是说在睡觉，后来又说去打球。五点钟在小会客室见到了，穿了打球的衣服，脸上还很热，是东吴的老校友，还没有官气。我的气已消了一半，说了没有几句话，说到五表叔他也认识的。他说他也在这儿找事，不过还有点问题，说我是没有问题的。很好很好，总算是定了。再要看看教务主任包先生，到他家他不在。明天早上我是一定要走了。

鼎芳已经等得不耐烦了，到四川饭馆吃饭，又是他会账。电话告诉高昌南，南京的事定了，大约三十、三十一号，就要再回南京来。

鼎芳一定要我到他那里睡，两个人睡一张床，盖一床被。

1 月 27 日　水

一早起来就到和平门乘车，鼎芳送我的，我带了一只咸水鸭子。车上看鼎芳借来的《太平天国诗抄》，一会儿就到镇江了。到江北是泥码头，次序倒非常好，坐上汽车，半点钟就到扬州城了。还是像以前一样，摆渡过去的。我在城外叫了车子到城里，转了不少的弯，路上遇见表妹和几个女的一起走。

东关街二百八十九号，门口还是一个米店。进去就遇见婆婆和二舅妈，我还认得她们，虽然相隔了有一二十年，向她们磕了头。大舅妈也出来了，君贤新娶的夫人也见到了，胖胖的不难看，颇会招待人。

五弟、四姐、二姐，他们都在一间房，在君贤新房的对面。我、三弟、五弟住的三张床都摆好在。十一点多钟到的，马上就吃点心。

小聋子在前面大厅上唱戏。大家看聋子聪明，就是自己太娇了一点。

吃饭一大桌子人。君强大人也见到了，君良怕人不出来，君贤结了婚，全是大人的样子。婆婆、太太都吃素，桌上是我们家四个，两位新娘子，君贤，德官，恩官，许多人，很热闹。

因为迟了，不能到别处玩，到近处广储门外的史可法梅花岭去玩。大家都去，婆婆也跟着去，她老人家还天天打太极拳，所以很健，走起路来并不比我们慢。

一路四姐讲昨天他们参观贞节堂的情形，颇为感人，是一个阴凄凄的地方。

走出广储门，看看园子，看人做"滴咚"。史公祠已修过，"数点梅花亡国泪，两分明月故臣心"，仍在。

走回来，婆婆问老伯伯家小妹妹的事，四姐告诉她。

晚上都在我们前面房谈话，九点钟大家走了，我们睡觉。我要写一封信，王家新娘拿了信纸信封来。她说大表哥是漂亮人，用漂亮信纸，被她说得颇不好意思。

给孙小姐写信没有写完，困极了。

好多年没有睡这样有方帐子的床了。

宗斌快信，励志中学的聘书来，晚上已到。

1 月 28 日

早早起来的，把信写好。

四姐穿了二姐的花睡衣到处乱跑，跑到花厅后园去。看婆婆打太极拳，熟练极了，和我们在青岛打的略有不同。

天气还不坏，没有太阳，但还不至于下雨，所以大家决定到平山堂去。这次去的人有我们兄弟姐妹、陆家兄弟姐妹，君贤坐船，君良就骑车，小聋子是后来从岸上坐洋车赶到。

从广储门叫了船走，是两只没有篷的船。一艘船上三个藤椅，我和君贤、四姐一船，后来又带上小聋子；二姐、表妹、五弟一船。

由护城河出发，慢慢地摇进瘦西湖，水也慢慢的清了。没有东西遮盖，自然很冷，但是渐渐的也就好了。湖水是那样的平静，水上细细的皱纹，它也怕冷了，两岸景色虽然不是春天，冷落却也是一种美。

我和四姐带白，唱了一出《情挑》，唱完刚好到平山堂脚下。

二姐肚里有小孩，我换二姐，但是也要换四姐。

冬天游人分外的稀少。

看到欧阳修的像，许多御笔，叫人生厌。我们坐在平山堂喝茶，吃金刚饼，因为饿了，吃的真香。

下山上船,到莲新寺,俗名法海寺,破旧,白塔倒了,毫无香火。和尚什么也不懂,问他观音菩萨怎么显灵,他也不知道!看着庙可怜,多给他几个钱。

五亭桥是新修的。法海寺边水边的小庄子,破颓不堪,看看非常好,可是不能进去。这是瘦西湖唯一最好的去处。船到小金山的钓鱼亭旁,上小金山,我们只钻了一个小洞,没有上山门。弥勒佛龛前,有一副对联很好,是:"大肚能容,容世间难容之事;开颜含笑,笑天下可笑之人。"

过去便是徐园,这些地方我都来过的,竹林中有"此君亭"。

船回到广储门,下车到富春吃点心,干丝、包子、油糕都十分可口。吃饱了走回去,小姐们就买花。

明天一早我就要回苏州了,在苏州蹲不了两天又要到南京去。四姐若是去南洋,以后我们会面的机会就少了。

唱昆曲,又在前面的大厅里拉开桌子演戏。我吹笛子,四姐做《游园》,后来我和四姐演《琴挑》,我们是好久没有这样做了。

临走时,婆婆、大舅母、二舅母,每人给十元,正没有钱用在。

1 月 29 日　金

赶七点二十的汽车起来了,婆婆、大舅妈、二舅妈也都陆续起来了,他们吃素的人本来就起得早。她们给了钱,又磕了三个头。吃了面,我们到门口上车,到汽车站。

到江边,船还没有来,等半点多钟才到。江边很冷,但早上的景致很好看。

从容地下了船,看看表,回苏州的火车赶不到。船靠码头又靠了半天,只好到公共汽车站,南京来的特别快车刚好进站,总算凑巧了。

一点到苏州,爸爸在家,说起去南京的事,爸爸倒不很反对。想找妈妈讲话,因为要钱,明后天就要走了,妈妈老是不在家。

二姐让我带回不少话,我只得到他家去一趟。只有老太太在家,别人都不在家里。三弟也到上海去了,大姐也还没有回来。夏妈告诉我,说三弟、大姐今晚都会回来的。

爸爸趁妈妈不在家,和我由讨厌麻四爷说起,一直说到四爷、三弟、四姐。

去乐群洗澡,也许这是最后一次。去了,人很少。

1月30日 土

决定离开乐益,舍不得的是一些可爱的学生们,尤其是乙一班和我顶熟了。叶至美她们对我哭,说你走了,我们的五星就要少了。田祖泰也哭,她们都不要我走。

夜里听见三弟的声音,是大姐、三弟回来了。早上到大姐房里去,她还睡在床上。我们谈了许多事,说到杨诗瑞,说杨家很愿意,没有什么问题。大姐很赞成杨的,我真是没有办法。我常常想,爱一个不认识的人,等结了婚后再去创造爱情,只要那个女人不是太不好就行了。我自己是这样一个人,也不能太苛求别人。

断断续续地理东西,我要离开乐益了,自然得和傅公雷接一下头,虽然他们都知道了,但是总得碰一次头才好。到学校,学校正在大修理,他们在监工。和他谈了一阵,说起我走,不是为别的,只是想换换地

方,不是同先生们有什么问题,半年来和大家相处的都很好,没有什么
意见,学生是更不用说了。说起学生,真是不舍得离开她们。

饭后和大姐一同到观前买东西,大姐买了不少东西,我自己也买了
新被面。到五芳斋吃东西,大姐还要到国货公司买东西。傅公雷等人
要请我,说各位先生,都要请我,我请他们代我答谢。

周耀来。晚间妈妈拿了一百元给我,本来想分一部分给四弟,后来
想到南京还要找房子、置东西,第一个月又没有薪水拿,所以大姐也叫
我带一百元去。

在家只有一晚了,东西全是吾妈给理好的,还给她十元。

1 月 31 日　日

原定九点多的快车,但是还要去十六奶奶家,时间不够,只能乘十
点多的特别快车去。

天气冷,又下雨。有三弟的同学,他也是到南京励志社音乐组做事
的,一路上三弟和他谈音乐。大姐为我打帽子(土耳其帽子,四姐打了
一大半,没有打完的),我看新出的月报。

在车上吃了一顿饭,到镇江,他们下去了,只剩我和郑。他和我大
谈音乐,我简直不懂,不是不懂,是他说的话不很懂。

我知道李宗斌一定会来接我的,可是巧的很,遇见郑畏民,他替我
去取了行李。叫不到公用汽车,叫了一辆野鸡汽车,到红花地八十五
号。在小胡同里不肯开进去,又另外叫了洋车,把行李搬进来。

畏民和宗斌在南京也不常见面。

雨雪,不能出去,我的一双新皮鞋,走他们门口的那一段烂泥路走

坏了。

畏民走后，宗斌从学校借了一张帆布床，把我的行李打开，我就睡在上面。两人睡在小阁楼上，这样觉得很亲热。

2月1日　月

睡得早起得也早，写了几封信，大姐、四姐、三弟一封信，青岛一封信，北平黄席椿一封信。窗外的雪渐渐好看了，把玻璃镶了一道边。

学校附属于励志社，一切全由副总干事施鼎莹负责，黄仁霖①不在南京，所以什么事得问他。今天想领证章、东西，因为找不到他，所以没有领到。校办公室，在励志社的宿舍下面，教室一部分在总社最下一层的一部分，后面是学生宿舍，下面有零零星星的办公室。见到了包先生（教务主任），我的课还没有定，大概总是历史地理。一大早校长就要我出补考题目，出好让卢先生去考。没有事，无聊极了。

到中央日报社找高昌南去，因为宗斌那儿的房子不行。那个房东代理人太板，十五块钱一个月，没有灯，一切都要自己来，房里很破旧，还有一堆呕吐的脏东西，所以不行了。到高那儿，邀他一阵出去找房子，到新街口，找到一个由医院改的公寓，一间大房十五元一月，什么都有就是路远一点，到社里要换车。我们和他讲了，一个钱也不少，我们只得慢慢的再说。

---

① 黄仁霖(1901—1983)：江西安义人，曾短暂就读东吴附中和东吴大学，后赴美留学。1926年回国后，担任全国基督教青年会的干事。1934年蒋介石创办励志社，黄被蒋委任为励志社总干事，1937年3月接替钱大钧为新生活运动促进会总干事。

没处去,只好看电影。不好看,我只想睡觉。就在戏院上面一家俄国菜馆吃饭,高请客。看样子问题没有解决,仍然睡在阁楼上的帆布床。

2月2日　火

到励志社,先签了到再说。一问这里的房间,十八元一间,打折给我只有十四块。看一看房间虽小,但一切家具都有,马上就定下来了。

拿徽章,跑了一跑,见了不少人,但总认不清。又出补考题。

在小会议室看《八月里的乡村》,很好。

和宗斌一起去他们家吃中饭。饭后我搬家,叫辆车,宗斌和我便把行李全部搬来了。不一会儿,把房间都布置好了。房里的桌子太小,但一张衣柜却很好,镜子下面有四个抽屉,我用来摆书,因为没有书架。把房里弄清楚之后,又和宗斌回他家,去看电影《上海血案》。吃馆子,很满意。

买一点东西,坐洋车回励志社。第一天住还习惯,像是学生宿舍一样。

2月3日　水

什么都不熟悉,吃中饭还是等了宗斌来一同去吃的,我还是这样的畏缩。

在大厅楼上开校务会,我是什么也不知道,坐了两点钟,太没有意思了。

饭菜太不好了,里面有沙子。

买东西,零零碎碎的,钢条、杯子啦之类。还是到李家吃的晚饭,比社里的饭好多了。

回来遇见杨镇邦、李亚伦,他们也在南京做事。我住324号,他们住325号,就在隔壁,好极了,我有熟人了。

2月4日 木

开始上课。学校也乱得很,和以前上课一样,是临时课。

鼎芳来,五时一同外出,到太平路逛一逛,又在大同吃饭。荡一荡,买小说杂志回宿舍。

2月5日 金

上三课。中饭时老苏来,他在蒙藏委员会实习,来吃了顿中饭就走了。

总不定心,独自一人难过极了。望信,总没有什么信。四姐来信说六号大姐、表妹、二弟都要来南京,她也许不来,等人真叫人着急。

2月6日 土

下午有课,不能到红花地李家去等她们,招呼宗斌,要她们到社里来。宗斌回去,由安乐酒店打电话来说,她们已到过他家,住在安乐酒店里。问宗斌,知道四姐也来了。

时间真是难过,我在房里没有事,也做不了事,听见电话响就凝神。五弟打电话来,马上去安乐酒店一百三十号,很费事才找到。

四姐、表妹在烧芸香,大姐也在。就是三弟没有来,说今晚从上海来。

四姐好像胖了,又好像多年没有见面似的。

在大同吃饭,叫了好多种饭,吃不下。我穿着我新做的中山装,挂上证章,最大的利益是公共汽车半价。

从一百三十号,搬到一百二十八号大一点的房间。有一张大床,他们三个睡一张,五弟又加一张帆布床给我睡。十点半,三弟还是没有来。

2月7日　日

天还没有亮,大家都醒了,天窗上漏出一点光来。房里就是那么一个天窗,大家谈话,又都睡着了。八点半大家起来,夜里三弟还是没有来。我到宗斌那儿去了一趟,他也没有来。

大姐说中南银行对过一家小馆子,吃早点很好,我们就去吃了。

表妹没有来过南京,陪她玩。宗斌叫好马车,一块半钱,玩了不少地方,真的很值得。

过励志社,我们都下来,大姐她们女客不能进来看我的房子,五弟上楼来看了一下。

车出中山路,先到明孝陵。马车好是很好,就是冷了一点。

石人石马车走过,我们没有下来看,一直到里面。殿都缩小了,没有南口明陵那样伟大,可是修葺的很新,花木也不少,春夏之时定有一番可观。

由隧道上台,见到太祖坟,又到紫霞洞,马车不拉,我们自己走上去,一路完全是竹子,好极了,洞也不过如此。兵多得很,都在玩"法轮常转"。和四姐去打一下钟。

中山陵下,四姐不上了,在底下帐篷里等我们。我、表妹、五弟上去。表妹还不错，上上下下，这么多级台阶，都没有累的样子。

在帐篷里吃面，很不错，吃的很饱。我们再到北伐阵亡将士纪念塔，无梁殿，比中山陵好得多，阴森森的，像一所有许多阴魂的墓。

谭墓也使大家满意，下来就到灵谷寺弯了一弯。

天阴，五个人一辆马车，慢慢的蹓了回来。晚饭在哪儿吃呢？这是个问题，还是大姐决定到"四五六"。在夫子庙，有小女招待卖糖，一点点大的小孩子，挺好玩的，我们被咪去两毛钱。我没有在旅馆住，半价公共汽车回来。

2月8日　月

五课，要到三点二十才下课，今天不能陪他们玩，说好四点到旅馆。

真奇怪，祖麟忽然来了，他是逃出来的，电报什么完全没有打。陪他吃了中饭，自己没有吃。饭后我要上课，他走了，告诉他下午四点我们大家到旅馆。

谁还有心思上课，混了两小时，马上坐公共汽车走了。

四姐她们出去玩刚回来，眼睛迷〔眯〕了，躺在床上。高昌南、五弟来了，三弟在励志社找我，他今天才来。一会儿，宗斌陪他来，大窦来，小窦也来了，人真是多极了。大家玩扑克。宗斌没有钱请吃饭，他要走，我们不让，人多，难得大家都聚在一起，又何必呢！宗斌说现在真好了，赚了这一点钱，居然支持一个家，这事真不容易，自然他要省啦。

大家饿了，出去找馆子，在一家四川饭馆，叫"成渝"，还不错，碰到畏民。

走回来，分不少股。高回报馆，二窦回小杜处，宗斌回家，我和四姐去买纸,他们回旅馆。

在荣宝斋(是北京下来的),买了四张好纸。走回旅馆,我很倦,也不早了,我睡了。

2 月 9 日　火

今天阴历十二月二十八,明天年三十[①],舅妈一定要他们至迟今天回扬州去。阴雨的天气,十一点下课了,在会客室里见到四姐和高昌南,东西都带来了,预备从我这儿走了。

坐下来谈谈,谈的是不要到南洋去了,就在南京做事似乎已经很好了。四姐就是这样,什么事她都是把它想得太快了一点,没有做就想得很远了。他们两人都不饿,我可是饿了,一同到西餐部去。社员五折,不贵,菜也不坏。

三点二十五的车,我二点二十下课,他们等我五十分钟。叫汽车到下关车站,五弟已经在门口等我们了,三弟不走,因为他没有玩到什么。

车开了,已经有一段,我忽然想起雨衣在车上。跑去赶他们,他们居然丢了下来。

我和高昌南回来,送客最不开心了。

晚上三弟和郑畏民去夫子庙玩玩。三弟睡在我房地铺上,他不回来,心不定,睡也睡不着。十一点他们才回来。

2 月 10 日　水

说不出的不快乐,是除夕了,无头绪。下午送三弟走,是怎样的一

---

① 应是十二月二十九,但这天是除夕。

个下午？

还有值日。宗斌邀吃年夜饭，宁、陆，我们三个人去，猜拳吃酒，说了不少励志社的事。

独自坐汽车回社……

2 月 11 日　木

又雨又雪，课又多(五课)，又是年初一。

学生全不对心，上课我也不对心，可是我不能不对他们说。

2 月 12 日　金

黄仁荣要我们开什么出刊物的讨论会，有宗斌，张老先生(国文教师)，讨厌极了，把我们初一的课调到下午。下午说要去踏雪，全校都去，我的两个课没有了。但是雪下大了，课又要上了。

冒着大雪北风，到初中部去上课，很大的一段路，真是受不了。

又遇见五表叔他们，我和他大谈了一阵。这两天也是太无聊了，见一个熟人就很高兴。

晚间又在隔壁房里，大讲一阵。

2 月 13 日　土

踏雪，说去又没有去成，我只好又去上课了。

鼎芳昨天来电话，说是殷今天来，下午一起来看我。下午宗斌也来了，我打电话给鼎芳说我有别的亲戚约今天，不等他们。他说是殷也没有来，我不大高兴跟他在一起，他太叫人肉麻了。宗斌他们就是这点好,我们好朋友,是好在心里的。

和宗斌出去,我在中央书店看杂志等他。我们听听空中拉戏,又去听听清唱,太不行了,就去看书。腿冷,我们跑到"新都"隔壁的"美美"俄菜馆,吃得也不满意。

很不幸的样子回来,宗斌回家了。杨、陈都在家,我们吃酒(葡萄酒)。

2 月 14 日　日

星期日,总得好玩一点吧!鼎芳昨天来电话说要来,早上他来了,我们一块出去。我写好一封给孙小姐的信,走出来他把我的信抢了过去,我要回来,他不给,我非常生气。

许世瑛来了,他是来南京看爸爸的。大家都在房里,他这房里有太阳,比我那房里好得多。

才开市,春风小啜,楼客满,到"桃花村",有一联颇佳,"劝君更进一杯酒,与尔共销万古愁"。菜是四川菜,太辣了。吃了酒回来,世瑛晚回镇江,到他哥哥那儿去了。

我也要走,鼎芳跟了出来,看他实在无聊,就带了他回社里。

看了半天的照片,让他拿了几张好照片。

2 月 15 日　月

开三中全会,我们的胖总干事回来了,说出席纪念周。副座也因为有病不能到会,包主席大谈时局。我和宗斌便看四姐贡献上的一篇《变戏法》,宗斌说不好,我不大高兴。

下课，想跟宗斌走，结果没有走，回房间写信。

2 月 16 日—18 日

原来是难过极了，听说四姐就要来，人又为之一振。她已决定不去南洋了，到南京来做事，高先生找的，教外国女人的书，一月三十元还有稿费。高说还可以在报馆里找一个小事儿，来信要我们找房子。和报馆的事务平先生一同出去找房子，在国府路西段，近报社的地方，一百九十六号找到两间房。和一个老头子交涉了半天，二十一元租定，先付两块定钱，还是向平先生借的，二十号再去付两个月的房钱。家具也是平先生帮忙租好的，四元一月。一切都弄定规（十八号），到报馆写快信，打电话。张干来接的，四姐他们都到许振寰家里去吃喜酒了。和高一起出来吃晚饭，看见一个人触电，死在电线干〔杆〕子上，心里很不舒服。

2 月 19 日　金

天气非常好，暖和极了，春天的样子。林先生请客，李、我、陆三人，林先生有点倔，我不很喜欢他，谈起来也是老朋友了。到苏州饭店，陆先生说吃豆腐（女招待），但苏州饭店的豆腐是坏的、酸的。宗斌说，我们去的太早。一看豆腐不行，恶心得很，态度也不好，于是吃点点心就走了。

到乐群去听清唱。正式的清音，我还没有听过，这是第一次。在一个台上，一张桌子，桌子上有两盏灯，每一个歌女轮着站在桌边上来唱，还算满意。十二点到社里，天已经下雨。

2 月 20 日　土

对这边的学生总像没有好感,尤其是高一的,对我印象最坏,初二的也不好。

中上接到叶至美、沈凤英、周美珍的来信,我说不出的高兴,带到饭厅里去慢慢的看。

下午又有沈芝华、邱家寿来的信。

写一封信给三姐,一封给黄席椿。

2 月 21 日　日

起来写信,写好一封信给四姐,要她来时为我带几样东西来。还预备写两封信给学生们,顺便打一个电话给高昌南。他告诉我也有长途电话来,说四姐今天来,不知道是十二点四十八,还是二点三十四。我听了真是开心,又从信箱里把信拿了回来,把邮票在水里泡了撕下来。

还得到宗斌那儿去一趟,他昨天约我去他家吃中饭,不能去了,不过得去打一下招呼。到他家,他还没有起床,我站在宗斌的床前谈了很久。说的是四姐,他要给黄席椿做媒,我不大好意思问他自己的意思怎样。

到十二点我才离开他家到报馆。阿兰刚起来,高拿了躺椅、锅子、打气炉子,跟我一同到新居里去。家具都已经搬来,就是东边的一间。我的房里东西太少,只有一张床、一张桌子。现在方桌抬不进来,门太窄了。

我们到和平门车站,下小雨,在那荒凉的车站等了一会儿,火车来了,窗口伸出小红帽子来。四姐来了,零零碎碎的有十一件东西。一辆马车拉东西,一直拉到香铺塘一九八号门口。

新居颇使她满意。马上布置起来,打气炉子打起气来,就烤米面粑粑吃了。我是吃了两顿的,吃不下了,他们中上没有吃饭。

整得稍微有点头绪。刚刚出去买居家用的东西,茶壶、笤帚、马桶之类,这些我们全不在行,让张干买。我们到报馆,在编辑室的沙发上坐着谈天,自然谈的是她做事做文章的事了。快七点才出去吃饭。

细雨中我们走了回来,高昌兰回去了,张干在我房里煮粥。

找房东李先生谈了一阵,他叫四姐姑太太。

九点动身回社,我还得过两天再搬过来。

2月22日 月

纪念周,总座、黄领导宣读我们的社"新生活运动"三周年纪念、对全国民众的训话,总座命令全体员工立正恭听,我站起来后,在心里想的是圣旨、下跪。对皇帝的圣旨,是要跪着听的,对我们的社长,新生活运动大会的会长的演讲是应当立正恭听的,并且还有点假传圣旨的味道。因为将总座"新生活"三字,改为"励志",照新生活运动所说的话,要励志。

从礼堂出来,和宗斌说这事儿,我说是假传圣旨,这倒不错。我们的腿都站酸了。

四姐告诉我说,馆里人把她当作高昌南的家眷,她气极了。

简单的第一顿,正式在新居里吃饭。是一小碗牛肉炒芹菜、一碟小菜、一锅青菜、一碟鸭肫、一小锅鸡蛋汤。吃了两碗多饭,在励志社从来没有这样吃过。

家里乱的很,大堆大堆的字纸,张干就抱怨没有好的厨房,东西没有地方摆。

又回来上课。

《训练》双周刊是要短命的,创刊号稿子很多,我和宗斌是编辑,下课后改稿子,诗稿真没有办法替他改。

晚饭吃的是面,四姐吃了就睡觉了,笛子也不吹了。高昌南又来了,说老蒋去了美国的消息。

（第十七本结束）

2 月 23 日　火

阴雨,记日记。早上起来上了两课后,要回国府路吃饭。雨大了,我的雨衣留在家里,到处借伞借不到。

回家,高自然在,他是打算以后每顿饭都来吃的了,预备出十块钱的饭菜钱。但是我们不要他的,四姐已经不高兴他天天来我们家吃饭。

地理课学生都要做笔记。其实做笔记对我来说是最方便的,我只要照抄书就好了。

课后赶《训练》第一期的稿子,宗斌也改了许多,稿子有滑稽的,新诗尤其没有办法改。蒋介石的三干精神也入了诗。

回家带回一条毯子,我预备慢慢的带一点走。

唱一段曲子,我们到商场去买点东西。

2 月 24 日　水

怪不得昨夜那样的冷,原来夜里下雪了。

回了乐益学生来的信,我好像很高兴写信给她们。

今天下午没有课,十一点就回去了。

我们唱《亭会》整出戏,四姐吹了一段。

呆在家里无聊,到夫子庙去吧。从夫子庙一直朝西走,走到健康路,后来简直不对了,看见城门了,就回来了。

2 月 25 日　木

今天有五课,晚上灯节,但又正逢值班,不能回来。

鼎芳来电话说要五点钟来,在房里等他。老苏和一个人来了,那个人是励志社体育股的,在兰州和他认识的。

周耀来信,要南京市的地图,我去买了一份地图,又买了这个日记本。

2 月 26 日、27 日

和四姐到新都看了一次电影,《英烈传》,颇精彩。

梅兰芳在大华唱,老是买不着票。

2 月 28 日　日

预备要搬到家里来住了。从社里租家具,我还要一张书桌,张干还要一张桌子摆厨房用具。在中山路一家藤器店里,一块八毛钱买了一张藤椅。到太平路书店跑跑,我又买了一张地图,四姐买了两本杂志。

回家吃中饭。

家具没有租成,到四婶妈家去借,富民坊十七号。吴子玉不在家,出来一个人,四姐也不认识,可能是四婶妈的姐姐妹妹之类,说话很客气。说起家具,说都封了,有的在外面被人家用着。我们看这样也不必了。

四姐要吃豆腐捞,我便和四姐去吃了。

想明天搬过来,无论怎样,明天总可以发薪水了。

3 月 1 日　月

又是纪念周,蒋景恩演讲。

据说今天又不发薪水了,我把理好的东西又拿了一部分出来。真是有点气人,等着薪水来好付房钱,付了房钱就可以出去住了。

回家,昨天托高先生租的写字台和张干用的台子,都来了。

快要睡觉的时候老苏来了,要我加入什么青年服务团,讨厌死了。

3 月 2 日　火

上午还是没有发薪水。下午发了薪水,叫工友去领的,七十六块九。我又不高兴了,我满以为有八十呢。

不管了,总算有钱搬家了,赏了工友一块钱,房钱十四块七。

二姐来了,是来玩的。

冒雨出去为张干买床,我们不能让她睡地上。

3月3日　水

前两天沈从文来信说,要高植来看我,果然他今天来了。我不大认识他,只在清华见过一次面。在会客室里谈了一会儿,我要回去吃饭了,我邀他一起去。他来了但是没有吃饭,他说早饭吃的太迟了,吃不下。他是合肥人同乡,说起他太太和张天朣是朋友的事儿,四姐好像和他太太也熟了似的。我们大谈一阵,连张干也能搭上话来。

天气还好,不下雨,阴阴的,正好出去玩。二姐肚里有小孩子,不能坐汽车,坐了马车也好玩一点。

(续前)①高先生回家,孝陵,中山陵,谭墓,梅未开,中山文化教育馆,饿,豆沙元宵,去孝陵街高家,高太太,马车催。

3月4日

五课带值班,椅子上睡着,晚饭,黄,郑,还二元,请客,后面值班时写信,老苏来,没法,九点走。

3月5日

没课,高赌输,昌南车钱,大鼓,二姐吃,洋车,夫子庙市场,豆腐捞,走走,回来,买面包。

3月7日

二姐走,我未送,讲不好书,开会还好,快六点,李鼎芳,范中碧,沈,

---

① 此后至3月21日的内容是作者补记的。——整理者注

马祥兴(林主席①的馆子),不错。

3 月 8 日—21 日

四弟来信说要考学校了,没有钱简直不行。我因为说好要津贴他一百元的,而我那一百元到南京来时用掉了,我真是没有办法,想从每月的薪水里抽出来,不知道要到哪天才抽得出来。还是四姐想到一个法子,她把我小时候的金锁片子带来了,换一片大的,大概可以够了。结果换到八十元,托高昌南去汇了。

L 和张新亚也来南京了。L 在济南把小孩子养了,是男的,不好玩。这几天我们去了他家两趟,他家的房子很好。

在这儿住了一个家,来来往往的人就多了。麻四爷也来过,五表叔也来过,七姐也从北京来过,老苏不用说,是老跑的,鼎芳近来也常常跑来玩。高昌南是天天来的,四姐就讨厌他。他又给了十块钱饭钱,一定要来吃饭。

有了一个家,有了四姐在,我也不无聊了。没有事就回家,也不大出去玩,我们也不吵嘴了。

在学校里渐渐的熟了,也就是那么一回事,不能理他,也不能不理他。这两星期来,学校真是忙,忙出考题,忙批改考卷,考卷中的一部分还是由李鼎芳代看的,一共有九班卷子,真是够累人的。初一我的课最多了,也比较听话。初一我每周有八小时的课,四小时英文,地理历史各二小时。初二比较闹,但还没有高一闹的厉害,高一也只有杨昌熙一

---

① 指当时国民政府委员会主席林森(1868—1943)。

班人闹得厉害。初三最好，高二原来也还好，现在看看也不好了。初一历史是从秦汉讲起，初二是清史，初三是工业革命起，高一从春秋讲起，高二教西洋史，我没有一样功课是相同的，预备起来真是麻烦。好在我也不大预备，堂上去总可以吹一阵子，尤其是初中的历史课，更是好吹。使我最感到困难的是高一的地理，老实说我自己也不大懂得。有的学生没有书，没有地图，上课只能抄抄笔记，别无它法。我也没有别的什么参考书，反正是到课堂上去吹一阵了事。

这许多天来欠了不少信。我写了一封信给乐益乙一班的全体同学，她们一个一个的都写了信给我，有的我复了，有的我一直没有复。

孙小姐还是不断有信来，我也有信去，信上也说不出什么来，只是谈谈昆曲，问问近况。我自己老是想着进一步，但是又不敢冒昧。

大姐替我在海门问了杨思瑞，说他们家也没有什么不愿意，吴二爹爹又从中做媒。杨家的小姐大概是清华数学系教务主任杨武之的侄女。我自己本身的事儿还没弄清楚，又偏偏来这么许多事，我真是没有办法。

四姐也是的，卞之琳、殷炎麟、黄席椿……一般人都有野心，但是谁也不中她的意，就只有章靳以她还高兴的和他玩。我劝她就嫁了吧，她又不肯，大概她所想象的丈夫，还得要一个好一点的才行。

半个月来，好像有很多事要记，其实并没有，只是上课下课回家吃饭而已。没有什么特殊的事好记，所以我只好仍然点下去……

3 月 22 日　月

因为第一课有课，所以到校特别早。到办公室看到有一封电报，是芜湖来的,叫四姐去玩的,我打了个电话,去告诉她一声。今天和卞之琳约好,到方全茹那儿去的。卞之琳是星期六就来的,他来最大的好处,就是为我们从北京把留声机带来了。

中上回去吃饭,四姐不在。

下午下课回家,四姐和卞之琳在。四姐原想今天晚上走的,我们都劝她明天再走,今天既然不走,我们便到夫子庙去吃豆腐捞。又看了半天变戏法,手法快极了。

明天四姐要走的早,早早就歇了。嘱咐卞之琳明天早上不要来送了。

为二姐编什么妇女周刊。二姐病了,是太累的缘故,叫我们代编。高就交给我们做,九点多钟他来拿了去。

3 月 23 日　火

三四点钟就醒了,又睡不着,等我们才起来,卞之琳又来了。真是要死了,自然又给他送上了,和他在一起无趣得很,谈不出什么有风度的话。虽然他把我当小孩子,送了一筒赵士林的糖给我,我还是不能为他说好话。

天阴,要下雨,四姐带了伞,我穿了雨衣,到中华门车站。这地方我还没有去过,是新造的车站,小小巧巧的。

站上人颇稀少,七点四十的车,早到了十多分钟,车子上也很干净。陆君贤到了才知道,芜湖二妈过生日,买东西也来不及了,日子就是今天。

回到家里,替四姐把房里整理了一下,开开我好久没有听的旧片子。写了六封信,四弟、三弟、小孙、傅公雷、二姐……

3月24日　大雪　水

天气很冷。

只有两课,往日嫌课多,今天嫌课少了。中午回来就没有事做,饭后忽然下起很大的雪来。雪愈下愈大,可是我实在是有点耐不住,我仍然穿好衣服,冒雪出去。刚到楼下,就碰到七表叔,又只好回来谈了一会儿。他走后,我仍然出去。

到杨公井下车,到中央书局去翻杂志,翻了半天,买了四本:《月报》《世界知识》《时代漫画》《健康画报》。看了他不少画报。

回家看画报,顾志成来也没有见到。电灯一会儿又灭了,自己一个人开开片子,也吹吹笛子,又做做《情挑》的身段。亏得没有人看见,否则别人还以为我是痴子了。

把《情挑》搭玩,四姐却回来了。我们都没有想到她来得这样快,虽然只隔一天,但我们好像久别重逢时的那样高兴。告诉我在芜湖,是怎样的无聊,一定要回来,天下这样大的雪,身上都冻僵了,马上躺到床上去,拿一个热水瓶焐起来。我吃饭后,她才吃烫饭。

3月25日　木

有社会局的督学之类来看上课,下午我正在上初中的历史,他拿着笔记本,记了一阵子。

翻阅《月报》,补记日记。

坐上汽车回来。四姐去出席什么文艺座谈会去了。

3 月 26 日　金

一天都是初中的课,接到乐益学生叶至美等的信,心里很高兴。

下午在学校时,和宗斌打了一小时的网球。回来我又洗了澡,在公共浴室里洗的,洗得不好。

我正在看一本日本军文部发表的小册子,四姐回来了。我们吃了晚饭,到中南旅馆去看赵表叔,他不在,我们就回来了。

3 月 27 日　晴朗　土

集体结婚借励志社的礼堂,初中的学生们参加服务,高一的课移到明天上。算是今天是礼拜天,放假一天。

下午李鼎芳带了一只鸡来,预备晚上吃。他今晚十一点的车,要到上海去看查小姐。

鼎芳来,我们大唱一阵。我唱了一支《亭会》,我吹,四姐唱了一支《刺虎》。

晚上倦极了,八点半就睡了。四姐在睡前做《寻梦》,我一点精神也没有。

3 月 28 日　日

今天是星期日,我们还要上课。

下午还仍然去,但高二的教室里有人补习德文,历史就没有上了。

中上我正预备去会客室看看书,碰到七表叔、五表叔、七姑爷、五姑爷,一大群人。我陪他们敷衍了一小时。

三点回来,四姐说要出去看人。先去看赵表叔,不在家。到宗斌家,宗斌和宗灵到燕子矶去了。我们到玄武湖去,人真是多,路上热闹极了。湖边人也非常多,我们看人抢着上船,又看见鸳鸯。我们走到翠洲那儿去,那儿还冷静,我们走走歇歇。

春色很深了,远远的,柳如烟,城墙,山,夕阳如月亮,昏昏的。

回家不高兴唱曲子,和四姐吵了。

3月29日　　月

托黄花岗诸位烈士的福,今天放假一天。早上还要签到,还有什么仪式,真讨厌,请什么党部的人来演说,说得坏极了。

十点多钟我就走了,昨天听宗斌到燕子矶去,今天我们也去。张干病了,躺在床上,我们就自己做面吃。做得像面糊涂,实在是不好,我吃了两碗,四姐还吃了三碗呢。没有洗碗我们就走了。

买了些水果和糖,叫马车出和平门,经过皋村、太平村,走了许多小河岔子,才到燕子矶。远远的又望见矶上有亭子,造得不好看。

爬到顶上,风很大,人也不少。我们坐在石头上吃水果,半天才下来,看到长江里的船还不错。下燕子矶,到三台洞,第一台、第二台都没有什么好玩的。第三台最好,洞高大,有一个地方可以看到天,也可以看到地。

回来已经有点冷了,很倦的睡了。

3月30日　　火

上课时带了图章,但是没有拿到薪水。我们决定到合肥去一趟。

改好卷子,洗好澡,回家。

4 月—6 月

到合肥去了一趟,日记于是一丢就是一个多月了。不记日记,别的什么都丢了下来。旅行一次在我好像是一件大事,又像是生病一样,总得不少天后才能够恢复原状。累了一天就得歇两天,不只是累,还有不定心,一不定心,什么事都不能做。

放春假的时候,四月一号到七号到合肥去的,我们一家三口人全去了。一共只用了三十块钱,真是算省的了。四姐现在她会省钱了,替我管着钱,每月还能替我存一点钱,真是快变成管家婆了。

买的是来回票,从芜湖都没有停,也没有去看二妈。江南路、淮南路还修得好,只是有点草率了。车站码头都好像是临时的,路也坏,车摇的厉害,张干简直是受不了了,又吐又难过。去的时候裕溪的车站还在造,月台都是刚做的。

车到合肥,站也是刚修好的,不认得路,又叫不到车子,我们三个人居然走到了家门口。一路上问人,也还仿佛记得,到了门口,反倒不认得了,因为门口让人家开了一个小店。亏得站在门口的一个什么人,认得四姐,我们才进去。小陆先生(陆二先生已经去世了),郑三,陆先生都在这儿。那我就住在大厅的西客房,四姐、张干住在西廊下的一个小院子里。公馆简直不像话了,以前的火巷子现在也亮了,成了三妈的厨房,看上去叫人不舒服。三妈家又在后面他们的地面上造出了房子,四妈带小弟弟、小妹妹住在。其余的房子租给了别人住,据说有七八十人的样子,简直是一个大杂院了。四姐看到她以前的书房,现在也租给一家人住了。老姨太太的灵位搁在后面的仓房里,三妈在为他的媳妇翻丝绵,也在仓房里。因为分了家,所以一个公馆里打了不少道墙,尤其是后面,隔成了不少家。

我到合肥真是无聊,陌生得很。四姐比较熟一点,她还有不少旧朋友,如张天瞿、唐二姐。我是一个熟人也没有,一人在家听陆八先生说一些坟上和家里的事。

我住在西客房,第一夜四姐就不放心,要叫人陪我,我一定不要。后来我问她为什么,她不肯说,说等回家以后再说。我知道有事,但是不知道是什么事,所以也不怕。睡觉的时候把灯捻小一点,不完全吹灭,帐子也不放,几天来,只听见天花板上颇有响动。后来问四姐,她才说,七爹爹以前就是在这个房里死的,夜里睡的好好的,长长的叫了一声,就不行了。的确有点怕人,好在后来才知道的。

回家第一要紧的任务就是上坟,十几年来都没有上过坟,尤其是大大的坟,自安葬后,我们都没有去过呢。那天一早,天还没有亮,我们都起来了,一共有四顶轿子,小弟弟和小陆先生都去的。一天走了一百多里路,张家所有的老坟都上到了,连陆家的外祖父外祖母的坟也上到了。合肥的乡下真是荒凉,简直就没有什么树林,黄黄的。去的时候往大蜀山南面走的,回来的时候,走山北。在十八大井吃了一顿早饭,早饭也是饭,菜式挺好的了,尽都是咸菜、咸鸭子、咸胗肝,甚至于腰子也是咸的。我是吃不下饭的,小弟弟和小陆先生,吃了不少。轿夫们也吃了不少,他们是应当多吃的,还得走百把里路呢!

大爹爹大奶奶的坟场在小河湾,最好,有水,所谓风水好。我们也看得出来,那个地方站着就觉得好气派的,前面很空旷,后面有山,像宝座似的,站着坐着都觉得颇安心似的。吃中饭的时候到小河湾,我还依稀记得那个坟场,这已经是十六年以前的事了。有的事我记日记很好,有许多事我却永远忘不了它。这不一定是要紧的事儿,就像我现在还记得这个坟场。这里只有一只马桶,早上起来马桶满了,没有地方上马桶,急得没有办法。看门的人已经换了一家,这家大小共有十几口人,老的头发全白了,年轻力壮的有一个瞎了眼睛,小孩子就更多了。他们看见我们好像是两样的人,隔膜得很,而我们总觉得乡下的人非常可亲。在亲奶奶的坟场,我们给一个看坟的年轻人钱,他就手足无措,也不会说谢谢。小孩子们全都围过来看我们吃糕饼,给他吃,他们又想吃又怕。时间过得太快,又怕有土匪。回程的时候,我的轿夫李贵,是宗干的儿子,到十里头抬不动了,腰硬了。王晓像是轿夫头,他平时不抬轿子,现在王晓自己抬,抬得快极了,路上认得他的人都说,这老家伙真是还成。王晓抬着轿子一头走,一路和另外一个脚夫骂李贵不成。李贵白白的脸,长个子,有肺病,张干后来说他回家去睡了几天。

上坟烧纸烧元宝,我还相信阴间也许有这么一回事儿。烧洋钱我就不大相信了,烧票子我更是不相信了,这不知道是一种什么感觉?

回家第一件事上坟,第二件是为了我的亲事。吴二爹爹屡次来信给大姐,给十九爹爹,为我说杨家小姐的亲事。陆八先生他们也知道,一打听,她家父亲是合肥的上海银行的经理,大概颇有钱,曾经因为贩卖私货,让人给捉了去,名声不大好,所以陆八一点也不怂恿我,小姐毕业未毕业还是个问题。这些我全不在乎,我就是怕麻烦。那天去见吴二爹爹,马上就说起这个事,我一句话缓一缓,就推辞了。吴二爹爹大概很不高兴。马上我们就去上坟了。

到合肥来,我这真无趣。

回到南京后，接着就有不少的事。

四姐到丹阳去了。那是一个礼拜天，卞之琳四姐不要他来，他一定要来，四姐就躲出去了，到丹阳去。早上我送她去，她是去看许振寰，晚上我就回来了。许振寰在蚕种改良所做事，那天正是发种的时候，她忙极了，我们去打搅了她。丹阳没有什么好玩的，我们到公园去，比苏州的公园还要坏，许多兵、壮丁都在里面受训，公共体育场的台子都倒了。明天还要上课，所以晚上一定要走的。这样短短的一天，我们还赶了个同期。到一家人家去听唱，自己也还唱了一段，听了个和尚唱赞子，赶晚车回来。

打发卞之琳也是我。找到卞之琳住的旅馆，我虽然不会说话，可是我劝了他一小时的样子，这不是谁的错的问题。卞之琳告诉我，他要走了，到杭州到宜兴去云游一下。他这样的生活我真是羡慕，领薪水而不干活，又没有地点的限制，真是好极了的事。

卞之琳走后，章大胖子就来了。四姐在丹阳还没有回来，章大胖子和我说了一个下午卞之琳和四姐的事。他是老大哥的口气，他要是有心，四姐也颇无意拒绝……

还不知道是哪一天写下上面的一段，一个月了。

我回到苏州去了一趟，是去看二姐的病。二姐生下一个孩子，只活了三十二小时就死了。二姐颇难过，周耀也颇介意。

一回到家，乐益楼上的女学生们就叫"张先生回来了，张先生回来了"，马上传遍了全校。小舅舅也自日本回来了，我们谈起学校的事，要我和小舅舅组合来办乐益，我还没有决定。

那两天，学生们都在大露营，在公共体育场。我们励志中学也是因为大露营，所以我才有空回家的。学生们露营，我跑去看他们，叶至美炒菜，看样子还炒得不错。以前的同事们还请我在松鹤楼吃了一顿饭，傅公雷为了钱的事，又和我谈了许多话。在苏州只住了两夜，拖了陆家表妹一起来看四姐，四姐却跟杨先生他们去黄山了，十分的对不起表妹。没有能好好的陪她玩，就是一同到燕子矶去了一趟，周耀也去的，他的江苏银行的汽车接我们。表妹许多人都说很好，很不错，看看果然不错，很稳，做事有条有理的，不作声，是典型的好媳妇。

四姐从黄山回来，自然讲的尽是黄山了。杨先生待她最好，像老祖母似的。他们一起到黄山去的是吴之椿①、欧阳采薇②、吴太、丁西林。

原说不上公余社的，不唱戏的，只去看过他们彩排过两次。四姐忍不住也要去唱了，先后共唱过两次，一次在公余社里中正堂，一次在苏州同乡会。在公余社，四姐做的《扫花》和《游园惊梦》，在苏州同乡会，她做的《游园惊梦》和《乔醋》。

爸爸和小舅舅又来南京一次，为了学校的事和我商量了很久，我才决定回乐益。

这两天来的人真是不少，四姐的朋友就有会唱曲子的徐先生，黄山的吴先生、吴太太、高植③夫妇，总之平均每天有一两个客人来。我和

① 吴之椿（1894—1971）：湖北省江陵（今沙市）人，先后就读于美国伊利诺伊大学、哈佛大学和法国巴黎大学。大革命期间，作为外交部长陈友仁的助手，先后参与收回汉口、九江英租界的谈判。1928 年后，担任清华大学第一任教务长、政治学系主任。后历任山东大学、武汉大学、西南联大、北京大学教授。
② 欧阳采薇（1910—?）：著名翻译家，1932 年毕业于清华大学西洋语言文学系，与杨绛是大学同学兼好友。1934 年中秋与吴之椿在北京欧美同学会结婚。
③ 高植（1911—1960）：现当代作家、翻译家，致力于俄罗斯文学的研究。1932 年毕业于中央大学，抗日战争时期，他埋头翻译列夫·托尔斯泰的现实主义巨著《战争与和平》，是将俄文原著直译为中文的第一人。

四姐就从来没有两个人吃过一餐的，有时多的时候，一天有七八个客人来。客人来是好意，但这几个月来，我们是什么事也没有做。四姐从黄山倦游归来，就没有好好的写过文章，刚来的两个月，每月总有六十元的稿费，文章总有十几篇，近来是把心玩的野了，接着唱了两回戏，更是心野了。

张天臞忽然自合肥来南京结婚，这一阵子又忙坏了四姐。张来结婚什么都没有，还说要简单而隆重，因为男的王气钟①先生，是曾经有太太而离过婚的。因为结婚又来了不少四姐的朋友，像谭声清、宋大姐等等，都是从合肥来的。礼堂在吴宫，颇为雅致，只是到的客人太少。我还做男傧相，三块半一身的中山装，四姐做女傧相，衣服颇花了不少钱，比新娘子的还贵。他们结婚住在旅馆里，后来又搬了家，王气钟也到北平去了，他在北平蒙藏学校当教务主任。

因为张的母亲来，四姐又和他们提起梁韵露的事来。其实我对于这种事真的不在乎，在合肥只见过几次，我连她的脸是什么样子都不很记得。

现在叫我和谁结婚，我都觉得没有多大关系，只要不大难看，不太笨的人，我总会对她好好的。现在再叫我恋爱似的，觉得似乎已经过去了，要结婚就结婚吧，不再谈恋爱了。我回去乐益当校长或是教务主任的话，不结婚容易惹人说话，所以我想回家去，只要有机缘，便结婚吧，也算

---

① 王气钟（？—1993）：又名王气中，合肥人。1930 年毕业于中央大学国文系，得益于合肥同乡、国民党元老吴忠信的提携和赏识，自 1937 年 2 月起，先后任北平蒙藏学校教务长、国民政府蒙藏委员会专员等职。1937 年抗战前夕，王气钟在上海与自己任教安徽省立第六女子中学的学生、安徽省立图书馆任职时的同事张天臞（张充和堂姐）结婚。其女婿是著名法籍华裔作家高行健。

了却一桩心事。回家得对大姐说一说，现在是让别人为我娶太太了事。

青岛的孙小姐她还是个小孩子，也许故意回避。他父亲十分宠爱她，她父亲对四姐很好，我老觉得他父亲对我并不好，在青岛时我就有这样的感觉了，现在是愈来愈鲜明的样子了。此事但求将来成为朋友也是好的，就怕也会渐渐的不通音信了。这次她又病了一场，我写了几封信去，没有复信，我也就算，她病好了，写了一封不太短的信来，这才像又接上了似的。孙小姐没有什么好看，人是太娇了一点，是老父亲惯的。有一个不是亲生的哥哥，爸爸不喜欢，还有人说样子有点像我的哥哥，在广西做事。所以就此一个宝贝似的女儿伴着爸爸，爸爸看得是天仙一般。我和她只有一个月的交情，还是因为买胭脂才写起信来的，看起来似乎很密，现在也疏了。四姐要到青岛去，她也要我去。我想我若是去的话，还一定可以和她闹得好一点，这样老是不见面，光写写是不行的。可是我为了种种的事，是不能够随便就去的，若是乐益的事不成，我再到别处找事，还可以去青岛一趟。

三弟也到南京来了，在玄武湖上找了一间房子，很不错。他找他的先生金辉声，要在中央摄影场音乐组做事。现在事还未定，他已经进去办公了，不知道他怎样弄。

四姐已经去了，六月二十四号夜里走的，下大雨她一定要走。我想她也是应该去了，半年来写稿子虽然没有正式做事，但也弄了不少钱，这两个月来，文章又写不出。南京又热了，我们这房子又贵又不好，我下半年又不在南京了，她一个人也不好支持这样一个家，所以决定先回苏州，再想别的法。孙先生说替她青岛大学找了一个事，不知怎样？青岛好地方，她倒是愿意去的，就不知道事情怎样，四姐的事也真是难啊！

鼎芳近来是经常来。那一天,我一时高兴,教了他一点《琴挑》,他就常来了。

7月1日　木

四姐来信说七月一日在镇江唱戏,大姐、二姐都去,叫我们去捧场。我还没有决定,因为没有钱,今早向张干那边拿了十块钱,我决定去了。先到社里签到。

和高昌南一块去的,在车上他撕稿子,我就看书,没有一会儿就到了。

昨晚翻了镇江的报纸才知道,是省立医院的十周年纪念,请她们一帮苏州小姐太太们来的。所以一下车,我们便叫洋车一直到医院,一问之下,才知道她们还没有来,要十一点才到,我们捧场的倒先到了。

到金山寺去吧,高没有去过。每开一处房子都要钱,只有白龙洞还好些,看看长江,其他也没有什么好的。

下来,我们走到一家菜馆吃西菜,慢极了。接着我们去车站接她们,接到顾传玠、周传瑛、传芷、传芳……一帮班子里的人。一问顾传玠,才知道他们是跟快车来的。我到医院了,汽车把他们送走,又送我们到了汪宅,我们糊糊涂涂的,也不知道是谁家就进去了。看见大姐和小平,才知道他们都来了,大姐、二姐、四姐、周家老太太、李太太、陆先生等等。我们来的这家,原来就是院长的公馆,院长有病,太太还很能干,在招待我们。看他们吃过饭,到顾传玠住的颐和山山上去休息。

四姐睡了,我们在外面谈天,又到外面草地上搭戏。二姐练小春香,晚上他们要做《游园》。

主人好客,吃点心又吃饭。汽车送到省立医院,台子小,和苏州同乡会的差不多,早坐满人了,我只能跑上跑下的在台上看看。

顾传玠,《写状》;大姐、李太太,《小宴》;李凤云、大姐、二姐、四姐,《游园惊梦》;李太太、许振寰,《乔醋》。到十二点就完了。扬州的婆婆、君良、君贤、表妹、董姨娘跟前的小表妹,都来了。

回颐和山去,吃了点粥,和顾、高二人到山下大房子里去睡。我明日一早五点又要回去,还得去签到。

7 月 2 日　金

四点半醒来,我以为天亮了,看看天还不十分大亮,我们没有惊动他们,悄悄地下了山走去车站,下雨了。

到和平门车站,赶上公共汽车,我就一直到黄浦路,签了到,便回家睡觉。

十二点吃过饭,两点又要考学生去,在大礼堂考,考地理。天气闷热,难受之极。

在礼堂枯坐了两小时,叫工友领了薪水来。考完回办公室吹电扇,吃吃面包,去洗澡,没有用,下来还是汗湿了。

7 月 3 日　土

天气是要命的热,湿湿的,每天都是如此。

办公室插上一个破电扇,不摇头,我改卷子,断断续续的改到十二点,总算把初二的地理卷子也看好了。承各位同事先生好意,在皇后饭店请我吃饭。

回家时赵表叔来了,天是热的要命,我们都打了赤膊,坐在我们家唯一凉快的地方。想到天气太热,到电影院里面去避暑吧,大华电影院里面有冷气。进电影院,人已经很多了,大概都是和我们一样来避暑的。片子还不错。

到小店里面喝橘子水。

走到皇后饭店,各位先生都来了,人多,而且都是男的,菜差不多都吃光了。九时出来,陆先生陪着我走出来。

洗洗澡还是热,在房门口和张干说话。张干总是讲隔壁的女子,她总是替她抱不平。我们也都觉得她太可惜了,嫁了这样的人家。她娘家很有钱,父亲做事一个月都要拿三四百块钱,但父亲是老法,不让她离婚,房东家大少爷天天发脾气,坏极了,开口就骂,动手就打,公公一天到晚抽鸦片,婆婆也阴坏,小姑子也不好,只有小叔子还好,丈夫就说,你跟他过去。张干一天到晚跟他们一起烧饭,非常同情她。她今年才23岁,但做媳妇已经做了五年了,人生的不丑的。关于她的事,张干说的最多,我认为这也是妇女的问题。

7 月 4 日—11 日

预备要走了,就有许多人请我。鼎芳请我到"马祥兴",算是请师傅的,我已把《琴挑》教会他了。高昌南请我在福昌饭店。临走那天晚上六号,我们又在夫子庙秦淮河边上沁心居吃了一顿素饭,算是请张干。

五号星期一早上,考历史,三班的历史,高二、初二、初一,都是我一个人考的。初二的题目是鼎芳出的,带了回来让他看了一下,卷子看好了。六号最后一天,早上我预备各处跑跑,买好票买了点东西,又到银行结了账。下午还有一班初一的英文,考好了,我还得把卷子改好才能走。替人家做事,总要做得有始有终才好。六号早上,我去励志社副总干事的办公室,和他说起要走的事儿。他也是早就知道的,他还希望我下次能再来,说我的成绩很好。我知道我到哪儿不会太弄的不好的,我总是能把各方面都敷衍得还不错。

六号下午考好英文,马上就到办公室里改卷子,宗斌也在帮我改。许多学生来看历史、地理的分数,和这边的学生碰头,这是最后一次了。

家具已经搬走,房子空了。东西大大小小一共有十二件,只有三件能拿到牌子,其余的九件都要自己拿。晚上在夫子庙吃过饭,有点微雨,叫了两部汽车,到下关车站。和四姐回去的车是一样的,是十一点的特别快车,到苏州是第二天早上的五点钟。我就先写了信给叶至美,叫她们不要来车站接。

到苏州第一个来接我的是四姐。一夜没有睡觉,下午也只睡了一会儿。

学校的事大概没有什么问题,名义上还有点问题。大姐、海霞,在乐益不能兼职,所以还得设法。学校还没有接收大姐,因为没有开校董会,所以不肯接收。十号早上和爸爸一同到张仲仁处去一趟,谈开校董会的事,说在阴历七月底,天气也好一点。小舅舅他自己对我说,他也不肯在乐益。回家这几天真是热坏了,一点事也不能做。

叶至美、周美珍等,她们八号都来看我。和这些学生一起谈谈,觉得自己年轻多了。

四姐十号早上走的,孙先生早就把票寄来了,二弟送她去的,我到张仲仁家去了。

十号十一号两天更热，四姐在路上真是要热坏了。我们这两天忙着出题目，十二号学校要招考了。

因为热没有出去，只有九号晚上陪四姐到观前街去了一趟，吃了冰，说是谈点什么，其实什么也没谈就回来了。十一号晚上和二姐一同到他们家去，走了一圈，赢了一身大汗回来。四姑婆有意把她家的三小姐给我，说我今年就得结婚了。我觉得结了婚，在女学校做事方便，省得别人说闲话。但是从钱这方面来看，秋天是无论如何不成的了，还没有对象，到底和谁结婚？不过我近来总是这样说。

7 月 12 日　月

前两天这样热，今天早上忽然下起雨来了，这真是便宜了他们这班来考的人。有五十几个人，第一堂考数学，只有五十人到，第二堂国文，只有四十九人来了，不知道怎么都走了一个？

前些年毕业的学生和在学校读书的老学生，都来帮忙，有田祖泰、萧邦卉、刘金钿、叶至美。

下午考常识，卷子全是他们学生们看的，因为是填充题，更容易看一点，还有人帮忙检查体格。

马上分数就结出来了，一共取四十三个人。我都以为太多了，小舅舅还以为少了，我不大赞成多取人。

改完卷子，喝一点冰水。学生们又去买冰棒来吃，我吃了一根。

答应给小弟弟买一支口琴的，晚上和二弟一同到观前去，在"小说林"三元钱买了支"真善美"的口琴。又出了一身汗。

7 月 13 日　火

今天更凉快,不时下暴雨,不做事就这样马浪荡似的,荡了半天。趁今天天气好,做一点事吧,记记日记,否则一搁又不知道要搁到哪一天呢！许多信也得写。

7 月 14 日　水

天气凉,正好做点事,写了不少封信,就是没有青岛的。

下午想去买鞋。拿半年前裱的《闻铃》,定做了手卷,他要两元,我没有拿。替大姐买了香蕉。二点半去看电影,在青年会三毛钱坐后排,叫《特别侦探》。我看得真想睡觉,一点也不好,混了两个钟头才出来。

回来家里已经来了不少人,陈太太、吴太太、二老倌、陆先生、贝七叔、汪隶卿也来了。我因为不很舒服,在房里睡了一会儿,起来吃了一点粥,看他们搭戏,教大姐搭《佳期》的张生。

七叔最会玩,一餐饭,吃得有趣极了。

7 月 15 日　木

早上在家写日记。爸爸来说起学校的事,看我们进行的不很迅速,很着急。其实暑期中,也就是没有什么事儿,除了招考和请教员之外。

晚上和大姐上观前去拿昨晚订的鞋子,陪大姐买了不少东西。

7 月 16 日　金

二姐今天生日,二姐家人多极了,王遗珠、徐树英、陈定芬、王遗珠的姐姐、四婶妈，还有他们家的人就不少了。在二姐家呆了一天，看照片簿，晚上晚饭后才回家。

7月17日　土

大姐把下半年全校教职员表交给爸爸，因为里面没有韦兰史[1]的名字，爸爸见了就要改，我们只得改了。

明天要做大同期，李太太一些人全来了，忙忙乱乱的。

四姐总算有信来了，济南写的到青岛才发。总算放心了，平安到了。

爸爸晚上要听中央新闻报告，八点到九点，先前是国乐，难听死了。

小舅舅告诉我，他以前睡在我这房时，夜里有时会听见人叫韦布，叫了三声，还不止一次。夜里吓得我半天没有睡觉。

7月18日　日

正预备写信，听见有人叫"张先生"，是叶、田、刘他们三个人，一会儿到我房里，向我借球拍。我没有，小弟弟的也坏了，没有东西玩，和她们谈一谈。和她们谈了很多，很多话真是无所不谈。暑假中她们没有事，没有玩的，就到学校里来玩，玩玩球，没有玩的，都找上我。陪她们谈了一早上，拿糖给她们吃，开留声机给她们听。

下午，李太太在怡园邀曲会，她们去了，我还在睡觉，起来又写写信，六点钟才走的，跟小弟弟一起走的。人可真多，南京公益社的那一帮常见的人差不多都来了。褚先生唱了一曲《访曹》，他演说了一段，糊里糊涂的，口齿不大清楚，大意是讲唱昆曲的人要团结起来，组织一个

---

① 　即韦均一。——整理者注

全国的团体。

费家二位小姐也来了。她们来,母亲自然不能不来。她们两姐妹今天唱《游园惊梦》,宋选之配的柳梦梅。徐炎之[①]、张善芗[②]也来了,我听张唱了一曲《佳期》。霍连元也来了,唱的是《梳妆》。陈玉莲也还是替人做搭头。我听到的戏还有《刀合》《见娘》《玩签》《弹词》等,快到十二点才回来。大姐他们到两点才回来。

7 月 19 日　月

没有做什么事,只是休息,天太热了。

7 月 20 日　火

爸爸来谈学校的事,我躺在床上看《御香缥缈录》。

7 月 21 日　水

老刁今天结婚当打一贺电去。今天一早穿好衣服就到电报局去,打了"敬贺嘉礼"四个字,还是爸爸想的。回来从观前街总算把鞋子拿回来了,前一双小了,拿去重新修了一下。

---

① 徐炎之(1899—1989):浙江金华人,业余昆曲大家。在北京师范大学求学时期,常参加业余曲社的活动,在一次曲叙时,认识了同好张善芗,两人志同道合,遂结为夫妻。徐氏夫妇 30 年代在南京与溥侗、甘贡三等主持公余联欢社的昆曲活动。抗日战争期间,他们又与范崇实等共组重庆曲社;到台湾之后,他俩在台北与顾传玠、张元和等组织同期曲会,传播昆曲文化。
② 张善芗(1909—1980):江苏,业余曲家,工五旦、六旦,与丈夫徐炎之的婚姻是昆曲界的一段佳话,夫妻两人共同致力于推广、传播昆曲文化。

接到黄席椿的电报，说从北平回苏州来了，他家已经搬到苏州来了。倒希望他来，问问北平的事儿。果然他马上就来了，穿了一身白哔叽的西装，倒是漂亮的，颇有助教的气概。正是要吃饭的时候，请他到沙利文去吃了一顿，又到汪瑞裕喝茶。

叶至美、刘金钿送来一封周美珍的信，说屠康林要转学，学生证书没有考取，是不是还可以回来？好像是很可怜的样子，还是让她回来吧。

7 月 22 日　木

二弟到上海去。四弟晚上也从日本回来了，人又长又瘦，也不像往常了。

晚上，周美珍从上海回来看我，拿西瓜给她们吃，谈到晚上十点钟，她们这一班小姐才走。和她们谈谈，倒也怪有意思的，谈谈学校，谈谈电影，京剧话剧、国家大事，无所不谈。

7 月 23 日　金

写信给四姐。他们都有信来。

7 月 24 日—8 月 1 日

日子过得糊涂，整天的睡觉，但是睡得不很熟。我好像有很多心事，学校的事，我自己的事，我老是自以为我秋天就要结婚了，是谁到现在还没有定。

现在每天四点过就去打球，想练练身体，想瘦一点。

8月2日 月

昨天夜里思虑过多,没有睡好,起来头晕。大姐说今天有客来,房收拾的很干净,又出去买了许多桌布、盘子、烟灰盒来。

许振寰来了,唱唱曲子,我们又去打球。

8月3日 火

发封快信给四姐,要她回来,青岛的风声也不好。

风风雨雨的,风大雨也大,时局也是这般风风雨雨的。北平、天津都相继失守,中国抗战还是没有决心。各地又有日机出现,周耀平已经来讨论逃难计划。记得"一·二八"后,逃难的事也是如此计划过,如今却又要逃难了。

大姐她们出去,今天还闹蝴蝶会,每人带一样菜来大家吃一顿,还是他们那一批人,陆先生、贝七叔、二老倌、李太太、许振寰等。

8月4日 水

仍然是大风大雨的刮了一天,下午倒停了。正在房里谈天,听见门外有人叫张先生,我就知道他们来叫我打篮球了。我们分开来打,一看一共有八个人,四个人一面,结果没有输赢,都打得一身大汗。

……

晚间大家都来谈谈时局的问题。我研究一个"秋江"的腔,□□□□□□①

……

---

① 此处为曲谱,难于辨认誊抄,故付阙。——整理者注

和张先生研究了半天。四姑他们都来了，见到了十九爹爹，讨论的问题，我不赞成逃难。

8月5日　木

打一个电报给四姐，问她可回来，昨晚张干说说都急得哭了。

下午又去打球，殷炎麟、黄席椿也来了。这两位朋友仅仅是看看而已，每次打完球，总是坐着歇一会儿，大家坐下谈谈。

好多人都来我们家，自然是为时局的事商量。我觉得并没有什么可讨论的，要走就走，不走就不走。

晚上，四婶母带了以瑶、陈三娘、陈三娘的三姑娘的外孙和几个佣人，回合肥去了。

8月6日　金

三姐家和十六爹爹家都是今天早上走的，大姐去送。菊生来，我们就唱了一上午《闻铃》《茶叙》《问病》《琴挑》，把喉咙都唱哑了。

大姐回来，我就叫写信给四姐，叫她就从南京到芜湖。今天她有电报来说十号动身，我们发快信。大姐叫拿钱，大姐一共拿来二百五十元。

二姐叫我和她一同到观前，预备买点金器，爸爸他们又决定要走了。我马上回家洗好澡，一同到观前，在"东天成"家买了五只戒指，一副镯子，还有些银器，还换了新的银筷子。

肚里饿得慌，到松鹤楼，没有吃的，到广州食品公司吃饭。

我真不大愿意逃难，也逃过很多次难了，总是白跑的。

这几个学生我特别喜欢她们。她们其实一点也不好看，但是都聪明伶俐,会解人意,都还大方,没有什么女孩子气,和男孩子一样,所以跟她们一起玩颇不拘束。

8 月 7 日　土

黄席椿来说晚上他要走了,到上海去,她母亲弟弟都在上海,他自然得到上海避难才对。

我们一块儿到观前想买买书,又找不到什么好书,倒出了一身的大汗。我回家,他还去看一个朋友。

又打球,打排球,学生们对排球热得厉害。

吃西瓜,又吃汽水。天黑了,她们还不走,我们在一起唱歌。

8 月 8 日　日

到底走还是不走?到三河,到上海,到芜湖,到合肥,议论纷纷,终于没有决定。我们和大姐决定,要是爸爸他们到上海,我们就到合肥。三弟他们回来了,他们都没有到过合肥,趁逃难的机会,还可以回去看看。爸爸似乎也决定了,说在一两天之内到芜湖。

一阵一阵的小雨,有双虹。

8 月 9 日　月

到下午才决定今天晚上走的,早上好像还一点动静没有,但是大姐她们早就预备好了。

爸爸把我叫去,说小舅舅来了,要商议学校的事,决定我今天晚上不走。学校的事实在是走不了,我也不大想逃了,逃难的罪也受够了。

决定了留下，也就不紧张了。五弟是一直不愿意走，临走的时候还别扭了一下。妈妈一度叫我也走，我一转念想，杨苏陆说要来了，学校的事毫无办法，朋友来啦，走了似乎不大好。向妈妈要了三十元钱，以备以后逃走之用。

好像一共是十八辆车子，全家都走了，只剩我一个人，爸爸妈妈、大姐、三弟、四弟、五弟、小弟、夏妈、郭大姐、张干，前几天来的郑三、小应子、老王。杨先生和小舅舅送他们。

路上很乱，不知道车站会怎样的乱？叫永发看门，董氏二兄弟、我，三人送他们到街上。回来把各家的门都关一关，把乐益的门锁上。

张干说四姐听说我在苏州，她一定要到苏州。

8月10日　火

夜里没有睡好，一天都不舒服。人一走，家里空空的，颇觉得异样，一天真是分外的寂寞。

早上和杨苏陆两人把自己的房子弄好，我仍然住我原来的房，饭送来了不好吃。寂寞，寂寞叫忍耐不住，这样下去，要不了几天，我自己就会走的。

学生们也没有来打球，晚上写了一封信给大姐。

8月11日　水

杨苏陆到苏州，得陪他玩一玩。今天天气还好，七点多钟我们就动身叫洋车。路过留园，说有中央军校的人住在这里，我们便不进去了，一直到虎丘。早上没有什么人，卖花的姑娘跟着我们走一会儿，走到冷香阁吃茶。五人墓自然要去看的。到广州食品公司,两人吃了一客四毛钱的什锦炒饭也就够了。

和杨开开片子,四点多去打球吧!就只有四个人,想想之前两天打球的人很多,颇觉得惨。

晚上和杨谈戏。我自己一个人,从昆曲京剧一直唱到小调。

8 月 12 日　木

早上陪杨到沧浪亭一带走走。到董家骗了一桶安徽货的饼干。

打球,学生没有来,没有劲。

8 月 13 日　金

早上,顾传玠、刘家大表兄都来了。

下午打球来了不少人,董氏兄弟、吴国俊、李清发。

叶、周二人加入了什么救护队,在公共体育场受训。

上海已经打起来了,上午九点多钟的事,到下午出号外我们才知道。

晚上我们吃饭,四姐和高昌南来了,我就知道高昌南会和她来的。叫了一块钱的菜来给他们两个吃,把乐益的佣人叫来打水做事。早早的就睡了,没有蚊帐,点了蚊香。四姐告诉我许多青岛的事,孙先生、孙伯母都颇有意,又讲了不少笑话。

8 月 14 日　土

高来,当陪他玩。到怡园,观前,吃广州食品公司,颇惬意。今天没有打球。

8 月 15 日　日

天阴下雨，晚间下大雨，还打雷。

下午到沈传芷家去了一趟，四姐送青光社的钱给他。他家尽是些小女孩子，坐了一会儿就走了。

下午帮四姐理箱子，翻书。叶至美来了，拿了电报来翻，现在电报局也不替人翻译了。我和她在乐益的图书馆里找了半天，才找到《日用百科全书》，然后替她翻了。

8 月 16 日　月

下午我正睡得昏昏的，听见飞机声，接着就是炮弹声，把窗户都震响了。四姐拖着我就要躲，我还在发梦冲，她拖我到她房里靠南墙的底下，把大棉被顶在头上匍匐在地下。我不干，她一定要我这样做，她真是怕死了。还听见枪炮声，响了约一刻钟左右才止。

一阵暴风雨后，大家想预防飞机的方法，在爸爸的房边上的廊上，架起一座临时的地窟，用黑板和小桌子架起来。

叶、周来，还要打球，她们根本就没有听见飞机，她们在电影院里呢！我们回到学校，小舅舅正在校长室里理东西，说今晚还有五十架飞机要来轰炸，你们还是避一避吧！到乡下到木渎，木渎不是有徐茂本吗？经他这样一说，我们只得走了，匆匆的拿了几件东西，我是一件衣服也没有带，只拿了件浴衣。

走到饮马桥，叫到车子，一毛钱到胥门，车子拉过县政府就听见飞机的声音。到胥门外，车子一块钱肯拉到木渎，我们又坐上了车。上了去木渎的公路，飞机又来了，大家下车伏在墙角〔脚〕下，又听见轰炸声及枪声，松一阵紧一阵。我们跑到田里伏下，四姐一脚跌在沟里，下半身全湿透了，我也莫奈何，只好从水里走过到田埂上。飞机又来了，四姐和杨苏陆便滚到田里，我仍然伏在田埂上，我不愿意让我的裤子再打湿了。

在一小时之内，我们就伏在田埂上。不止〔只〕我们，还有许多乡下人也伏在田埂上。飞机一阵一阵的过来，天慢慢的黑了，飞机两翼的灯亮了，颇美，好像两粒星星似的。我不知怎的，总不大害怕，飞机从头上过时，我还仰起头来看。

良久，无飞机声了，才爬起来，准备去木渎。乡下人说路上恐怕不好走，有强盗，我们又踌躇起来。到底我们还是沿着公路上木渎去了。

一路上我们一同走的有八个人，那几个人自然也是从城里逃出来的。又碰到一个黑衣大汉，大家都以为他是歹人，虚惊了一阵。晚上有月亮，一会儿黑云来了，月亮又没有了，月黑杀人地，风高放火天，不禁寒毛直竖。

路像是特别的长，到木渎已经十一点多了。和许多难民一起被收容到区公所里，喝了点水。有区公所的人买了些糕饼请难民，我是没有吃。

不知道徐茂本住在哪里，问区公所的人，居然有人知道，说在东街上，派了一个人送我们到他家。打了半天的门，把人家的大门打开一问，徐茂本不在，今天早上到南京去了，大家正在为他担心呢。除了徐茂本，我是一个人也不认得。所幸一说之下，他们倒都知道我，许多人都跑出来，问我们城里的情形。吃了点粥，你一句我一句，问到两点钟才让我们去睡。

8月17日　火

早上徐茂本回来了,大家这才安心。他回来了,这样我们可以住一两天没有问题了。

整天的无聊。徐茂本听无线电消息,据说昨天轰炸的是老五团、老六团、大中旅馆、莳门一带。

到茶馆里呆了半天,又到镇上,讨论到底往哪儿,这个问题就大了。小舅舅也从城里来了。

8月18日　水

仍然是商量商量到底去哪儿呢,结果说到长烟吧。杨苏陆和小舅舅外出找船,一会儿回来说船已经找到了,十块钱到长烟。船是江北人的船,男人是一句话也不会说,老实的不得了,女的哇啦哇啦的来得个会说。

买菜买米,买东西来,预备在船上登他两天呢。

开船的时候因为路的问题,又讨论了半天,江北人根本不认得路,要从枫桥走,枫桥最危险了。结果我们还是先到香山再说,香山有缪先生、二姨、三姨她们在,船家的家也在香山。开船时已经三点多钟了。

一路上还经过一个小太湖才到香山。一问才知道蚕种改良所在墩上(蒋墩),摇到蒋墩边,小舅舅上岸一问,又说不在,他们都到东山去了。这样一来,我们今晚在这船上是住定了。

在小小的码头上,据说还是轮船码头呢,叫船家煮了一餐饭吃。许多江阴人都来和我们谈话,说这样的小船,太湖里不能走,要不就重新租船,再不然就在此地租房子住下也行。

江北人要把船摇到他们住的草棚边上去,就让他们摇了去。我们都睡在船舱里,蚊子自然是多得无比,这一夜总是睡不着的了。

岸上一末杨柳,杨柳后面有月亮,这是"杨柳岸晓风残月"。风景便是好的,就是时间难捱,真是一刻一刻的捱。

在船舱里睡睡,裹了被子又到船头上睡睡,看看夜色。

8 月 19 日　木

又商量决定,在香山找房子,于是整理东西上岸,到蚕种改良所。二姨、三姨她们都没有走,还在这儿,见到熟人了,又好一点了。

蚕种改良所夏师母的佣人,介绍我们的房子在墩的最西面。一间地板房,破烂不堪;一间土地房,高低不平。十块钱,先付两个月的房钱。打了好多桶水来,勉强把他们借给我们的桌椅和床架子擦干净。几天没有洗澡了,用井水把身上擦一擦。吃饭到二姨她们住的烧饼店里去吃,他们自己烧饭。

我和四姐住地板房,杨苏陆和小舅舅住土地房,我还向房东借了一顶帐子,睡了一夜好觉。

唉,想不到又在香山住家了。

8 月 20 日　金

小舅舅、杨苏陆进城拿东西,到晚上杨一个人押着一船东西回来,小舅舅还留在城里,说是明天回来。

带来了不少东西,稍微可以安定一点,不然我的衣服洗了只好赤膊在街上走了。

墩上地方不大，只有一条主街，其余的全是小巷子，四周有不少小山，这儿已经靠近太湖了。这里什么都还好，就是茅坑太多，满街都是。

早晚散步，走到四郊，无事可做，就是吃了睡，睡了吃，一定可以长胖了。我倒是不必，四姐倒可以长胖一点才好。

8月21日　土

小舅舅今天还没有回来。房东是两房，还有一家也是房客，姓朱，男的也会唱昆曲，唱冠生的，还不错。

房东谢金奎，他哥哥还是保长，弟弟也很好的，不像个小滑头的样子，有两个老太婆、两个年轻的媳妇，小孩子也没有太小的。

朱家小孩子已经和我们熟了，吵着要我给他们讲故事。

每天我们走一定的方向去散步，这墩上的地方我们差不多都走到了。

8月22日　日

照例一天三餐要跑过去吃。有时候我们的饭吃的真早，十点钟中饭，下午四点钟就要吃晚饭，我们去迟了，他们就会派个小丫头来叫我们。

总算带来了几本书，章大胖子的《落珠集》也带来了，总算能定下来看一点书了。

墩上有不少人也认得了，王文喜的一家，还有俞家少奶奶，他们都已经熟了。

晚上到西边去散步，走到山脚下才回来，这几天月亮都是好的。

大家都坐在前面的院子里乘凉，许多人。我们吹起笛子来，唱了起来，引来不少人来听。

8 月 23 日　月

这两天日子过得很糊涂,日里太阳大,没有地方好去,只得蹲在家里。早上俞太太带她的母亲来我们这儿唱曲子,她们也会吹笛,下午我们又到她们家去。

晚上一直向西走,走到望见了太湖才回来。我还想多走一些,他们都不肯走了。

下午四姐睡觉。我写了好几封信,合肥叶至美、老刁、老伯伯、青岛的孙小姐,告诉他们我们逃难的情形,向爸爸要钱。

这儿也有飞机过了。

8 月 24 日　火

不知当怎样记才好?日子是过得很混,一天一天都差不多,一天一天的和这新的环境熟悉下来,人也渐渐的认得多了。总共就是这么一条街,街上有许多支巷,我们一天走一条巷,走出去,走到郊外。今天我和四姐走到东南面,都是坟地,四姐也走不动,就回来了。

夜里有飞机声,睡不熟,又听见炸弹声,似乎很近。

8 月 25 日　水

整天的干什么事呢?这样的不定心,本来以为到乡下来,总可以定定心的,谁知道刚刚相反,每天夜里总有飞机来,把人心都搅乱了。

又写了三封信,给宗斌、叔昭和徐茂本。我在想,出去的信多,就是想将来能多接到一些回信,没有信去,怎会有信来呢!

我每天在井边打水，洗脸抹澡，用冷水洗洗，也许可以身体好一点。

坐在大树底下的石头上，屁股都坐痛了，剥了莲子吃，莲子一点不好吃。

晚间又有飞机投弹，我们起来两次。

8月26日—9月6日

夜夜日机来，我尚可安心，四姐可糟了，一点也睡不着，饭也吃不下，整天的发愁，听见烧锅声，就当是飞机来了，真是风声鹤唳，草木皆兵。到此已有一星期了，现在又不定心了。我们又商量起来，四姐想走，在此住不好，吃不好，睡不好，又不定心，还是走吧。我们没有地方走，只能回合肥去了。杨先生说，他跟我们一同回合肥，后来又说要回无锡，他要回他的老家靖江广陵镇去了。我们商量了半天，就这样决定了，把小舅舅的东西送到二姨他们住的地方，把自己不要的东西留下来。下午我们决定走的，杨先生去叫一个挑夫来，晚上我们把暂时不用的东西都送了去，他们又叫了人来把我们取来的一担多米挑了去。三姨和缪先生听说我们要走，好像特别和我们亲热，晚上又跑到我们这儿来，送来了二十元钱做我们的路费，说是他们两家合送的。我们很感动，我们虽然钱够用，但是富裕一点，自然是好的。

夜间又有飞机来。二十八日晨，我们一早起来，就把剩下的东西都放在我们床上，把帐子放下来，交给房东。谢金奎夫妇都不在家，钱也一个都不退。我们只是简简单单的带了三个小包袱，沿着弯弯曲曲的小路跑了不少路才到码头。人真不少，许多人回去拿东西，或者是以为城里面安稳了都回去了。在岸边等轮船，在茶馆吃了点馄饨。汽油船到了,我们总算在船上找到了一席之地,不能申〔伸〕直脚,杨先生在船头上晒太阳。船开得很慢,拖船很多,十一点钟到西门,三毛钱到乐益。一路上颇荒凉,没有什么店开门,行人很少。

到乐益门口,打不开门,门反锁在,一只小猫在门外叫。来了一个女人也要进去,她说小舅舅到木渎去了。在门前徘徊了半天,还是没有法子进去,真是有家不能归。没有办法,只好到九如巷找到李孝友家,所幸他们家都没有走。我们从藤篮里拿了一点东西出来,又把一瓶葡萄酒送给李孝友。在李孝友家喝了两杯茶,叫车到观前旅行社,也不开门。又买了一桶饼干,预备在路上吃,又从一个老虎灶上泡了开水。杨先生一路买零用的东西。

到车站快十二点了,一会儿就买了票,杨先生到无锡,我们到南京。一会儿人越来越多,车子老是不来,看看天就要黑了,等得叫人不耐烦。我和四姐走出来散步,听伤兵们讲前线的事。我和四姐又到他们后方委员会门前去浏览浏览,于是惹起他们的注意,盘问了半天,又因为车站不让进人,拉起铁门来。他们把四姐带进车站去,把杨先生又盘问了一阵,我们才知道他们当我们是汉奸。后来他们又向我们道歉。

在车站等了十一个小时,深夜十一点钟,才听说有南京方面的车。我们拿了票,进不了站,后来好容易和路警商量商量,才得进去。车子来了,许多人一拥而上。我们上了头等车,替四姐找了一个位置,挤在一家人的旁边,有一个妈妈、两个女儿和一个男人。四姐坐在母亲的一边,我坐在靠背一边,我们对面的桌子上有一个颇神气的男人。因为他的帽子被人的箱子压坏了,他说是我们的东西压坏的,让杨先生说了他一顿。

一壶水真的是好救星，许多人都吃过了。车子开的倒不慢，一会儿就到无锡了。杨先生倒说不愿意下去了，他说我们是患难之交，一旦分离颇舍不得。我们也很凄然，他真是倒霉，一跑来就和我们一同逃难。

车到无锡站时，遇见警报，顿时车站上和车上的灯都熄了。警报还未解除，车就开了。

差不多一夜没有睡，早上七点多钟到和平门了。下了车，和平门已经没有公共汽车站了，车站都变成了黑色的，原来是漂亮的蓝色白色。我们想到中华门去看看到底什么时候有车，到路边的小馆子里去吃一顿早饭，打电话到中华门车站去问，说十二点才有车。四姐打算去教育部找人，只有胡适之在医院，她想去看看他，结果还是没有时间，带了几件行李，到什么地方都不方便。我们想把东西放在 L 家，叫了洋车来到中央大学。中央大学里，考试院门前都被炸坏了。到了她家，门反锁在，我想他们一定走了。去太平路吧，路上和苏州一样的荒凉，店铺都没有开门，往常那样热闹的太平路，如今是那样的萧条，想买点东西都买不到。

时间已经十点多了，我们就到中华门吧。

车上仍然很挤，两人在车上吃了一盘饭。到了芜湖，马上上轮渡。在船上遇见麟和，他们也是要回合肥去的，又有伴了。晚餐在车上吃的，有菜，几天来，这是第一顿吃的算好的了。

十点钟到合肥。他们叫了洋车，路是永远不会好的，一步一步走到大门口。早就知道家里的人都住在后面仓房里，走过长长的火巷子，到大厨房。大姐她们住在以前陆二先生住的房，已经装好了天棚，大姐他们又借了李芝他们的家具，房间倒颇像样子的。我们男的住前面一间大仓房，也还好。爸爸妈妈小弟弟住两间仓房。

家里人都起来了,所讲的都是逃难的经过。十几天来没有洗澡,今天晚上洗了一个澡,盆还是小,不爽快。

在家的人是爸爸妈妈、二姐——还有他们一家,耀平也刚从芜湖来——大姐、四弟、五弟、小弟。三弟去新加坡了,二弟还在莫干山,如今又添了我们两个。

现在住在我们这儿的人真多,有二十多家,二百多人。后门一带大场地,四周就有我们家、二妈、三妈、陆家、夏家等六七家人、亲戚、本家。住在公馆的有十九爹爹、赵表叔、四妈、周家,很多人家。

9 月 7 日

没有什么书可看,看看《叶绍钧集》,还看了点《鲁迅选集》,当中就有许多真的,一看就看出来了。

记日记,补日记。我这一本日记不知道何时才能够写完,总是这样,不能一天一天的继续下去。我那许多以前的日记本,都丢在苏州了,不知道会不会失去,失去了倒是很可惜的呢!

高植带了太太吴耀南来,太太已经养了一个孩子。他是从南京来的,就说起南京空战的情形,一个中国的驱逐机,一连打落了三个日本轰炸机,颇为精彩。又说到汉奸。又说到中央军对付共产党的办法。他们约我们明天去他们那儿,他住在四牌楼十五号曹家。

9 月 8 日

早上和四姐一同去看高植。先到张天膧家,在她家坐了半天,才去高植家。很容易的就找到了他家,开门出来的是戴眼镜的曹先生,接着他的太太也出来了。一问之下，知道太太和张天骧是同学。一会儿，他们找了高植夫妇来，昨晚上他们住在旅馆里。

9 月 9 日　木

四姐头疼脚疼，去南门医院看病去了。今天天气清和，想出去走走，四弟、五弟也跟了出去，从后门走到大街上去。我的目的是去看看有什么好的书，在书店翻了半天的杂志，也没有什么好的。过了半天，买了三本书，一本谷崎润一郎的《人与神之间》，一本左拉的《酒场》，一本《红楼梦》。

下午，爸爸、三妈联合请客，来的人不少，有十九奶奶、表大大、八姑奶奶、三姥姥等一干人。他们吃了饭，又到我们这儿来坐了一下。

二妈带小凤和住在三妈新房子的一角，小凤和整天跟我们缠在一起。昨日接到叶至美的信，苏州已经平静了。今日回信。

9 月 10 日　金

今天晚上看了几回《红楼梦》。今天早上看《神与人之间》，前面的评传写得坏极了，译文也不好，不流畅。很久没有这样看书了，这样一下子看很多，心里很不舒服，饭也吃不下。

今天天气很好，四姐、五弟到张家，大姐、二姐她们到四嫂家，家里只剩我和四弟，很静。我一个人坐在桌旁，看外面的风景，有时有一两声秋蝉，数月来就没有过这样闲的心情。忽然有飞机声，但是没有警报，自然是中国的飞机了。有人拿条子来，是张天骧写的条子，叫我们去吃晚饭。

快六点的时候，我们去张家，宋大姐、吴耀南都在，四姐也在。我一点也吃不下。

饭后我们张家三个人和他们考了《红楼梦》,四姐不回来,我和梁家姐妹一同走回来。

9 月 11 日　土

今天一天都不大舒服,看《红楼梦》一天都没有出去。晚上接到转来的信四封。

9 月 12 日　日

不上学又不做事,星期日简直不知道,今天看到小弟不去学校才知道。到外面去走了一圈,发了信回来。

陆八先生来要我们跟他去桃镇玩,他来说了一大套,我们就决定去了。他又邀我们一同上茶馆,在迎春楼,这家茶馆算好的了。这儿的茶馆是吃点心的,我们吃马蹄酥、水馍馍,又吃鸡蛋和面,这一大堆,我们都吃不下了。小弟弟也去的。

看左拉的《酒场》。

晚上决定我们两人去,我和四弟。我和四弟一同上街去买胶鞋,预备走路用的。在夏妈她们睡的厨房后面洗澡,越洗垢角越多,索性大洗一下。

临睡前,四姐、二弟打我一个人,让我把他们全都打跑了,他们抢去我一支〔只〕新买来的鞋子。

9 月 13 日　月

今天要去桃镇,一早就起来,在前面陆八先生家吃了个打鸡蛋。车子只能到东门(威武门),路真是难走的紧,汽车站公务车的票只买到安庆，不卖短途的，况且还要什么购车证，车子已经满了。还有一辆要六十块钱才开，只有十五个人，每个人要出四块钱才行，这太贵了。我和四弟在路边上玩，不管他们，一会儿陆八先生来说，都散了吧，我们也只好顺走坏路回来。走到东门，我们想还没有去过包河，就到包河去一趟吧。陆八先生提议在河边上一家茶馆里吃早饭，吃饺子吃面还算不错。我们进城了，不去包河了。

陆八先生带我们去一家我们以前的房客家，说他住我们的房子有一二十年了。在我们家后面，他们也造了一座房子，现在生意也做发了。

从店门口进去，两边都是货，主人是胖胖的，还有四个碟子。他们谈官司，我们没有兴趣，又不懂。下雨了，雨越下越大，借伞走了。

9 月 14 日　火

桃镇是不去了。四姐每天去基督医院打针，今天我陪她去想去揩油，看看眼角上的癣。这已经有一年多了，有时大一点，有时小一点。在路上和四姐讲了，她要我挂号，又麻烦，我不愿意。到了医院，她拿了脉，拿了药又等了半天，被一个麻脸的女医生，在大腿上打了一针才回来。一路上买了几个梨，又吃了糖饼子，我可没有吃。

到家写字，写了三张，我没有临帖，都是自己写的。

想起写一封信给小舅舅，问问学校到底怎样了。祖麟今天早上来了一封信，看了颇使人不爽，大大的教训了我一顿，不懂军事知识了，应当好好的受一下训这一类话。写好信给小舅舅，出去发信。

二妈在明教寺放焰口，叫我们去，我们没有去。

9 月 15 日　水

发两封信,老刁和宗斌。

爸爸和妈妈又吵,就在我们隔壁,听得很清楚,爸爸被推了出来,门关了。

下午没有睡觉,和大姐两个人打图样,想照四弟的样子,做一张桌子。费了很大的事才画好,大姐又用硬纸板做了一个模型。

小平算命说一定要认一个属虎的或者属龙的做干爹,于是找到了我。我可有点受不了。

9 月 16 日　木

四姐来叫四弟、五弟去散步。下午他们全睡了,我一个人坐在藤椅上看看书。我出去一趟,去打桌子,还得到张家去拿广州的孙家的另一个地址,悄悄地穿上衣裳走了。到藤器店里,把模型交给他们,叫他们照样子做,讲好五块钱。

走过书店,翻了半天,一本书也没有买。

想到王道平在六中,便到大书院找到他。他比以前瘦了,但是病却好了。谈了半天,又在他们学校各处走走才出来,

晚上照另一个地址,写了一封信给孙小姐。

9 月 17 日　金

昨天十五爷来说,要我们到他家去玩。今天他们就来接了。

中上在他们家吃饭,我又吃不下。看到不少古董,原来十五爷这几

年来是在做古董生意。还看到我们旧时的照片,别人的都有,就是没有我的。

他们家前面有一个大池塘,还不错,晨昏塘边走走是很好的。他们家现在人真的很多。十四爷一家,还两个姨太太,还有李二姐的姨太太,小孩子也不少。十九爹爹家也住在他们隔壁。

去看我们订打的桌子,才打起一个架子来。

9 月 18 日　土

学生放假,出外募捐破铜烂铁。路上还遇见宣传队,戴了高帽子画了小胡子戴着眼镜,扮成汉奸的样子在演说。

上街一趟。周耀平昨晚来了,今天早上五弟到武汉去了。上街看我的桌子已经快做好了,他们说明天就做好。陪大姐她们买了不少东西。

早上吃三妈送过来的麦面粑粑,中上一点饭也吃不下去。晚上又有王华莲请客,在他的一个朋友梁太太家里。我们兄弟和周耀平去的。晚上回来却是好月色,明天是中秋节了。

除了我们一家之外,还有王道平、谭先生、吴太太、梁太太几位。家里很简单朴素,客房里坐了半天,六点钟就吃饭了。每人喝了三杯酒,酒是郭公酒,厉害极了的。先是主人唱了凤阳花鼓,还站在当中要表演,做手势。接着谭先生唱《文昭关》和《骂曹》,我唱的《打花枝》《丹青引》,二姐、四姐合唱《游园》一段,耀平先生唱《苏州景》,梁太太也唱了一支歌,大姐唱《佳期》,只有吴先生一个人没有唱。

踏月而归。

9 月 19 日　日　中秋

五哥把十三爷带来了，他是我小时的朋友。我最记得还在上海的时候，我们一同看麒麟童的《萧何月下追韩信》，晚上就住在他家。那时带他的干干也很好，现在他已是五个孩子的父亲了，但是他还是那样的欢喜玩。他到我们房里坐下，我们先唱《硬拷》，四姐唱《断桥》，后来他就同五哥唱《武家坡》，又唱《乌盆记》行路一段，比昨晚的藤先生唱的还好一点。一唱开了后，就不怕难为情了，唱了起来。他们走后，我们也出去走走，看桌子，今天下午就可以好了。中秋节店铺大都关门了。

下午桌子送来了，样子颇好，自己很得意。还得配一张椅子和一把锁，但是到晚上都没有买到。

晚上家里请客，十九爹爹全家、周老太太，我们吃的是素席。

饭后步月去，四姐、四弟和我走到门口，遇见张、谭、宋诸位小姐，又一同回到六中。雨中，学生们都在唱歌，我们在操场上转了一圈，就回来了。

十点一刻听无线电，今天早上有日机四十架，飞袭南京，我空军出动，被敌包围，击落飞机两架，王某某及戴广进①殉国。先前我们就听大姐说有报告戴广进的字样，没有听清楚，这才知道是死了，我们都吃了一惊，虽然他和我们并不很熟。

9 月 20 日　月

二姐、耀平和四弟同下乡上坟去了一天。

---

①　戴广进（1914—1937）：安徽合肥人，国民政府空军第 4 大队第 23 队少尉飞行员。1937 年 9 月 19 日，在南京青龙山空战中，驾机追敌寇，中弹殉国。

去挂号看看癣，大姐也有一点。我在街上买了一把锁锁我的桌子上的小柜，以便放日记。

到南门医院，我们挂了号，马上就看了，拿了一瓶药回来。从四嫂家过，坐了一坐。

下午想到六中去，前几天王道平就叫我去打网球的。梁太太和谭先生都在，我们就打了一会儿。

洗了个澡，三妈请吃饭，又吃了一顿。

今天又发了封快信给韦布，寄到苏州实验剧团。

9月21日　火

一天都没有出去。来了不少伤兵，纪律很不好，抢了人又调戏人家小女孩子，她们小姐们都吓得不敢出去了。

叫人去拿了张藤椅来，太高了，锯短了点。现在我这一套写字台总算齐全了。

没有信来，很着急，乐益的快信退了回来，可见学校里一个人也没有了。

这几天南京、苏州一带又连遭飞机轰炸，苏州火车站附近死了不少难民。

下午王道平来，我们谈了半天，让他看照片簿请他吃点心。

周耀平走，二妈原要跟他一起走的，但是后来听无线电报告说，日机十二点将袭击，故而不敢去了。

9月22日　水

陪二姐大姐她们去买东西，二姐拿她那天打的金锁片，算是我这个干爹打的,又买了水果,我还买了一把小茶壶。

读完《酒场》颇不错,每一段都可以单独的小说,其中写洗衣妇瑟尔费思的一生的,直到后来,受冻而死,我看的很慢,因为舍不得看得快。

晚上接到转来的信多封,有田祖泰、孙凤竹、刘金钿、三弟等的信。

下雨,别人都在上面,我一个人在下面写信很定心,写了五封信,田、刘、孙、李宗斌、窦祖麟等。

9 月 23 日　木

早上又写了一封信给韦布,自己出去发信,路上很湿,下雨。要发一封到广州去的航空信,孙凤竹已经随他的家人一同到广东去了,昨天接信,说她或者还要到桂林去。

昨晚接二弟自芜湖来的电,说今天下午三点到合肥,所以下午我们去接他。东门外的路都拆了,从小路上走,"风景很好"。

到车站时间尚早,我们五个人在小茶馆坐下,吃花生米、瓜子,天气已经有点冷了。

车到的时候我们没有到月台上,就在门口接到了二弟。

夜间老苏又来了,将他安置在前面大厅东客房里。接到老刁的信。

9 月 24 日　金

整天的下雨,不能出去,闷得慌。

9 月 25 日　土

头还是在香山镇上剃的,虽然是乡下,剃的还不错,并且剃的很短,所以一直到现在还不需剃头。今天四弟拼命的催着要去剃他的头,他的头发委实长了,该去剃了。老苏还没有出去过,带他上街剃头。上次听五哥说,范巷口的一家算是全城最上等的了,一进去就是土地,似乎还算干净,就是简陋的很。一位小开样的人在烫头发,头上一阵一阵的冒出烟来,有一股一股的臭味,就从来没有见过这样来烫头发的。但是替我们剃头的都还剃得好。

下午又到六中去看王道平,自然带老苏出去。在六中王道平找学生借了拍子,我们去拍乒乓球,打得一身是汗,洗澡。

9 月 26 日　日

早上我自己去盛了一碗米汤,四姐和四弟都来抢,大家抢了一阵,我生气了不吃了。近来他们许多人都看我太好说话,都欺负我,很不善意的嘲笑我是胖子。一次二次还不要紧,长久了就觉得有点讨厌,老是这样说,就有侮辱人的性质在里面。我今天是气了一天,没有理他们。

整天下雨,网球又打不成。下午王道平和谭先生来,在前面老苏住的客房里谈了半天,谈谈到北平的事,说起陶光的事。他是师大的学生,和陶光很熟的。

买了包子回来吃,一点也不好吃。

9 月 27 日　月

本来是可以完了的,但是早上我把房间整理了一下,四姐回来找方格纸,找不到就暗暗的骂我,为什么窗台上总不让放东西?是不是鞋子放到窗台上就坍台了？不明白她为什么不喜欢理东西，最好是让东西乱糟糟的才好。其实今天我在窗台上理东西，只是理了一下，一点也没有搬动。把东西理好反而招人骂，这是何苦来呀！以后我永远记着不动那窗台上的东西就是了。

找十三爷来唱戏，二弟拉胡琴，十三爷唱了一两段。约好了下午到我们家一同去看戏。

下午等他们来了，稍坐一会儿就到戏园去。戏园就在我们家后门没有多远，是一个草房子，土地，三面都是伤兵，当中池座没有什么人。入场时，台上正在有两个小女孩子唱《小放牛》，简直就不行，唱的不好还不搭调。下面是《铡美案》，还不错，花脸的嗓子还算好，演的也还算规矩。再下面是坤角陈佩仪的《问樵闹府》，还规矩。最后是何玉凤演的孟姜女，旦角不漂亮，便不成了，唱得好也不见得好。有一个丑角，令人作呕，三毛五分钱的一张票，是太不值了。十三爷说今天一场他们也就只卖到几块钱，自然是不够开销的。

9 月 28 日　火

这两天老是下雨，球也打不成了。刘光琼也回合肥来了，是送他的太太回来的，明天就仍然要回到南京去。

下午遇到警报，路上的人非常慌乱，各家店马上关门上板，回家，家里也乱了起来。

9 月 29 日　水

半夜里我醒了，四姐睡在我右隔壁，她也醒了，问我是什么声音响，我说是火车。我起来到外面去小便，她也要跟我起来，我带她出去。

早上大家瞇瞇眼又好了，又打了起来。

9月30日　木

天好像有晴意了，于是我请客出去上茶馆，这回换了一个，不到迎春楼，到佛照楼。找不到桌子，和人合坐的，吃马蹄酥、馄饨、春卷。我们四个人，二弟、四弟、老苏、我，全吃胀了，才一吊多钱，出人意料的便宜。

王道平和谭大生又来了，说起请我们星期六吃饭。

10月1日　金

写了几封信去发，叫董叔昭把我的日记寄来。

这两天我在看《二十年目睹之怪现状》。

下午和老苏出外，到六中逛逛，转了一下就出来了。

二妈他们明天走。

接孙小姐的来信，十六日自广州发的，今天才到，不为不慢了。

四姐和张干大发脾气。

10月2日　土

早上送二妈他们上火车，天还是阴着，一路上买东西。车来了，我们先上车给他们抢位置，人很多，要开车了，我们才下去。二妈和小凤和都要哭了，尤其是二妈。

晚上接到凤竹自香港来信，说他们逃到香港，再由香港到广西桂林去，真是越走越远了。我想写信，警报来了，大院子里最怕的是三妈了，老是那么叽哩哇啦地叫着。我们都到上面大姐房里去。

听说这两天上海的日本兵都向后撤退了,不知道是何用意。

10 月 3 日　日

刘光琼又来了,和老苏说了几句话走了。老苏好像很生气,他们训导处又要派他到华北去。

王道平今日请客,下午很早就和谭一同来,一会儿他们就先走了。做主人的自然要先去布置布置。

二姐回来,看到耀平的信,说顾祖荑死了,二姐还哭了一场。我们先走了,留四弟做保镖。

等人不来,先打起麻将来了,正下大雨,他们都来了。我还以为二姐不会来了,谁知道她倒来了。今晚闹酒闹得不凶,我吃了一杯脸就红了。

晚饭后又打麻将,赢了不少,都没有算。

今天发孙小姐、老伯伯、宗斌、周美珍等的信。

10 月 4 日　月

阴天下雨,没有出去,看《二十年目睹之怪现状》。

祖麟的母亲来了,我真没有法子,安排她到二姐前面的祠堂边歇,周三姐陪着。

10 月 5 日　火

吃过饭和二弟一同去看旧书店,朝上面走,有三五家书店,都看不到什么好书。

晚上接到青岛孙先生的信,叶至美也有信,三弟自香港回来了。

10 月 6 日　水

一早起来写信给叶至美和孙小姐。叶至美到浙江白马湖去了。

去看病,到南门医院,和大姐去的。大姐也是去看癣,我的癣好像要好了,大姐的癣倒是大起来了。见到四嫂去医院割痔疮,二姐去替他们看家,窦太太也来的。

二弟明天要走了,向妈妈要了三百五十元钱,爸爸来说了许多家里的困苦。

晚上讲鬼。

10 月 7 日　木

昨天周耀又回来了,他们现在也没有什么事,因此可以常常回家。

二弟走了,要到莫干山去。四姐也跟他一同到芜湖去拔牙,她的牙齿近来老是疼。

昨天天晴了一天,今天又下雨了。

今天没有出去,看《二十年目睹之怪现状》。傍晚吹笛子,教大姐唱《吊打》,又好好的吹了不少曲子,《闻铃》《哭像》《南浦》《折阳》《见娘》《小宴》《惊变》,不少曲子。

- 两天没有接到信了,有点不舒服,随便什么人的信都是好的。

10 月 8 日　金

还是个阴天,干什么好呢? 走了两个人,好像静了不少。看看《二十年目睹之怪现状》,这是没有法子时才看的书,看得慢极了。晚上又唱曲子。

10 月 9 日　　土

把《二十年目睹之怪现状》看完,许多小故事还算好玩,可惜有好多记不得了。

但在家里实在是无聊,老苏也是无聊,别人说我从来没有给他笑脸,我也不知道怎的。

和老苏到外面走走,在书店买了两本小本子。东南西门都去过了,只有北门没有去,今天下定决心到北门外去看看,也不顾路上烂。居然走出了北门,北门外有条大河。

北门走一趟回来已经迟了,饭来不及了,便到迎春楼吃面,坏极了。

二姐请我们去吃蟹。到四嫂家,四嫂在医院,小二毛(以琼)和一个邻家的小孩子在玩。晚上提灯回来,四姐也回来了。

10 月 10 日　　日

小弟弟今天要演说,前几天找我做了一篇演讲稿。他们的先生,王气钟的弟弟,说太长了,又替他做了一篇,自然是用先生的了。

10 月 11 日　　月

昨天下雨,今天还是下雨,而且刮大风,叶子落了不少。这二十多天来,老是下雨,看完《二十年目睹之怪现状》,现在来看《水浒》。

早上起来打上领结,和老苏一同出去,走不上几步,又下雨了。在书店里蹲蹲,翻到一本《新古今奇观》要买。老板不在,只有老板娘在家,不晓得价钱,买不成。

10 月 12 日　火　重九

……与老刘、老苏上北门城墙登高。

10 月 13 日　水

难得两天天晴,好天气,路上遇见张天臞说下午来我们家。果然下午她和他们的王先生来了,一同去包河拍照片,我和四姐、二姐一同去。我们买了一点东西,在孝肃公祠旁喝茶,吃牛奶,拍了不少照片。牛奶吃完了,大家正在高兴,忽然听见飞机声音,铜音的,这是日本的轰炸机的声音。大家都到东边的墩上去看,先看见三架一队,后来又看见一队,快飞近我们的时候,两队分开了,一对向城里飞去,一对向南飞去。马上就听见炸弹声,一共两次,我们听见有八九声响,后来听说有一二十枚。飞机来的时候我们都躲在水边,大家都害怕,自然四姐和张天臞最怕得厉害,她们的脸色都吓变了。约十五分钟以后,飞机才过去,向东北方向飞去。大家起来,听见城里已经乱哄哄的了,警报是在第一次丢炸弹后才打的,现在进城,城里一定乱的不像样子,所以打算慢慢的进城。后来二姐说,先到四嫂家吧,她家离城门近。到她家,她家的奶妈说,小二毛不见了,不知跟哪个跑掉了。二姐马上急了起来,因为她是在替四嫂管家的。到她家,一个人也没有,门上有锁锁上在。我们在院子里坐了一会儿,小二毛和以瑞、小毛孩、窦太太都来了。到天黑了才回到张家吃晚饭,晚饭后回家,自然谈的都是飞机的事了。这次的次序太坏,流言也都太重,有的说尚节楼炸了,有的说鼓楼和九桥都炸了。

晚上睡不好。

10 月 14 日　木

天气好,两次警报。

四爷回来,陆八先生也回来了,说带了不少钱来。大姐叫我和三弟去前面,对陆八先生说扣款的事。到陆八先生家,他正在数钱,一包一包的在包,说是马上就要向上交了。因为他太忙,所以我们没有跟他说,和他一同来到大姐房里,四爷、四姐他们都在。

下午我到前面老苏处,老刘来了,老刘说有信给老苏,南京叫他回去。老苏不知道为什么和老刘一说到训导处的事,他就生气。早上窦太太来,说要走,但已经迟了,走不掉了,只好明天走。

10 月 15 日　金

一早夏妈就叫我起来送窦太太走,老苏决定今天一早走了,我们一同到汽车站。在小东门外,洋车拉了半天才到。送窦太太他们,看他们上了车,我才回来。没有吃东西,到佛照楼吃了二十个饺子,又到中国银行为四嫂拿钱。今天一天天阴。

10 月 16 日　土

谭二姐来说,戴广运、广述都来了,住农业银行,邀我们一同去看他们。四姐昨晚在张天臞家,我估摸她们回来了。一同到东门大街农业银行,他们都不在,出去了。我和四姐到朱先生家送照片,朱先生正预备出去。我们去了,又看了他不少古董、出土器物,拍了照片,才和他一同到洪家花园。花园颇小,东西太多,挤得很。这园子原来是他家老太爷的,朱先生找不到人,走了一趟就出来了。又到明教寺,和尚招待吃了一餐饭,有警报响。

广运带合肥农行的经理郭先生来了,谈了没几分钟,有警报响,接着飞机就来了。一共是五架,像前次那样分开来炸了两次,后来打听出是火车站附近,损失比上一次大一点。

马上大家都发愁了,是掘地壕呢,还是下乡?后来大家都说到圩子去。晚饭后,广运、广述、吴申祥、吴慎娴,许多人都来了,谈到九点半才散。自然是谈飞机,谈战争,谈搬家逃难一类的事了。

找夏副官,找不到汽车,明天大概还不会走的。

10 月 17 日　日

谣言说有五十架飞机今天下午要来,于是许多人都跑了。第一批走的是大姐、四姐、小弟、四弟,他们坐的是洋车,是十五爷雇到的,走得太匆忙,把房里翻的乱的不像样,张干也跟他们一同走了。第二批走的是我、三弟,我跟爸爸他们走的,到二十里路的乌纱辈二爹爹坟场暂歇。爸爸他们坐轿坐车,我们走路,所以先走了,是十点钟的样子动身的,由郑秃子送到西门口。张天瞿一家也在西门口一家棉花行里坐着,大概许多人今天都出城暂避。

郑秃子送我们到大路上,我们自己走到三里庵。小四婶母带景和(在六中教书的)和十五爷胡姑娘生的小宜和。只有一顶轿子抬四婶母和宜和,我们都跟着轿子走。他们说下圩子,我们也跟他们下圩子,我们先走了。景和从来未见过,十八岁的人,长得很高大,走路也很快,总是他走在前面。这一带乡下风景不好,只是一片黄土地,田里的稻子早已收割了,也没有什么树林。

过八里岗、十里头、十八井,一路向西南行两点多钟,在一处吃了饭。后来王大强赶来,说小四婶母他们轿子在后面。走了四十五里的样子,到城西桥,那时才是四点多钟,大家都说不用走了,再走过去都是山地,恐怕不好。四婶母他们的轿子也来了,也说就宿在城西桥。这儿是圩子里来往的人也常住的,还清爽,虽然什么都是土的。我实在是太累了,一歇下来,脚简直就提不动了。

入夜,月色很好。三个人睡两张床,蓝被窝,一点也看不出脏来。睡不着,脚酸。

10 月 18 日　月

居然雇到两顶轿子,我和三弟坐了,景和走路。还要走十五里地,乡间的十五里往往有很大的区别,有时十八九里都不止。到雷麻又吃饭,雇到一匹骡子景和骑,又十五里地,到焦婆店。这一路稍好一点,也慢慢的有点松树了,也有水了。焦婆店离圩子只有十二里了,中午十二点,我们到新圩子。

新圩子有两道壕沟,外面的水清,里面一道的水黄。有圩勇拿着枪在门口守卫,有土炮,样子很庄严,房子也整齐,但是有几处墙都塌了。

先到后圩子二婶妈处洗一下脸。七姐听说我们来了都跑来了,一会儿三哥也来了,慢慢的一大堆人,三嫂、大嫂、大伯伯(有长胡子的,身上也好像胖了),都来了。到大伯伯处坐下,吃中饭,饭后大伯伯又带我们到处去兜了一圈。到二伯伯(土地老爷)、五伯伯各家去应酬一下,又转了转,四姐她们都还没有来。和七姐到门口去等她们,果然一到门口,就有两辆车来了,车上的人都扎了包头,像乡下人一样。我们叫了起来,才知道他们是大姐她们一队。

一同到大伯伯处,周老太太早就来了。她是第一批,我们是第二批,大姐她们是第三批。

才四点多钟,后圩子二婶妈请客,我们,大伯、二伯、瑞生、四爷、七姐、大姐、四姐、三弟、四弟、我一桌。自己家做的土菜还是很不错的。

晚上睡六婶妈对过的两间房,是全圩子最好的房了。现在是六婶妈跟前的大姐和大哥跟前的以璞住的,把他们赶出去,我们住了。

自然是川流不息的人,总有人到我们房里来。

有消息说,爸爸他们已经到老圩子了。我们今晚住新圩子,因为一切都预备好了。

我和小弟弟睡一房。

10 月 19 日　火

和小弟弟盖一床被,仍然睡不好。

吃了早饭,和七姐还有一个背盒子枪的圩勇一同翻过一个小山头到老圩子去。果然老圩子的风景比新圩子的好,三面是山,四面是水,大门也颇有别墅的风味。闸门上有"水抱山环"四个字,弯弯曲曲的进去,进去似乎有点绕不清楚,一会儿也就熟了。房子只有三个宅子,当中是马太太住在,我们没有进去。东边是十四爹爹、十六爹爹、十九爹爹他们的,两边是大黑子他们的。爸爸他们住十六爹爹处。

五爷(璟龄)、二表姑他们在家,就是他们替我们忙。十九爹爹也回来了。

二表姑忙坏了，要开三桌饭。周三姐带孩子们和爸爸妈妈一起来的。

下午他们出去走，我的腿拖不动，在五爷房里翻看《聊斋》。一会儿他们回来了，老圩子的人似乎少一点，尤其是这一块，十九爹爹、大爷、二爷、五爷，他们都是我认识的。

住处好久才决定，他们仍住在十六爹爹处，我们住在前面大厅西面的客房。书还不少，全是旧式的书架，书架很雅致，就是脏的很，不知道是谁在里面吃鸦片烟。抬了一张床来预备我睡，我们自己所幸带了行李铺盖来的。

满以为今晚可以一个人好好的睡觉了，谁知道刚吃过晚饭，外面就说有人找我，是男的。我一猜就知道是老苏，果不然是他。

一问之下，自然是南京的事不成，那边要叫他去前线刺探军情捉汉奸等等事情，他不能干又回来了，没有法子。他自己也说明天就回城，还是住在公馆里好一点。他带来一封叶至美的信。晚上他们都睡了，我一个人写了两封信。两人挤一张小床。

10 月 20 日　水

早上送老苏走了，有许多事都要托他。老苏走了，他们都埋怨我，说我不应该让他走的。不叫他走住什么地方呢？怎样招待他呢？

我们重新整理了房间，把书架桌椅都重新抹了一下，抬了两张板凳过来，桌椅又重新摆了一下。前半间是书房，后半间是卧室。

晚上听八点五十五的无线电，没有听到，又听十点五分的。五爷守夜,我和他背了盒子炮在圩子里面四周兜了一圈。月亮被遮住了,不很明亮,在新修的更楼边站了半天。第二次听无线电,到十二点才睡。

10 月 21 日　木

起得并不迟,吃了两碗粥,到外面转转,在圩子里转转。和大姐她们去东头拜望二奶奶,又去中间门见马太太、七爷、八爷。他们家真是弄得一塌糊涂,路上都有屎,房里一股气味,脏的不成样,坐了一下就出来了。

下午睡一觉,五爷来说去靖达公坟场,他们也带了手枪。走到门口遇见二伯伯、大伯伯、爸爸都在,便和他们一同走。不远就到,叫杨曹坊,树还好。他们说这地方地势不好,我看也还不错,就是前面不好,有山遮住。

晚饭后去散步,二表姑、五爷、三弟、四姐,一同去。在小山的亭子上看月亮,水边杨柳,更楼是圩子风景最好的地方。

10 月 22 日　金

城里有人来,送来了不少封信,我的有刁鸿翔、孙凤竹、田祖泰。当即就做复,要到官亭去寄,得晚上交人,明早送去。

二爷昨晚就不大好,今天五爷一早就来,上城里去请医生,不料医生还没有到,人已经不行了。晚上九点钟,我们正在听无线电报告,刚报告完毕,张干就来说你们家二爷死了,没有人在,你们去吧。三弟、四弟都不去,我去了。到东边他们房,没有几个人在忙,在为他穿衣裳。这寿衣还是借的,还要做了还别人。只有二婶母和傅和、燕和两个小孩子在哭,佣人们都默不声响。在死者面前忙的只有大爷、二表姑、十九爹爹几个人,很冷清,因为人少,更觉得凄惨。先我还没有什么难过,后来看到两个小孩子来烧纸，一头哭一头烧，一阵阵的火光一亮一亮，纸灰飞扬，我心头一酸，也不禁流下眼泪来，想到人生真是太空了。二爷平日沉默寡言，不大和外面的人来往，我们都不十分熟悉。夜晚想了很多事，老是睡不着。

10 月 23 日　土

爸爸看到我们住的外面西大厅上的对子，便大谈他的人生哲学和宇宙观。对子是"观化乐天与山同静，游和抱朗随地为春""直道正辞羽仪海内，轻轩布政冠冕时雄"。当中的"富贵寿考"，也是余论。

晚上五爷和四爷（矮四爷）都来了，带了老苏替我买的信封和信纸。

原说九点钟大殓，后来又改到十二点，灵位还是四姐写的呢。我们都等到十二点，我属虎，怕犯冲，没有看，在房里等他们。盖棺完了，便看不见了，我们每个人都依次行了礼都散了。

10 月 24 日　日

我独自一个人到北闸外去走走。

晚上请山人来"收土"。在大姐她们住的那个院子里摆了五张桌子，东方青帝，南方赤帝，西方白帝，北方玄帝，摆着斗，插着秤，四个人唱起来，滑稽的很，几乎要引人发笑。

10 月 25 日　月

四弟下痢，今天来了不少客人，三哥景和、周三表叔、小周、老苏、五婶妈、三婶妈，还有一些不认得的人。二爷今天晚上偷枢，晚间家祭，请的客人不多,萧条得很。傅和一身麻衣,看见颇觉得难受。

10 月 26 日　火

只搁了三天,就出殡了。早上我出圩门,看见那一口红棺材放在田岸上,等早上送到浮厝去。

大家都挤在他们房里,等祭菜好了,一同到大门外。到大门外的人不少,放炮烧纸,大家都磕了头,爸爸也鞠了躬。

送丧的一行人不算少,只是零零落落的不整齐。抬灵柩的人抬着还呐喊着,这不知道是什么礼节?翻过圩子北边的一座小山不久,就到了浮厝的地方,也就是一个山坡上。把灵柩放完,大家再行过礼,便回来了,到门口还跨过火盆。这些礼节大大死的时候都有,现在还记得。《水浒》读完了,又想重读一遍《红楼梦》,今天开始。

10 月 27 日　水

一个人早上跑到圩子南面的小山上去,自己披了浴衣,以为很像侠客的样子。小时候老是以为自己是侠客,这好多年没有这样想了。回家饭已经吃过了,包饭已经吃厌了。

下午五爷来邀一同到离圩子一里多的秋月庵去,背了盒子炮,又拿了一枚手枪给我,有四粒子弹。拿了枪,又觉得很神气。走的是山路,一路上有塘有水。秋月庵在山腰里,背后有两座大山,只有一面是空旷的。在山中放枪声音格外的响,我放了两枪手枪,五爷放了三枪,是盒子炮。

晚上大家聚在房里,谈章靳以、巴金、曹禺的事。他们去睡了,十九爹爹来听无线电,说上海的消息不好。我们都起来听,上海我军已撤退至真如、南翔一带了。一直听到一点。

10 月 28 日 木

我们又被赶走了,十九奶奶一定不要我们住这两间客厅。今天搬了一天的家,搬到西大厅后面以前十九爹爹他们的房子。十九爹爹把我们赶过来,似乎很不过意,老是说十九奶奶不好。我们住东边的一间房,有个小院子,满是爬墙虎,绿茵茵的,似乎很静。到吃过晚饭才算弄定规,于是乎还是不错。

周耀平又来了,和麻四爷一同来的。老苏叫带来了不少东西。

10 月 29 日 金

仍然下雨,起来弄定规以后就写信,到晚上一共写了七封信:孙小姐、李鼎芳、黄席椿、老伯伯、三姐、老苏、叔昭。

人来往不绝,信是断断续续。

爸爸、妈妈、小弟弟这两天到新圩子,没有回来。

10 月 30 日 土

天阴阴的,渐渐的感到无聊了,《红楼梦》也看不下去了。五爷家的小女孩育和,怪可怜的,身体弱,大家都不喜欢她,一天到晚不作声,也不和人玩,看她孤寂得很,长大了一定是个多愁善感。二爷跟前的傅和,因为二爷死了守孝,在家不能出去玩,也怪可怜的。

10月31日　日

新圩子来接我们去吃饭，是大伯伯请的。四姐不去，四弟也不去，我有点不高兴，轿子来接，只有三顶，周老太太、周三姐、大姐每人坐一顶。我们原说走着去的，但轿夫说路上烂的很，泥到磕膝头不能走，我们只好再等他们来接我们一趟。我简直不大高兴去了，等了半天，轿子来了，路实在不好走，两个人抬一个人更不好走，又有小雨，好容易才到了新圩子。到大伯伯家，已经两点多了，他们都还没有吃饭。

在三嫂他们前一路摆两桌饭，还有好多人都是不认得的。菜很好，银耳烧鸭、焖鸡、圆子都是好菜，可惜后来简直吃不下了。

轿子先把她们送回去，又来接爸爸、小弟弟，我和大姐留在这儿。七姐拿照片簿子出来看。

11月1日　月

早上起来吃鸡蛋，然后有烫面饺子和烧卖，人吃得很胀。

去钓鱼，到壕沟里，很深的。只有周耀平钓的多，我们每人都只钓到一条，大伯伯一条也没有钓到。

耀平要打枪，到圩子外面，五爷带着一个人打了一枪，这回打的是盒子炮，声音很响。又带着我们大家在圩子里走了一圈，这还是第一次逛圩子。

二表姑自城里来，有信带来，我在大姐她们房写日记。我有三封信，孙凤竹寄来的信里还有张照片，拿到前面给她们看，她们都向我笑，自然脸红了。

11 月 2 日　火

又是阴天,下了一天的雨,七姐她们都不能回去。写信给老苏、老刁。晚间写信给孙小姐,想写点有意思的话,终于没有写什么。

11 月 3 日　水

下午去靖达公坟上上坟。四爷他们办的祭席人很多,十九爹爹、十九奶奶、大爷、四爷、小老爷、大姐、二姐、周耀平、五爷、二表姑、四姐、我、小平、宋大姐,还有圩勇,大批人马,放炮竹,烧纸钱,磕头。要磕九个头。

路上有一处正对大潜山,风景绝美,如中国的古画。可惜路上太烂,鞋踏的太脏。

回家妈妈说没有人打她招呼,所以她不知道。

我们来圩子,今天是第一次吹笛。

好多天说了要请我替他们补习,因为二爷丧事停了,今天开始替大爷的儿子扢和补英文,在大爷家。我们在西边的一间屋里,干干净净的,真是窗明几净。

11 月 4 日　木

叫小弟弟也一同去上英文,每天上一个钟头。

我总喜欢把东西弄得干干净净的,今天因为理东西,几乎同四姐吵了起来。她是不欢喜理整齐的,还说书理整齐了,就表示你不念书。我将来要是娶一个混乱的太太,那可就糟了。

十九爹爹的书房在东大厅边上，去看了一本杜诗。我想到以后每天下午去书房看一点钟的书，看看这些旧书，这样对自己也许要好一点。今天带了本笔记本进去，预备像以前上课那样，一定要自己管住自己。

11 月 5 日　金

上过课，到书房看杜诗，自己做一点摘录。

下午出去找松菌，我们几个人一同去的。到西边的松林坡，砍去了不少树，完全找不到松菌，后面的坡上倒有很多，我们采了半篮子。看看天快下雨了，我们在一个小瀑布边上，把采来的松菌洗干净就回来了。

在书房里写信看书，四姐也跟了来看书。

今晚亥时，二爷回煞，叫大家早早的就睡了。

11 月 6 日　土

又下雨了，周耀平他们老是不能走。

来了不少人，三嫂、四嫂、聋三姑全来了。我们仍然在前面书房里看书，不受影响。

早早的起来扭亮洋灯，写信给孙凤竹。

生活慢慢的要有规律了，上午上课看书，下午也看书。今天下午看书看的很久。

11 月 7 日　日

这几天一共写了不少封信，有官亭又来了三封信，叶至美、田祖泰、李宗斌三个人的。今天下午简直就没有看书，写信写了。

傍晚,看见窗外东边天上一片绿茵茵的,慢慢的起,慢慢的暗,不知道是什么东西。

11 月 8 日—9 日　月、火

这两天才算出太阳,天晴了,但河水涨了不少,我们洗脸的水都全是黄的。

九号周三姐带她的小孩子到芜湖去了,一清早走的。八号晚上大姐又闹头疼,睡在我的房里。我去五爷房里睡,五爷一晚上没有睡。四爷抽鸦片烟,闹得我也没有睡好。

渐渐的有规律起来,也像上课的样子,把许多事都排好了,这样可以使一天一天过的比较有意思一点。

前方各方面的战事都不利,很叫人不高兴。

11 月 10 日　水

我一个人在书房里读杜诗。读完一本,走到外面的堤上,想去看看她们在哪儿。四姐一出去,我总怕她走远了,给盗贼绑了去。

夜里没有睡好,听无线电,苏州近日又遭大轰炸,上海战争又退了下来,退守南屏了。

11 月 11 日　木

看看书,倦了,到东头走走,就回来了。

11 月 12 日　金

早上和四姐打了起来,打得很猛烈。她自然打不过我,把我写的字撕了，把痰盂也踢了，已经要翻脸了。一会又好了。

11 月 13 日　土

城里今天有人来，带来了不少东西，信也不少，没有十几封，也有七八封。又有凤竹一封信，不知怎的，和她认得也只有一个月，我似乎把她当做情人了，我不晓得这是一个什么样的结果。

晚上大家写信，我又写了六封信。

11 月 14 日　日

上课时爸爸来看，把小弟弟叫到新圩子去了。我很不赞成，如此不定心，带来带去的，念书怎么会长了？

叫人把十几封信全发了，邮票只买到一块钱的。

11 月 15 日　月

十九爹爹他们全去坟上，拖我也去，我今天被放假了。

上午把杜诗读完，下午开始读《通鉴》。做笔记，做的太详细了，一下午只读了一卷，照这样下去，要读半年才读完。太慢了，明天得快一点才行。

听消息，大名失守。

11 月 16 日　火

读《资治通鉴》太慢了，两天来只读了两本，今天晚上开一次晚车。

听十点十分和十一点二十的纪录新闻,很不好,已经退到昆山了,苏嘉、路平已经有敌军了,苏州整日轰炸,投弹无数,观前某银行全部被毁,我们的家大概已经被炸了也说不定。

11 月 17 日　水

整天读《通鉴》,还是慢。十九爹爹明天要派人进城,我写了信给他们带去。

11 月 18 日　木

有人在前面,我们只好到四姐处读书。十九爹爹家侯四由苏州逃来了,苏州已经不像样子了。下雨很冷。

11 月 19 日　金

下午读书,读完"汉高帝六年"。

丝绵袍子由裁缝做好了,穿上了身。整天的下雨,真是冷。

11 月 20 日　土

整天的读《资治通鉴》,一天看一本。下雨现在有书看,只嫌时间过得太快了。

11 月 21 日　日

下雨,天气骤冷,已经冻手了。

11 月 22 日　月

又多了一个学生，二婶妈家的燕和也来读英文，也是一样的不行。有雪，晚上听无线电。

11 月 23—26 日

生活有了一定的时间，就过得快了。

天气冷了，但是东西一批一批的来了，卫生裤，棉裤，棉鞋。

才定了，恐怕又要走了，十六爹爹、九老太太都要回来，房子不够。爸爸他们要到新圩子去，我们是不赞成，我为了看书就不赞成到那边去。

局势很不好，苏州已于二十一日失守，日本兵进城，我们全部的东西都毁了，平浦线日兵已炮击。济南、安徽广德一带均吃紧，北方战事沉寂。

11 月 27 日　　土

学生多了起来，十九爹爹家四姑也来跟我一起念英文。小陆先生来，今天早上就走了，让他带了几封信去发，给老刁、叶至美、孙凤竹的。

11 月 28 日　　日

下午小弟、四弟和我们一同去玩，等我玩完回来，我们房里的东西给人搬掉了，一打听是搬到二爷二婶母以前的房里，一下午，我们把房子又理起来，也很像样子了，晚上坐在桌子边写字看书。

11 月 29 日　月

吃晚饭的时候,有人说二舅姥爷来了,我们就知道是小舅舅来了。果然,他还带了两个女的来,一望就知道是剧团里的。

自然大家都围着听他们讲逃难的情形。他们十三号从苏州逃出来的,到安亭,到无锡,到长烟,到常州,在苦雨寒风中到南京,到芜湖,又到这儿,自然比我们逃的时候吃苦危险得多了。

让小舅舅睡在前面书房的隔壁那一间客房里,那两个女的睡在妈妈她们睡的房里。

11 月 30 日　火

还是照样上课,早上陪小舅舅在外面走走,回来吃了饭才上课的。

下午也没有怎样看书。

只剩下这样一本日记了,说来也真伤心,但是我没有哭,我现在看事情看得很淡然,也不大哭了。

这八九个月来,生活也真是,由教员变成失业者,由失业者变为逃难者,现在是个寄人篱下的人。老是想去做点什么事,但是又有什么事能是我们做的呢! 这次战争,失业的人也不知道有多少。

由记日记,使我想到了我的第一本日记,那时候还在苏州县里初中。我记得是一本很大的五分簿子的样子,还有点隐隐的记得,那上面字的样子,我记了一段小舅舅韦均宏,那时候他还叫均宏。

战争前途未可乐观,日军现在已经达到广德了,我们坐在这样淤塞的乡下,走出去很不容易,消息也听不到。小陆先生说,日军来了,我们就做游击队去,这倒给我一个刺激,许多人都说我没有用,但是我自己很相信我自己,到有用的时候,我会有用起来的。

看看孙小姐写来的信,也颇有新意,但是她远远的在香港,到圩子以后,还没有接到她的一封信,日子已经是两个多月了,不知道他们又跑到哪里去了?另一方面是因为不可能,颇有厌恶的意思,都希望能有一个结束,最好的结果原也是这样的,难道说非要弄得一败涂地不可吗?

日子一天一天的流过,一天一天的紧迫,人们是一天一天的没有办法,流离失所。难民是一天一天的多起来,一家一家的分离,一对一对的拆散,这是什么人给我们的,我们一定要记着。

才定了一个多月,似乎又不能定了。今天有十二架轰炸机,从我们头上飞过。

（第十八本结束）

12 月 1 日　水

早上八点钟起来,照例上课。正预备上课,二表姑回来了,说九老太太、十四奶奶她们全回来了,十六爹爹他们也要回来了,叫我们替他们搬房。一会儿,一大堆人全来了,家里顿时忙了一阵子。十四奶奶一进来就哭,我和三爷去见她时还在哭。晚间十四爹爹也回来了,见了他自然又说了一番时局。一会儿又到九老太太房里去,大姐也在那儿,说起教书的事,老太太说尽管打他们好了。她们女人,一点也不大量,女人的坏处就是在放不开。小舅舅和他带来的朋友都不招待,我总是觉得他们都是在逃难来的,无亲无靠的,自然是苦的,总得设法帮助人家才是。昨天早上我多煮了两个鸡蛋给小舅舅吃,他们就撇个嘴,不高兴。似乎我太好说话了,谁都可以说我几句,就是没有什么话可说的时候,他们也可以说说我胖。这似乎是一种侮辱,叫人难过,有机会我还是要离开这个家,到外面去跑跑,离开的远一点,各人对各人的印象会好一点。人生似乎是宜散不宜聚,吵嘴打架是非,全是在人多的时候才生出来的。

12 月 2 日　　木

昨天有飞机二十八架从我们头上飞过,不知是谁的飞机。发给宗斌的信,他现在搬到汉口去。今天十九爹爹家三姑又来上课了,十六爹爹家三姑和十六奶奶都来对我说过,要四爷和十一爷来跟我补英语。

12 月 3 日　　金

我渐渐的变得孤独起来,散步也不同人家一起,总是自己一个人走走。一个人走有一个人的好处,可以添不少的幻想,呆呆的不想什么,眼睛望着那东西也看不见,自己也不知道在想什么,这也是另一种滋味。

今天来了不少人,新圩子差不多来了一大半。是来上朝的,老太太实在是太老了,今天居然拍拍爸爸的头说:"长得狗头狗脑的。"上课的人已经太多了,加起来已经嫌麻烦了。这两天《通鉴》读的太慢了,今天才把第一次拿下来的十五本读完,明天要找五爷上楼去换书了。城里又来了不少东西，差不多的东西全带来了。晚上四姐问我为什么不高兴，我也回答不出来。

12 月 4 日　　土

　　教学生们 a、b、c、d，真是和学生们一样，他们还争分数。心里一直不开心，似乎是一层雾似的，隐蔽着。晚上张干来说裁缝来要钱，明明知道我没有钱，还要问我要。到妈妈他们房里，看见小舅舅和许多人都在房里，我又不好说出来。到门口走走，想到死，要是一死，不简直是大笑话吗？自己想想也觉得好笑，走过门口，看见裁缝，问他说后天才走，我又定心了。上书楼去换了十五本书出来，下午只读了十几页，读的是王莽死的时候，抄的非常多。

12 月 5 日　　日

　　下午我们一同出去野餐，并没有走多远，就在南面的一个小山头上，分头拾柴火。山芋最不好烧熟，结果我们还是吃了半生半熟的。带着枪出去是另外一种滋味，觉得自己神气了不少。为了要一块多钱的裁缝的工钱，又掀起了一次讲话，九妈要我向爸爸讲我们的钱到底怎样算。因为上一次他们从新圩子回来时说，非常时期的钱要集中，以后不给我们钱，东西开账去拿。我去问了爸爸，爸爸又不认，说还是照以前说的。四弟在外面，大姐、四姐都在房里面，四姐从房里出来，接过话头说，这些全是没有关系的。后来他们以为很得意，张干来说妈妈在后面和爸爸吵了起来。不知是怎样的，只要一提钱的事儿，大家都不开心，从来没有快快活活的在一起谈钱的事，每次要钱总是有一点花头的。晚上把大姐要的钱送来了,我的钱还是没有。大家很早就睡了。

12 月 6 日　　月

自然他们都看得出来,我这几天不高兴,不吃鸡蛋,因为那天我叫张干多煮了两个给小舅舅吃,他们就不乐意,说没有通过他们。今天早上四姐问我为什么不吃鸡蛋,是不是为了那天说你了? 你要是为了那天没有钱的事,那可大可不必了,要是为了小舅舅的那个事,你也是太糊涂了。我不和她辩,也不说为什么。要是要辩,又要吵起来的,辩也辩不出是非来。我知道,四小姐是从来不肯承认错的,她自以为从来没有错过。这许多年来,她和我吵嘴的次数也不在少了,就是平心静气的时候,我叫她想一下,她从来也不肯认错的,那是她的环境造成的。她的不认错,是在亲奶奶面前时惯的,什么事自然是大小姐,到外面来之后,也都是谁都呵护着她,一直就没有人说过她的不对,一件事似乎总是她比别人高一点,一篇一篇的文章写出来,从来就没有人说过不好的,总是一味的捧着,于是把她造成这样一个永远不知道自己错,不承认自己错的人。我以为她将来总会因为这一点吃一个大亏,或者是到死了她也不明白。我常想拿她做样子来写一篇东西,描写一个女的,从小就是惯宝宝,[①]在一个很富裕的家庭里长大,美丽聪明,伶俐,人人都爱,到学校里也是比旁人高一点的样子,先生们喜欢,同学们忌妒。这样的一帆风顺进了大学,教授想和她谈恋爱,同学想和她谈恋爱,于是在教授和大学生双重的捧场之下,她变成了一个了不起的人物,看不起

---

① 　惯宝宝:方言,意指家里很宠爱的宝贝。——整理者注

人，她太看重自己，许多追逐她的人遭到了她的白眼。到社会上做事了，别人因为她是女的，又是个漂亮美丽的女的，于是又有人捧着她，有三分本事，别人会帮她吹成十分本事，于是世界上的事没有一件是难的，她说的话没有一句是错的，她做的事，也全都是好的。但是日子一天一天的过去了，脸上的皱纹一天天的多起来了，把她当为真理的人，一天一天的减少了，捧她的人，随着她的美丽年轻一天一天的减少了。可是她终究不觉悟，到她临死的时候，遇到一件事，她才觉得她以往的全是错的，或者她一直到死，还以为她是对的，没有错。这样的人我觉得社会上很多，我们家里也很多，我见到的也很多，可惜我一定写不好，我想现在还在慢慢的观察。

下午读《通鉴》汉武帝的一段，渐渐地觉得有味了。我总觉得写史书的人总是把皇帝写得特别好一点。晚上到北闸，因为十六爹爹疯，给他住北闸，十一爷是他的保护者。回来一钩新月，黑的更楼更是另一种风味。

12 月 7 日　火

十六爹爹家十爷、十一爷来上课，念英文声音也不好。读《通鉴》，老是读不完，心里不舒服。听说宣城失守，南京军队撤退。

12 月 8 日　水

二爷今天浮丘，放假一天不上课，把光武帝上读完。小舅舅他们明天要走，但是因为没有轿子，后天再走了。三弟来，知道宣城失守这些消息都是假的。

12 月 9 日　　木

小舅舅他们接到安庆方面的电报,说后方服务团叫他们去。晚上要去弄轿子,到新圩子又借轿子。晚上写了信,明天给他们带了进城。孙小姐两个月没有信来了,我写一封信,让他们带到安庆去发航空信吧。

12 月 10 日　　金

天亮了,他们已经要走了,我们全送了出去,送到碑亭山顶。这个时候送人走,不知道何时何地可以再会面,颇有另外一种味道。起来的早,于是上课也上得早,现在上课有八个人了,一直上到十二点,眼睛都酸了。这两天舌头上起了个泡,说话也不很方便,很疼。

下午我们大家去要钱,爸爸是不赞成我们全拿的,这我也觉得爸爸的理由对。爸爸说在这非常时期,你们现在又不需要全拿,为什么要全数拿去呢?这理由很对,但是爸爸说不出来,后来妈妈把一千六百元钱拿了出来给了我们。爸爸又要我们出饭钱了,慢慢的,爸爸的脸色不好看了。我们都出来了,我们前面来读书。麻四爷来了,带来了老苏的信和报上的消息。消息很不好,日军已在南京郊外出现了,我们自然都讲一些时局的事情。五爷走后,我们看爸爸,就是想讲话的样子,果然爸爸评判他自己是神经质、粘〔黏〕液质。说到那些钱的问题上,爸爸说那些钱都给了我们后,自己身边没有钱了。我们看爸爸实在不知道,就说家里实在还有钱,都存在银行里。爸爸看我们这样肯定,便说了声"再谈"就出去了。吃了晚饭以后,爸爸的脸色好看多了,我们猜爸爸一定问过妈妈,知道了这些钱了。

12 月 11 日　土

每天上午的时间总是消费在补英文上,八个人一共有五个班,燕和、宁和、镕和一班,挹和、四姑、十爷、十一爷各一班,总要一上午的时间才够。下午读一点《通鉴》。南京已经失守了,使人不高兴。又听说这两天土匪闹得厉害,并扬言要绑新、老圩的人,尤其是老圩子的人。

12 月 12 日　日

教书。这许多人中还是四姑最好一点,读音也好,比较用功。吃中饭前到十四爹爹处。吃中午饭时,小弟弟在哭,不知道是为什么,自然是和妈妈吵。小弟弟总是向着我们,不向着妈妈,一天到晚欢喜到我们的房里来玩。吃晚饭前,朱二爷从城里带来的蓄电池电瓶,十九爹爹拿去一试,还是不成。

12 月 13 日　月

做梦梦见孙小姐来了,又像在圩子,又像在清华,人真是多。我约了她和大姐去唱《断桥》,我不知怎的,老是吹错。后来不知是谁把我们全叫了去,留她一个在,好半天,我找她到二院,说是在西楼的病房里。我找不到那个病房,有人说就是前二院的食堂改的,我跑到那儿,门口牌子上果然有她的名字。我进去,在床边把她的脸看得很清楚,黄黄的,还有几点雀斑。我劝她不要睡在这儿,到女客房去睡,她不肯。旁边的几张床上的女孩子听见声音,都要起来,医生又把她们按住睡下。

一清早天还没有亮,四弟和四姐大吵了一阵。四姐去周家圩子去了,周二表姑和王二爷、大头(五爷的儿子)和他们一同去了。七爷回来了,他在银行里做事。吹笛子,好久没有吹了。

11 月 14 日　火

上课又多了一个人,也不知道是哪一个小老姑。这许多人中,镕和最不好了。下午只看了一卷书,想起吹笛子,又吹了一大阵。晚上想再看看《通鉴》,谁知房里来了一大群人,他们都在唱抗敌的歌。

12 月 15 日　水

每教十五课就考一考,今天四姑考八十分,很不错了,就是四姑好。十五爷带了他姨太太生的两个妹妹来。老苏来信,有消息。

12 月 16 日　木

昨天夜里我们已经睡了,爸爸妈妈吵嘴,不知道为什么。爸爸把一张两千元的存单烧了一个角,妈妈拿来给我们看,我没有什么法子。陆八先生来,我们在北闸花园里练习大合唱,门口有人说老苏来了。

12 月 17 日　金

今天一天没有读书,为了买子弹要钱,爸爸又和九妈吵架。爸爸没有法子,来向我们借了二百三十三元,去买一千发子弹。四姐和谭二姐由周家圩子来,带来的消息很不好,日军已渡江,由乌江、和县来攻合肥。晚间到十四爹爹房里,听无线电到十二点才回来睡。

12月18日　土

三姑今天考书，三姑没有四姑用功，只考得六十八分。后来吹笛，今天我唱了一出《闻铃》，读了一点《通鉴》。三姐来，我们一同去北闸花园里唱歌。

我们预备今天晚上要闹了，三弟昨天就要闹了，被他们拦了下来。昨天爸爸和妈妈吵嘴，在外面睡的，这两天天气特别冷，在外面蹲一夜，怎样受得了？我们都很替他难过，谁知事情却恰恰相反，晚上爸爸来向我们要水瓶，我们都知道爸爸他们房里有两个热水瓶，为什么还要我们的？妈妈已经睡了，水瓶不许爸爸拿，三弟听了就要发火，说"我去拿"。后来说等爸爸来，我就知道今天晚上一定要出事情。九点钟我和四弟去十四爹爹处听无线电，十四爹爹就说，听说三狗要动武，你们要告诉他不可。我想叫四弟回来告诉他，后来一想，还是发生一点事才好，这两天空气又太不适宜。果然，我们听到没有几分钟，三爷就来说爸爸和三弟冲突起来。我和四弟过去，到巷子尽头，听到他们大声的说话，我不愿意加入吵架，就回到房里。在院子门口，看见四姐、三爷在，五爷说你们还是不要进去吧，人多了反而不好。但是我们听见三弟在说什么，我们便进去了。妈妈坐在床上，爸爸坐在床沿，脸上的样子不自然，大家你一句我一句的，在顶着，原来是在讲九妈拿我们的东西的问题。我感到这还是小事，我们来的目的是为了爸爸要水瓶，妈妈不给，我们来替他要。不料爸爸完全偏到她那一边，说一会儿话紧张起来。九妈平时话就多，吵嘴自然话更多了，尽是些琐碎的事，我就不愿意开口。后来妈妈说，一切尽是不开会，大家的误会越来越深，最好是大家全都开诚布公的说。这句话倒中听，我们之所以如此，完全是为了这几天爸爸不进房睡，一圩子的人全都不知道为了什么。为什么昨天买子弹，还要向我们借钱？还有就是今天，水瓶为什么不给？妈妈便把我这话当成三个问题，叫我问爸爸，要爸爸来回答。爸爸屡次答不出，最后还是说得吞吞吐吐的，今晚不来睡是因为要看月亮，昨晚是为了一点事而和妈妈相持不下，妈妈把房门关了，到底是为什么事还是没有说。问我们借钱，自然也是为了这个问题，水瓶的事没有提，没有答复，就只敷衍过去了。许多话我也说不下去，十点来钟我去听无线电走了，没有听到多少，我们去睡觉。

12 月 19 日　日

　　早上小弟弟送来我们昨天留在那儿的手电筒，爸爸妈妈都没有来吃早饭。小弟弟说，爸爸早上起来，常常站在房里发抖，牙齿都在抖的轧轧的响，今天早上又是这样了。吃中饭时，爸爸脸色还是不好看，有谭二姐在，爸爸叫四弟拿热水瓶没有，还要叫拿着水瓶来倒倒，样子太不好看。四姐就在边上说："有话好好的讲，何必这样呢？"谭二姐怕我们吵起来，吓得只吃了一碗饭就走了。爸爸妈妈还在堂屋，三弟就在廊檐下说话。我出去找老苏去新街，在大门口和镕和、挹和玩球。回房，他说爸爸来和四姐讲了半天，又和谭二姐谈了半天，算是来应酬一下，很好笑。下午我们在老太太厨房里弄萝卜丝饼，很好吃，送了六个给爸爸妈妈，还叫小弟弟、镕和他们都来吃的。吃晚饭的时候，爸爸的脸色还是不好看。

12 月 20 日　月

时局很紧张,渡江之敌已向巢县、合肥进发。晚上听无线电到一点多才睡,并无好消息。

12 月 21 日　火

早上起来听无线电,我们仍然上课。四姐似乎最怕,她做了几个口袋以备逃难用。我想到逃难一路走,另有一种趣味,不要当它是逃了就不痛苦了。我们都做口袋,以备万一。晚间抄好《闻铃》《折柳阳关》两个折子。

12 月 22 日　水

一清早起来去听无线电,消息还是那样,和我们有关的,巢县南面的敌军,总是说仍然在巢县南面,现在的情形到底怎样了?又抄好一个《小宴·惊变》的折子,是两个抄在一个折子上,可以省一点。我的旅行袋已经做好了,晚上我把东西放进去,背背看,不太重,东西没有全放进去。

12 月 23 日　木

早上的时间总是给别人的,我已经渐渐的觉得厌烦了。接到不少的信,其中算粹深、陶光的回信最可贵了,他们人在北平。和姑太太打麻将,也不大听戏。还有叶至美、田祖泰的信。叶至美已到汉口,一家团聚。田祖泰又将移家颍州,我看看那地方倒好,就是汽车路线太多。还有老刁也有信来。刮风下雨,天线断了,无线电听不成了。晚间写回信,三姐、二姐已到汉口,叶、田、华、老刁,写信写的很迟才歇。就是没有孙小姐的信,怕是信也不通了。

12 月 24 日　金

早上五爷叫人把无线电的天线重新装好,晚上,四弟他们去听,我很早就睡了,消息仍然和前两天差不多。《资治通鉴》没有读了。抄好了一个《吊打》。

12 月 25 日　土

在大厅里晒晒太阳,忽然想起今天正是圣诞节,马上想起一件事了。算一算,已经有四年了,今天整整的是四年了,我不知道为什么,总是忘不了她。早上我一个人去听无线电,听汉口电台的比较清楚,下午没有做什么事。四弟、老苏谈了半天话,晚间读了一点《通鉴》。

12 月 26 日　日

星期日一直没有放过学,所以今天也不好意思放了,其实我倒是很想放他们,他们九个人每天都要费我半天时间。早上消息不好,说有三千日军向合肥进犯,下午又听说在定远有日军。但是晚间七爷由六安回来,说没有的事,在定远的日军已经退了,似乎高兴一点。七爷在安徽地方银行做事,被遣散回来了。十六奶奶、三姑她们都说他,骂他不该回来,我觉得很不应该。晚间十九爹爹家三姑、四姑和十六爹爹家大老姑都来我们房玩,她们先都不敢进来,后来进来了,大家谈谈。三姑在乐益念过书，和杨心锦、虞淑英、黄国瑜她们一班。四姑又和沈月英、田祖泰认得，说了不少以前的事，很好玩。晚上十四爹爹要睡觉，我们不能听无线电。

12月27日　月

早上的消息，听上去不坏，说是合肥西窜之敌已退回滁州去了。消息好一点，人也精神一点，下午读读《通鉴》。有人叫踢毽子，和三姑、燕和一面，四姑和大老姑一面，踢得很好玩。后来又来玩"杀皇帝"，也是用毽子玩的。晚上我唱戏，一个人唱《武家坡》《梅龙镇》《乌龙院》。

12月28日　火

消息又不好，好像疟疾似的，说在巢县、无为发现敌军，合肥甚切。下雨天冷，先是慢慢的，后来变成雪。接到孙小姐一封信，是十一月十六日发的，走了一个多月才到这儿。晚上唱昆曲，四姐说我的腔不对。不知怎的一唱昆曲，我们就要吵。她自以为她的最对，别人的都错，我很不高兴，睡了。

12月29日　水

有消息，无为、巢县、全椒经搜索后，无敌人，似乎有安定一点。天阴，下午唱唱曲子。

12月30日　木

又有敌军在合肥附近发现，但已歼灭。踢毽子。七点回东头去，借了一架留声机来,四姐自己的片子又开上了。晚上出题目,明天考他们,后天元旦节放假。

12 月 31 日　金

又是一年完了。早上考试,十六爹爹家大老姑翠玲最好,四姑陆玲也好,三姑瑛玲这次比上次好了。小弟、燕和、挹和都不很好,自然又是镕和最不好了。

1938年

1 月 1 日　土

元旦放假一天，以前他们出去散步，我总是因为上课没有能去，今天跟他们一同出去了。到大门外面的山上去晒太阳，地方还不错，在小山凹子里，觉得很痛快。想着要是带着一个情人来，在这个没有人的地方，两人在一起，是多么的有趣。听无线电。无线电中，有梅贻琦演说，又没有听到。十九爹爹来，门房中坐了一阵。

1 月 2 日　日

今天仍放他们一天假，明天可要上课了。早上环圩子一周，又到博爱学校去看看，现在里面住着四家人，有小小的壕沟，有白杨树，可惜现在都落了叶子。早上我去听新闻。现在我们每个人轮流去听，轮流去做记录。十四爹爹那边总是不大好，人太闹了，他们似乎全不热心无线电，但是我们在这样的乡下，无线电是唯一的消息了。正吃饭的时候，小四婶妈带了一个姓张的女孩子来。中午忙着吃豆沫面粑粑，看四弟搜集的民谣。

1 月 3 日　月

早上茂林走，他明天进城，我托他代我汇三十元钱给徐茂本。因为前几天接到徐茂本从南昌来的信要借钱，〔他〕和太太一同逃到南昌，家里的人好像还在苏州。上次因为没有办法汇钱，现在让他去试试看。又写了封信给孙小姐，是回她十一月十六日的来信，收不到信我也不大高兴写信了。又写信到汉口给宗斌。

1月4日　火

读《续红楼梦》，倒也很好玩。我出钱做了不少包子送人，自己吃不了多少。

1月5日　水

做的包子自己没有吃到多少，送了别人，但是还送不全，还有人没有得到，叫人不好意思。那天有飞机过境，今天我去听无线电，知道是去汉口的轰炸机。今天又有飞机响，不知是到哪儿去的？读《续红楼梦》。

1月6日　木

上上课，有客来了，刘家的刘克明，只好不上了，让客人坐。三姑、二表姑来说，小老爷们要找老苏补国文，和他说了他已答应了。早上我和四姐谈起青岛一般人的事，觉得很有味，下午我又谈起香山的事。

1月7日　金

现在有东西吃了，早上吃茶叶蛋、豆沫面饼，又吃粥。往常我早饭吃不下，现在却能吃得很多了。下午老苏开始教他们，一共五个人，都是跟我学英文的。老苏教他们《六国论》，太深了一点，我现在看了头上两句简直不是很懂。大姐、四姐去十六爹爹家，三姑处。我、三弟、四弟在房里，我们吃茶叶蛋、麦饼和盐鸭子，颇可口，可惜晚饭又吃不下了。

1 月 8 日 土

天大冷,因为冬防,将圩子大门封闭,从北闸走,我还没有出去走过呢!上课可真吃不消,太冷了,书房又没有门,风直钻进来,上了一上午的课,我的手脚全冻僵了。天冷一天到晚就蹲在房里烤火,也不出去。

1 月 9 日 日

昨夜咳了一夜,喉咙都疼了,清早醒来四姐问我,不是咳了一夜吗?早上起来我就穿了两件袍子,把所有的两件袍子,驼绒的、丝绵的,都穿在身上了,还是冷。接到老刁的信,他原来在泰安,他们学校迁到陇西,他到汉口他哥哥那儿去了。这许多日子,《通鉴》也没有好好看,先是为了时局很不好定心,这两天还是应该再看下去。下午没有事,就想法子吃,把鸡蛋翻来翻去的吃。

1 月 10 日 月

各处的信都接不到,现在也惯了,明知道有许多地方的信是收不到,也不想写信了,信也少了。三弟听无线电,我很早就起来,到外面去走走。到北闸现在的大门口,壕沟里全冻上了冰雪,这两天天气的确是冷。十四爹爹家四姑老睡不着觉,十四奶奶今天带她进城去看病,二表姑也陪了去。下午去剃头,剃头匠不会剃,我们指导他们,还是三弟的剃得最好,我们三个都剃了。今天烧的瓠子吃,白菜、咸鸭子、肉、猪肝、茶叶蛋,我吃了两碗,晚饭吃不下了。早上一度圩子里很紧张,是因为附近有土匪,还说看见土匪的枪头,听见枪声一响,圩子里外马上就戒严起来。这许多日子来,每天的生活都一样,没有什么好记的,除非是听到一点什么消息。

1月11日　火

今天是我去听新闻,这两天都没有什么重要消息,回来吃香油炸鸡蛋。现在吃早饭总不大在一起了,爸爸他们总是后来,不知怎的今天倒比我们先来了。爸爸一碗粥还没有吃完,就看见张干进到我们房里去,就气了,等张干出来,就叫把粥桶搬到桌子上,先放在自己的座位上,后来又叫拿到他自己的位置旁边,脸色已经很不好看了。张干站在旁边不敢动,爸爸又说"去",张干拿着脸盆就去打水,爸爸又叫回来,"到哪儿去?"张干说打水去,爸爸就跺脚拍桌子,骂混账,谁要叫张干进房去?又大声的叫:"一家人都待我不好,只有老太太待我好,我难道就没有一件称心的事吗?"这会儿细想起来,倒也不是没有理,但就是不该借这个因头发作。还有爸爸得自己反问一下,为什么人们都待他不好?怎么会弄成这样?把事情都弄的不称心呢?张干进房后,原来可以没有事了,但火还没有下,可巧大爷来了。爸爸便把大爷留下,要书房楼上的钥匙,大爷说在四爷那,四爷到长镇去了,爸爸也没有话说。老慧从后面来,爸爸就问:"你在哪儿?"老慧吓得半天不敢说话,因为看见张大姐在前面。爸爸马上就说:"我倒要去问问老张他们看见谁?"马上就跑进我们房间,问了张干、四姐几句话就打了起来,说:"平日你老发张干的脾气,我就要发你的脾气。"我们听里面声音闹的厉害就进来,四弟也将爸爸抱住,大镜子碎了,十六爹爹家小姥爷爷捉住爸爸的手,我走进去拦住爸爸。四姐就在门口,四姐说:"给你打给你打!"眼里有水,可是还没有哭出来,又说:"从来就没有被人打过。"爸爸还要过来打她,被四弟他们抱住。老杨来请九老爷过去,爸爸说你叫他先进去,四姐就哭着跑了过去说:"老太太,爸爸打我!"这才显出可怜的样子来。爸爸出来又和妈妈顶了几句,刚好魏毛子拿了一封给五爷的信,爸爸一把抢过来就要拆。妈妈拦了一下,他更要拆,说:"为什么我恭恭敬敬写信给老四,他却不回信给我,我倒要写信给他,我就要拆来看!"说着当着人就撕开了。我们知道事情闹大了,五爷他们说是大老虎,惹在他头上就不好办了。果然没一会儿大头来了,要爸爸去,爸爸自然不去。一会儿五爷自己来了,才起来,衣裳都没有穿好,问爸爸要信,爸爸不还,说了好一会走了。一会儿又来要,爸爸还是不还,五爷骂爸爸"人格何在?"爸爸自然更火了。三姑、五姑她们都来劝爸爸还信,爸爸不肯,说叫他还我人格。我到后面看五爷气的直转,又拿锁把爸爸他们的房门锁了起来。许多人看着事情闹大了,把十四奶奶请了来。十四奶奶来就大哭,说什么儿子死了,女儿病了,你们又都待我这样呕〔怄〕气,这日子到底怎么过呀?哭了一会儿,五爷也哭了起来,二婶妈听了自然也哭了起来。后来爸爸妈妈也来了,我看着实在难过就走开了。后来他们都到房里,听说信也还了五爷,五爷叫大爷把门也开了。这事实在是爸爸不对,他不该拆人家的信,何况还要扣着不给,这简直是不大像样子,自然无怪乎人家要大发雷霆。不过我看他们几十岁的大人吵嘴,也像我们小孩子一样,一个不给信,一个就骂没有人格,要还人格再还信,一个锁你的房门,十四奶奶又来大哭,都很使人发笑。爸爸是不好,由张干、老慧、四姐而到五爷,闹得这一宅子不安。据报,爸爸后来也后悔,中饭、晚饭都没有上桌子来吃，我们倒舒舒服服的吃了两顿。十九爹爹来谈了一阵，晚上五爷又来坐了一会儿。

1 月 12 日　水

事情完了以后，今天爸爸一天都没有上桌吃饭，爸爸的脸色还是那样难看。晚上我们房里很热闹，好玩极了，吹唱，我们已经好像没有事了。他们全都攻击我，因为在妈妈口中，说我最好，其实我也并不好，我不过是不放在脸上罢了。我总觉得在桌上吃饭的时候，用话敲打他们，是没有意思的，我自己也向来不会说这样的话。他们就因为我不说这种话？说我也不对，实在不知道怎样才对。我不和他们说出来，他们又要跟我吵，就是因为妈妈在旁人面前说我好，他们都不高兴。其实这一点，也不是我的错，又不是我要她去说我好，更不是我愿意她说我好。她说我好，难道我就好了吗？我不能说话，一说话就是我错，好像我是帮她似的，这种事叫我怎样分辩？所以我不说了，我还有什么可说的呢？我不必求人，不必解释，我只要我自己了解我自己，我自己对得起大大就成了。

1 月 13 日　木

上午新圩子来轿子把大姐接了去，下午又来轿子把四姐接了去。他们许多人又都说我，他们全疑心我和他们好。我感到好像在苏州车站时的我和四姐一样，因为没有骂汉奸，所以人家把我们当汉奸。我觉得这种情形很凄惨，又不能说，越说越不好了，闷心里。我不作声，就这样子糊涂下去吧！

1 月 14 日　金

　　我去听无线电,听不很清楚,淮南方面没有什么消息,今天只有津浦路段有日军。爸爸在我们房里说话,三弟来躺在床上,爸爸坐在床的侧面三弟的头边上。三弟向后让,爸爸还向前坐,一坐又一让一坐又一让,这样无论是有意还是无意,别人都疑心跟他捣乱。爸爸出去,三弟就吵说,四姐她们请你不要叫她你却不肯,罪名都在大姐一个人身上,说着就哭了。我不明白,我自己不作声,每一个我们自己方面的人都疑心我,我还有什么话可说呢!吃中饭时,三弟的态度就不大好,把菜在桌子上乱摔。吃完了饭,爸爸就对我说:"神经病不知道会不会遗传?大概我遗传给他的吧!"三弟在外面大声的叫:"哪一个答他的话就不是人!"我闷在心里只当没有听见,我感到每顿饭这样的吃下去,总是不对,我总要想个法子解决这个问题才好。我感到最好还是分开来吃,现在大家的仇恨似乎已经结的很深,是无法可解的了。就是误解也已经是成见很深了,没有办法解释了,只有越解释越怀疑。下午我在爸爸房里和妈妈谈这种事情,谈了半天,但我并没有说分开吃饭的话,只说爸爸现在看上去,这样子有点病的样子,希望他到新圩子去和哥哥兄弟们散散心,也许会好一点。二表姑、四姑回来,说起城里那天轰炸的事,据传说是因为李宗仁来肥之故。

1 月 15 日　土

　　才上完小弟弟镕和他们的课,吕五送了一张条子,是四姐写的,在小新圩子,说茂和请我们吃中饭,叫我们一定要去。我们只好马上收拾收拾，又向五爷借了支枪扛着，就跟着吕五走了。吕五还说要到新圩子去请大姐、七姐，我们又从新圩子过，等大姐、七姐她们一同到茂和家。茂和家圩子小小的，圩子门前很好，可是里面却很破旧，也是很久没有来家住了的缘故。到里面四姐才起来，吃的饭菜很多，很可口，我们都吃得很饱。又看了茂和的各种枪，又听他吹了一阵才回来。我们回老圩子，四姐、大姐仍回新圩子，我们的枪背了去又背了回来，也没有放过。晚间我正在看《通鉴》，新圩子有人来送来大姐的条子，说董叔昭来了，在新圩子，明天一早就要和四婶妈她们一同走了，要我们去。于是我和三弟、四弟在微月之下，走到新圩子去，谈到十一点钟才睡。

1月16日　日

爸爸和小弟弟，也一早从老圩子赶来，送四婶妈。弄到十点钟，他们大批人马才走的。三弟也送到铜旗杆，他们到那儿上汽车到信阳。我们回到七姐房里，听大伯伯说"马"，下午我们全都回到老圩子。天才黑，三弟回来了，说起谭二姐也要走，问四姐去不去？四姐马上决定去了，但是不让许多人知道，就我们几个人知道。我在想我要不要和四姐一同去呢？最后我决定跟她去，但是更不要别人知道，只要我和她知道。

1月17日　月

还在盘算，但是大体决定，我决定我送她去，什么东西都不带，只带一点钱和牙刷。天阴下雨，我穿了三弟的大衣和雨衣、呢帽子，走得早早的,天还黑漆漆的,找了张干去开西闸的门,我们走了。一路上听见几声枪响,但圩勇说是人家的喜事放枪。我们一行有带枪的圩勇、六名轿夫、两名挑夫,我们姐弟二人行的很快,过聚兴集还不到吃中饭时,吃中饭时已到铜旗杆。人太多,简直认不清,只认得大表兄和六表弟,他们全都像童大爹爹的样子,人不俗,味道很好。和四婶妈一谈,她自然也赞成我去,于是我便写条子给大姐,要我的东西和钱,又写了一张给爸爸九妈。下午我们都在前面大厅,听和我们同行的盛先生大谈,此人倒是个"老枪",像是什么都在行似的。我们才初见他,就对我们说,从前某将军吃蛇,又说随便到哪儿,都带四匹母牛和十几个健壮的乡妇来解决他的性欲,又说年大将军也是如此,普通的小姐们一下就要死的,只能看不能用,也非要大脚的乡妇才成。此外还说了不少的话,总之是十足的表现他是个老油子。晚上四婶妈来,我去唱戏,在表大大房里,韩姨太唱了一曲《起解》,六姨太太操琴,我们两个唱了一段昆曲。晚上和董叔昭睡在大厅里,大厅一共睡有七八个人。

1 月 18 日　火

天不助人奈何奈何,天下雨,总是没有太阳,现在又下了雨,真是叫人急死了。到六安去的人回来,说车子有,就是因为路烂不能走,并且现在可以由六安直接到汉口,只要一天半。信阳那边路上还不好走,有土匪。八姑爷带着十三爷来了,晚上人更多了,又打牌,又押宝,闹了一晚上。我是并不很感兴趣的,早早的就去睡了。蹲在这儿老是不能走,也不是事。下午我的东西送来了,有大姐、四弟的信,三弟的几句话,要他们的东西的。他们的心上都好像以为我不该走,又说和妈妈吵嘴时,我似乎和他们不是一路。我伤心极了，拿起笔来，我的眼水忍不住流了下来。我忍住了泪，写了一封回信，解释我的态度。我真不愿意他们和我不对，这不是叫九妈看笑话吗？

1月19日 水

中饭以后，十三爷他们走了。下午我到四姐她们房里写日记，写了一下午。晚上吃的是粥，如此下去，真会把人吃穷的。老圩子有人送信来，送的是大姐和五爷的信，都叫我们回去。我们也想回去的好，所以写了条子，明天派人来接。今天我们都睡得很早。

1月20日 木

夜晚下雨，早上醒来，开始雨夹雪，慢慢的，雨变成了雪，越来越大，地上已经积起雪来了。我们想老圩子大概不会有人来接我们了，谁知道我们才在吃饭，老圩子的人来了，有两顶轿子，四个圩勇，还有三个挑夫。我们的东西都放在这儿，不愿意带回去，因为将来仍然要来的。隔壁的王姨奶奶一定要请客，听说我们要走，马上就弄饭，让我们吃了饭再走。四表叔也从城里来，才吃过饭现在又来吃饭，一桌子的好菜，我们也只好马马虎虎吃一顿，马上就回来了。一路上雪不下了，路不好走，路上的风景自然是好的，但是风也很大。到圩子还算好，衣裳没有打湿。三姑、老大哥他们都在，他们都希望我回来再教他们的英文。我真不明白，我是为什么影响这样大？爸爸妈妈都在新圩子。

1 月 21 日　金

现在改在六点半报告新闻,今天早上我写日记,说是和县已失陷。今天天晴了,但是还没有出太阳,路上的雪已经很深了,大家说出去踏雪。大家都换上水鞋,姑爷也去的,还带了枪,我们翻过圩子南边的小山,又上了大山,这大山算是附近很高的山了。一路上踏雪,很有趣,在山顶上还堆了个雪人,我们拍了几张相。我们上的那个山,就是土匪经常出没的地方,下雪还算好。回来我带了一支手枪,带枪在身上,又是另一种滋味,觉得很好啊。回来的路上雪化了,路不好走,我们还从龙潭寺过,回家脚上自然是一塌糊涂。下午读了一点《通鉴》。

1 月 22 日　土

今天又上课了,仍然像以前一样,一个一个的全教了。就是不走,也要弄一个结束才成。

1 月 23 日　日

仍然上课,和老苏说我们要走的,叫他也跟我们一同走,他自然是愿意的。

下午为了子弹的钱,到爸爸房里拿,和爸爸谈了半天,说了不少的话。爸爸说他这好多天不高兴的缘故,就是那天我们一下子向他拿了一千多块钱;又说这事情全是大姐领的头,你们都跟着她;又说每次吃饭就不高兴,我觉得爸爸这许多的不高兴,都是自己不明白才弄出来的,就像他误解我们的一切。说她们都是大姐指使的,谈谈倒好一点。

可以使我们多明白一点，一会儿四嫂来了，告诉我们他们明天一早就要走了，要从铜旗杆走，到六安再等车。

1月24日　月

走走又不走了，我的学生们最高兴了。上午上过课，开始看《资治通鉴》。

1月25日　火

看《资治通鉴》到"三国"快要有趣了。早上四姐又说和四弟赌一匹马的东道，看样子他们赌的一定是我，想想这很叫人生气。下午看《通鉴》，做饼吃。

1月26日　水

因为在家里不好过，还是想走想出去。叫老苏写封信到六安问一个朋友，打听一下子教书的事。

1月27日　木

中上四嫂打发以瑶押我们在铜旗杆的行李东西回来。以瑶这小孩子很不错，很像大人气象，像四哥像极了，一见他，就使人想起四哥来。晚上我们留他下来。

1月28日　金

明天考英文，大考了，替他们结束一下。后天就是年三十了，圩子这里的门对，都叫四姐写，昨天今天都在写。吃晚饭的时候，新圩子来人接以瑶,并送来不少豆沫面粑粑,以瑶一定要回去,只好放他走了。晚上出了六七个人的题目,一直出到十点钟的样子。老太太叫三姑、四姑做点心送我,点心她们不会做,烧了许多茶叶蛋来送我。这几天不少人送东西给我们吃。

1 月 29 日　土

早上考镕和,是一点也考不出来,燕和也考不出,还是大老姑考的最好。下午我看《通鉴》,晚上为了买枪的事,几乎又要吵了起来。枪已经来了,爸爸拿不出钱来,又要向我们来借,结果我借出九十五元,大姐借出三十元。但是盒子枪仍没有留下来,爸爸写信向十三爹爹去借钱,九妈又把我们借给爸爸的买枪的钱充当家用,入伙食账了。我觉得不对,我们凑出这钱是要留一支枪下来。十五爷、董大表兄都来的,在爸爸房里坐了半天。我吃完饭就走了。我对爸爸声明,我借着九十五元钱,是为了买枪的,并不是为家用的。晚上大家都不开心。

1 月 30 日　日

今年阴历没有年三十,今日是二十九,就是年三十。上午还好,没有什么举动,不过是各处要挂红灯,四姐写的门对子也都贴上了。晚上可热闹了,先辞岁,各处磕头,晚上上灯,灯全点上了,很好看。我们房里也重新布置了一下,桌上铺上桌毡,贴上了三弟画的大大的鱼,蜡烛台子、香炉、线香大都是借的,摆在正桌上,还很像样。就是桌子底下有脸盆不好看,倒颇像一张供桌,大姐供上三个盘子。许多年来,我们都没有向大大磕过一次头,今晚还向大大辞了岁,又向前面的账房要了两张大红纸,叫三弟画了福禄寿喜财五个人①贴在我们的墙上。

1月31日　月

先拜家里的年,夜里向长辈磕了一阵头,又到中间门,又到东头。东头位置最好了,最新了,最像样子了,大厅里最漂亮。大厨房里也开年饭给我们吃,十个碗也颇好。晚上我们四个人化妆表演。四弟化妆成一个古装女人,用了大姐她们的戏装衣服;三姐穿了大姐的皮大衣,装成一个摩登女子;我用棉花贴了白胡子,用面盆装成肚子;四姐装成圣诞老人。装好了,到十四奶奶、十六奶奶、十九奶奶前面,大厅里各处去跑了一圈,引得全家的人大笑了一阵,我们的目的自然也达到了。

2月1日　火

今天是正月初二,早上我们一行人二十二人,由老圩子到新圩子里去拜年。各个地方都去了,以前还没有去过的后圩子也去了,十三爹爹处也都去了,十三爹爹处留饭。我们老惦记我们买的那支枪,到前圩子找到五爷,他正在大伯伯房里弄那支枪。我们也加入去弄枪,是借十三爹爹的钱买的。

2月2日　水

早上我们去听新闻,这些战事离我们更近了,在定远境内的池河两岸打了敌人,似乎要取定远,北上攻临淮关、蚌埠。

新圩子今天来拜年,人马比我们的还多。人多了,我就躲在后面北

---

① 指人像。——整理者注

闸的花园草堆后面。

好久没有写信了,晚间我开始写信,给汉口有宗斌、叶至美、老刁,问问情况,想到汉口去。还有信给田祖泰、刘金钿、夏妈、孙凤竹。一共有七封信,写到十一点。

2 月 3 日　木

大姐去新圩子拜年,三弟、四弟都不在房里,我和四姐讨论走不走的问题。自然我们都还是想走,我想找点事做做,她也不惯于在家庭里安安静静的生活。但是大姐她们都不愿意走,三弟愿意走,但是又没有钱,四弟怕生病,怕吃苦,不愿意走。大姐就是不愿意走,不想走,也不知道有什么别的理由。

4 月 19 日　火

昨天在"美的"和八姐、大姐咖啡吃多了,晚上睡不着。下午去上班,三点钟的时候,是一天中最想睡觉的时候,卡片写不下去,我只好站起来走一圈才好一点。遇到励志中学的林元培他们来,上课做事,我记得他是个会闹的,读书并不好。回到家,五弟、大姐正在写信,四姐有信来,我们放心不少。她不说别的,只说一路风景好。她走的时候倒不想她,现在倒又想她了,尤其是和大姐他们一路走的时候,就开始想她。

4 月 20 日　水

洪先生没有回来,买到了黄姚的一本书,叫《血债》。其中有日本兵,将中国女人的奶头用铁丝穿了走,又将中国女人裸体钉在大门上奸污,用石头挂在奶头上,真是叫人可怕悲伤。整天的抄卡片,但是我还不是怎样的厌倦,早上买了一份报,一直看到青年会,天气已经很热了。对自己身上的东西总是爱惜的,我抄卡片时,看见我的指甲。那小拇指是最漂亮的,我留下它的指甲,下午我回来,都不在家,我打电话给大姐,四、五弟回来吃饭。晚饭有鸡汤,是八姐送来的。

4月21日 木

很早就起来写了一封信给三姑、四姑,时间还早,和五弟一同去青年会签了到。到凌太太家看凌小妹,小妹现在病在,去看了小妹,他们不让走,我要去办公,她也没有办法,我想中上再去。三千多张卡片,够玩上二十天的。回家吃鸡汤饭。和大姐一同路过西装店,订了一套西装,这是第一次做,四十八元。我总不大喜欢穿西装。今天五弟由农行拿出九十元来,匆匆赶去看小妹,带了一本书和画报给她看。晚上去听戏,五点下班,五弟已经在底下等着了。一同到八姐家,吃过晚饭,表嫂、以顺、幺姑他们全不去,装腔,后来去了。徐丽云①的《玉堂春》全本,嗓子既不好,扮相亦欠佳,配角更是坏,行头也不成,唯一可听的只有一两句而已。散戏冒雨归。

4月22日 金

今天有匠人来隔前面的墙。洪先生又要搬到武昌去了,是陈诚部长之命。下班之后就意识到有人来,是L的老太太和二女儿,还有小三姐全都来了。她们一定没有吃饭,我叫她们吃饭,她们硬是不吃,坐了一会儿就走了。我把书房里又重新布置了一下,坐下来预备写信,洪

---

① 徐丽云:新艳秋的早期学生,民国时期上海十大名旦之一。

先生回来了。接着八姐过来了,吃烟吃柠檬红茶,看照片,九点钟坐了车子回去,我送他们出去。

4 月 23 日　土

大姐没有回来吃中饭。到青年会去才一会儿,看见小舅舅坐在下面打弹子,穿一套半旧的西装,脸色苍白,留起一簇小胡子,一看上去我就知道他现在一定很狼狈。谈不到几句话,知道他和周同居在一间小亭子间里,如今已绝粮,要到长沙找周全平(周的叔父),无路费,向我借二十元。我身上没有钱,因为他平常从来不看我们,也不告诉我们他的地址,要钱就来找了,我心里不高兴。约定明天下午八时去他们的住处去看他,设法为他找二十元。

昨日接靳文翰电话,说今天下午五时后到我家来,所以非得回家一趟。到家等他,他也没有来,天下雨大概是不会来了。八点三刻洪先生来了,来听曲子,但是因为小妹妹病了,大姐也病伤风,所以大家很不起劲。这两天气候寒冷,我老是咳嗽,隔壁许先生、何先生来我们房里大谈。

4 月 24 日　日

纪念周,黄仁霖大骂刘高源,为了那女人的事?也不必多说,反正和我们没有多大关系,不过当着这许多人这样的骂,还打了五十军棍,也使人很看不下去。

九点半,纪念周结束,到八姐家去,一家人全没有起来,等他们一个一个的起来。昨夜打了麻将,自然今早爬不起来了,这也是他们的习惯，到底和我们不同。

房子里很凌乱，我又替他们把箱子上的书理了一下，似乎好看得多。和八姐说了许多话，到十一点我一定要走，因为大姐、五弟都在不舒服。先到大陆银行看二弟由香港来的信，说要钱，他还以为有不少钱在大姐面前。三十元一个月自然是不够用的，我就觉得你赚三十元，最多能用三十元，这样你才会快乐。我每次拿薪水时总伤心，我觉得一月的辛苦，只换得这一点点钱。并不是嫌钱少，根本就是觉得钱和辛苦，是不能放在天平上两边的，工作是工作，不拿钱的工作倒比拿薪水的工作好。叫我白做一个月的事，又不给钱，我倒没有什么难受，拿了钱，为了钱才做事，这倒叫我每次都感到心酸。这许多天来，一方面好像很强硬，可是另一方面，我觉得又是十分的软弱，老是想哭。五弟出去了，我一个人吃饭，饭后睡觉。洪先生今天几次来搬东西，我们借了他一张沙发，椅子也很舒服。二点半，八姐来，是上午说好的看电影，卡尔门的《桃源仙踪》，一块钱一个人，还是坐在楼上加椅子上。戏倒是好戏，似乎太理想了一点。出来遇见小舅舅和周小姐、八姐回家，我就和他们一路，沿江走回。在陆家吃了一顿晚饭，饭后邀他们到我们家。我把小舅舅，叫到洪先生房里，借给他三十元，问他以后计划怎么样。他说他们在南昌已经订了婚，现在她肚里已经有了小孩，周也知道他是有妇之夫，但是满不在乎。如今他们计划到长沙周全平处（周的叔父），可在农场里做事，周也可以到乡下去把孩子生了再出来。我就劝他们赶紧结婚，现在反正便当，登一登报就是了。

4月25日　月

三千多张卡片，你看要写多少时候？饭后三点钟，是我最难受的时候,刚好今天 L 来找我,下楼来谈了一会儿,她还是那样的不讲理。因为新亚要到俄国去,她一个人带宝宝,想住到我们这儿来,叫我们设法把洪先生赶走,这成什么话?我老实说不大愿意她住到我们这儿来,一来因为她有小孩,二来还是因为她以前和我有那么一点纠葛,我不愿意和她住在一起,免得许多麻烦。下班五弟在下面等到服装店里穿样子,料子的颜色又变得不好看了。到小舅舅家去,和五弟二人叫了车子,颇不容易,找到府东路辛壬二巷一百零一号,他们又都不在家。到 L 家去吧,到她家,他们正在下水饺,我顶赞成了,吃了四五十个,五弟因为有虾米,没有吃多少。又约好八姐八点钟来我们家看四爷,所以我们赶快回去。回到家,八姐已经等在了,喝喝茶,和八姐谈谈。到八点钟到安乐饭店,四爷明天一早就要走了,谈到九点钟出来。

4 月 26 日　火

我去办公,五弟去大陆银行,为我向凌先生要香港的地址。一早起来,我写了两封信,一封寄给孙小姐,一封写给刁先生。现在连写信的功夫都没有了。

中饭回家,大姐也回了。小舅舅借去的三十元钱,算是爸爸他们的,我仍然拿出三十元来。下班回家,房里有客人,小舅舅他们一对,还有一位姓布的什么客人,不记得了,反正有点贼腔,我没有和他多说话。饭后正预备做点事,其道又来了,一定要拖我出去吃酒,我不高兴,因为我觉得一天的时间全都没了。谈到九点多钟,我们就走了。

4 月 27 日　水

五点半醒来,就起来做事,写信,已经欠下了不少了。给三姐、陶光、华粹深，在北平的人一封信；给二姐、四姐、四弟，在成都的人一封信；另外还有回田祖泰、宗斌每人一封信；还有二弟的信。二弟的信很不好回，他是来要钱的，三十元一个月，他自然是嫌不够了。

下午二点多钟，施鼎莹来我们太极厅，走过我的背后，拍拍我的肩，看我抄的一本是最厚的，和我说了一句话。我觉得难过，因为他的确像是一个上司的样子。今晚我决定不出去，我到家，大姐、五弟全不在。晚饭后大姐回来，叫五弟去买钟，没有买到。我在沙发上看《中国历史教程》。只有八点钟，我就要上床去睡了，这是第一次到这儿早睡。

4 月 28 日　木

明天是演《四郎探母》，问大姐，大姐不去，想去请八姐，可是又怕八姐他们那一家人。于是大姐说，你等一会儿去找她，就说我找她有话说。我下午五点半下班，到大舞台买票，我买了四张，以防临时有人去。买好票到八姐家，八姐才睡觉起来。表嫂把头发挑了下来，做成一个留海，又一个人躲在下面吃臭豆腐。幺姑他们回来，就嚷着饿，先吃生山芋，然后吃熟山芋。我买面包吃，到吃饭的时候，自然吃不下了。我告诉八姐，要她明天来。接孙小姐信说他二哥要来，她有东西要托他带来，我又被那边拉进了一步。

4 月 29 日　金

下午二点多钟，警报响了，不久飞机来了，许多人全到窗口去看。

有人看见人跳保险伞,有时候看见三架飞机打下来了,我是没有看见,办公室里全乱了。晚上看晚报才知道打下了飞机二十架,不知是不是吹的。励志中学的学生张诉和王蓬连由犒赏队调回来了,张诉比较喜欢说话,坐在我边上,倒不怎样寂寞了,一边抄卡片,一边说话。五时走出青年会就遇见八姐、幺姑和以顺。到家里,五弟的客人黄先生在,大姐正在裁衣裳,把房里弄得一塌糊涂。我很不高兴,这么多人,吃饭、看戏都不好办。后来五弟带黄先生出去吃饭,我们就好办了。一会儿五弟又回来了,我给五弟一块钱,要他再出去买一张票,晚饭后马上叫车到大舞台。《坐宫》已经上场了,他们故意要我和幺小姐坐在一起,我慢慢的讲给她听,我看她还是不怎么样有趣。小孩们都很认真的,厉慧良、厉慧敏、厉慧兰,都还不错,很卖力。买了两盒烟来抽,幺姑不敢抽。今天拿薪水,变为五十五元,真是高兴。

4 月 30 日　土

大雨,中上没有回家吃饭,在百乐小西餐馆吃的。把我的一顶帽子和人家的弄乱了,不见了,也算我要倒霉。下班回家,雨大极了,遇见五弟请他先生陈之迈①。回家把屋里收拾的很干净,等陈之迈,等人真是着急,连大姐都着急了,到七点,五弟来说来了,在汽车里,一同到冠生

---

① 陈之迈((1908－1978):广东番禺人,毕业于清华大学、美国俄亥俄州立大学,获哥伦比亚大学哲学博士。先后任教于清华大学、北京大学、南开大学、西南联大及中央政治学校。曾与蒋廷黻等人创办《独立评论》社和《新经济》半月刊。历任行政院参事兼第一组主任、驻美大使馆参事、中国出席联合国善后救济总署副代表、联合国粮农组织中国代表等职。1949 年后去台。

园去。陈之迈,在清华时听过他演说,很会说话。陈太太黎宪初[①]是方玮德[②]的情人,方玮德死后,我记得纪念他的文章,要算黎做得最好了,是真情,不想她这样就和陈之迈结婚了。我得去打听打听,他们是怎么好上的。吃的还不错,五弟出钱,饭后教育部的车子又送我们回来。

5月1日　日

到八姐家,都没有起来。到"百乐",查帽子,仍然没有下落。因为有了新西装,就去买了一双黄皮鞋,十二元五,又买了一根领带,一元八,袖扣,一元,袖扣买得最得意。回家正换衣裳,L来了,一会儿,黄先生也来了。我们去冠生园吃饭,一共喝了半斤青梅酒,还不错。

四姐不给我信,我真气她。

5月2日　月

第一天加紧工作,下午二时到六时,加时间,觉得时间特别长,累得很。

---

① 黎宪初(1909—?):湖南湘潭人,是民国时期著名的"黎氏八骏"之一语言学家黎锦熙的女儿,毕业于清华大学西洋文学系,与欧阳采薇是好友,是清华大学招收的首批女生之一。她与新月派诗人方玮德有过一段著名的恋爱故事,不幸的是两人订婚不久,方因肺结核长期不愈,于1935年5月9日病逝。黎后于1937年嫁给陈之迈。50年代病逝于美国。

② 方玮德(1908—1935):安徽桐城人,新月派后期有影响的青年诗人。毕业于南京中央大学外文系。1932年去北京探亲时,在一次沙龙上认识了黎宪初,两人随即坠入爱河。大学毕业后,方赴厦门任教,两人鸿雁传书,传为美谈。但方于1935年因患肺结核感染不幸去世。同年6月,陈梦家编的《玮德纪念专刊》,由北平晨报承印部印出,收有黎宪初的《哭玮德》。

5 月 3 日　火

　　起来写三封信,孙,叶,还有姑爷。今天我的工作是排卡片,忙得很,许多人都要来拿。中上下班回家,季先生有条子请我,广州酒家。我不想去,张干说,大姐一定要你去,我就去了,许先生一起去的。季先生是海门人,在政治部工作。我匆匆吃过饭回来,一路和他们谈田祖泰,是他们的亲戚。他似乎反对她,说她爱打扮,总要装出和别人不同的样子来。我没有反驳他,总觉得女孩子打扮不是坏事,爱好爱美是天性,是美德。到家了客人不少,有三妈母子,有八姐。

5 月 4 日　水

　　起来很迟,没有做什么事就走了。一天到晚坐硬板凳,腰都酸了。屁股也疼了,天又热,可是我还并不怎么埋怨,我这个人常常是安于现状。家里的沙发好久没有坐了,但天热,坐着也不舒服,想写写日记又写不下去。张干来和我说说话,自然一谈就谈到要娶亲的事,于是,幺小姐、孙小姐、小妹妹,全都搬了出来,一个一个的讲。一会儿又讲到四姐,又讲四姐活不长,说十六岁有一道关,又做梦,讲她死了。真是的,四姐要是在结婚前死了,我一定为她不结婚至少三年。我现在把结婚看得很淡,只是觉得和她太好了,平常我尽管当着说她坏,我心里总是说她好。她会"宣番",但是不轻挑,实在厚道,有脾气,有刚性,总比我好,比我有希望。我们一家兄弟姐妹,读书还是她最有希望。

5 月 5 日　木

　　很久之前就听说《桃花恨》很好,维多利亚演的。下午下班时回家,八姐正在讲她家弟媳妇寻死的故事。一会儿我们去看戏,戏果然不错。想想我老的时候,不知会不会有这种回想?

5月6日　金

中上来家,十三爹爹家大姑,带来麟和少奶奶一家,都在吃饭,他们谈了不少圩子里的事。快五点了,其道来找我,叫我设法找事。我上哪儿去替他找事呢!

5月7日　土

我们正在吃晚饭的时候,麟和小奶奶(八姐小翠)带了她陪嫁的一个女工来了,先我们就知道,他们一家在吵嘴,是大姑说的。现在小翠来说,麟和把她的庚帖、照片都烧了,还要打发她明天回去,而且昨天晚上还动手打她,腿上都打青了。小孩子说说哭哭又笑笑,又吃了一碗饭,我被她来这样一说,倒只吃了一碗饭。五弟去找了八姐,又一同到海路饭店去找周家的二表姑(嫁李府及那次来圩子里玩的小小九的母亲)。我、八姐、大姐先去二妈家(黄坡街八号),两间房子还不错,大麟子睡在床上,俨然有生气的样子。一会儿大姑、二表姑带少奶奶来了,还是二表姑先开口说这件事,于是大家说起来。小翠子坐在床边的凳子上,也看不出她生气了。听说他们小夫妻颇不易,若仅仅是小夫妻吵嘴,则事易办。小翠子年轻又不丑,为什么把丈夫让给别人呢?当努力去抢回来才是。八姐说多了,二表姑话亦有刺。待她们走后,和麟和谈了半天,谈读书,后来谈做人,谈吵嘴不可认真,一直劝到晚上十一点多了,才算说好。小翠子送我们出来,大姐叫她认一认错事就可以完了,做好媳妇在这样的家庭颇为不易呀!

（第十九本结束）

5月8日　日

早上去八姐家教书,幺小姐、以顺,过两天就要考了,英文、历史都要我教。教了一上午,和她们讨论,以顺还有点小孩子味道,幺姑已颇有理解力。吃过饭太累了,想睡睡,于是我便回来了。许多时候没有睡过中觉,今天大睡了一下,到五点钟才起来。老苏来了,说跟分队不对,要不干了,我真是没有办法对他。

5月9日　月

又是去教书。晚饭后到那儿,他们都在捐钱,我捐了一块钱,他们还是以为少了。后来他们出去,到大陆银行,到聂小姐幺姑的朋友家去捐钱。凌太太又来捐了一块钱,聂一块钱也不捐,幺姑回家,颇为生气,让正蓉埋怨了一顿,哭了。我们真是无趣,五弟也去的,书自然是不能教了,我们回来,谈到正蓉不应该当着客人的面骂妹妹。

5月10日　火

晚间纪先生请吃饭,在冠生园,许多客人来了,凌先生从香港回来了,也在这儿吃饭。晚上又没有做事,时间总不是我自己的。

5月11日 水

许先生请吃饭，也在冠生园，是中上，我坐车去的，一个人也没有。我坐着看书，慢慢地五弟、凌先生、纪先生、凌太太、大姐都来了。我吃了饭就走了，四姐有信来，我很高兴。出去剃头，大姐电烫，我们都陪着。又是晚间没有做事。

5月12日 木

晚上什么人都不在家，我以为能好好的写信了，谁知刚坐下来没有一会儿，就有人打门。不是找我的，是找何先生的。这些客人真是蛮不客气的，把我当佣人使唤，我也不去申辩。写信给四姐，刚写到一半，三妈带着大麟子来，说要走了，十五号到重庆去，接着就大谈了一阵。我拼命不开口，不理他们，他们还是不走，到九点钟才走。这一晚上只写了这么一封信，写的还不好，不能达意。我这个人就是这样的，哪一个来一封信给我，多接近我一点，我就对她好一点。写了四姐这封信，就使我想起她不少的好处。

5月13日 金

中上回家，耀平来了，据说是有公事，是为了湖南省银行的事。晚上回来，八姐在。天已经是太热了，吃一顿饭要出一次汗，外出散步到江边走走，也不风凉。八姐叫车子先回家了，和大姐走到大陆银行唱曲子。小妹唱《学堂》，大姐唱《游园惊梦》，我又替她们拍《折阳》，自然回家很迟。耀平住我们家，把张干的藤床搬过来，张干睡在椅子上。

5 月 14 日　土

工作是整理卡片,发生许多困难,如箱子不够,校对的人不懂,我看着是将来也是弄不好的。

说好晚上一下班就到大陆银行去唱曲子,耀平还没有来。半天来了,到楼下谭太太家吃饭,胡老先生亦在座,一大桌子菜很好吃,我吃了三碗饭,也是饿了。饭后唱曲子,老先生来听,自然先由小妹唱起,今晚的笛子很好,吹得很过瘾。我唱了一折《闻铃》,没有笛子,听起来一点不好。若是有四姐在就好了,凌先生也这样说。

5 月 15 日　日

这两天战事紧张,徐州岌岌可危。我猜想今天一定会有很多人来找我,所以我先出去,八点多我就到青年会。明知道今天没有纪念周,到广安楼上找到黄源礼,预备跟他玩一天,不去找小姐们。等他到青年会洗好脸,我已在楼下看报,一同过江,从黄鹤楼、蛇山,一直走到抱冰堂。上次下雨,来抱冰堂没有能够爽爽快快的玩,今天坐在藤椅上,抽烟喝茶嗑瓜子,亦是百忙之中的乐事。我们谈了很多,到十二点,很舒服,在树底下很阴凉。下山吃饭,想找湖南、四川的馆子,没有找到,找到一家顶蹩脚的广东店,吃了两块多钱,就只有汽水好。吃完饭和黄回家,家里没人,正好清静。想睡午觉也没睡着,大姐、耀平、五弟回来了。大姐想要我去吹笛,我没有去,因为日记和信都欠下不少。

5 月 16 日　月

早上刚发了封孙小姐的信,中上就接到她的一封航空信,说好久没有接到我的信了。晚上马上写回信。姑爷有一封航空信。时局这两天不佳。晚上五弟老在房里搬，没有睡着，我们今天把房间改了样子。

5 月 17 日　火

天天总是睡眠不足。中上回来，有不少人在，田祖泰来了，说下午二点半就到长沙去，我是见不到她了。其道来过，吴大鼻子也来过。饭后，其道带着蒋炳林和一个姓潘的，坐到我不得不离开家的时候才走。五点，田祖泰来了青年会看我，我在西餐部叫了两杯咖啡，坐了半点钟，谈的话倒并不多。我到楼上时，据说是施鼎莹他查过了，说少了三个人，我反正不管了。六点下班，坐了一班车送他们。看他们上了船，在江边，远远的，雾似的细雨，送人走总是另有一种心情。叫车到大陆银行唱曲子。

5 月 18 日　水

回来老是走那么两条路，不是走热闹的五族街、中正路，就是市场后面那条四民街。一定的时候，一定的地点，也常常碰到一定的人，太无聊的时候，就数人，因为遇见的人太多，我预备要数一百个，太老的不数，太小的也不数，太丑的更不数。工作累得腰酸背疼，硬板凳真是坐不得。回家，其道在，他已经找到工作了，在机要室，还不错，这也算是一件事。

5 月 20 日　金

一早醒来写信，从七点到八点，写了一封信，是给我家四姐的。

中上到八姐家去吃饭,好多时候没有到他们家去了,因为我想他们家的人都是玩玩的,多时不去了。幺小姐的一个朋友来邀她去公园玩,我走的时候,她们还在打扮,还没有走。晚间,三胖来,说他媳妇佣人之间的不好。哪个耐烦去听他?我到外面去走走,买了两本小杂志回来。

5 月 21 日　土

中上回家,大姐说二妈差人来大陆银行找我,我吃了饭,就到花楼街新世界饭店去找二妈。前后花楼街都找了,就是没有找到新世界饭店。我的时间来不及了,叫车子先回青年会了,我说六点钟回来再看吧,二妈、大姐不答应,已经跟凌家说好了吃晚饭的。我没有法子,只好六点钟到大姐那,见到二妈还在,唱到十点,又是《游园惊梦》《学堂》《折阳》。下雨了,穿了凌先生的雨衣回家。

5 月 22 日　日

值班,纪念周,在华安大楼底下战地服务团办公室里举行。因为徐州的失守,老板大骂了一班人,不知怎的,老板的话我总有点不入耳,大概是对他这个人,本来就没有什么好的印象。在汉光三楼值班,带了不少书信,预备写写看看。谁知一出华安的门,施鼎莹就说,今天怕有人来参观,到楼上,书也不敢放在桌子上。早上有夏先生陪着我,他抄报销,我也帮他抄。因为我饭厅里的名字无故被取消了,写了一个条子到事务科去质问,中上果然把我的名字添上了。星期日就是我一个人吃饭,下午其道来,谈了半天,五弟也来,接着黄源礼也来,谈了半天,谈了不少话。我对施鼎莹的印象还是不错的，在励志社时，印象并不怎么样，现在因为和他接近了一点，似乎好一点了。他又忙着赶制图表，倒胶水，拿纸，几个勤务兵给他叫得团团转，到吃晚饭前他才走。晚上读了一段罗素的《婚姻与道德》，大姐、五弟他们来，要我和他们看电影，我要到十点钟，不能去。

5月23日　月

生日刚好是休息，昨晚就叫五弟在"普海春"订了十四元的菜，一早又到汉光去，想对刘伟佐说一声。在青年会门口，碰见徐炎之，他最近逃难来，谈了几句话，我约他们夫妇今晚到"普海春"，他还夹了一支笛子。上楼遇到刘，说不用写报告，我就回家了。家里一个人也没有，房门锁在，我没有法，只好在洪先生房里干着急。八姐家老褚送两只鸡、两盘点心来。我和凤和到泰康买了些糖果之类的小点心，幺小姐喜欢吃糖的，想替凤和买一双鞋，都没有好样子。客人是徐炎之先来了，就吹了段《楼会》，刚唱了一段"慢整衣冠"，人全来了，全都打扮的漂漂亮亮的，连老太太都打扮了一下，少奶奶们自然都穿得很挺的衣服，脸上也上了色。备好的东西拿出来给小姐们吃，幺小姐吃了几块，别人都装客气。又唱了一支《楚江清》，没有嗓子。时间只有六点半，到"普海春"，很大，是礼堂隔起来的，大家都来齐了，只有郑蓉老是不来，我们便不等他了。一上桌就闹酒，正菜还没有上，已经吃的差不多了。幺小姐特别爽气，表嫂颇能吃，毫不动声色，以顺也不弱。我让人敬了两杯，再和人对了两杯，已经脸红了，但是不晕。幺小姐喝了不少，还要跟人喝，母亲和嫂嫂都禁止她了，结果还是吐了。在化妆室里吐了，可是她脸上颜色一点也没有变，不狼狈,胭脂也仍然在。我还跟她对了一杯。因为吃了酒,菜倒剩下不少,其实我们这么多人,只吃了三斤半黄酒,还是表嫂吃的最多。徐炎之最丢人,一杯酒也没有吃。这儿水果都太贵,开了不少瓶冰汽水喝了。热闹像是很热闹了,但是吃是没有吃好,全是因为上来吃酒吃的。酒席散了,我和大姐到大陆银行唱曲子,小妹唱《学堂》,嫂嫂、大姐唱《游园》,我唱《折阳》《硬拷》《絮阁》《亭会》。都唱了,我们辞了出来回家。想到很多的事,四姐又不在这儿,好像有许多话要同她讲。

5 月 24 日　火

眼睛睁不开,可是又不得不起来。中上回家,二妈、五姨和五姨的两个小表妹都在,小孩子很好看,也好玩,唱也唱得不错。可惜我不能多登,大姐说八姐她们要去听音乐会,我不能陪她们去。

5 月 25 日　水

六时下班,刚走出青年会,遇见么小姐,我们一块儿走。走过大华饭店球场,说是进去看看,上次听五弟说要门票,我便去买票,谁知道不要票,碰了一鼻子的灰。到球场里点了一杯茶,三毛钱汽水,没有半点钟就出来走了。

5 月 26 日　木

中上突然下大雨,不能回家吃饭,就在底下的饭厅里吃饭。现在有名字,可以随便吃,高兴就吃一顿,不高兴就回家吃。六点钟,雨仍然大,街上已成河。五分钱车到大陆银行唱曲子,我不大有劲。对于拍曲子、吹笛,我和四姐在一起时,都要抢着吹,现在吹吹嘴干,不想吹了。老圩子一帮人全来了,住在旅馆里,晚上八点才找到他们。

5 月 27 日　金

中上回家,贵宾满座,李良师长(李芸的丈夫)他们都在我们家便饭。师长合肥人,满口的合肥腔,刚拔掉了牙齿,不很讲话,对臭豆腐特别有兴趣。二表姑也来在,预备今晚就住在我们家,晚上、大头、小妹妹、孙奶妈、五爷,全都来了。我和五弟睡大床,五爷睡我的床,表姑睡藤床,其余的人在外面打地铺。夜间自然没有睡好。

5 月 28 日　土

应酬忙,午餐李师长请,下班就到"璇宫",什么冷师长、顾厅长一类的人。我到青年会先签了到。菜品不好,师长、厅长都是留学生,习气很重,师长是光头西装,厅长是满脸大胡子,吃的很多,七块面包后,还吃蛋糕。李师长到底是老乡,不大说话,顾太太似乎有神经病,是法国留学生。后来又来一位伍太太,脸很白,擦了很多红,戴了一副黑眼镜。不知哪一位男客说,嫂嫂的眼睛上有疤,后来我问五弟才知道,眼镜去了,并没有什么疤。晚上是凌先生请客,有李师长夫妇,徐炎之夫妇,我们一家。饭后自然是唱曲子,胡老先生也来听。我唱了一段《闻铃》,张善芗唱《佳期》,徐炎之唱《学堂》,大姐、嫂嫂唱《游园惊梦》。晚上和五弟睡一张床,夜深了,都没有睡着。

5 月 29 日　日

家里人多,我就不愿意蹲在家里,早上到华安做纪念周。黄老板演讲,讲"义"之七种,讲的还不错,但是举例颇有错误,尤其是居于历史上的例子,把汉朝的事讲到秦朝去了。徐州失陷,武汉形势为之一紧,此地恐怕亦非久居之所了。

5 月 30 日　月

我原来在子卡组工作是在排笔画,插卡片,今天上面忽然来一个条子,要我到报销股。我知道报销股要算,不愿意去,但是不成,明天要正式上工了。老苏决定要回家了,原来我叫他等等,等耀平来信(贵州学校的事)再说。但是他说自开小差出来以后,精神恍惚,其实他实在是胆子太小,将来怕不能做什么事。所以我也决定让他走吧,一年来,他累我也累够了。中上回家吃饭,和大姐说起老苏走的话,大姐要我跟她一同到银行去拿钱,我们拿了五十块钱给他做路费回兰州。晚上回来把钱交给老苏,一个人走到江边,在一个小码头上坐下来听水看水,江中的小轮船上的灯晃晃悠悠。想想四姐,一个人的时候,我总是想到她,要是她在我身边,她一定会和我一块儿出来走走,在这黑黑的江水边坐下来,讲讲话。江边可真是风凉。回到家一身的汗,睡不着,五弟老是起来捉臭虫。

5 月 31 日　火

加入报销股,先是写册子,打图章。九点到十点休息时间,歇歇,走出去时遇见施鼎莹。他说预备把报销股的事让我负责,又说我一定能胜任,我就是不会客气,什么话也没说。中上有警报,我们吃饭时,空军正在打,听说日机又被打下不少。警报解除后,到大陆银行去,五弟七爷都在那,略坐一会儿,又赶回来办公。下班后到王家去,刘小姐正在门口做制服上的字,楼上坐了一会儿。幺小姐问我要日记看,使我想起ZJ向我要日记看的情形,我不能再给人看了。早上五点多钟就起来的,起来送老苏上车站,在大智门,老苏哭了。我是很硬性的,四姐走时我都没有哭,还有什么人走会使我哭呢!

天热吃不下东西,沿着铁路走。到L家坐坐,里面一个人都没有起来,黑黢黢的。一个人到冠生园去吃了早点,吃了一杯橘子水。回家睡觉,今天晚上总算能睡一个好觉了。

6月1日　水

搬一间房也算是一个新家吧! 把抽屉理了一下,那有好多信都没有复,甚至于有的信就没有看,日记也几天没有记了。今天来报销股是第二天,做的是抄报销,复写纸写五张,用很大的劲,还是写不出来,颇不容易也。下午刘伟佐来,对我说要调到对过楼上去,报销股的责任要我来负了。中午和黄源礼出去吃饭,在对过冠生园,吃的不开心。在办公室写信给宗斌、四姐、二姐、四弟、孙小姐,还有不少信没有复呢!

6月2日　木

今天是端阳节,五弟的生日,早上想起来写信也没有来得及。这两天做我自己的私事,只有写信和寄日记,连看小杂志的时间都没有。施、刘来都说,马上要我负起报销股的责来,六点钟下班的时候吉龙翔叫我记工作报告了。徐炎之来找我,说大姐和五弟在下面等我。弄好了才下去,一同到凌家。这两天前线不好,各机关预备转移,政府已令公务员家属离开汉口，银行方面也有所准备。吃晚饭，一桌子全是小孩子，我牙疼，但是仍然吃的很多。饭后自然是唱曲子了，徐炎之忽然又赶来了，于是正好，让他吹笛子，我也吹了一曲《小宴》，后来我同嫂嫂唱《折阳》。胡先生一直听到完。我和五弟走回家就睡了。下雨，很凉快，不像前两天那样的热了。

6月3日　金

　　吉先生一早就被叫去了，这边的事算归我接手了。下午点物件，办接收，忙乱了一阵。中上回家吃面，晚上也回家，因为新接手，新办公，事情总是要慢一点，回家也迟了。他们都在吃了，我又下面吃，八姐来说，她们十号就要走了，老婆婆、正蓉她们到香港，以顺、幺小姐她们等放假再走。饭后大家讲要走了，八姐先就哭了，二表姑也要哭了。她们想想，前途真的是很有点悲伤。八姐想想大伯伯，不知哪一天才能见到？二表姑想想到上海后怎样办？我是没有什么好想的，我没有人挂念，也不挂念人，所以不想哭。

6月4日　土

　　正式在报销股做事了，似乎很忙，又似乎并没有做什么事出来。有十八本册子，今天一定抄好，下午又来了两处犒赏队要收据，于是事情更忙了，三点钟还要开会，简直是乱忙一阵。名册股，小卡片股，各处借来几个人，到晚上六点钟，总算赶好了，但已经是拼了命了。开会自然是为了预备搬的事，大家谈了半天也没有什么结果。这是巨头们的事，与我们无关，我们也只听令而已。中上到八姐家去一趟，他们下午都没有课，正蓉到黄陂去了，小姐们没有课就在家里穿绣花鞋逗小九妹玩。对幺小姐我有点说不出，是想跟她好好的，但是又怕对不起人。我相信幺小姐要是跟我在一起，我一定会把她不能使我满意的地方改过来，四姐那样的脾气，我都能和她在一起，何况她们。那天和她母亲多谈了几句，觉得还不错，我总不大相信什么人，压根就是坏人。

6 月 5 日　日

纪念周，买一份小报看了半天，老板演讲。到八姐家，五爷说要来，大姐先来了，一会五爷、五婶妈也来了。我出去走一趟，去到大舞台买八张票，预备多请一点人去看电影。大姐给我看二姐的信，说起四姐出走的事，是到青城山，是为环境和她不对，我早知道同离开我是不成的。二姐虽然是一片好心，但二姐是有脾气的，不能像我那样好说话，于是她们自然会有冲突了。我真有因为这事有点发愁，我希望她会回到成都去，但她的脾气我是知道的，怕不会回去，也许会到昆明去。她一个人走，我真是不放心，她是不会调理自己的人。在家里吃中饭，等三姑、四姑、大老姑，陪她们一同到公园去，带她们到处玩了一圈。她们对于看游泳特别有兴味，划船也颇能引人入胜，但是租不到船，没有办法，到小岛上坐坐，喝喝茶。难民小孩来兜售瓜子，三姑一点不知道愁，大老姑似乎很知道发愁了。回来，因为和凌家有约。十六爹爹、十九爹爹一家也都要到衡阳去了，明天就要走，我们又不知要哪一天才得回家见面，大老姑要哭了。他们都送我下楼，五点，到凌家，王继明唱的是正旦，他们已经唱了不少出戏了。苦中作乐，我唱一曲《硬拷》，吃过饭我就走了。我们去看戏，戏是全本的《穆柯寨》和《庆顶珠》。

6 月 6 日　月

二表姑花一块三毛钱买了一只鸡，一定叫我回去吃中饭。吉龙翔和我办移交接收手续，很麻烦，叫吴国强先生抄了两遍，叫龚芹生抄了一遍，我在上面签了一个字，他们说不对，得重新抄。此人颇疙瘩。六点多一点出来，刚走出青年会，就遇见董曦和庄文彬，他们是从三河逃出来的。一同到汉成里，董暄、董曜、董昕都在，谈了谈，知道他们一点办法也没有，出来时路费还是许多人拼拼凑凑，凑出来的。小姐们都是这样大了，若是日本人一到，真是没有办法的事，所以不得不逃走。但是逃了出来，各人都没有事，又都没有一个情人或者是丈夫，也并没有那么多亲戚朋友，也没有一个是可靠的有办法的人。不说别的，就是亲生的儿子，现在外面就没有信。昨天她们才来，中饭是八姐送来的，晚饭还无着落，于是我邀她们一同去吃饭。到法租界冠生园，吃了两盆面，每人吃一盘饭。等了一会儿，董昞回来了，和一个朋友来的，还是那样一点办法没有。一会儿大姐和五弟也来了，已经不早了，我得回去了。

6 月 7 日　火

在饭厅吃过中饭，到四姑处去，四爷以前的一个勤务兵在汉口当厨子，送了一桌子菜来。三小姐、四小姐她们烧了一锅不大熟的饭，他们叫我们今天去吃中饭，我看他们可怜的样子，怎好到他们家去吃饭。四姑已经到难民收养所登记，预备让他们分发到哪儿，就到哪儿。这件事我们看见很凄惨，因为这是走的最后的一着，但是他们都似乎满不在乎似的。他们刚吃完饭,四爷来了,是从开封过来的,说他差一点被炮打死。后来四姑又说出来的经过,两人都哭了。四爷的事现在又无着落了,前途茫茫,四姑的前途更是黯淡,我为他们想想,想也是难受。四爷说,为什么不跟大伯他们到山里?又说丫头们一个一个的,为什么都不嫁了?四姑回答,嫁也是没有对户的人家,女儿也不能随便给人害的。大家谈家国前途皆未可乐观,各人的心里和天气一样的阴沉。到一点五十,我去办公,大姐昨晚吩咐,今晚去凌家唱曲子。这时间颇没有心思去,大姐叫,没有法子不去。六点下班,到凌家唱曲子。下雨。

6月8日　水

中上到八姐家,她们家现在是这样决定的,全家都走,十四号走的票子已经买好了。幺小姐她们十五号大考,十四号也是走,半年的书算是白读了,下午她们也不愿意上课了。幺姑脸黄黄的,似乎有什么心思。五爷他们明天走,二表姑到上海,五爷到衡阳。和八姐一同到"美的",坐到里面拐角上喝咖啡抽烟,我要和她谈谈关于幺小姐的事。老婆婆看我也还顺眼,想叫我和幺小姐订婚,那么幺小姐的意思呢?她说姑妈追问过她,她是随姑妈的便,姑妈怎样说就怎样。我看幺小姐对我还是好的,我想我并不讨人厌。我上次听五弟说过,她有男朋友的,但是我没有问过八姐。订婚我不愿意,似乎是一种买卖关系,不自然,结婚在这种时候,谁又愿意把绳子头套到自己的脖子上呢!老太太的意思是定了婚就放心了,所以她最卖劲了。幺姑到底对我怎样呢?假如她爱我,一定要嫁我,我是不会不要的。我觉得我现在随便娶一个女子都是可以的,我相信我会爱她,我会应付的很好,只要她诚心爱我,我绝不会把事情弄坏的。一个不爱我的女人，叫我拼命的去求，这种事情，我是不愿意做的，也没有兴致做。我谈幺小姐，又谈自己的事，也讲了孙小姐的事，最后谈到十一点。下雨了，我送八姐到三德里，自己一个人走回。

6 月 9 日　木

人心惶惶，我们机关也要搬了。因为昨晚没有睡好，起来很困难，但又不得不起来。中上回家吃饭，大姐问起昨晚的事，我对她说了。八姐早上也对她说了，大姐说就定下来吧！后来又说起，幺小姐有男朋友的事儿，觉得更不该定了，也许他们俩很好呢。因为有我，因为她母亲还喜欢我，会令她痛苦的，我不愿意做这种事。

6 月 10 日　金

说是明天就要走，所以今天把报销搞完，下午没有事做了。快下班时，刘伟佐来说不走了，这两天内有要人要来参观，所以不走。中上在楼下吃饭，想写信，但是没有写成。四姑家小姐们正在拆行李，房里弄得一塌糊涂。坐到两点钟，小姐们要我给他们糖吃，说是我要订婚了，真是笑话。天热，我买了一块钱的冰棒，请她们吃。晚上回家和大姐一同吃晚饭，好多天来没有这样清闲了。四姐回成都，说了玩青城山的情形，我想她和二姐已经好了。

6 月 11 日　土

很想见一见幺小姐，似乎有很多话想跟她说，但是我相信，见到了也没有什么说的，太言深了也不好。晚上到凌家，自然又是唱曲子。燕子也来了，五弟来吃过饭就走了，找人去看电影。我们唱曲子，大姐说八姐今晚要来银行拿钱。等到九点钟，她才来，说好明天中上，到我们家吃中饭。十点钟，我们要睡了，等她们唱完《情挑》，我们就送她们回去。

6月12日　日

老板请客吃面，为的是慰劳徐州出险的同仁。在青年会健身房，人特别多，大家都要吃，其实一碗面，几个包子，也没有什么好吃的。外国人端耐也来的，还吃面。先有老板讲话，第二个是徐州逃出来的犒赏队的胡明腾，报告徐州脱险的经过，人是广东人，话讲的不清楚。最后是刘陈列，开封服务处的主任，报告脱险的经过，此人颇会吹，我不大相信他讲的。才九点多，八姐带了他们许多人都到武昌去了。我只好跟大姐去凌家唱曲，徐炎之、张善芗都来的，唱了八九出戏，吃点心又吃面。晚上和八姐她们去看电影，戏并不好看，和五弟回家。他们明晚来我家玩。

6月13日　月

许多人都劝我订婚，我的意思并不是不愿意订婚，订了婚又能怎样办呢？结婚，我不能带着走的，订婚挂着又何必呢！昨天约好今天跟他们饯行的，下班回家便等着他们，到吃饭的时候，以顺、幺小姐、八姐来了。我向大姐借了十元钱，又向张干借了十元，二十元在身上放心了，随便到什么地方都不怕了。走到三角街，进一家咖啡馆，两块钱一客的菜还不错，咖啡很好。五弟来说孙小姐来了一封信，这使我把想讲的话说了咽回去。走进对过，天气凉快，人很少，幺小姐穿黄的衣裳，黄的绣花鞋。八姐和以顺打球,算是让我跟幺小姐谈话。两个人坐下来,谈的无非是八姐怎样怎样,以顺怎样怎样怎样,很多话似乎是敷衍,又似乎是窘的。天冷把大衣给她披上,送她们回家,我没有进去。

6 月 14 日　火

中上在饭厅吃的,吃了一碗饭,喝了一杯酸梅汤。到四姑家,汉成里,坐了一个钟头。又到八姐家,到青年会签到。再到王家,他们的东西已经先运过江了。许多天没有见到王家老太爷,今天总算见到了,说话还算能听懂。谈了十分钟,已经一点五十了,不得不告辞出来。晚上八姐、幺小姐都来辞行,辞别过朋友们,都哭了一场,眼睛还红肿着。在江边走走,送她们回三德里,时间已经是晚上一点了。一路走回来,路上人都没有。我们兄弟说到幺小姐,五弟很赞成,说她不错。我自己也还不讨厌她,就不知道她对我怎样?

5 月 15 日　水

上班很不定心,我说要送人走,他就叫我请假,我写了一张条子去请假,刘伟佐不准,我亲自去了。我说送弟弟姐姐,如今的时局不知道怎样,到何时再能见面,所以不得不去送,他只好答应了。我答应送了人赶紧回来,只请半天的假。十一点,写了一封信给幺小姐,又叫八姐,等车开以后交给她。信是这样写的:像是该写点什么给你,要说什么不容易说,也一样的难写,相聚仅仅三个多月,平常只是在一起玩,从来没有深谈过,我不知道你,我相信你也一样的不很明白我,如今要分开了,我愿我们能够像在汉口一样,不要生疏了,写写信,让我多知道一点你,也让我多明白一点,这样你看好不好?

叫车到汉口码头,先看见五弟。大姐、八姐、幺小姐也都来了,上了船,王家老太太、老太爷一会儿也来了。船开了,八姐哭了。送火车要好一点,火车一下就开了,船不好,慢慢的,看着看着就远了,这样很叫人不好过。送了人回来,到冠生园吃东西,回办公厅,写张条子销了假。把薪水拿来,是五十五块,心里不舒服。五弟今晚也要动身到宜昌去了,我没有送他,一天送两次客,心里不好过。

6月16日 木

大姐送我两支笔,一支钢笔,一只铅笔。晚饭后,季先生来,谈了一阵,他预备到云南去。让三小姐她们看看我的照片簿子,出去拿照片。去看电影,片子一点不好,十一点送她们回家。

6月17日 金

值班没有回家,以为可以做一点事,谁知晚上董玮又来了。只写了两封信,孙小姐和田祖泰。四姑要等我们走后搬到我们家去住,我预备在大姐、张干走后,到凌先生那里去。叫车子回去,大姐已经替我把箱子都买好了。

6月18日 土

晚上带四小姐到我们家去吃饭,晚饭后到银行去唱曲。去了凌家,他们正在理东西。董玮来我们家住,因为四姑、小七姐都有点不舒服。和董玮大谈她们家的事。

6 月 19 日　日

上完纪念周,到四姑家,小姐们都已经忙起来了,她们定要请我们,还要请大姐。大姐累得很,这两天只光顾给她们理东西,饭后倒在她们床上睡了。我陪三小姐、四小姐、五少爷,一同去看电影。先到黄鹤楼,从蛇头一直走到抱冰堂,喝茶谈天,吃瓜子。我回到家一问,张干把我的一串钥匙弄丢了,我大不高兴,找了半天才找出来。

6 月 20 日　水

天热的很,下午,庄文彬打电话来说要来看我。一会儿休息的时候,他居然来了,到底下吃冰。后天他就要走了,到重庆去,小孩子很不错,是常州高中三年级的学生。六时下班,昨天说好的请三小姐去烫头发的,到他们家,人都不在。

6 月 21 日　火

约好庄文彬说下班过后去看他的。坐了车到永生平,他已经在门口等了,他父亲也在门口,叔叔也到了。客厅里,略坐一会,我便邀他一同出去吃饭,西菜馆,两块钱一客还不错。明天一早,凌太太带小妹坐飞机走,晚上似乎得去一趟。九点钟到凌家,正在唱,徐炎之吹,嫂嫂还忙着在理东西,没有空唱。最后我吹笛,徐拉胡琴,唱了一出《惊梦》,叫车回家。

6 月 22 日　水

董晔住在我们家,待我真是客气,我真是过意不去。我写了四封信，看新买来的《西风》。晚上到董家去，三小姐头发果然剪短了，脸上也擦了点胭脂。回家吃过晚饭就整理信件，到十点钟。早上到凌家去送行，他们今天十一点的飞机到香港，嫂嫂叫我就住在他们那儿。我原来就是预备住银行的，四姑她们住我们家。

6 月 23 日　　木

晚上到凌家去，中上回家，下大雨，打个伞到大陆银行去。徐炎之夫妇，在那里了，自然是又唱曲子。到十点多了，我先回去了。

6 月 24 日　　金

四姑今天搬到我们家来，我到青年会去签了到，到四姑家去了一趟。大姐把账都结好了，明天不开火了，让四姑来开，我觉得大姐对事太精了一点。中上我没有回家吃饭，庄文彬中上来看我，我们报销股的人都说他是我的弟弟，也是胖胖的，我托他带一个箱子，还有两封信到重庆成都的。看他骑自行车走了，我到大陆银行送大姐的一件雨衣，他们正在吃饼。晚上回，已经变成董家了，已经整理好了。四姑特别待我好，什么事都不要我做，全叫小姐们替我做。我穿了一套新做好的绸小褂裤，拖了拖鞋，和她们到江边走走。随便走是凉快多了，回家睡在藤榻上。

6 月 25 日　　土

四姑一定要叫我回去吃饭，晚上大姐又叫唱曲，不去大姐并不高兴。六点下班就去了，唱曲子我已经不很有兴致了。和两个小孩子谈天，回家四姑还等着我在，真是对不起人。

6 月 26 日　　日

天热睡不好,又在外面房里很不定心,早上起来不想去上纪念周了,想到洪先生家去一趟。谈了一阵出来,在马路上遇见董昕,到大陆银行和大姐说了回话,回家吃中饭。四姑为我做了不少的菜,有圆子,有虾仁炒鸡蛋。我去看电影,四姑也要请客,叫董姨先去买票。沿着江边走到维多利亚路,片子叫《星海沉浮录》,很不错,就是看得叫人不舒服。我到银行,一会儿,徐炎之来了,接着客人都来了,唱曲子。我没有唱,是徐炎之在替凌先生拍《弹词》。

6 月 27 日　　月

睡的地方不好,人也不舒服,这好多天来都没有睡好过。今天又热,办公室热,玩也热。中上因为是四姑叫不得不回去,吃饭。晚上和小胖、二哥约好的,不能不去。在凌家洗了一个冷水澡,买球票打球,人挤的很,小胖心里急,总是打不进去,二哥倒打得很好,我也不成。玩到十点半回来。

6 月 28 日　　火

今天没有回家,我已经搬了家了,搬到大陆银行去了,中上在大陆银行吃的饭。一早到银行送张大姐走,中上我去银行,大姐她们去送二哥上飞机,还没有回来,等到一点,她们居然赶回来了。我和小胖,谈北平最高兴了,到一点三刻,不得不走了。今天一元路的人都搬到太极厅来住了,我们这几间大房,一半是宿舍,一半是办公厅,当中还没有布隔。六时大姐也没有回来，一会儿都回来了，徐炎之也先来了，徐替凌先生拍《弹词》。我就和小胖谈毛世来、荀慧生，都谈了我们的意见。晚上到"蜀珍"去吃的饭，我和小胖还是继续谈戏，很得劲，就像我和华粹深、陶光他们谈的时候一样，谈的很爽快。陶光看不起小戏子，他是什么都爱听，和我一样。十点回家，行员朱先生、刘先生来唱戏，真是不坏，刘活像一个女人，平时说话也就是女人味道。他们两人唱了不少戏，视乎该我们唱了，于是每人唱了一段，到十二点多才散，也算是尽兴了。凌先生也唱了一段《弹词》，现在已经很不错了。

6 月 29 日　水

大姐她们早上走了，今天早上起来的很早，和大姐谈了我自己的婚姻的事。大姐虽然没有看见孙小姐，但三个人之中，她第一赞成孙小姐，第二赞成董家三姐，最后是么小姐。这样的看法是对的，我也是这样想的。我这个人是这样的，谁跟我接近一点，我便跟谁好一点，现在是三小姐最近，所以觉得三小姐还不错，接到孙小姐的信，就觉得孙小姐又不错，人太活动了，不专一，这心情叫自己吃亏。和大姐谈谈自己，又谈到别人。

到办公厅去上班，他们已经吃过饭，我一个人又吃。我们几个人坐汽车去码头，十二点五十的船，船开了，我们上岸走走。船走远了，先还看见小手巾在晃，后来手巾也看不到了。叫车回青年会，一天不想说话，六时下班去银行。

6 月 30 日　木

起来也是静静的，一个人也没有。自己收拾了半天，找开水找不到,只好到办事的地方来吃有气味的水,再买两个油酥饼来吃。休息的时候,施鼎莹来对我说,那边的人对我们的工作不满意,印象不好。我自己想想,是因为他们那边催得紧,所以才马马虎虎地交了上去,快了自然便不好了,我又想到也许许多人对我不满意,这类的事,我本来不大想干,我想教书。听到了这话,心里很不舒服,写了封信给四姐,让她写信给杨先生,替我找找事,我真的有点不大高兴登在汉口了。过了一会儿,自己又想想,觉得自己太没有耐心了,人家才这样讲讲就不高兴,受了这样一点刺激就不行了,将来还怎样能做什么大事呢!这样一想,我又忍下了。

晚上没有回家,直接到四姑家,身上有二哥前两天给的球票,请他们去打球。五个人吃了五杯茶,打好了球,又坐了半天。到十点一刻,回大陆坊拿东西回银行。

7 月 1 日　金

昨晚麻四爷就到大陆银行来找我,没有找到,今天下午快下班的时候,他来了。他是最后离开老圩子的人,我需要听老圩子的消息,他也需要从我这儿知道十四爹爹他们的地方,大家话都来不及说。六时下班,一同回银行凌家,四爷叫我一同过江去看矮四爷、八姑、九姑她们。到粮道街他们的小旅馆里,和九姑他们在旅馆谈了一谈,大家都是没有办法。没有吃饭,肚子饿,到一家北平的小馆子,吃饼。一个人过江回银行,洗澡睡觉。

7 月 2 日　土

叫我一定要去四姑家吃饭,我没有去,和徐炎之在李先生家吃的晚饭，唱昆曲才去的。凌先生唱《弹词》已经像样了。去大陆坊，麻四爷、十四爷全来了，正在吃酒，一吃酒，麻四爷说话就自然多了。矮四爷神经又有病，又穷。叫车子回银行，凌先生不在家，我洗洗澡先睡了。

7月3日　日

八点半去上纪念周，自然又听老板骂了一顿，现在听惯了，倒也不在乎。邀黄源礼到银行去玩，我没有钱了，前天就向黄源礼借了五元。凌先生起来，说昨晚董家打电话来，叫今天十点钟去，我去董家，只好把黄源礼带去了。小姐们忙了半天，忙了一大桌子菜，还吃了一点酒，还请了何先生来。何先生看见桌子上有圆子，很伤心，因为他想到他的母亲做的圆子做的最好。饭前他就拖了我去买了石头，他预备给我好好的刻一个图章，一块石头一块半钱，是油墨清的青田，还不错。

不知怎的，自己觉得比以前会说话多了，又说又唱，又讲故事。因为太阳大，太热，一直没有出去，因为袋子里没有钱了。晚饭后，到江边码头上去乘凉，坐在浮桥的桥座上，看江上的船，看灯火。江边也不凉快，坐在树荫底下吃茶说话，回来已经很迟了，十一点半。

7月4日　月

麻四爷找史骧龙，也想在我们这里面做事。史骧龙见了他，叫他填一张履历表，他一定要填什么乐益女中教员、合肥某中学教员。我最不赞成这样写，说他他不信，只好随他的便了。我知道我们这里头衔多了并没有多大用处的，我越讨厌麻四爷了。中上接四姐的航空信，说她现在和光大①教务长容兆启好的很,是很好的朋友,一定可以给我设法,说的很肯定的样子,似乎一定有办法似的。她三天后就要到峨眉山去了,跟张寿浦一同去。她竟跟一般教育界的老头子们在一堆混,我是说她该嫁一个才对。今天银行忙,钱没有拿出来,我一天没有出去,没有钱怎能出去。

7 月 5 日　火

麻四爷又说事怕不成了,史要走了,到湖南去,转托姚潜心。姚和麻四爷又并不熟。中上回银行拿到钱了,一共是二百二十八元一角六分。二十八元是利息钱,预备本月就用二十八元,还黄五元,二百元是预备留着以备逃难时再用。说不用钱,但钱已到手,又真是想用。纪先生来,我想起来了,可以把董曦,介绍到他们的服务大队。去跟他说了,约好明天叫董曦去找他。洗澡是冷水,睡不着,想着去不去四川呢?我原来的意思,我不到四川,就是让我自己的婚姻有个解决。不去吧,我这边的生活实在不叫人满意,很苦闷,没有人好谈心,许多同事,虽然似乎都好,但总不能谈在一块,不能解决什么问题。

7 月 6 日　水

跑到董家去一趟,为了昨晚说好的事,叫她本人下午去一趟,说好下午六点到董家去一趟,问她事情怎么样。一下班就叫了车子去,谁知她没有去。四姑说陈翼云说那里有一个后方医院有一个位子,等那边的消息,这边就不用去了。四小姐不高兴在哭,因为怕对不起我。我倒

---

① 即光华大学。

是有点生气，我觉得该去一趟的，因为我已经跟纪先生约好了去的，这边成了再不去，也不要紧的。我只好打电话给纪先生说，本人病了，过一天再来吧。

7月7日　木

天特别热，晚上洗过澡，身上还是有汗，到江边走一走，身上还是有汗。到四姑家，谈起走的事，四姑要哭了。替她想想也是没有办法，这样多的女儿，全没有出嫁，又没有事，自己身上又没有钱，靠儿子，儿子又全靠不住，现在靠着干儿子陈翼云。最近干儿子又送来两百元，所以又像有钱用了。我安慰四姑，她是说不成，靠我们小辈，总是觉得不安的。我是这样替他们想的，三、四留在此地做事，七、五跟四姑到四川，入川找事做。

7月8日　金

陈翼云替四小姐找的事无回话，我昨天就对她们说，叫她们今天再去一趟。早上到办公厅，就打了一个电话给纪先生说，请他可以当面跟董家的两位小姐谈谈。我马上写了一张条子，送到大陆坊通知她们，叫她们会他时不要怕陌生。十二点我回去时，她们说已去过了，有办法，叫我哪一天陪她们去一趟，总算是一件事情。晚上不去董家了，在家唱曲子，天下大雨，颇凉快。接到大姐自香港来的信，说两位小姐都见到了，对孙小姐印象不坏，老的也如此，就是身体弱一点，他哥哥也的确有点像我。他们预备不久到汉口来，转道入川。若是真的来，那倒好了。又说幺小姐，为我不吃烟了，自己在家做饭洗衣服，这倒是道难了。我是如此决定的,现在还不想结婚,一旦想结婚,而某一位跟我最近,这事便成了,但这也得看她了。

7 月 9 日　土

下班出来回家,去邮局发一封信给孙小姐,是在办公室写的,希望他们能快点来就好了。我猜她见过大姐后,这两天会有信来的。想去四姑家,已经太迟了,怕吃不着饭了。到新开的成都饭店,一上楼,便碰到盛健,西装笔挺,跟一位美国华侨姓谢的在一起,我便加入谈了起来。知道他现在韶关航空建筑做事,最近来汉口是因公,暂时住在航空委员会办公几天,仍要回韶关去。我身上只有八块钱,怕不够,所以约好他们明天晚上七点,一同出去吃饭。谢不会说中国话,只能同他乱讲英文。饭后他们去看电影,我去董家,和董家小姐们谈了很久。四小姐最着急,陈翼云那边也替她在后方医院,找了一个看护的位置,我在纪先生面前替她说了,她不知道到哪一方面去才好。三小姐是只能到纪先生那里去了,所以不大有问题。到十一点多钟我才走。

7 月 10 日　日

上过纪念周,约黄源礼去银行,先到他们那边音乐股,我们正要走,警报来了,我们还是到法租界。一会儿,麻四爷也来了,我知道他是避难来的。坐到十一点,把麻四爷送走,请黄去吃"美的"。黄非常满意,说要带施来吃,我们吃吃,居然遇到施邦瑞、殷新浦他们。我想他们心里一定会想,我们小小的职员,居然也是这样的阔,来这儿吃饭,一人还喝一杯葡萄酒。饭吃得很舒服,可花了七块。饭后我去大陆坊,四姑、三小姐、四小姐已经去武昌看后方医院去了，约好一点钟，在黄鹤楼见。到黄鹤楼，她们早已来了，她们坐到黄鹤楼里面去了，我在外面等了半个钟头。叫了车子武昌师范学院，找到纪先生，看看他们服务大队的食堂、卧室都很干净。纪先生是大队副，我们一大堆人轰轰的走进去，坐下来问他们队里的情形。他也问我机关里的情形，我尽说些不好的事，本来我对我们机关就是不满意。六时辞了出去，他说他做报告上去，一两天之后就可以批下来。四小姐最糟了，不过我看她似乎还愿意在这一方面工作。我因为七点有约走了，她们也在后面赶了出来，我们一同去吃饭。回家接到四姐自嘉定的信。

7月11日　月

天气奇热，办公效率大减，坐着就出汗。中上谢要请我们在"美的"吃饭，天太热吃不下去，只想吃冷水。回来许多信都没有写，带到办公室，想写也没有写，又带了回去。

7月12日　火

早上打电话问纪先生，说叫她们下午去见见大队长，他是大队副。中饭我就没有回银行，到四姑家，四姑还是一定要两面分开。我问三小姐，三小姐也是愿意去纪先生处的。我告诉她们说最好两个人去一个地方，因为三小姐没有做过事，两个人在一起好一点，就是将来退起来，也是两个人有个商量，但四姑一定不干。我叫她们今天下午都去武昌纪先生家，看看是不是有很多的麻烦，太麻烦，就到后方医院去好了。晚上下班回银行，凌先生说，今天武昌被炸的地方是关马厂。我想起纪先生不知道怎样,赶快打电话问问,又打不通,不在办公室,打电话叫董昉三小姐、四小姐她们来。我睡的迷迷糊糊的,董昉来敲门,谈谈话,倒清醒了。凌先生现在很迷昆曲,一个人在琢磨,唱对了就很高兴。十一点多钟她们才走。

7 月 13 日　水

今天下班后有音乐会,我们怕热没有去。回到银行,凌先生唱唱曲子。去"中央"看《名门街》,我是看过的,不错,可惜里面太热。看完戏,又同凌先生去"美的"吃冰。今天写了不少信出去。

7 月 14 日　木

为小姐们的事,我颇心焦,她们似乎都很愿意到纪先生那边去,要是不成,岂不是对不起她们吗?有警报,遵吉龙翔之命,把处里的簿子送到华安保险库里去。去一问殷新浦,说以前无人送来的,我知道上了当。凌先生有约,出去吃饭,我一个人在家吃饭。

7 月 15 日　金

天气闷热,什么事也不能做。吃了两个冰激凌,两根冰棒。一天下来,我只校对了两本册子,就算是一天的工作。打好多电话到武昌给纪先生,都打不通,颇为着急。明天起,上午七点半到十二点,四点到六点,是办公时间。晚上徐大人来唱曲,我又没有办法出去。接到不少信。

7 月 16 日　土

有布告说,明天仍办公,帮名册股抄名册,又没得休息了。一下班到武昌,又没有找到纪先生,留了个条子。回来在轮渡上遇见警报,船靠在岸边两个钟头。原想到四姑家去的,已经十一点钟了。嘴干,下船又找到一家卖水的,吃了一瓶汽水才回家。

7 月 17 日　日

纪念周是施鼎莹主持的,黄老板母亲死了,自然是没有来。施讲了一两句话,让一个什么顾问演讲,一直讲到九点半才停。马上到青年会就办公,我是校对。中上到四姑家去,四小姐又不大舒服。二点到五点是办公时间,五点慰问组全体公祭黄老太太,到一元路。陈启文、黄老板剃光了头,穿了孝衣,似乎并不太悲伤,因为我们早就知道他借了一元路的地方替老太太办丧事,其时老太太还病在。献花,鞠躬,我没有上楼吃东西就回银行。凌先生在写回信给凌太太。天热,我们两人在房里谈大姐的婚事,又讲到四姐,又讲到董家小姐们。我说好了去董家吃粥的,所以不得不去。其实还想去看看小姐们怎样,带了《宇宙风》过去给她们看看。晚饭后,她们要骑车,小七姐想看电影《乱世忠臣》。她一个人进去看,我坐在亭子里等她。我叫了一杯茶来喝,我想茶总不会有什么怪味道。等电影完了,小七姐出来,买了一杯橘子水给她喝。我们出来就碰到大批的飞行队来了,陈家姐弟、吴老爷、四小姐、二小姐一家子,都来了。我回家洗澡,小七姐也坐车回大陆坊。

7 月 18 日　月

还是帮名册股赶造名册,时间改为上午七点半到十二点,下午四点到六点。今天是我值日,犒赏科现在搬到汉光三楼了。我两顿饭都是在"白乐"吃的,吃了不少钱,晚上一顿一块两毛钱,太不值了。值得的是写了两封信,一封给孙凤竹,一封给四姐。余下来的时间老是在搞这弄那的。翻出几本外国杂志,有照片,买了一本,《七月》,也没有看。

7 月 19 日　火

中饭后,凌先生因为明天要请客——请何先生和麻四爷,我正要去董家,于是便给我带了片子去。许先生一见到我,就说纪先生打电话给他,让他转告董家的小姐们,今天可以去了。凌先生早上也说,纪先生打电话也如此说的。四小姐似乎还没有好,我想今天是要去一趟,叫了三小姐一个人去吧。在她们家坐到三点,现在我自己觉得我的话多了,尤其是见到她们。盛健他们今晚就要走了,先到德阳,然后再转到韶关。这几天常常有警报,警报一来,杨振邦他们兵工署炮兵科,全到青年会来避难。以前不太常见,一有了警报,倒能多有机会见面了。晚上凌先生请在汉口的一帮曲友,最先来的费家一家人,我没有见过他们。在南京常见的叫梅影的,已经长大了,也长胖了。接着是褚民谊来了。费先生大讲南京脱险的经过,徐炎之接电话又说王揖民死了,叫人很不开心。吃饭倒不热,我在汽水里加了不少威士忌,把脸都吃红了。饭后自然是唱了,先是徐炎之,然后是褚民谊唱《访谱》,凌先生也唱了几段《弹词》。又有一个什么王先生,带王太太来,也是唱冠生的,和我唱了一支《折柳》。王太太和费家的两位,唱《游园》,戏唱的不多少,可惜都不是整出的,到十一点才散。洗完澡,和凌先生在凉台上,批评谁唱的好一点。十点钟,还是热。敌机轰炸武汉甚勤,死伤不少。

7 月 20 日　水

董家两位小姐今天过江正式加入那个服务大队。这几天还算好,有警报,但敌机并没有来,都到别的地方去了。凌先生请客,请许先生和麻四爷、纪先生、施先生。到快八点了,纪先生、施先生还没有来,我们先吃了一个砂锅汤,很不错,鸡火腿烧的自然是好的。晚饭后,坐在平台上,听施方伯先生谈陕北的情形,老头子精神真好,海门人,说话也是好玩极了。一直谈到十一点才散。

7 月 21 日　木

孙小姐来信说,他二哥、爸爸都已经动身来汉口了。算算应该到了,但是怎么还没有来呢？在办公时间写了两封信,给孙一封航空信,靳文翰找我说,武昌轰炸的厉害,他不敢住在那儿了,要找个地方读书,想跟我住的大陆银行。我不大欢喜他,但是也答应了,约了下午二时,到银行找我。饭后他还不来,我便走了,到董家去了。晚上靳文翰又来了,和我一同去,意思想见见凌先生,但又没有见到。

7 月 22 日　金

中上决定过江去看看小姐们到底吃苦不吃苦。中饭也没有吃,一下班就过江到武昌,过江太慢了,过一个江要四十分钟。从武昌到汉口,叫车到阅马场,找到纪先生不在,找到值班的一位女同志,把董家小姐她们找了出来。她们自然不太满意，有点欺生，什么事都叫她们上前，开起会来，还请新同志发表意见，很不如意。我劝她们才到一个新的地方，自然不很能适应，过几天也许就好了。一会儿纪先生回来了，他是大队副，许多人见了他都行礼。三小姐说他一回来，别人都怕他，他一走了，里面就自由得多了。我带了她们一封信回来。和纪先生一同过江，天很热，我回去办公了，纪先生去查他们一队的工作。我中饭还没有吃，不吃了，花五毛钱吃了两杯酸梅汤、一碗酪、一盘子凉糕，算是中饭了。因为明天不放假，所以很生气，大家都骂刘伟佐，我们也就不欢喜刘了，现在更多的人骂他。靳文翰在底下等我，一同到银行，同仁请客，我们在外间的阳台上，又见不到凌先生，只好走了。张炎叫住我们吃饭，也没有吃，到四姑家送信，他便回去了。告诉四姑她们家两位小姐的情形。

7 月 23 日　土

听说我们又要搬家了，真是麻烦，我真不想走，许多事儿都没有办完。孙先生说来也没有来，四川到底去不去？我都没有决定，希望不要派我走。靳文翰中午等我下班，见到了凌先生。饭后听凌先生谈诗，他的见解不错，但我有时总觉得他太狂妄了一点。一点钟我去"长生"理发，靳回家，说明天一早开始来读书。下班后回家，麻四爷来了，说明天就要走了，到兰州，去空军招待所里面去。今晚想请请四姑她们一家，饭是在"蜀珍"吃的，菜还好，就是太少了一点，我是太饿了。饭后出来，麻四爷又和我啰嗦了一大套，我实在不愿意听。

7 月 24 日　日

好多天来，好像就没有空闲，办公也一天到晚在外面跑。虽然是礼拜天,决定不出去玩,早上做完纪念周,回来写了两封信,给二姐,给华粹深。现在很成问题,机关要走,我到底跟不跟着走呢?就为这事,烦恼的很,孙老伯和他们二哥说要来,今天也没有来,不知怎样了,是走不走呢?叫我决定不下。写好两封信,又整理了信件,把他们全都订在大本子上。又整理东西,预备一旦要走,马上就可以动身。靳文翰来读书,下午自然没有出去。三、四小姐今天下午回家,说是好像回娘家似的,高兴极了。只是时间太短,不能看电影。

7月25日　月

马太太家的什么三爷,简直真不很像人一样,也到青年会来找我几趟。先是为他儿子找事,今天又来了,说马太太在底下,要见见我,我心里怕有事。果然,说是小叔叔他们,登记这班到常德的车,身上一点钱也没有。还说了不少话,我终于应了他们,向凌先生去设法借二十元。

7月28日　火

办公也好像上课一样,上课还可以赖,办公不能够赖。办公时间明天又要改了,等到十二点,我们这里这些事儿,真是毫无办法。晚上,凌先生请他在山西时认得的一个朋友,还不错,北平话也说得很好。谈时局,谈各人的熟人,我全插不上嘴,听听也不错。三个人在平台上,吃饭喝酒,我用汽水兑白兰地,把脸也喝红了。唱唱曲子。大姐来信说,凌海霞不赞成她唱曲子,吵嘴。我们便谈大姐,凌先生倒是很好,一点也不护着他妹妹。谈谈已经十二点了。

1939年

7 月 9 日　日

忽然心血来潮,找出三本日记簿子来翻翻。又忽然想起,也该记记日记,日记一搁就是一年。最近得李孝友的信,说我的十九本日记都还在他跟前,更有兴致来写日记,我本以为我的那十九本日记丢了,使我对于记日记颇为灰心。现在知道还在,总有一天,我会再见到他们的,搁在身边的时候不觉得稀奇,分开就分外的想他们。事隔一年,变化无穷,不知从何说起。说我现在什么地方,呈贡,昆明附近的一个小县,临近滇池,风景颇优美。我和太太(孙凤竹)就预备在这住一个暑假,暑假后,我去做事,去宣威,或别的地方,还不能定。太太就让她在此养病,她十分爱我,身体又不好,不知她愿不愿意一个人在此?虽然说三姐、四姐都在此地,但比起丈夫来,到底又隔了一层,况且太太有肺病,我离开了她,她一定会十分想我的。我们住后楼,四姐住一间,郑德淑小姐住一间,我们夫妻住一间,还有一间,现在殷炎麟住在,将来是杨先生住。两间房之间,是一个佛堂,现在做我们的会客室,很安静。房东杨家是呈贡首富,房子八年功夫造成的,也是此地第一所好的房子。可惜外面太脏,苍蝇太多。我们在这没有佣人,一切都自己动手,一天三顿饭都是我们自己烧的。前楼有三姐带小虎兄弟,楼下有李晨岚(艺专学生,画家)。若是(孙凤竹)能有个佣人,很可以在此地安安静静的住下来,没有佣人,什么事仍然要自己做,又和在宣威一样,名为养病,实际上还是累,我们需要一个好好的佣人才成。我们的一间小房子,不见亮,仅有一个小窗户,小颇紧凑,我们又没有什么东西,又无家具,这样小小的房正好,床也不大,太太很瘦,两人睡也正好并不挤。好在云南的天气并不热，住下来安安心心地想一想，这过去的一年来，补这一年的日记。我不知道这几天能不能写好，明天一早还要到昆明去。

7月10日 月

跟三姐进城去，我、三姐、小虎，带了招弟，好多人送我们从呈贡城边上。叫马，一路上可以看到滇池和西山，三姐的马老是闹别扭，跟我换了一匹骑才好一点，我的马都老爱放屁，讨厌极了。还好没有塌车，车是四等车，一路上停了三四个小站才到昆明。替三姐他们叫好车，我便去找时代正义路旅社，找到刘伟光。他们说有好消息，薪水可以拿了，刘先给了我五十元，我便到街上大买东西，一下五十元全用掉了。我去找校长，不在，再找刘伟光，不在，碰到陈守箴，我告诉了他刘伟光的住址。我真想找到校长，再拿一点钱买东西，找不到校长，东西也不能再买了。晚上去联大找陶光，两次来都未见到，颇有点气。找马学良，找到了，原来他自己恋爱的事，直到现在许骏斋、罗莘田①他们都不知道。他送我出来，我告诉他，陈守箴来了，他真是急死了。夜宿高云街二一七号王先生处，用了臭虫药，果然能安安稳稳的睡觉了。

7月11日 火

跑去找校长，刘伟光还没有起来，南华街找到刘小仙，绕了半天，说出去了。我真是生气，找人都找不到，再去找刘伟光，他还没有起来。坐了一会儿，快十点，他才起来，伟光说一会儿校长会来，我们等他吧。要吃中饭时还不见来，我们又一起出去吃饭，饭后再找校长谈了好一阵

---

① 即著名语言学家罗常培(1899—1958)，字莘田，号恬庵。

子。校长一定要我下半年再回宣威去,我无所谓,因为人都熟了,事也好办一点。又一同同校长到上海银行去拿了九百元,把五、六、七月份的薪水发给我,因为预支了一百元,所以只剩了四十几元,在职教育补三月份的薪水,五十元,一共拿到了九十几元。已快三点了,赶紧叫车回北门街。和三姐一块拿了东西再出来,为凤竹去拿衣裳,我买点东西,到"乐东楼"吃了一碗馄饨。赶到车站才四点一刻,坐在站上等车,五点,别人说车快开了,马上跳上车去。天乐路的车子就是这样,没有准点,说六点开,五点十分就开了。到呈贡龙街杨家天已经快黑了,他们才做晚饭吃,炸饺子。许多东西颇使凤竹高兴,不过她心想要的东西还是没有买到。

7 月 12 日　水

回到乡下,生活平静,该回想一年前的事儿了。去年七月中,我还在汉口,七月底,军委会伤兵慰组犒赏科,因为汉口形势紧张迁湖南,确实是哪一天记不得了,总是七月底的一天,犒赏科全体上船去湖南桃源。记得那天晚上,凌先生还特地送我上船。船是一只小拖船,第二天一早开船,但船开了一天,晚上还泊在武昌码头,走了一天,还只是过了一条江。那天风浪特别大,在小船上,虽然是睡着了,仍然是晕得厉害,中饭都没有吃,因为在船上吃不消,决定坐火车去。下船赶到冠生园,打一个电话给施鼎莹,告诉他我坐火车去,他说好。再打电话给凌先生,说没有走掉,当再回银行去。凌先生说好极了,孙老伯和孙基昌都到了,真是幸运,能再回到汉口看到他们。我回到银行,徐炎之正在替他们吹笛子,大唱。我记得的就是和孙老伯合唱了一支《草地》,"抵多少烟花三月下扬州……"这曲子唱得最好。当晚谈到一两点钟，基昌兄初次见面，一如知己，当晚他便大谈他自己在广西的恋爱史。我也告诉他我对孙凤竹的态度。本来在孙老伯来汉口之前，凌先生就知道我和孙凤竹的关系，有意促成，所以我临走时请他转告孙老伯，不巧我自己又回来了。但这种事情自己说总不成，仍然请他说。第二天，凌先生告诉我说，已经说过了，答应订婚的事，电报都不必打到广州了，因为孙老伯说，长辈的事我可以完全做主。因为有这种话，孙老伯就是老丈人了，倒反而生疏了起来，不大好意思和他说话了。此后几天里，总是请客，订婚的事也在进行，预备庚帖和戒指，还登了几天报，这些事是林先生操办的。好像是八月二号离开汉口的，孙老伯和基昌兄仍然住在凌先生的大陆银行里，记得基昌兄还过武昌到车站送我。坐的是头等卧车，那时候有钱，除自己的一百元外，凌先生又硬要给钱给我。到长沙，在湘水中的水陆洲①上，见到宗斌他们。那时他在长沙空军招待所任所长，颇为阔气。记得吃醉了酒，自己的小汽艇和别人的船打架，我吐得他的汽车上一塌糊涂。在空军招待所住了几天，搭汽车到桃源。常德还歇了一夜，路上都有信给凤竹，给凤竹在长沙发的一封信中，明确地表示了我的态度。桃源的一个月的苦闷生活，待留到明天的日记中写。中上，凤竹又有点吐血，她就是不听话，昨天我在昆明，她为了做饺子，忙了半天就累了。我忍不住说了她半天，她又要哭的样子，她一吐血，就要哭，所幸一会儿就止住了。晚间听郑先生弹七弦琴，似乎还能懂，这一点并不是对牛弹琴。弹琴又谈话，到十一点才睡，睡得太迟了。

---

① 现多称橘子洲。

7月13日　木

今天该写在桃源的生活了。桃源这是个好听的地方,而我在那儿的一个月的生活,简直如地狱,各方面都不舒服。先说我一到桃源,我们坐船的大队人马还没有到,只有史镶哉一个人在那儿。我们住的地方和办公的地方离桃源镇有十几里路。一条沅江在公路边上,住的是杨保长的房子,是新的,但是太新了,还没有修好。楼上的走廊没有栏杆,顶上的瓦也没有铺好,一下雨就漏,还没有窗子,窗子只是一个洞,一切叫人不快。本来抗战期间物资的享受,就是应该降低,更不该有个人的兴趣了,可是在精神上也非常的不愉快。整天没有事,蹲在一间又黑又湿的办公室里,桌子上的蓝布都是霉了的,常常有臭虫,有工友晚上就睡在办公桌上,报销又不做,帮帮庞铫星他们做小卡片。路某某、荣某某、俞兆习、苏会生、丁静、顾某某,已经调走,大家都马马虎虎的,我就整天的伏在桌子上写情书给孙凤竹。那时苦闷的原因有几个:(一)刚刚订婚,而不能见到孙凤竹,一心想去广州见她一趟;(二)刚刚从大陆银行那样好的地方,那样子舒服,一下子到这样倒霉的地方,自然不开心,孤苦伶仃的一个人。因为有这几种原因,心里不高兴,听说是要加薪,又老是不加,还是五十五元,工作又是那样的枯燥无味,所以真是一直想离开这个机关,出去找个地方教教书才好。这是一到那儿就有这样的感觉。凭良心说,桃源的风景还是不错的,毗邻沅江,这些江河和江南的水很不同,都是流的很急的水,山也很多。我们住在渔父乡,竹子很多,离我们一里多路有一个小镇有茶馆,我们常去坐坐,后来甚至到茶馆里洗澡。就是公路上车太多,一走就是一阵黄土,路上的草和小树都蒙上了一层黄土，很不好看。从我们的住处到沅江边也很近，我们常常散步到沅江边，看看江水，看看江上的小帆船。坐小帆船顺流而下可以到桃源，一到桃源就住在张善芗家。张善芗待我可真不错，架凉床，弄菜给我吃。可是我真对不起她，走了也没有通知她，走了也没有给她写信。现在也不知道她的下落如何。徐炎之和费慧芳恋爱，也不和她好。我在桃源时他们正为这事，在信上大吵。在桃源接到孙凤竹的情书，常常一个人拿着到附近的小山里去读，照片也慢慢的看，有时自己拿一本词去读。在桃源的一个月，就是这一点最好。一到那儿我就想要走，一直等到九月十号才请准假，找施鼎莹请的。东西全丢了，因为我知道广州是很热的，前一天打了一个电报到广州，是和张汝春一同走的，他们到贵阳去上学。一天的汽车就到长沙，仍然住在水陆洲长沙空军招待所宗斌处。上车人真是挤，到衡阳，才在二等车里找到一张卧铺，同住的有一位清华的同学，另外两位都还好。一路上无心看风景，常常遇到警报，到广州的前一天，车子又出了轨，因为桥被炸了，要坐船。我们上了船，车又通了，又赶回车上，这都是夜里一两点钟的事。九月十四日晨，到黄沙车站，炸的不像样子，月台上房子全都没有了，只有草席架起棚子的车站，我花了很多的钱，叫了一辆洋车，到中华路玉华坊惠园九号。

7 月 14 日　金

四姐走，五弟、汪先生来，李晨岚也回来了，弄菜的人多了。汪先生下午逃走了，艺专大批的学生来。今天应该记〔到〕广州后一直到离开广州时的情形，时间也有一个多月。广州虽然大，店家都不大开门。我到广州两次,前后有一个多月,就没有吃到好馆子,"食在广州"这个观念几乎要打破了。但广州人真是沉得住气,警报是整天的有,卖菜卖东西的照样卖,街上交通也不断绝。广州是抗战以来遭轰炸次数最多的地方,可是因为广州实在是太大了,所以并不见得被炸得怎样狼狈,市政府的玻璃窗子都震破了,但里面照样有人办公。到了惠园九号叫门,有人出来说孙家在楼上,从边上的小门进去。我正要上去,孙凤竹从楼上跑了下来,扑在我身上。我都没有法子,抓住了她的手膀子,真细,人也瘦的很,但精神很好。她家母亲病在床上,是子宫癌,是不治之症,除非有"镭",但是广州没有,只有香港有。我去时他们正在等她二哥回来,商量到香港去医病的事。到广州就整天蹲在她家,什么地方也没有去玩,只到过一个什么公园,也并不好,只记得有许多小孩子,一定拖着叫擦皮鞋,很煞风景。她家又是那样,和在青岛时大不一样,一个佣人阿二,整天的给孙伯母洗脏裤子。嫂子做饭,大哥又不大在家,小龙已经长大了,但十分难看,又有了小虎①,已经能在地上跑了,满屋子的倒霉气象。才开始孙凤竹还不好意思,后来她才告诉我东西都当了,现在就靠当当过活。连她的衣裳也被当了,后来临走的时候,还是我拿一点钱来把她的棉衣赎了回来。因为看到这种情形,我更得要爱她才成,否则会显得我这个人不厚道。我觉得既然订了婚,她就是我的人了,不管怎样,我当尽力的保护她。在广州的一个月,可以说是我们的恋爱时期,她什么都依我,真是怪可怜的,我要吻吻她,抱抱她,她也从来没有不愿意的过。我心里想,她一定想,反正是他的人了,随他怎样吧!由于她太顺从了,于是在十月五号的晚上,我将她的处女毁坏了,她也一

---

① 指沈从文与张兆和的二儿子沈虎雏。——整理者注

点不觉得难过。到广州后一两个星期，我到香港去了一趟，先打电报给二弟，二弟来接的，住老伯伯家。香港实在没有什么好玩的，只有登山电梯还好，到山顶上去看香港夜景，还是萧乾带了我去的。二弟常和我一个人去看电影，吃冰激凌，待我真是不错。香港的十天日子，老伯伯仍然是那样的好，不显得老，夜里常替我们来盖被子。姑爷还是那样整天的办公。凤竹在香港时，也曾到过老伯伯家，看过大姐、静华她们。在香港住的几天，凤竹有信来，我说要回广州。那时我的计划是到昆明，因为联大(清华)在昆明。杨振声说，从文都在昆明，到昆明或者会有办法。打了两个电报，一个给杨，一个给从文，但是没有收到回电。老伯伯劝我说，其实要到昆明，就不如不回广州。我也犹豫，但终于决定，还是要回广州。二弟带了孙基昌来，他是从汉口直接过来的。二弟送我先走了，坐的是头等车回广州。他家人都骂孙基昌不回家，过了几天他才回来，母子相对哭了一场。他是学医的，自然知道母亲得这种病是没有法子的。这一星期中，日军十号在大亚湾登陆，形势一天一天的紧张起来，惠州、博罗相继失守，广州人匆匆逃了。我们怎样办呢？到文化生活社找到巴金，他们预备去桂林。于是我们商量的结果，是我带凤竹跟巴金他们一起逃难。伯母病在不能动，孙二哥也不能走，孙大哥已经随机关走了，嫂嫂和儿子留在广州。决定了以后，便经常到巴金那儿去打听他们弄的船，好几次的麻烦周折，才决定十九号上船到梧州。没有钱，订婚戒指也卖了，看见店员当着我们的面剪断了戒指，心里实在不好过。十九号下午把东西和人，一起都送到巴金住处。临走时孙伯母拉着凤竹的手大哭，这真是生离死别，明知道一去不知道何日才得见面，又明知道她老人家不久于人世的了。我不忍再看，先下了楼。十九号夜里没有走成,住在巴金处。二十号又回到惠园,盘桓了一日。街上景况已大不相同,警卫挨家挨户叫人快走,十分惊慌。二十号晚上船,孙二哥送上船。明天记逃难岁月的生活。

7 月 15 日　土

乡下的日子平淡,忙吃忙睡而已。我、五弟、李先生忙厨房,殷炎麟管洗碗。

去年十月二十日晚上船,船在珠江当中,还得雇小划子去。江边逃难者的行李颇多,划子大敲竹杠。我们从下午三四点钟就到江边,一直到天黑尽了才上了船,船是一只货船,我们坐上船仓〔舱〕。同行的一共有十个人：我们是巴金[①]、李采臣(巴金的弟弟)、陈蕴珍[②]——巴金的女友、我和凤竹；另外还有宇宙风社的五个人,林憾庐[③]领队,他的儿子和另外三个小伙计。在船上要呆一个星期,十个人把铺都打开,整天躺在铺上或坐在铺上。每天船上只供给两顿饭,到一个小地方,大家都上岸,买一些叉烧肉、香肠之类的上船来吃,吃的很香。林憾庐说故事,喝

---

① 李采臣(1913—2007)：四川成都人,出版人,巴金的胞弟。1933 年到上海投奔兄长巴金并在上海求学。1936 年毕业后,进入文化生活出版社发行部工作。抗战期间长期协助巴金主持文化生活出版社工作。

② 即萧珊,后来成为巴金的妻子。

③ 林憾庐(？—1943)：福建龙溪(今属漳州)人,本名林和清,是林语堂的三哥。1927 年接替林语堂接办《宇宙风》半月刊。1936 年秋,林语堂举家迁往美国后,《宇宙风》就由陶亢德和林憾庐一起负责了。1939 年 3 月之后,林憾庐开始独自主持杂志运作与经营,他伴随着这本杂志历尽波折。因抗战爆发,战火四起,刊社由上海迁至香港再至桂林,他为之耗尽心血,最终于 1943 年 2 月死于繁琐辛劳的工作中。

他带来的福建红茶,看看陈蕴珍和巴金的那付"得呀"劲也怪有趣的。只是那时的心情很不好。走后到三水,就听说广州在二十一号就失守了,我们在船上还听到大爆炸的声音。一路上没有报纸,看不到消息,只是听人说。凤竹想到在广州的家自然更是难过了,她哭了,说做梦梦见她母亲已经死了。在船上,一来我的心情不好,二来不知为什么要极力避免人家知道我们的关系,所以待她很冷淡,她很伤心。是她后来说的,有时她甚至于想留一封信给我,自己一个人悄悄地溜回广州去。她那几天当中很不好过。沿西江而上,一路上风景不错,经佛山、三水、高要、禄步、太平、德庆到都城。船夜里不开,只日里开,所以走得非常慢,小轮船拖了很多的船,自然是走不动了。船原来说到梧州的,现在只到都城了,有拖渡可以到梧州。都城地方不大,可是却很整齐,有三四层楼的房子很干净,我们找到一家大茶馆的四层楼上去吃饭。船一会儿说有,一会儿又说没有,一直到夜间,我们才又把东西从我们原坐的货船上搬到拖渡。拖渡里面很讲究,漆的很好。人多的很,我们好容易找到两张铺让小姐们睡。船第二天早上开,夜晚十二点后才到梧州。一下船,什么旅馆也找不到,十二点后又戒严,马路上不准走人,我们好容易跟人商量,在一家名利客栈旅馆的楼上的过道处睡一晚,林憾庐他们那天晚上就在马路上睡的。地板只睡了一夜,第二天就有房间空了出来,孙凤竹和陈蕴珍一间,我和巴金、李采臣三人一间,我睡地板上。我还是老脾气,不爱睡床,尤其是小旅馆的床,叫我疑心。我情愿睡地板,倒不是客气。梧州是广西地面了,浔江、桂江的合流点,梧州之下才叫江西。我们到梧州,梧州也很紧张,有几条马路上的石子都拆了,说是封江去了。差不多每天都有警报,警报一来,大家都向山上跑,梧州山多,山里防空洞也非常多。先头我们还出去躲飞机,后来凤竹又走不动了,又没有意思,所以就不躲了,仍然在旅馆里。孙基昌有几个朋友在广西制药厂,厂在江中三角嘴。我和凤竹坐船去,小小的船有棚,很干净,要找的人也找到了,基昌兄的信也给了他们。真是奇怪,这几个人的姓名一个也记不得了,只记得一个胖胖的,一个瘦瘦的,一个长长的。最漂亮那一个有一个太太,也是他们中法大学的同学;胖胖的给我的印象最不好,因为他好像是所长;瘦瘦的也还好,他还到旅馆里来看我们。我们因为身上一共只有四五十块钱,巴金他们也在逃难中,不会有多钱,后来我又送凤竹去了一趟,叫她去向他们借一点钱,因为他们是她的哥哥的朋友。但结果没有拿到钱,他们答应是答应的,但整天在外面吃馆子。在梧州约住了一个星期,才由巴金买到船票,而且是房仓〔舱〕,很舒服。梧州那时已开始在疏散了,店家都预备搬家了,街道简直是很冷落。这一段船上的日子也很好过,浔江、黔江沿岸的风景绝佳,完全是广西的风味,很像画上的阳朔、桂林的山水,小小的山,奇奇怪怪的样子,排列在江边上,睡在铺上就可以看到山水。沿路吃柚子吃的最多了。船晚上不开日里开,又是上水,所以走得非常慢,有时过滩,要大叫。船也还不能到柳州,只到石龙,石龙滩离柳州只有半天的汽车路程。在石龙小镇上,借宿在一家人家的楼上,还是出了五块钱。那一夜,差一点没有把人家的楼烧了。二间矮小的床有铺板,我和凤竹睡一张,陈小姐一个人睡一张,李氏兄弟睡地上,地上点了一盘蚊香在枕头边上。夜里,李采臣把枕头睡到蚊烟上烧了起来,满房子的烟,大家都睡昏了,拿鞋子压,压不熄,巴金还叫吐口水,闹了半天,还是巴金把枕头丢到街上去了。第二天早上,巴金硬说我把他的一只鞋子也丢到街上去了。这算是我们这次逃难中的一点趣闻。石龙很小，只有几条街，但也有警报了，敲锣，锣响，大家逃。我们因为在广州听惯了警报，没有逃。飞机来了只一架，一看有党徽，但一会儿人打锣，解除警报。下午我们费了好大的力气，在车站找到一辆车，李采臣还几乎被人打了一顿。沿公路也都是小山，很美。晚上到柳州没有过江，就在柳江南岸汽车站附近找旅馆，大大小小的旅馆全没有找到，找到一家火铺，许多人睡一张大床，天黑了，也看不见什么脏。那间房除了我们五个人以外，另外还有两个男人。糊糊涂涂的住了一夜，白天起来，才感到那床太脏，马上找旅馆。找到一家"陆海通"还不错，住了几天，常过江去玩，又到省立医院去找基昌的一个朋友陈凤绍，是梧州制药厂的人介绍的。陈人还不错，送了我们不少药，给凤竹咳嗽药，给我癣药。我们还见到了他的太太和小孩子。到了柳州，巴金、陈蕴珍要和林憾庐他们一起去桂林，李采臣要回重庆。我们原想去桂林的，但桂林并无熟人，到重庆有二姐、耀平、三弟在，所以决定到重庆去。路费不够，从广州到柳州的两个人路费八十元是巴金出的，到现在还没有还人家。身边还有几十块钱，但是也到不了重庆，于是打了个电报给耀平，希望他汇一百五十元来，由陈凤绍转给我们，预计在柳州还要呆上一些时候。哪知道过了一天，李采臣就买到了三张到贵阳的票，采臣身上有钱，够我们三个人的路费，找陈凤绍托他把钱再退回去(如果钱到的话)，第二天我们就上了车。在柳州还遇到赵表叔，他们从桂林来的，到上海去，说郭大姐在长沙难民收容所里，人也瘦了。西南公路局的汽车，号头排在前面，还舒服，我们坐在第二排，不前不后，正好三个人。第一天宿河池，中国旅行社招待所，很不错，第二晚宿独山招待所，也不坏，就是贵一点。一上车就见到陶某某①和太太(沈性仁②),我怕她不认得我了,没有招呼,后来想去招呼,也不好意思了。又遇到谭××的哥哥,他儿子说的"越爬越高",已经成了我们的口头禅了。第二天下午,就到了贵阳,住在靠近城门的一家小旅馆。凤竹一到就吐血,我就知道汽车颠一天,她准要吐血不可。到小旅馆又是个生的地方,凤竹说了一种她以前吃的止血药,我跑遍了所有的药房都没有,只买到了云南白药。那时是我最困难的时候了,你想在这个人地生疏的贵阳,身上又没有钱,住在一间又脏又漏风的房子里,未婚妻又是在吐血贫病交加,我只能哭了。正在这个时候,在中山门口遇到幺小姐,她长得白白胖胖的,我几乎不敢认了。一问才知道他们到香港后,又到长沙到铜仁,进了国立贵州中学,后又转到贵阳,现在省立贵阳女子中学念书。在文明路二十六号,说了几句话,就走开了。她也知道我订婚的事。凤竹和我一同来了,在这种时候遇到她,真是太那个了。若是在我们都很得意的时候遇到她。后来我和凤竹去他们的住处,十二元一个月连吃饭,还不错。不过就地不平家具破烂而已,逃难中有这样一个住处还算不错的了。以顺也和她住在一起,他们还请了我们吃了一顿饭,王家大姐也在座。五弟由重庆到昆明进联大,在蹇先艾家遇到。在旅馆里住了两天,和李采臣另外还有他的两个报馆里的朋友,到院前街六十号去看蹇先艾,他在北平北

① 指北大教授、社会学家陶孟和(1887—1960)。

② 沈性仁(1895—1943):浙江嘉兴人,早年赴日本求学,后入北京女高师。1917年与北大教授、著名社会学家陶孟和结婚。大姐沈性真、以字"亦云"为人所知,嫁给当年颇有争议的风云人物黄郛,著有《亦云回忆》,受到胡适等人的肯定;小妹沈性元嫁给长期主持国民政府资源委员会的钱昌照。其弟沈怡在抗战胜利后担任过南京市长。

海松坡图书馆当馆长时，我在从文家见过他几次，在青岛路家也见过。所以见面就认识我的，自然谈起他们家有空房可以住，我们正是求之不得，一会儿就从旅馆里搬到他们家来了。把凤竹安顿在一间厢房里，我和采臣睡在下面的客房里。采臣借了一点钱给我们，他登了两天就走了。我们因凤竹有病，多休息几天，在贵阳估计住了有十天的样子，到十一月十七号才动身。蹇家的人很好，尤其是他的女儿小妹，只有八岁的样子，又好看又安静，我们的一些小玩意不由得送给了她。蹇太太人也很家常，我们先去的时候，她不肯理我们，凤竹很担心，怕住不下去，后来蹇太太待凤竹简直太好了，走的时候几乎要哭。到蹇家住凤竹已经不吐血了，但是还让她躺在床上，杨小姐她们也到蹇先艾家来看过一趟凤竹。是十七号动身，十九号到海棠溪，李采臣来接过江的。一路上第一日宿桐梓，第二日宿綦县，第三日上午就到重庆了。

7 月 16 日　日

重庆住了一个多月，到今年初才离开重庆，又过贵阳到昆明。在重庆的一个多月日子里，也很难过，但所幸有二姐、三弟，在家里人多，总有办法。十一月十九日到重庆，找到耀平，他在七星岗，通远门外农本局任副主任。在办公室找着他，他又带我们到住处，"嘉庐"，二姐见了凤竹很欢喜她，二姐对人总是那么热心的。他们只住一间小房，小极了，不能留我们，替我们在他们附近找到一家旅馆"蜀天府"住了十天。又是那样，她一到重庆就吐血，但是她不肯说，直到在旅馆里住了下来她才说。旅馆生活实在不大好，总觉得不定规，饭也是顿顿在外面吃。

一个月的路上就是这样在外面吃,巴金都要吃鸡三味了,实在吃得我头疼了。我们到重庆吃住都成问题,在旅馆住下去总不是事。凤竹病就把她送到领事巷的仁爱堂医院(三弟害猩红热曾经住过的医院)去住,她的吃住都不成问题了,一元钱一天,二等病房,还带看病,她便在那儿一直住到今年一月二十号。我呢,就和三弟去住,三弟住在曾家岩鱼屯,周耀平他们农本局的宿舍。我每天到仁爱堂去看凤竹,到晚上才回去睡。在重庆的钱是由二姐借给我的,账现在算一算不到一千元。重庆的生活也是很苦闷的,我的事又毫无头绪,凤竹又病倒在。医院里罗医生诊断说她不是肺病,凤竹很高兴。有时我们也坐轿子出来玩一趟,看一趟戏,吃一趟馆子。俞晨[①]学校(戏剧学校)一演戏,我们也去看一趟。医院慢慢地住熟了,凤竹同房间的王世莲、朱太太,慢慢的都成了朋友了,佣人向嫂、陆嫂,也都很好,我每天带一点小菜去给她吃,二姐也常常去看她。在重庆,所碰到的熟人有洪瑞钊、何秋江、大姑奶奶、七表叔、吴大鼻子、九爷、董玮。他们一大堆人,还是那样子住一间房,辛辛苦苦的过日子,讲话还是那样的会感动人,吴大鼻子、七表叔还是那样讨厌。还遇到一个人就是在北平时的熟人,萧五姐,名字叫什么不记得了。重庆实在不使人留恋,天气太坏,天天下雨,我们住了一个多月,就没有看到晴天。人是多得要不得,公共汽车不大容易挤上去,人山人海的,摩登男女分外的多,南方口音的人也时常碰到。总之我们在的时候,重庆是够繁华的。那时是重庆的雨季,老是下雨,所以也没有什么

---

① 俞晨(1920—2012):即吕恩,江苏省常熟人,戏剧表演艺术家。1938—1941 年就读于国立戏剧专科学校,后在重庆、上海、香港、北京等地从事话剧、电影演艺事业。曾与张定和有过一段短暂婚姻,育有一子张以达,后因感情不和而分手。

警报,现在可不对了,重庆差不多热闹的地方全炸了,重庆大概人也不多了。这样下去总不是事,总得找一个事才好。洪先生家住望龙门,我常去,章大胖子(靳以)那儿也常去玩。洪先生颇努力给我找事,可惜没有机会。李鼎芳也在重庆,他仍在中央国乐做事,有时也去和他唱曲子。在重庆曲会也去过一次,刘大军、许振寰也在,碰到南京公余社的陈某,唱小旦的。自己没有事,总不大愿意露面。后来还是耀平的朋友翁之达,光华的同学,在教育部做事的给我补了一个名额。到云南去教书,已经是快要过阳历年了。重庆我实在有点讨厌他,还是走吧。但是凤竹不能走。我先坐汽车到昆明,借到了钱,再让凤竹坐飞机到昆明。过了阳历年,一月十四日由重庆动身。在贵阳又碰到简家幺小姐,和她们一块到昆明。

7月17日　月

到昆明见到三姐、五弟、四姐、从文、杨先生他们。一月二十一日,凤竹飞昆明。二月五日,借蒋梦麟宅结婚。结婚也是不得已的事。你说她那样年轻又病着,我的事又不见得好,照理不该结婚的。但不结婚又把她往哪儿放呢！商量了半天,还是结婚吧！简简单单的,不是我所希望的。那几天我真想哭。我也觉得太不热闹了,我一生的大事就这样草草了结,心里很不舒服。在这里的时候又没有钱,结婚的一百元钱还是上次借凌宴池的,老伯伯从香港转汇来的。结婚当晚很累。新房借北门街四十五号四姐和九小姐的房子,一下午布置起来的,因为找不到旅馆。第二天,凤竹就吐血了。休息了十天,到二十五日我们一起动身到宣威去教书了。

7 月 18 日　火

　　宣威半年的生活也够苦,一星期二十四小时的课,月薪一百零四元二毛四分。三班历史,两班地理,两班国文,一班英文,一天到晚没有空,只改卷子。学生笨、坏。事事都很别扭。我和凤竹住学校后面小小的一间房,又暗又湿。佣人雇了一个(小秀),又和凤竹闹别扭,不要了。吃饭在前面和老师们一同吃伙食,一点也不好,学校不能令人满意了。三个女生出了不少事,李孝贞、田怀珍、陈守箴恋爱,于是闹了满城风雨,刘逃走了。学生又打土豪,邓某某、某某某,说是外省的老师主持的,县长也如此说,于是我们狼狈逃出宣威。六月二十七日,凤竹先来省,二十八日,我们(我、马学良、刘伟光),坐黔昆路的交通车来省。七月二日,来呈贡住下。今天来大批的客人还有洋人,我们(我、五弟、李晨岚①)做菜饭给他们吃,忙了一天。到乡下本是为了清净,倒招揽了这许多客人来,我很反对四姐如此。凤竹看到我日记记到逃难时的情形,哭了起来。后来郑颖荪②又来说要到重庆去,说的那样的伤心,又提起青城山,她又哭了一场。总之,今天凤竹一共哭了四五场,我怕她再吐血。

---

① 李晨岚(1910－1981):河南信阳人,现代著名中国画画家。1934 年进北平艺专科,毕业后留校工作,抗战时随校南迁于湖南沅陵、云南昆明。40 年代初李晨岚在沈从文等人的支持下,与李霖灿一起赴丽江考察边疆文艺,后独自在西双版纳采风,作品风格发生转变,以中国传统山水画技法为基础结合西画的透视和用光,并独创多种国画皴法,在中国山水画革新上非常成功,是当时国内在这方面处于领先水平的少数山水画家之一。

② 郑颖荪(1893－1950):安徽黟县人,毕业于燕京大学,后留学日本早稻田大学。回国后,在北京大学任教,对于古代乐器有精深造诣,是著名的古琴专家。

7月19日　水

凤竹住进了我糊的房间。糊房子太费事,五弟帮忙糊了一面起来。

7月20日　木

我和殷炎麟两人洗厨房,费了一上午。拧了凤竹一把,闹了起来,好容易才哄好了。

7月21日　金

郑先生要走了,四姐不进城学万国音标了,就跟郑学弹七弦琴,雅事也。到乡下整天就忙吃,又有,郑德淑小姐捉住了拍《思凡》,太忙了,不得闲。

7月22日　土

李晨岚病了,大家都骂他,我觉得不该。殷炎麟也老受四姐欺负,郑老油子也是要走。

7月23日　日

凤竹特别来,我说儿子又没有了,我们都有点想儿子,凤竹特别不来,我们又着慌。和殷谈论四姐和老K,我们都骂老K。查阜西[①]来弹

---

① 查阜西(1895—1976):江西修水人,古琴演奏家、音乐理论家和音乐教育家。早年在苏州、上海创建并主持今虞琴社,编印出版《今虞》琴刊,联络各地琴家,交流琴学琴艺,在琴界影响甚广。他演奏的琴曲深沉、细腻,演唱的琴歌古朴、典雅。

琴,我们领教了一曲《潇湘水云》,很早就睡了。四姐这两天和郑老 K 学抚琴,晚上总到一两点钟才睡。殷炎麟不识相,想偷着学。

7 月 24 日　月

四姐进城不知什么事儿,像很忙。晚上我们正吃饭的时候(有凤竹做的狮子头)她却回来了,一回来老问郑先生。殷炎麟中午进城。

7 月 25 日　火

昨天三姐寄来挂号信一封,信中有许多信。有胡校长寄来的聘书一封,每周上课二十四小时,月薪九十元,比上半年少了七块钱,课只少了二小时。我心里很不愿意,凤竹更是生气。还有一班国文,本来今天就要进城去和校长交涉,因为早上下了小雨,没有去。中上郑颖荪请客,叫来的菜还不错,因为四姐说茅台酒给我们吃(尤其是五弟)糟蹋了,所以我们大家都不吃,只是郑老 K、李晨岚、四姐三个人吃。四姐装疯,大吃酒,一杯一杯的灌。老 K 也吃了不少,都有点醉了。到里面佛堂睡在蒲团上大笑,瞎讲话,自己还不承认,实在是醉了。还骂人,个个是王八蛋,还说穆老伯说的,几乎要出岔子了。又大哭,我知道她哭什么。后来清醒了,但头疼。我们都想看看他们醉后是什么样子,后来他们真醉了,心里又觉得不好。四姐自然是晚饭也没有吃。查阜西派人专门送了信来,说腾冲县中要英文、国文教员,他推荐我和殷炎麟,月薪八十元,得城去一趟。晚上睡觉时几乎烧了凤竹的头发,又碰疼了她的脚。

7 月 26 日　水

一看七点钟了，赶快起来，五弟炒饭给我吃，吃了就走。到城边叫马到车站，时间也还早，买票一元五分。到昆明先找到校长，居然没有出去，谈到钟点的问题，校长总是说好商量，我坚持非在二十个小时之内不可。后来说不教英文光教国文，或者是光交英文不教国文，二十二小时，不改卷子。老丁也来了，又来了不少客，临走时校长又给教育部一月的薪水（四月份的）。出来就买了不少零碎东西，像茶碗啦，鞋子啦，等等，回北门街吃饭，洋车拉到大兴街，上坡处我下来。殊不知好意反而不好，下来藤包就翻了下来，把盘子打碎了一个角，我气坏了。吃了饭，找陶光，到农校，只陶某人一个人呆坐在办公室里。一会儿殷炎麟也来了，一块儿去吃咖啡，再回陶某人卧室内座谈了半天。无非是郑老油子之类的话，我们几个人在一堆，无话不谈，只怕是话太多了。坐坐也不好，到翠湖喝茶去吧。喝到吃饭的时候，去吃鸡腿，尚佳。饭后得去查阜西处，查阜西很忙，正在和一个滑头小伙计谈话。吴南青[①]已经睡了，查阜西把他拖了起来和我们谈腾冲的事，我们都不想去，他也没有勉强。另外谈到我们家的人，谈了半天出来，把老油子的信给了他，我们回去。

---

① 吴南青（1910—1970）：名怀孟，江苏苏州人，以字行，曲学大师吴梅之四子。1932 年毕业于光华大学，又到金陵大学国学研究班进修两年，后任教于金陵大学附中。抗战期间流寓贵州，在乌江中学执教。历任贵州西南公路消费合作社职员、昆明市叙昆铁路科员。1944 年在重庆北碚国立礼乐馆工作，抗战胜利后随礼乐馆复员回归南京。1957 年起在北方昆剧院艺术室工作。

7 月 27 日　　木

天还没有亮就醒了,胡思乱想了一通。天亮起来去北门街,洗了脸,再回青云街写信。一共五封信,孙基昌、俞兆习、四弟、李宗斌,刚写好信,陶、殷两位就来了。一同出去,慢慢走到"南丰"吃西餐,我昨天说请他们的,二元五一客,五样菜很不错。饭后一同去云南旅游服务社理发,再去翠湖喝茶,遇到下雨了,我们在树林里还不要紧。买了不少画报,洗澡,又修脚,吃了一点晚饭,慢慢走回,想到该去北门街一趟。今晚回来睡的很好。

7 月 28 日　　金

又在青云街写了几封信(二姐、老刁),其道和老殷来了,约好了一同去查家。吴南青前天晚上邀我们今天吃中饭,还请了老油子。时间尚早,走去同仁街,也才十一点半,吴、查都不在家。先顺路到裕同,把聘书给校长,尹师母也在那里,说起张枢和六哥也在叙昆路局。殷到车站去接老油子,我们想回六哥处,想回回北门街,两点的车赶不及了,索性睡一觉。到三点钟,叫车子到车站,为三姐带了两个蒲团,两只洋油箱,很重,上车颇费了一点事。骑马颠到龙街,天已快黑了,他们饭都吃过了。

7 月 29 日　　土

凤竹早上又咳的厉害,她自己说是赶着打毛线衣的关系。她总是这样的,什么事欢喜拼命的干,我说她也不信。恢复了龙街的生活,和五弟十一点去买菜,十二点烧饭,一点吃饭。下午因为有兵要来住我们外间的那个佛堂,五弟和某某长交涉了半天,才算把他们弄到前楼去住,三点才安心睡中觉。五点起来,又要做饭。凤竹左脚生了个小东西,右脚脚心湿气又让她剪破了,夜里睡下后大痛,要我起来拿止疼药,拿如意膏,拿茶,闹了好久才睡着。

7月30日　日

我出去赶场,我和李晨岚去的,又买了两大篮东西,把手都拿疼了才拿回来。吃完饭已是二时,睡睡午觉,五点半又要吃饭了。整天的就是吃和睡,再不然就是谈天。今晚五弟在我们房里大谈其鬼。

7月31日　月

还是做饭吃谈天一类的事。

8月1日　火

凤竹洗小东西(小手巾之类),在水里冰多了,下午又发冷发热的。脚上生的东西又不得好,她又疼,我一夜都没有睡好。

8月2日　水

算本月的饭食账,李晨岚老算不好,还是我帮他算的。每人交十七元一毛五,照二十天算,我除了交我和凤竹两人伙食外,又垫了二十块钱,还该找四姐、殷炎麟补齐钱。伙食用的太贵了,这一个月该省着点才对。四姐、殷炎麟都回来了,殷找吴宓的事是无招了,他想到宣威去了。我明天得进城一趟,我怕没有希望了,因为校长一定都决定了,下次我进城去,让他马上决定,他还不肯,现在再去,怕希望少了。早上我和李进城去买菜。下午睡觉,凤竹闹着要吹我的肚脐眼,闹了一下午,也没有睡觉,好笑死了。

8 月 3 日　　木

到昆明探问校长国文教员事。早上进城,在裕通找到校长,一问没有希望了,已经定了。想向校长支一点钱,他说还没有,还要等几天。尹也在裕通,尹说你有个本家张枢和在叙昆,你可以去找他,我便和他一同去了。到了东四街花椒巷,只有六嫂在家,六哥还没有下班。六嫂在街子上见到的,一会儿六哥也回来了,一见面自然是谈家里的事,又一同到"春园"去吃饭。饭后在他家坐了半天,下雨了,索性多登一会儿。雨止,借六哥一双胶鞋,出来为凤竹配头绳,哪里有呢! 这一路上,所有的洋货铺子都问到了,全都没有,又零碎买了几样东西。东西买不到,到车站等着坐车回去,一直等到五点多钟才开车。咱赶到吃晚饭,天已经黑了。

8 月 4 日　　金

这两天凤竹又不大好,是有点怕冷发热,全是她不听话之故。凤竹喜欢说"偏不""一定""一生""一辈子"这一类太绝对的话。早上我一个人去买菜的,下午四姐、李晨岚全走了,晚上我们又大谈老油子。乡下的日子也过得糊里糊涂,暑假又快完了,我本月二十号左右,又要到宣威去了。

8月6日 日

殷早上进城。下午我们正睡中觉,外面飞机多极了,吵得睡不着觉,起来到外面树林下去看,尽是中国的飞机在飞,据说昆明已经有警报了。我们一直在外面看到四五点钟,飞机不飞了,才回来。夜里凤竹大咳,不知何故,大咳又大哭,说病不得好了。我安慰她也没有用。我半夜和她说了不少的话,后来才好点。

8月7日 月

早上起来她仍然是咳,后来睡了一会儿才好。我起来做事,一天尽是些琐碎的事。譬如早上一起来,先带来尿钵子下去,大便后,炖热水洗脸,然后回房,抹桌子、洒水、扫地。凤竹起来给她弄水倒水吃,吃过早饭休息一会儿,十点多钟就得去买菜了,这两天买菜老是我一个人去。买菜回来做饭吃,吃完中饭洗碗,炖开水。就下午有点空,若是再睡一觉的话,那一天什么事也不用做了。李晨岚脚上有湿气,又不肯做事。今天看了一点《西游记》,这书还是很小的时候看的。晚上四姐回来,大谈城里的消息,杨小姐和三姐都有大脖子,很危险的样子。

8月8日 火

这两天晚上,凤竹老是闹,夜里老是睡不好,真是毛病。今夜和我大闹,闹到十一点,其实为我说她、骂她。后来谈到去不去宣威,佣人的问题,又谈到病,她老是为病发愁,什么事都带上病。又说与其这样老是病着,还不如自杀了好,这种思想真是危险。我劝了她,她也答应了,说绝对不再向这方面想。

8 月 9 日　　水

　　大家分起工作：我买菜，五弟管早饭和饭、汤，殷炎麟管洗菜，李晨岚因为脚上有湿气，管洗碗。这样子我舒服多了，否则什么事全都是我一个人做，而且做得看不见。世界上的人分为做事的人和得着荣誉的人，倘属可能，我勉强可为前者的，逐鹿者，堪比后者的，少得多。下午拿了头绳床，到山上去睡，我们两个一直到六点一刻，有两个人来了才走。先是四姐到冰心家，后来五弟去煮饭，再后来殷炒菜，这几天凤竹闹，原来是特别来了，这次又只有十八天，是长了。她不大好，进城去带她看看，她发誓说晚上再不和我闹了。

8 月 10 日　　木

　　这几天回到呈贡来以后，好像我便和四姐作对，她好像也和我作对。她曾经对凤竹说过，我和三弟老是和她作对，说话不客气冲头冲脑的，到这儿来后，觉得她什么都不顺眼，譬如她和老油子的不做事。今天吃饭的时候又跟她顶了起来。晚上我一个人在屋里写信，冰心来了，带了两个小孩子，闹极了，亏得好没有在我们这儿吃晚饭。

8 月 11 日　　金

　　今日街子，我一个人去买菜，李晨岚买米和柴，又用了二十几元，账上剩的钱不多了。四姐、殷炎麟下午进省，四姐今天对殷炎麟特别好，我们都说他受宠若惊了。但是得为她做事，如提大坛子换小坛子，买一坛子的油，全是殷炎麟的事。我明天进城拿钱，便不回来。凤竹、五弟后天也进城。

8月12日　土

早上骑马上车站,赶苍蝇,讨厌极了。到昆明十点半,找校长,校长不在"时代";找伟光、马学良、钱怀珍,十二点又找校长,仍然不在;到昆华小学艺专去找薛志昌,又不在。我走了,路上上小馆子吃了一盆饭,马学良从店前走过,没有睬他。到北门街,三姐也来了,休息一会儿,和三姐谈到教育所的事。找廖科员,一谈说起现在教员多极了,推荐殷的事也就不提出来了。在教育所遇见校长,一同走回裕通,丁也来了。一会儿拿了二十元,为三姐买苹果又没有买到。路遇大雨,入一店中躲雨。回北门街吃晚饭,到青云街和汪先生泡茶喝。

8月13日　日

"八一三"沪战二周年纪念也。夜里没有睡好,早上八时起来,从文已经来办公室了、手巾牙刷都没有带,到三姐处,马马虎虎洗了个脸。吃早饭到车站去接凤竹,带了王先生去,走了三刻钟才走到,坐了一会儿,等车子来,凤竹自然是带衣裳来的,让五弟带了东西先走。我们先到"裕通"去找校长,校长搬了,再到"时代",刘伟光、高松根在,一会儿校长也搬来了。因为我在昆明时常吃刘伟光的,伟光明天要走了,一定要请他一下。校长不去吃,我们四个出去到南风吃的。回北门街,下午没有出去,睡觉也睡得不好,晚上在北门街吃饭,老杨来了,一开头就问四姐,和三姐大谈老油子。晚间去青云街睡觉,把门锁换上。萧太太的被子被偷了,后来我们仔细的检查了一下,除了被子以外,尚被窃去的有被单、水瓶、帐子。真是无法,我们三个人,汪、五弟和我讨论了半天。

8 月 14 日　月

晚上睡的还好,臭虫不算多,起来到北门街。凤竹说睡得不好,不高兴。七点多就和五弟到师范学院去找陶某,还有殷,还睡在,五弟是去看分数的。我等他们两位起来,梳洗好了,一同去工校找许骏斋,不在。在城门口一家小店吃了点心,吃的很饱。陶某要来看凤竹,一同回北门街,都已经是快吃饭的时候了。让凤竹到云南服务社理发,我替她到"三星"去挂号洗澡,再到"华山"等她吃中饭。菜一点不好,凤竹没有吃什么饭。饭后,让凤竹坐车去洗澡,我回来找陶某,到他住处,陶某找来了吴某(也是会唱曲子的,清华的同学)。我怕凤竹不舒服,要回北门街去一趟。四姐又在骂殷,把殷说得生了气。我和陶某他们出去吃了,饭后唱曲子,找到吴某及俞大坤,在清华时同住一个楼上,大唱曲子。见到谢毓章,谈了一阵子。我没有唱过瘾,他们倒是唱过瘾了,吴唱《弹词》,俞唱《冥判》。九点多钟辞了出来回青云街。

8 月 15 日　火

吃过早饭,凤竹说要去翠湖,我马上就拖了她去,谁知一路上她就跟我闹别扭,才走出去就说脚疼。到了翠湖边上,又说是走不动了,坐了好多次,早上又没有卖茶的,她更是生气。在小亭子边上,一人坐一边,坐了一会儿,回来走到一条不通的路,又生气了。亏好遇见了三嫂(沈家的)和小龙、小虎,才算是解了围,慢慢走回家,很热了。中上在北门街吃饭,一大桌子人,饭后和老杨谈,说飞机安全还是汽车安全?辩了半天,不知怎么的,说起"安徽男人不好",是老杨的语气,近来看老 K

不顺眼,其实我并不想和他们闹,但往往却故意和他们闹。晚饭后和凤竹赶去看电影,出来四点半,昨天和陶某说好的,四点五点在翠湖等。我们从西园出来,在下大雨,叫车子让凤竹回去,我去翠湖,等雨止了,慢慢走回北门街。路上遇见四姐,说陶某才来过,马上追回来,一同到欧美同学会,潘怀素[①]的曲会。先后到的有甄太太(小小的个子,长得还美,已有四个小孩,人看上去却似小孩)、刘大军夫妇、袁先生、罗莘田(似乎一见如故,大谈马学良及曲子)、吴南青等十余人,乱唱一阵,唱到十点半。吃饭在"华尚",菜颇不错。回青云街住。

8 月 16 日　水

一早醒来,忽然想到该去找校长,否则也许校长要走了。赶快起来,到北门街洗脸,没有吃饭就出去了,到"时代"才八点多。校长住的那个房门还关着,我听见里面响才敲门,很多人来找,男男女女的,我不好久留就走了。回来叫车让凤竹坐了去"国际"照相,碰到五弟,照了一张四寸的,凤竹一个人照了一张两寸的。照完相,叫车让凤竹坐回北门街睡觉,再到青云街睡觉。从文来敲开我睡觉的门,啰嗦了半天,早上他就对我说,叫劝五弟用功,以备当助教,将来好有出头的日子。我睡在床上,他又和我谈到,不知怎的,对这种谈话,我很反感,尤其是他那种一本正经教训人的面孔。劝我两件事,一是要孙凤竹吃好一点,一件

---

① 潘怀素(1894—1978):温州永嘉人,对文学、医学、教育、外语均有较深造诣,对中国古代音乐研究尤为深入。早年远渡重洋,先后赴日本、德国留学,获博士学位。在日本留学期间,曾参加创造社,从事文学翻译工作,推动新文化运动。回国后曾任《晨报》记者,先后任教于中山大学、北京大学、清华大学、同济大学、中央音乐学院、安徽大学。

是要五弟认真读书,大多全是好意,但就会叫人发生反感。他叫我劝五弟,可拿我自己作比,就是因为我读书不用功,所以弄到现在事情不好,我因为学的是历史,所以还可以教书,他学的是政治,将来怎么教书呢!觉睡得不好,再到北门街,凤竹一个人在,三姐出去了。晚饭后出去看京戏,是《桃江山》《女祭窑》《连环套》《追韩信》《霸王别姬》。最惨的是在见到赵君玉①,他是二三十年前的大红角,现在替谭鑫培配韩信。朱美英的《霸王别姬》并不好,但凤竹也觉得满意了。坐是坐在楼上,还通空气,但有人丢烟头。散戏,凤竹坐一辆车子,我快步走,一同到青云街。车子又颠,凤竹一上床就吐血了,我想讲话,但忍住了。床太小,我用从文写的大批字纸垫在地上睡,四点才睡着。凤竹咳了一夜,不到两三分钟就咳一次。

8 月 17 日　木

　　要让凤竹好好的休息一天,七点把凤竹扶到北门街。丁胖子明天就要走了,我答应替他到六哥处去问问。回到了北门街,只想睡觉,饭也没有吃,就睡了。三姐煮面给我们吃的,下午仍然想睡,但有人闹,三点钟,陶光、殷炎麟来了,又睡不成了。陶怕从文回来,先走了。到翠湖喝茶,吃了两盆松子,仍是昨天吃的大都会,菜仍然是烧蹄髈、奶油白菜和三鲜汤,我们三个人全吃光了。我到东市街花椒巷找六哥,不在,六嫂在,请六嫂转告。再找校长,校长搬回裕通去了,校长说钱恐怕一两

---

① 赵君玉(1894—1949):名云麟,原籍安徽,出生于上海,是名武生赵小兼之子。初学花脸,改习武生、小生后始名君玉。曾与谭鑫培合作,颇受谭氏器重。1944 年卒于云南昭通。

天还拿不到,要等一星期才成。这样我必定再得借一点钱了。实在是走不动了,叫车子回北门街,把照片样子给凤竹看。回北门街已经十点,和从文谈谈,到十一点才睡。

8 月 18 日　金

　　进城来简直是太烦了,一天到晚在外面跑,其实并没有什么大不了的事儿,但似乎又有事。在北门街吃的中饭都吃不饱,人那么多,菜又不够,凤竹又吃得慢,晚饭还没有吃完,菜都已经没有了,我吃两小碗也没有吃饱。所以我们简直不太愿意在北门街吃饭,非万不得已时,才在那里吃饭,人多烦。出去找陶兄,殷炎麟在,带了笛子去也没能用。殷炎麟的事已决定,到玉溪昆华中学去教英文,月薪八十五元,或者可以再多一点。在师范学院坐了一会儿,我就出来洗澡。洗洗澡睡了一觉,六点出来,吃一碗番茄炒饭,五毛钱。找六哥为丁胖子弄票,又不在,我回来了,说吴南青也弄好了。再到崇仁街,四兄把票子给我,说四姐在楼上有点不舒服,到楼上去看看她。我今晚就住在查家吧!老查到成都去了,只有查大小姐在家。我想不住吧,又怕她说有了太太就不顾姐姐了。潘怀素、老 K,买了点心和花来看四姐,四姐大为高兴。心里又想到底是老 K 好,坐在床边我和四姐谈了很久。

8 月 19 日　土

　　一早吴南青就在底下唱了。我到她们里房去,查小姐睡着,我坐在床边和四姐轻轻地谈。早饭吃炸饺子。找校长,多钱已拿到了。回北门街,凤竹假装生我的气。晚上和凤竹一起到查家,四姐要请潘怀素。

查小姐去看戏,票子不够,叫我再去买,就买不到了。晚饭后,四姐、查小姐、凤竹先坐了车走,我、吴南青、老 K 后去,正好开幕。戏并没有什么好,没有《日出》《雷雨》好,演员也演得并不好。十一点半才散,许多熟人都来看,凤竹到查家睡,我回青云街。

8 月 20 日　日

想多睡睡又睡不着,九点起来,汪和宗、五弟已经去钓鱼了,把锁和钥匙留下来,黑锁无钥匙,锁大门,白锁有钥匙,锁楼上。我去大便,将白锁锁上,谁知从文来,见白锁锁在大门上,又跑回去带了招弟来,预备捉贼。谁知他第二次来时,我已经回来了门关在,他大打门,要我睡北门街。我真有点生气,我说我走了,城里住不得了。从文这样大惊小怪的。到北门街,凤竹还没有起来,我饿了,先买了一个包子来吃,吃了中饭,回去睡中觉。回北门街,凤竹又买了太师饼来吃。我们说明天可能可以拿到钱了,明天下午我们就可以回去了,城里实在是不愿意再登了。从护国路走回来,在北门街城门口小食店吃饭,还可以。我和五弟回青云街。

8 月 21 日　月

凤竹说昨晚到一点钟才睡着。住在城里一点不好,在乡下好,生活要安定得多,决定今天回去。清理好东西,找校长。早上十一点去拿钱,我先走了,叫凤竹、五弟两点钟到车站。我们五点钟的车回去,因为还得找一找六哥,替校长弄票子。校长给我一百八十元,是垫教育部到七月份的,一百三十元(我已拿了二十元),又发教育部,一百五十元(拿的是新滇票)。我出去到查家,看四姐和佣人可弄好了。一会儿查阜西回来了,带来教育部委员会四姐的委任状,是老油子弄的,是什么音乐委员会干事,一百元一个月,四姐高兴极了。查阜西从广西回来,他两点的车不走了,和我们一起坐五点的车走。

我到六哥家,钱怀珍在,六哥替校长弄票子,在星期三走。和六哥一同出来买东西,又买了不少,饼干、糖、肥皂、牙膏、篦子,一大堆实在的用品,回来凤竹还说全是废物。买好东西(用去二十元的样子),到家带上佣人,一同到车站。上车就下雨了,下的很大,心想不成了,谁知车开以后,慢慢的就停了,到呈贡根本就没有雨。下车没有马,让四姐和凤竹骑马,我和佣人走路,我们在后面慢慢的走。天黑了下来,月亮出来了,很暗淡,靠一点微弱的光走路,走到七点半才到家,走了一身的汗。

8 月 22 日　火

有了一个佣人,大家都以佣人为中心了,反而显得很忙的样子。早上四姐吩咐她做家事,凤竹起来,凤竹又吩咐她做事,买菜我带她去。佣人叫李嫂,还好,很干净。下午要凤竹睡午觉,我在内佛堂看画报。

8 月 23 日　水

上午赶场,又是我去买菜的。中午凤竹睡觉,睡得很好。五弟到查家去,弄了很多画报回来。

8 月 24 日　木

三姐来,带了沈三嫂、小龙、小虎和招弟一大批人马,是五弟去接来的,自然又大忙了一阵。杨四哥也送箱子来,中上吃饭,光是大人就有九个,小孩两名,佣人两名。招弟简直不作声,和人家小孩子玩。我们新雇的佣人,别人都把衣裳给她洗,李晨岚、三姐、小孩的衣服都给她洗,我们楼上要她做事都找不到她,我们后楼的人都生气。沈从文又嫌凤竹病会传染,又懊悔不该在城里住那样长,人走了,凤竹大哭,说从来没有这样给人嫌过。想到她爸爸,又大哭了,叫我没得法。佣人多了,也不好,有佣人倒反而什么都没有得用。

8 月 25—27 日

得到宣威去了。人说二十六走的,后来延长到二十七,又从早上延长到下午中午,大吃一顿。恰巧六哥同住的一位沈先生的太太来呈贡,有空汽车回昆明,于是我们的行李不费力的一下子就到了华山南路。走时凤竹此次送到大门口,老殷、李晨岚都送到汽车上。三姐和我一同进城的,进城就找吴南青,找不到。二十八号是走不掉了,一定得星期三了,因为叙昆路只有一、三、五有交通车到宣威,只得到青云街住下。遇到从前从广州一同逃难来的吴某,也住在青云街,自然晚上谈的很好。他准备上新疆去。

8 月 28 日　月

早上去找陶某,师范学院、工院都找了,不在,曹大壮在看卷子。在小点心铺里吃了炸包子,很饱,回来去找六哥和吴南青。票子明天有。走了很多路,又回来睡觉。从文和三姐看电影去了,办事处很安静,睡了两小时,中饭也没有吃。买了点包子和汪和宗吃,晚上看《黑字》二十八号,在青云街的小馆子吃了饺子,戏还不错,很热闹,不像《野猪林》那样沉闷。和汪一起回青云街。

8月29日　火

陈蕴珍来找萧三嫂，我们患难朋友又碰到了，我带她到北门街找到了萧三嫂，他们下午下乡，所以不忙。陈和王都要去教书玩(真是玩)，去找校长。帮三姐洗头，三姐送我一条大毛巾、一件衬衫，还借我十元钱买热水瓶。我只带了十元钱，要请汪先生，不够买东西了，我到青云街找汪和宗，顺便又请他到"大都会"去吃蹄髈。饭后找吴南青和六哥，票子弄到两张，因为早上讲好，高松根替吴先生(女教员)也弄到了票子。一路买东西回来，热水瓶、杯子、墨水、小本子，身上又只有八元钱了。想到青云街睡觉，从文说是不许，因为有客要来，很叫人生气。回北门街，又睡不着。

8月30日　水

夜里一时醒，下大雨，清晨雨止。六时叫车子，到北门街拿了东西，到鸡鸣桥叙昆材料厂，还没有人上车。等等，人才慢慢的来，吴南青、六哥、汪先生都来的，那位吴小姐到八点钟才姗姗而来；位子已经没有了。车上很冷，我只穿了件单衣，受不了了，吐了。到宣威，已经六点半了，到校九点，即睡下了，校长也没有见。住马学良的房间，高老板定的。

8月31日　木

一天都是昏昏的睡，睡也睡不好。一会儿，有人到房里来吵我。功课排出来了,我仍是二十二小时,因为没有了英文两个班,功课排得零零碎碎的。现在教务处是一个姓冯的,我和他不熟,要是伟光就可以找他改了。买了纸来预备糊房子,冯德耀又没有功夫,只好明天糊。晚上睡得好,在床上看了两篇小说。

9 月 1 日　金

今日开学,人寥寥无几,只到一半,所幸有小学帮衬场面,不至于太难看。先由校长报告,后有教务主任冯品三演讲,已经叫人不耐烦啦。下午就正式上课了,我是两班的历史和一班的地理,二班已正式讲书了,是英法联军之后,一班地理,以后改上西洋史。下午也怪无聊的了,一个人到东门外走走,哼哼戏和曲子。读胡适的《藏晖室札记》,又看了几篇瑞典小说,昨天去发一封信给凤竹,薛志昌由昆明回来,晚间睡得不早。

9 月 2 日　土

早上一连上了三课,二、三、四班的课,二班、三班都开始讲了。地理我自己都不很明白,怎样教法?真是为难了,下午英文也上了。我和薛志昌大谈李晨岚及老油子,读瑞典小说。

9 月 3 日　日

梦见 ZJ 有信给我,说她和一个英国人谈恋爱,但信中说她第一个恋人仍然是我。读完瑞典小说集,今天是星期日没有事,早上起来发了一封信给凤竹,她老是不给我来信,真气人。今天下午接到叶至美自嘉定来的信,嘉定大轰炸,不知她们怎么样了,很不放心。打球没有打过瘾,已经全身都是黄土了。

9月4日　月

下午冯天民及杨光鎏①来了,一同去"先行"的浙江饭店吃饭,饭后散步回来,得凤竹信。叙昆路局,杜某人找我补习英文,读生字,今日开始。读《藏晖室札记》,第二卷毕,作书答妻。

9月5日　火

夜雨,早起,睡中觉时读丁旦的《妻的艺术》,一点不好,中国新小说现在读得不过瘾。

9月6日　水

早上没有课,大睡,读完德国短篇小说集和《藏晖室札记》第一册卷四。

9月7日　木

信、报全不来,叫人着急。打篮球,打台球。

9月8日　金

欧洲战事已展开,进行似颇速,英法波一面,德一面,局面已经明朗

---

①　杨光鎏(1920—1942):江苏无锡人。毕业于上海三极无线电学校,后考入中国航空公司,成为一名报务员。抗战爆发后,先后在厦门、宣威、昆明等地电台工作。太平洋战争爆发后,"驼峰航线"开辟,杨光鎏报名参加,成为"中航"早期飞越"驼峰"的航空人员之一。1942年11月17日,飞越"驼峰"时因飞机失事而坠亡。

化。发凤竹一信,仍没有信,闷人,读《藏晖室札记》。打台球,颇热,腿酸疼,右臂亦然。

9 月 9 日 　 土

作书多通,致杨苏陆、陶某、叶至美(嘉定遭轰炸,不知她们如何?)、郑颖荪、鼎芳等。晚间开校务会议,全体教职员工出席,所讨论的事甚无兴趣,此种会议开与不开无甚大关系,以后大可不开,以免浪费时间。会议正在进行中,有面吃。十一时就寝。

9 月 10 日 　 日

写了两封信给凤竹,早上自己去发了一封,下午凤竹信到,五号发的信,写得颇动人。明日欧亚电台的冯天民去昆明,我下午又写了一封信,托他带去发。读完《藏晖室札记》第二册卷八,太琐碎,一定要读完它。打台球,今天不顺利,老是输。

9 月 11 日 　 月

今天起开始读《史记》,记笔记,预备好好的读一下,就是读一学期也不在乎。今天读完《五帝本纪》,每天预备读两小时。打台球,大过瘾,打篮球,和叙昆路的一些人打,人家老不给我球,叫我很生气。把每天做的事分配好,一天便没有空,现在我每天平均三小时的课,加上预备功课一小时半,读史书两小时,教杜英文一小时,一天有七小时,有时再看看别的书,便再没有空了。

9月12日 火

今天我值日,早上四点钟就醒了,一直忙了一天,病了。今天我有五小时的课,最忙了,又加上值班,想想这许多教员中,我课是最多的,二十二小时,而且还要排我值班,太不公平了。因为不舒服,所以书也没有读,早早的就睡了。

9月13日 水

夜里发烧,早起口发苦,睡到八时起来,勉强上了课,下午课没有上。吃了老薛两片亚司匹林,也不灵,只出了一身汗,身体仍然发软,头还有一点晕晕的。下午得凤竹信,是十号发的,说我老没有信,也太冤枉了。一生病想想,我太苦了,功课太多了,别人有的一星期只有十小时课,如教授一样,老不服气,但是我却不愿意说。

9月14日 木

就是不愿意起来升旗,老薛也没有起来,校长出通知了,什么"有精神堕落"之嫌,老是有点不大通。早上发一封快信到呈贡,仍然照常上课,没有请假。上课时老是咳嗽,拿刘伟光的杏仁精来吃,不知道有没有作用。没有读书。

9月15日 金

两课空课,写了三封信:凤竹、三姐、马学良。又没有来信,我实在是太希望她来信了。吃稀饭,没有吃饭,人没有劲。随校长到县城,这是我到宣威的第一次到县城。

9 月 16 日　土

仍然没有信。叙昆路的人和本校的学生赛篮球,路局大败而回。晚上写信给大姐和汪和宗。咳嗽,杏仁精无效。

9 月 17 日　日

星期日慢慢的起来写信,一天写了不少封信,汪和宗、大姐、三弟、四弟、田祖泰、老刁,星期日一天也似乎很容易过。下雨,得凤竹寄来的《瑶台》和《佳期》,但是无信,颇失望。

9 月 18 日　月

又发凤竹、宗斌、老苏、老伯伯的信,想到没有来信是自己不写信的缘故,所以现在自己拼命的来写"九一八"东北教员杨兴楷[①]演说。打台球,现在老丁要打台球,但我喜欢与吴昌秀打。晚上去叙昆路第十八分段找张志信,给二班学生讲测量。

9 月 19 日　火

本来今天五堂课,找张志信来讲测量仪器,代我上了两点钟的课,他来上课时,把饭也耽误了,请他在浙江饭店吃饭。遇到老冯,一同去

---

① 杨兴楷(1912—1982):又名杨星,辽宁辽阳人。1930 年加入中国共产主义青年团,投身学生运动和工人运动。1932 年考入北京大学数学系,1935 年参加"一二·九"运动。1938 年加入中国共产党,先后在武汉、昆明进行抗日活动。1939 年,经西南联大党组织安排,到宣威乡村师范以教书为掩护开展工作,宣传抗日主张,传播革命思想。

吃,三块多钱简直太贵了。仍然是没有信,没有报,真是急人。

9月20日　水

今天是最闲的一天,几天都没有信来,没有报纸来,一定是邮局出现了毛病。跑去看,果然大批的邮件在那儿还没有打开。问他们,说今天的信来迟了,不发了,得明天才发。真气人。

9月21日　木

起来升旗,因为天下雨又冷,没有升。得凤竹、志成、二弟信,凤竹身子老是不大好,真叫人不开心。晚间和王老师谈,王老师人还不错。

9月22日　金

无聊之极,到图书馆找来大批的章回小说。发凤竹、二弟的信,得杨苏陆及孙源给凤竹的信。

9月23日　土

打台球时,接凤竹的两封信,一封十七号发的,一封是二十号发的。二十号发的信是四姐代写的,写的很叫人伤心,她说,"我只要我再活十年,好好的活十年,为了我的丈夫"。真的,我老怕凤竹死,她要是能再活十年,再死也不枉了。老天爷,真的,我求求你,让她再活十年,在我的寿命上减一点也不要紧,要是让她这年纪轻轻的二十几岁就叫她死了,不是太残忍了吗? 她的病已经拖了两三年了,想着再拖两三年也不会死的。晚上好好的写了一封信给她,一句伤心的话也不敢说,全是劝她的话,若再次接到她的信,说病还不见好,我真是要到呈贡去一趟了。

她是多么的想我啊！我真不该丢下她一个人在呈贡，我们新婚才半年，正是热的时候呢！我每晚都想她，但为她的身子着想，分开半年也没有什么不好，让她好好养养身子。

9 月 24 日　日

礼拜天下雨更是无聊，早上自己出去发一封信给凤竹，路上烂极了。一天也老是闷在学校，寻开心把丁胖子锁在屋里，后来他大发脾气，弄得大家很难为情，没趣。同事中大概要算丁胖子最坏了，我很不欢喜他。晚上又写一封信给凤竹，预备明天去发。

9 月 25 日　月

做梦梦见凤竹，但三姐、四姐都在边上，一会儿，似乎有客人来了。没有信，没有报，整天的下雨，叫人难过。每天打台球，我们的配角是丁胖子和吴昌秀。晚间大家聚在我房里，有刘伟光、薛志昌、丁宗许、李图麟，吃酒吃月饼，大谈其鬼。

9 月 26 日　火

雨下下停停，快半个月了，似乎很久没有见过太阳了。又没有信，又没有报。报原来邮局是不送的，信差和邮局局长捣蛋，要叫他加薪水，这叫我们发信收信的人很倒霉，天下雨他就不送信来了。今天我停班，一班叫谈谈过去的身世和经过，我似乎是做了一篇自传。又有三天没有接到凤竹的信了，明天中秋，也许又不会送信来了，真是糟糕。

9 月 27 日　水

写了封信给凤竹，出去发，路上烂极了，裤子全弄湿了。下午接到凤竹三十一日发的信，说病已经大好了，叫我放心不少。晚上学校请客过节，七点在饭堂，连小学教师一块儿在内，有三十人，并不好玩。在办公室里开留声机，后来我又唱戏。今天得凤竹的信，所以很高兴，上楼睡觉时看见月亮在云里。

9 月 28 日　木

今天像是要大晴了，早上放假，我的三课全放了，很好。梦见凤竹。最近常常想的是八姐、幺小姐、以顺表姐，不知道她们现在怎样了？在什么地方呢？

9 月 29 日　金

做梦梦见叶至美，她已经不认得我了，叫我陶先生。

9 月 30 日　土

接凤竹快信，说老油子又回呈贡了，闹得她不安宁，想来。我也想她来。拿了好多《科学画报》①来看。

10 月 1 日　日

早上写了不少信，凤竹、三弟、四弟、杨苏陆、老苏、大姐。下午接凤

---

① 《科学画报》于 1933 年 8 月由中国科学社创办，是我国历史最悠久的一本综合性科普期刊，创刊之初由杨孝述任总编。

竹电,问安否,我猜我的好多信她一定没有接到,所以急了才打这个电报来。晚上又写了两封快信,凤竹一封,汪先生一封。回电"安详",当晚就打回去的。

10 月 2 日　月

凤竹电报来后,我很不安心,我猜想或许是我的信她全没有收到,所以有这样一个电报来。杜崇原来给我十块钱,我哪里好要他的,还了他。

10 月 3 日　火

老不安心,老想凤竹来,因为她不来,我们两面都不安心,但是要来,坐车子要坐两天,太辛苦了,况且她一个人在曲靖住也不方便。

10 月 4 日　水

本来今天只一课,又因为久雨初晴,学生老师们都到东山去了,我一个人在家做做家里的杂事,把房间弄干净。人一走,学校里空空的。得凤竹一号发的信,我九月二十一号发的信她都还没有收到,这真是怪事了。我最近担心两件事,一件是信凤竹接不到,一件事是钱。汪和宗老没有回信,我不知道挂号信是不是丢了。

10 月 5 日　木

杨光鎏来打台球,他在我房里吹牛,九点钟回去了。今天借了一部一百二十回的《水浒》来解闷,别的书也看不下去。

10 月 6 日　金

没有信，没有信，没有信，真叫人着急。凤竹十月一日来的信，说九月二十一二日的信都没有收到，我不知道这邮局是怎么一回事。

10 月 7 日　土

打一个电给汪和宗问钱的事。为信为钱，这两天叫我一点事也不能做。

10 月 8 日　日

无事，洗了一个澡，又咳嗽了，本来已经好了的，现在又犯了。看《水浒》，自己到北门外走走，读诗，想起在圩子里的情形。接到汪和宗的信，钱已接到了，但是还未取出，这样就放心了。

10 月 9 日　月

校长让明天演说，夜里预备演讲稿，老是睡不着，想到要回呈贡的事。

10 月 10 日　火

双十节，我演说，自己觉得讲得还不错，别人也说讲得不错。下午又没有接到信，这真是怪了。不乐，发凤竹快信一封。

10 月 11 日　水

报载部派教员加薪二十元，很好。仍没有信，已一星期接不到凤竹的信了，不知道她是不是又病了。

10 月 12 日　木

接凤竹六日、七日信，知道我要去，高兴极了，但后来接到我不去，要她来的信，却大生气。两封信完全不同。昨晚复书。

10 月 13 日　金

下午和何瑞修、老昌去交通门一趟。得凤竹四号的信，先发的信，后到的。到晚上，和王汝弼大谈诗词。

10 月 14 日　土

发凤竹快信一封。

10 月 15 日　日

去小庙山玩，很痛快，睡在草地上看打枪。凤竹十一号信，知道我不去呈贡，又气得吐血了，真是我的不好。

10 月 16 日　月

接凤竹十三号信，知道我又要想去呈贡，又高兴了，也没有提吐血，不知道好了没有。晚上和老冯、老杨去交通门散步，又到浙江饭店吃饭。

10 月 17 日　火

还没有正式对校长说要走，只是那天谈的时候提了一下。今天又叫冯德耀去买了五罐火腿，连上次买的五罐应该够分配了。要走了更是想凤竹。

10 月 18 日　水

伟光又不去昆明了，我决定二十一号去，我和校长说过了。

10 月 19 日　木

仍然写一封信给凤竹。

1940年

2 月 11 日　日

　　日记这东西,我始终不安心把它放下不记,今天翻一翻,又隔了快四个月了,四个月中,变化自然是很多的了。

　　……

3 月 10 日　日

　　得凤竹信,说她身体好,高兴极了。小吴来唱曲子,现在拍的是《亭会》,小吴(昌秀)近来和伟光颇亲近。何瑞修,杨兴楷,还带了个小侄女。胡林权回来了,只校长未回。

　　今日写凤竹、宗斌信。

　　(补记)去年十月二十几号在呈贡只住了几天。真是新婚不如远别,凤竹见到我,就摸到我身上来,也不管旁边有没有脚夫。就是那时候就有了孕。带她回宣威后,转眼又是四个月了。四个月中,她挺好的,住先住在女教师处,后来搬到我的房里来。身体挺好,只是在昆明德林公寓时吐了一次血,一直到现在都没有吐过。今年二月十六日,我们又到昆明,为的是检查她的身体,是否要做人工流产。在惠滇医院住了九天,又照 X 光,又验痰,验血,很详细的检查了一次。医生说现在不能为她做人工流产,只能等到八个月时,但后来医生又说,现在就可以动手术,凤竹不愿意,她愿意有个孩子,医生也不勉强。于是凤竹下乡到呈贡,我又来宣威教书,四个月后正好放假,我再到昆明去看她。

3 月 11 日　月

　　纪念周,伟光报告,六班新生仅一二十个人,老师还要介绍。三班、四班地理大讲日本,四班历史,讲鞑靼与瓦剌的关系。下午,二班的地理,谈江浙婚嫁丧俗。下课后略睡一会儿,去逛街子,街上人多。读《亚洲内幕》下册,读《明季稗史》初稿,《扬州十日屠城记》及《嘉定屠城记》。

3 月 12 日　火

总理逝世纪念,放假,九点举行纪念仪式,请到保子良主任(滇黔绥靖公署总务主任)演讲,讲的还不错。饭后他们参加植树,我没有去,想睡觉。我并没有睡着,看了两章《亚洲内幕》,读《宇宙风》第十八期。借老薛二十元钱,托买三七给凤竹,昨晚就写了封信给凤竹,托傅带到昆明发。今晨一早起来,点了灯来写信,计三姐、四姐、汪和宗、五弟、吴南青、四弟等。现在每天都能醒的很早,起得也早。下午老薛为我塑像,快可以塑好了。今天天气大,一个人拿了一只冒牌的雪茄,出外一趟。

3 月 13 日　水

我正在上四班的历史时,窗外有大批参观的人经过,我出去问他们,原来是去开参政会议的,车坏了,得歇一天,住在中国旅行社。我到中国旅行社,碰见冯品三也去,他是青岛大学的学生,在中央大学毕业的,请杨先生来演讲,和陶孟和、黎某某(前教育部长)、周炳琳[①]、罗隆基他们同行的,等讨论结果。公推罗隆基来演说,他一定不肯,最后陶

---

① 周炳琳(1892—1963):浙江省台州人,法学家、教育家。早年参加五四运动,任全国学生联合会秘书。先后毕业于北京大学和美国哥伦比亚大学。1931年起长期担任北京大学经济系教授兼法学院院长,抗战时期担任西南联大经济系教授,并一度兼任西南联大法学院院长。

孟和作了揖才成。下午陪他们逛东山，一行十三人，他们全都有点怕土匪，我带路，顺大路而去。十三人中有女宾二人，我都不认得。一路上很欢乐，没有太阳，没有雨，上山许多人都不成了，女的倒还成，从另一条路上回来的。到东山上，他们觉得还不错，路上有小泉水，颇好，到大桥时，遇到雨，许多人走很快。我请他们到学校里坐，喝烤茶，他们夸我的房间，我很高兴，弄茶弄烟。一会儿，罗隆基演讲完了，也来我们房中坐了一会儿，出去到他们旅行社吃晚饭，菜颇不错，吃完饭我回去睡觉。

3 月 14 日　木

三点就醒了，四点就起来了，写了不少给四川的信，二姐、三弟、四弟、叶至美，预备给老杨带到泸州去发。七点到斗姆宫，把信交给杨先生，马上就出来，因为我还有课。五班老尹开会，一连开了两点钟，我的课也没上，中午吃了两碗粥，去上课。接凤竹第二封信，写得颇为动人，她真是离不开我，和我太好了，她还是个孩子呢！读完《亚洲内幕》下册，到图书馆翻书。晚饭后，小吴来唱曲子，现在她似乎进步多了，但学我的"爹"字学得太厉害了。晚上七点即上床，想看书，但是一上床就睡着了。

3 月 15 日　金

写信给凤竹、鼎芳、刁鸿翔，下午吃饭吃的特别多。看《红闺春梦》，虽然不好，但是还可以看得顺。读郭沫若的《归去来》，不见得佳，郭沫若的东西对我们现在已失去信仰了。小吴来拍曲子，唱"扮作个十分老成"，这一段颇不好唱。做西洋史巴比伦一段笔记，无非抄书而已。

3月16日　土

写田祖泰、杨苏陆信，周末也是寂寞，似乎不大舒服。看杂七杂八的书，瞎看了一阵，《归去来》《红闺春梦》《唐五代词》，每本都只看了一点。晚上看凤竹在广仁堂写的日记，只写了一点，写的很不错，日记上屡屡提到我待她好，她不该对我发脾气。小吴来唱曲子，傅局长也来听。

3月17日　日

阴雨，颇令人不快。一天并没有做什么，在老徐房里聊了半天，又和小吴唱了一会儿曲子。一天就这么楼上、楼下的跑掉了，也没有睡中觉，在看一些无用的书。接老殷、凤竹的信，今日未写信，七点半就睡觉了。

3月18日　月

纪念周，伟光大谈国际局势，有人也许又要骂了。伟光昨天跟我说，叫我今天讲一点蔡元培的事，蔡元培最近死于香港，我就是因为怕老尹背地骂，所以不讲。学校买大批书籍刚到，我们在图书馆里翻了半天。早饭后睡了十分钟，就醒了，唱曲子、写刘金钿、张茂林、陆汝春的信。

3月19日　火

我值班，读完《清明集》，周黎安著，颇动人，其中有不少以前在《宇宙风》上见过，忠义之气溢于字行之间，文字亦流畅，抗战文中之佳作也。到图书馆借一本《少女忏悔录》,拓荒著,知道不好,但总得看。又借《中行》《宇宙风》《西风》杂志数本,饭后值班,坐在办公室里看。得凤竹信。

3 月 20 日　水

天气坏,干燥,风灰大,晚上闻夫来谈诗。读完《少女忏悔录》,坏极了,前后矛盾。读完郭沫若的《归去来》,仍感到无聊。

3 月 21 日　木

昨晚写好了给凤竹的第九封信和三姐、殷炎麟的信,今天发出去。读完《欧洲内幕》《实庵自传》等几本书,这样一天能读一点书也是好的。上午时晴,没有下雨,下午就下雨了,还打大雷。春雨来了,下雨人更闷,一个人在房里,听见楼下办公室里有风琴的声音,是对过老杨的侄女,在弹风琴,跟着风琴,她慢慢的唱,我望着她笑了笑。晚饭后,大雷雨,我一个人在房里唱《折阳》,后来又读诗,又看书。

3 月 22 日　金

大雷雨,而且有冰雹,但一会儿就止了。晴的时候,来大批的信,没有我的信,颇不安逸。下午读《子夜》,这书许多年前曾读过,是第二次读了。小吴来唱曲子,唱得坏极了,我笛子也吹得不好,笛膜我老是贴不好。一个人在房里老有奇想,想到以后的许多事,亦颇有味。校里有学生赌博,小赌,一个铜板的输赢,经人告发,开除了一个学生,颇替他难过。

3 月 23 日　土

又是阴晴雨天，一天的天气真是古怪。本学期来，一个班的功课都不少，今天礼拜六，我下午还有两课，又是地理，我自己也不太感兴趣。读《子夜》，写封信给凤竹。无聊极了，不但是我一个人，大家都是如此。在老薛的房里，老丁也在，又讲脏话。

3 月 24 日　日

星期日真糟糕，事不爱做，书也不爱看，天气倒是挺好的。早上六点多起来，做了不少事，洗手巾，整理房间，又理箱子，把凤竹要的东西理了不少出来，预备等陈德芳的东西来后，就托人带去。吃过饭天气好，出外散步。其实我实在不愿意人太多，李图麟、王闻夫、吴昌秀、薛志昌、刘伟光，还有个尹恭询，都不欢喜。李图麟因为上次借我的《日知录》，去年暑假时借的，说还我，又说赔我，使我非常不高兴。散步出交通门，转向东边，到东门外大桥，看小孩子用石子打桥肚子下的分水力。路走了不少，回来读《子夜》两章。无信。

3 月 25 日　月

读完《子夜》，在中国小说中，就算是好的了。来了一大批信，一封也没有我的，我可着急了，写了一封信给凤竹，尽是些着急的话。天黑了，就在王房里谈话，一直谈到下自习。和王谈话似乎很有趣，谈学问，谈诗词，都谈得来，又谈了用功读书的问题。日记每天所想的都差不多，有许多想法记不下来，真是太笨了，太不灵活了。

3 月 26 日　火

早上把凤竹的快信发掉,下午就接到她的两封信,说到昆明去检查过了,一切情形良好,她很高兴。我也很高兴,一天都很兴奋,到街上去走了一回。晚上预备功课,五班的历史,魏晋南北朝。写了封回信给凤竹,今天托姚胖子把凤竹要的布料,寄到昆明。想到许多高兴的事,半天没有睡着。读《克鲁泡特金自传》,读第一章就把我引哭了,他太像我们家的情形了。巴金译的很不错。

3 月 27 日　水

四班讲明末三王,五班讲贾后八王之乱,似乎都很有劲。读《克鲁泡特金自传》,发凤竹一封信,写得颇长,那天来了两封信。昨天邓孝思(清华同学)就有条子来,请在宣威的清华同学吃饭,只有五个人,老何(老大哥)、老张、我、老俞和老邓,他约今天晚上六点,在江浙饭店吃饭。我们吃饭的时候,他来了,和一大群人来的(打球的,我也打了一会儿篮球,好久没有运动了)。约好五点半到饭店,晚上学校里的饭我就不吃了,大吃了一台,被他们逼着喝酒,喝了有三杯多,面红耳赤,头也晕了,但并未醉。饭后又在那里闹,谈到快八点才回来,我不行啦,扶着老张走,但是我还是很清楚的。一到学校,回到楼上马上倒在床上,心跳口干,难受极了,以后绝不能把酒吃的太多了。一觉醒来,已经十点钟了,头还是涨,不好受。想到种种的事情,又想到"酒醒帘幕低垂,去年春恨却来时",更是睡不着了。

3月28日　木

病酒，一天都没有劲，上课讲话都像是讲不动似的，今天又是四课。读完《花溅泪》剧本，于伶著的，读克氏自传，下午一个人在外面散步。老尹和伟光，为搬木头的事吵了起来，一看还是伟光厉害，吵着吵着，他居然笑得出来。七点多就睡了。

3月29日　金

革命先烈纪念日，放假一日，但学校举行什么爬山运动，一早还得起来，对于我们并没有多大影响。我是起点裁判，到东门外大桥，看他们拿了枪、拿棍出发后，就和杨、何、冯三位同事一块回来了，和他们在房里谈了半天。十点吃饭的，因为爬山，迟了一个小时，何饿了，买了鸡蛋来吃。读这本日记，这本日记从一九三八年记起，记到现在还没有记完，快两年了。饭后，姚胖子父亲姚孝安来大谈，他似乎很知道一点我们家里的事。谈了两小时，我慢慢知道，他原来是当过律师和推事的，天津祠堂的事他是知道的很详细，何先生来叫了一声，才把这位老表伯伯叫走的。小吴来唱曲子，好多天她都没有来唱了。写信给凤竹，一封给汪和宗。校长在昆明，交一百元给他。

3月30日　土

校长回来了，交凤竹的一百元不行了，只好汇去，在这儿也有中国银行。早上去找张志信一趟，请他来讲测量（一章）。下午五班历史，讲前赵之兴亡，张志信来讲一小时，又请他下来在我房里坐了半天。早饭时伟光与老薛闹,得罪了小吴,晚饭时伟光又骂小吴。小吴来唱曲,小吴走后,我在房里唱京戏,黄昏时什么事也不好做,只好唱唱。图书馆又来了一批新书。今天又无信,颇不安逸。

3 月 31 日　日

三点就醒了,一早起来,王闻夫居然起来了,于是在他房里海阔天空的大谈了一阵,从毛诗一直谈到苏州园林。吃过早饭回拜姚老先生,不在家。小吴来唱《亭会》。又是四天没有接到凤竹的信了,这两天根本没有车子来。读完《玄武门之变》,还不错,但并无多少新的见解。支二十元,又因为校长在昆明多算了我一百元,到后来和校长去讲,又支了一百元来,预备明天汇给凤竹。晚上到老姚家去了一趟,在何宝董房里坐了一会儿,此人颇愤慨。

4 月 1 日　月

有一课空课,去中国银行把昨天支来的钱汇到昆明汪家,由他转交给凤竹。晚间写了封信给凤竹,又快一星期了,她没有信来,我真有点气了。读《乱世男女》,还不错。天气大热了,单衫已足矣。中饭后老薛为我塑像,已经塑了两三个月了,还没有塑好。塑了一小时,唱曲子,算今天把《亭会》唱完了。读克氏自传。

4 月 2 日　火

今天我值班,早上三点多就醒了,饭后赶做二班西洋史的笔记。无聊极了,看书也看不下去,抽烟吧!到办公室坐着,两小时看完一本洪深的《包得行》,不错,比《花溅泪》《乱世男女》都好,但有许多像是演说的口吻不大好。接凤竹信,颇为感动,晚上又作书寄内。

4月3日 水

接凤竹上月二十四日发的信,太慢了,但颇令人高兴。早上做梦梦到了呈贡,凤竹和李嫂住一间屋,凤竹似乎住在后楼,说我今天星期六,从文还要来,你没有地方住,我生气就要走。但想必得见一见凤竹,凤竹一定会留我的。

上午有三课,下午只有一课,下课去剃头洗澡,洗的很舒服,今天还有点冷,但是比昨天好多了。今天没有看什么书,除了预备点功课。

4月4日 木

又接凤竹一日来信,很乐,回了一封信,下午就寄出了。校长他们商量把四班和六班的地理合并了上,今天上课四班就没有去上。这事我同四班的傅翼书说了,叫他们直接跟教务处去说。下午和老谭他们四个人出去散步,我们划了小船在河中,几乎是回到了小孩的时候。烟越抽越多了,今天吃了七支。

4月5日 金

到图书馆借了不少新书来,回家好好的整理了一下。刘俊文来叫我,说何老师请我去。到何俊青房里,他哼哼,小肠疝气掉了下来,疼得厉害。校长也来了,写了信去请吴医师来,好久他才来,说是肠子掉了下来,然后扭了起来,不容易推上去,打了一针,看明天若是不好,便只好到昆明去了。弄了一两小时,我们都到十一点才睡。

4 月 6 日　土

读完《结婚的爱》。结过婚的人看看,很不错,我觉得有很多和他书上写的差不多,所以我们的性生活还算幸福,我不任性,常常自制,使她快乐。接凤竹上月二十八号的信,四月一日的信已经接到了。何哥的病似乎松了一点儿。读席勒的《日本的内幕》、克氏自传,老没有读完。姚胖子明天去昆明,蹄筋、茶罐等托姚胖子明天带到昆明。写一封信给凤竹,凤竹近来身体很好,我在这儿都很高兴。晚间大家在办公室点灯谈天。

4 月 7 日　日

读完《日本内幕》,似乎没有根宝写的好玩,但也很有趣。星期日十分无聊,早饭后,和老谢从后门出去到城外。走到大河边,有大树,有水,景致很不错。在树下坐了一会儿,碰到附小的李老师和黄源益(他们在附小教书),大唱曲子,唱得很久。晚上读《结婚的爱》。

4 月 8 日　月

读完《结婚的爱》,读克氏《我的自传》。这本书好多天没有好好的读了,我一定把它读完。今天读到他逃狱的一段,颇令人紧张,我心跳了半天。写信给凤竹。

4 月 9 日　火

读完克鲁泡特金的《我的自传》,这书是今天才读完的,很好,感情很重,有许多感动人的地方。今天是东山庙会,三班的历史就没有上,本来下午说要上一课,后来校长又把下午的课全放了。我是没有去,东山已经没有兴趣了。读完克鲁泡特金的自传后,又读赛珍珠的《爱国者》。

下午英语,去做宣传的学生都露宿回来了,老丁他们回来才说出事了。在路上,学生因为演戏,他们是化好了妆去的,文福多画成乡下人,遇见龚师长的姨太太,小汽车过,没有让汽车,从里面跳出两个人来,把文福多打了两下。学生们不答应,到东山上一定要打,后来没有打成。一会儿校长回来,说独立大队已派了一个排的人去了。校长到东门外去迎,我也跟着去,果然,大队人马来了,一排兵把那两个打人的人也带来了。到东山门外第三堂,我只在外面没有进去,校长进去了,交涉,外面围了许多的学生。后来换了一间房子,我也去听,校长和他们那边的一个什么翻译官,谈打人的事情,打人的人一句话也不说,学生你一句我一句的说,很多角色。也没有结果,我回来了,下雨了,我的脚全湿了。上自习后,冯德耀才用汽车灯把校长接了回来,说胜利了,打人的人向他们长官认了错,向学生赔了不是。在下面办公室里呆了很久,什么事也没有做成。

4月10日　水

得凤竹二信,一封信还是三月十六日发的,真是该死的邮局。一封信是四月二日发的,七日到,今天才由冯德耀去拿来的。何哥的病已见好了。

下午无课,读《爱国者》,在外面转了一圈,发了薪水,我还剩三十几元,还不错,还刘伟光十元,还剩二十六元,这个月我可以维持了,可以买一点火腿。不爱听刘伟光和老尹他们吹,离开办公室,小吴"得牙",故意逗刘伟光,老丁和他寻开心。下午昆曲唱得总不是味,我也无心教了,她是近来不大热心,今天来唱《折柳》,唱的一点也不好。

4 月 11 日　木

早上开什么周记做法讨论会,先有校长讲了一点钟,后来各位级任老师,每人讲了一点,教训我们怎样做周记。把我们这些不做周记的老师拉上来听训,未免也太那个了,不过第一点钟的课也没有上。

下午接凤竹六日信,说前天有一点不舒服,现在却好了,我心里又有点嘀咕了。又接基昌兄信,说有孕,不妨事的,可以好好的生产,不必动手术。晚上我从来不大到别人房里去谈天,今天却在图麟房里和老谢房里谈了半天,回来于是一点事也没有做。

4 月 12 日　金

睡迟了,起来也迟了。今天读完《爱国者》,实在是不高明,还得诺贝尔奖,《大地》一定要好一点,可惜学校没有这一本书。复信给凤竹、基昌兄,发凤竹、宗斌、蒋炳贤、五弟等人信。

10 月 13 日　土

校长似乎昨天就和我说过,何宝董病在,国文没有人教,叫我教一班国文,其余的合起来上。今天校长又到图书馆来找我说这事,我答应了。减了一小时五班的地理,加上四小时初农的国文,乖乖,又是二十四小时。不过我想多拿了这几块钱,给凤竹买火腿也是好的,现在我很想多赚些钱。下午散步，一走出去就下雨了，回到邮局，帮他们理信，我一封也没有(今日接到叶至美的信)。老姚回来，说信和东西已交给吴孟槐。

4月14日　日

人情真是太薄了，何瑞修病了这许多天，除了我和校长常去看看他以外，别人可以说根本不去问，连去年和他很好的王老师也不去看他，这真是怪了。杨是和他为了钱的问题，心里不高兴，王难道也是受了影响？刘伟光和何原来就不对，别人更是泛泛的，我觉得太悲惨了，一生病一个人也不理你。吃饭现在我总不大说话，我觉得这一桌子的都不够朋友，心里一点不高兴，谁也不愿意说话。昨夜睡觉时突然想到不少事，自然想凤竹是最多了，想到她若是在我身边，我绝不会如此寂寞，也不会孤单了，她一定也是在想我吧！无聊得很，看看老舍的《火车集》，也没有几篇好看的，看不下去，《兔》，还写得不错。张志信来，我正要去找他，因为学校里想请他教选科英文，他来了，正好我们谈了一会儿，邀他一同出去，到浙江饭店吃饭。喝了一点酒，吃了一点面，晚饭便没有回来吃了。凤竹无信来，心里不安，因为上次信上说她有点病。最近几天特别想凤竹，一上床睡觉就想到她，但并不是失眠，两个人在一起，虽然忙，却好多了，不像这样冷清了。天气坏极了，阴天有云，和张一同到交通门外去走走，看叙昆路的工人修桥。

4月15日　月

为伙食的问题、退书钱的问题，纪念周上校长大骂学生，刘伟光大发牢骚，李图麟也颇不高兴。初农的国文暂时由我带，别班的课减少了一点,一共还是二十三小时课,我排的课一天有连上五堂课的,又和以前差不多了。信只有鼎芳的一封,凤竹有好几天没有来信了。我这好几天连着右眼跳,怕有祸事,所以我一直都不说话。很久没有打过篮球了,学生他们打球,我们一同加入。一会儿老丁来说,你的同学来找你,张志信来谈教英文的问题。到后面去看老冯,看到尹师母,他们那两个小的有两个月了,长得还不错,胖胖的。快要有小孩了,就欢喜别人家的孩子了。读张天翼的《追》,创作似乎没有译的小说有劲。写信给凤竹,告诉她我这两天特别想她。

4 月 16 日　火

日子又在等信里度过,云南汽车公司汽车不到,信全不来,真是叫人发急,十一日接凤竹的信已经快一个星期了。今天一天五课,又带值班,太忙了,读端木蕻良的《科尔沁旗草原》,不清楚,但还行。何宝董病势大减。

4 月 17 日　水

没有信到,我简直疑心到昆明的信都不通了。今天只有两课,读完一本麦雷的《新中国印象记》①,还不错,很流利。张志信来上英文,五时我和他一同回他们十六分段,大谈"相""八字"。回校,老丁、小吴、伟光、老谢、图麟等,又在办公室里大谈现金等等钱的问题。我们拿薪水的人吃苦了。听听也可以。

---

① 美国人 E.A.麦雷著,梅蔼等译,1939 年由上海群社作为"国际问题丛书"之一而出版。

4 月 18 日　木

昨晚写一信给凤竹，冯天民说明天到昆明，托他带去发。又无信来。今日小吴来唱曲子，我现在并不欢迎她来了。五课，把人压苦了。一个人散步，走的是一条新路。

读《强行军》，创作小说总不过瘾。

4 月 19 日　金

穿绸衬衫，觉得像小孩子穿新衣服一样。冯天民明天才去昆明，信又搁了一天。信没有来，只有报纸，如明天有别人的信，而没有凤竹的信，便要打电报了。

4 月 20 日　土

又只有报纸没有信，把我急坏了，晚上写一信给凤竹。晚饭县中李校长又请客，菜不错，大吃了一顿。午后去洗澡，很痛快。

4 月 21 日　日

天很热，吃了早饭，说是出外钓鱼，等了半天，他们还不走，于是我和何宝董、大吴先生走了。小吴又回去了一趟，说他们去交通门外堤上钓鱼。一走出门就遇见大风，从小门出城，在堤上也看不见他们，坐下来歇一歇，连烟都吸不成，实在是登不住了，只好回来。我知道小吴心里想去找刘伟光，但又不好意思离开我们独自去，回校十一点，唱曲子，唱了一曲《亭会》，小吴唱《折柳》，今天唱的不错。下楼遇到姚效期在办公室,校长不肯理他,于是他到我房里来,还是那一套法律、法官推事,上次已经说过一趟了。张志信来,只坐了一会儿就走了。他老先生老是不走,还吃了我不少只大英牌。底下叫吃饭了,他还是不走,没有人叫,我也不好一个人走下去,我不搭理他。这时候冯德耀送信来了,其中有凤竹的一封信,十五号发的信,我安心了。姚老头子走后,叫刘俊文买饼和面来吃。在图麟房里,劝他不要辞职,一直说一直说到上自习,他还是不改变。我也没有办法,校长待人太不好了,图麟也可算这儿的开国元勋了,又是同乡(校长),我们看起来图麟一定是校长的心腹了,心腹的人还一定要走,我们更是呆不长了。

4 月 22 日　月

作书五通,凤竹、大姐、叶至美、刁集亭、李鼎芳。晚上,很不到我房里来的何宝董,居然来了,大谈其老鼠。饭有点夹生,和何宝董外出散步,在江浙饭店吃了碗面。读完陈白尘的《茶叶棒子》,在最近读的小说中,这本还是算不错的呢,文笔很活泼,每篇都值得一读。

4 月 23 日　火

五课压坏了人。晚饭后和小吴、老薛去东门外河桥边的大草坪上,风景绝美,小吴也连连说好。在草地上,我和老谢都翻了筋斗,回来看落日。七点半就睡了,九点醒了,脱衣服再睡。

4 月 24 日　水

接凤竹九日、十日的信,半个月才到。十五日的信倒先到了,真是没法。写好了一封给凤竹的信,和汪和宗的信,到邮局发信。在二大队门口，见到有人头放在地下。发了信，和何哥、老谢、图麟、小吴等出交通门散步，又看见三个人头挂在那儿，颇不惬意。晚上又给凤竹写信，一天写了两封信给她。

老鼠现在没有东西吃，就上洗脸架喝水。我总是逗它玩，给它上了洗脸架，我就踏脚，它逃了下来。一会儿又上去，我又顿脚，它又下来，总不让它很自在的就喝到水。

4 月 25 日　木

校长说，初农的国文可以不做作文，但我一去上课，他们要做作文。于是出了两个题目，"赶街""居室记"，大抵作"赶街"的人要多一点。读完芦焚①的《看人集》，小说不像小说，散文不像散文，描写得很轻松。

下午上过两课，略睡一下，读完《珠玉集》②。晚上读上海来的报纸，只看了看广告而已，看《社会日报》，还不是尽说些妓女和舞女的故事。把昨天写给凤竹的信寄了出去，风大，今天街子，只出外在路上转了一下。

4 月 26 日　金

读完一篇拉列夫的《第四十一》③，非常好，粗线条的女人，革命，写爱情，喜欢，写亲手枪杀了自己的爱人，也就是敌人。

得妹妹十六日信，大高兴。她信上也讲了许多坏话，我写信给她，

---

① 即师陀（1910—1988）的笔名。
② 北宋词人晏殊的代表作。
③ 《第四十一》，又译《第四十一个》，是苏联著名作家拉甫列涅夫的代表作。

常常总是提到一些坏话。

下午,叙昆路老叶、小胡等,带领一批老将前来本校挑战。老弱残兵的又是乌合之众,自然不成,结果自然是学校赢了。晚上复信给凤竹。

4 月 27 日　土

接小弟弟一封信,还是一月里写的,三月才发,这家伙又快像爸爸了。下午睡了一觉,迷迷糊糊的。晚上图麟、张志信来邀听戏,哪有不去之理?到七点多钟才去,还是滇戏,来早了,后来打三跳,胡闹之极。京戏《坐楼杀惜》和《秦岭神》,阎惜娇穿了长袖子的衣裳,颇不像,宋江还不错,京戏人少,只几个人拉胡琴。晚上回来,十一点睡。

4 月 28 日　日

读完《苏联作家七人集》①,还是《第四十一》好,别的都太乏味,太简单。接着又读《静静的顿河》。

上午吃过饭后,去找张志信、贺知礼、邓孝思他们,到中国旅行社订了一桌饭,庆祝清华校节。吃了又打了个电报去祝贺,晚上叫了十个菜,吃不了,很好,二十四元,每人六元。

4 月 29 日　月

明天去旅行了,今天下午何瑞修请客吃饭,是我昨天替他在中旅社订的菜,四十元。一共十个人,有李县长、周委员兄弟、刘秘书,其余的同仁有胡校长、刘、李、薛、我。吃的很安逸。

---

① 《苏联作家七人集》,曹靖华译,1939 年由生活书店出版。

4月30日　火

走了得写信给风竹才对，先写了一大张，告诉她校长说小吴、刘、丁、我四角的事，后来想想还是不告诉她的好，便又重新写了一张。老等马不来，来的马是骒马，骑了人家笑话。我们先走出北门，学生散了队，我也跟着学生走，伟光一定要我骑一点马。翻过磨盘山到马街子，到小学校里去吃茶。平路我又骑了一段马，爬赤水河边上的山，我又没有骑马，赤水河下的三十里沙河，几乎全没有骑马。到西潭还不迟，在一起吃了饭。到我们的住处，符于周的伯父家，我脚上还没有起泡，还不错。我和老谢睡一张床，和校长他们是一间房，颇不错的，有竹器家具，有小窗。眺望外面，西潭在四山之中，有小河，有泉水。这里的人比宣威城里的人好看多了，小孩子尤其好玩，风景好。

5月1日　水

睡得很好，清晨颇爽，脚稍稍有点酸。倚杖出门，山色秀丽，和小刘、小吴、学生数人先上三台洞，一点也没有什么好。转到山后双宝洞和红岩洞，双宝洞里很窄，去红岩洞，洞比较大，下面有一个深洞，很危险，里面没有什么好玩的，但洞外面风景颇美。杜家就在古洞的对过，到他家略坐一会儿，他父亲病了躺在床上。我们去，烤了茶我们吃。又去杨光和的房里坐了一会儿，吃南瓜子、白酒、饵块，比城里的都好。杨光和已经结婚，太太要赶场。河边上，空场上有苗女，女人都比宣威城里的好看，脸上有红有白的。下午他们去什么大龙潭，我没有去，回家睡觉，苍蝇太多，睡不着。大龙河里涨水了，看见水头过来，浊浪翻天，声音很好听。

5 月 2 日　木

玩木落洞,颇不错,打了油灯进去的,里面很大,有钟乳石很亮,故又有水晶宫之名。里面是一室一室的,每一室都有特别大的钟乳石,有天然的屏障,流苏,美不胜收,一层比一层妙。我们走到小山处就回来了,据说这个木落洞很深,几乎没有人走到过底。走回周家,在仙人洞的泉水边坐下来半天。

5 月 3 日　金

今天回城了。我们留恋得很,除了木落洞外,还有一个十一岁的小学生李长贵,脸圆圆的,有酒窝,想到不知何年何月何日再有机会到这西潭来。这孩子也不知道何年何日才能够再见一次,即使能再见到,也一定是一个大汉子了,这颇使人怅怅。回来差不多全都是骑马,过磨盘山也是骑马,走也走了不少的路,到校三点钟,所以绝没有八十里地。得信五通,凤竹二。马上去洗澡,舒服一下。

5 月 4 日　土

全天休息。书六通,凤竹、大姐、九嫂、小弟、陆汝春、老苏,下午眼花,早就睡了。

5 月 5 日　日

一算伙食费,吃到了五十七元(上月),于是伟光去撤伙食,到外面去吃饭。晚饭时,我们同校长说,校长板起脸,说你们到外面去试试也好。大家很不高兴,于是拆了台,明天只好到外面去吃饭了。但是晚上,图麟又写了个条子来,说是只有四十五元一月,赞成者签名。我、老薛、老丁都签了名,只有小吴、伟光没有签,大家又觉得不好。

写了一封信给凤竹,报告我们伙食的事,心里很不高兴。晚上在老薛房里大谈结婚问题,我告诉他许多结婚的经验,他在疑心小孙不是处女。到十点才歇,改初农的作文,好久不改卷子了,简直改不出来,改了两本就没有劲了。

5月6日 月

旅行回来上课都没有劲。读周黎庵[①]《吴钩集》。今天吃饭除老王上楼和老杨一起吃之外,又都回来了,只有伟光倔强,一定要一个人在外面吃,他大概为了恋爱的事这两天心里颇不安逸。初农国文,有廖栾和来教了,真是谢天谢地了,卷子还没有改完呢! 正好一股脑送到教务处去。

5月7日 火

昨晚小吴差萧平远送新的花手帕一块,倒使我吃了一惊,后来想起是她上次答应送我们的,今早上见到她,自然要说谢谢。她赶忙说不用,告诉我,别人他们都要的。今日小吴和伟光谈话,小吴说并没有恋爱他。一下午我们都在谈这事,伟光心事重重,但故意装出不在乎的样子。我猜他一定很动心,他一定有一点爱小吴,不然不会这样的。

---

① 周黎庵(1916—2003),名劭,浙江镇海人。东吴大学法学士,20 世 30 年代历任《宇宙风》杂志编缉,出版有《吴钩集》《华发集》等。

回凤竹昨日的信。倒头的英文补习又开始了，我把他们调到早上自习的时间上，我不爱下午有课。

5 月 8 日　水

英文又开始上了，今天课最少，也有三课。下午读范氏著的《日本的间谍》^①，很不错，这是因为他的境遇太动人了，写东北的情形有点令人发指，写日本兵拥着裸体的中国女人和白俄女人强奸。

晚上，王闻夫来邀听小兰春^②的《马嵬坡》，我想到《马嵬坡》这一出戏一定还不错。谈到何宝董和王、杨不说话的问题，我建议替他们和解，王也赞成了。真是的，人生如浮萍，聚散无常，下半年还不知道大家还在不在这里，何必打了一个结呢！

八点钟去戏场，戏还早得很。票友客串的《三娘教子》也不好，还是最后《马嵬坡》好一点，小兰春不错，做派也还好，她做老生。回校已经十一点了，陈德芳从昆明归来，今天到他那里去了一趟。

5 月 9 日　木

早上起来升旗，参加"五九"纪念会，校长演讲，一点也不好，早上两课没有上。和老薛、小吴一同去吃东西，早上出去走走很舒服，下午睡了一觉。饭菜不好，我又捐了一罐火腿出来吃了。在楼下图麟房里唱

<hr />

① 《日本的间谍》是著名的国际新闻记者、意大利人范士白，根据自己在 1932 年 2 月至 1936 年 6 月受雇于日本特务机构的亲身经历所写的，揭露了日本殖民者在中国东北进行的特务活动和恐怖统治。

② 小兰春：本名严绮兰，是上海京剧老生女演员露兰春的徒弟。

昆曲,小吴今天唱的还不错。又散步了,到大桥。

得凤竹五月二日信,不慢了。

5 月 10 日　金

六课连着上,中上还跑到中国旅行社去定菜(陈德芳夫妇订婚)。下午上课后睡了一觉,也没有睡着。读《静静的顿河》,觉得没有兴趣读不下去,但是我必须读完它。我们先到旅行社,叫刘伟光去约他们,他们先走,我付账,连小费一共三十五元,还不算贵。

昨晚书四通,五弟、大姐、宗斌、章靳以。

5 月 11 日　土

今天算是最闲,只有两课。天热了,全副换上了仿绸的小褂裤,学生们还好,没有十分注意,今天穿新衣裳的人很多,老刘、老丁都穿上了西装。下午唱唱昆曲,小吴和我们唱昆曲,小孙带了个女的来大闹,我和小吴都很不高兴。她们走了,我们才好好的唱,下午晚间请吃咖啡。

有月如钩,夜凉如水,写信给凤竹,没有写完。

5 月 12 日　日

想去剃头,可是已经有学生在剃了,今天是星期日,人一定多。

写几封信,把昨天晚上没有写完的写完,有陶光、蒋炳贤、三弟的信,邮票又没有了。礼拜天反而觉得无聊。吃了早饭后,我便拿了帽子、手杖(陈德芳送我的),想到东河边树林下去看书,他们一个也不要去,在图麟房里混了半天,没有一个人去,我便回房来。等到一点钟,他们叫萧平远来打门，我装作睡着了，不去。一直睡到吃上午饭，和刘伟光、何哥一同去交通门，昨天夜里下了雨，路上没有土很好。老杨说，陈德芳明天要上昆明，走过他们金库叫他，他正在泻肚子。看他们吃过饭，一同参观我们学校，顾克顺小姐和他们的新同事蔡先生都还没有到我们学校来过呢！到老丁的农场看蚕宝宝，又看我的照片簿子。我把被单托他带去，还加了一条大毛巾。和老薛、老张，打马灯去十六分段，又打了马灯回来，已经十点钟了。

5 月 13 日　月

又一周快了，我可以不久就见到我的大宝贝了。纪念周没有多讲，下午去剃头洗澡，在澡盆里唱戏真是很安逸。得凤竹八日信，更是安逸，她身体好，我心里就舒服了。昨晚复书，是第三十一封了。读《静静的顿河》，老是读不完。

5 月 15 日　水

陈德芳和顾克顺今天订婚，十二点请客，小吴、老尹、老丁、校长都没有去，只有我和刘伟光去的。我被顾小姐灌了一杯酒，脸红了半天，同桌有老秦（昆路的）、老郑（中国银行）。今天他们订婚，人虽然少，但还是热闹。陈德芳已晓得小吴和刘伟光的事。

5 月 16 日　木

发凤竹第三十二封信，还有宗斌的信。早上我们没有课，和小吴、老薛出去，这次我们出北门。小吴穿了她自己做的一件新的短旗袍，样子还好,这太小了一点,她身上的曲线又不好看,绑在身上,肚子显得特别大。从城外新公路走了一公里到交通门,老薛和小孙谈他们结婚的问题,他们怕有小孩,有了小孩多麻烦呀!我觉得这是不对的,光结婚,光晓得两个人自己享受,而又不负点责任,这是不对的。到交通门口,他们和我们分手,又到东河堤上去走走,我和小吴到捷兴园吃面。我又和她谈了刘伟光,她说她并不爱刘伟光。

天热,下午两课实在太累人了。空的两课,读《静静的顿河》,读完很不错。让小吴看,同事们精神全不济,大家都似乎很不高兴,大家全都提不起精神。校长也是不好处,使人心里不安逸,例如要加人的课,又要调查人的上下课时间,太多管闲事了。大概很多人下半年都要走的,我也登不住了,我那天骂校长乳臭未干,大概也让他听见了。无聊极了,唱昆曲吧!于是回房来唱《阳关》,小吴今天没有唱完就走了。晚上九点,我请客吃宵夜。

5月17日　金

二班历史要赶课,所以笔记也不抄了。下午唱了一会儿曲子,又打了一会儿排球,晚来读旧小说《飞燕外传》。得凤竹十三日信,现在邮局也进步多了。

5月18日　土

考五班的历史,准许看书。自己出去散了一趟步,小吴又拖出去散了一趟步。读老舍的《牛天赐传》,上课没有劲,只想到呈贡去见凤竹。

5 月 19 日　日

读老舍的《牛天赐传》，颇滑稽。教育部第三巡回戏曲教育队今天起在本校公演，上午十一时，在县党部礼堂有招待各界茶会。我和校长去的很早，先找到他们的队长王勉之大谈剧校与万家宝之事颇投机，校长搭不好，出去了。到十二点才开会，尽说些无聊的话，我实在不耐烦，吃点心，点心又不好，好容易才散会。晚上七点，他们在礼堂演戏，我、小吴、老丁很早就去了，找好位置。先是歌舞，颇不错，戏是《过年》和《如此天堂》，都还好。队员中有我们一个同乡马君，人很多，但次序还算好，小孩子颇不少。

5 月 20 日　月

接到凤竹及五弟信，五弟又搬家了。我有好几天没有写凤竹的信，今晚写了一封。看冯品三讲故事，他会讲滑稽的故事，令人笑痛了肚子，一个是拿吐沫喷人，一是柱子撑房子，另一个是"麻子"，全都粗的很，很滑稽。小吴要听，自然不能让她听。小吴今天和我大谈刘伟光。刘今天早上和小吴谈了之后，就到昆明去了，去的很突然，这自然和恋爱小吴有关。小吴说刘他不专心对待女的，只是玩玩而已，只是现在需要而已，不是真心要爱那一个，即使是刘真心爱她，她也不爱他，自然她说出种种原因来。和小吴、老薛、李图麟，一同外出散步。

全校的精神都非常松懈，无论教职员和学生，都盼着快点放假，书教腻了，也读腻了。对每一个同事，我有四个字评价：刘是"恋爱痛苦"，校长是"一味糊涂"，王是"精神不振"，杨是"病容满面"，老谢是"心神不定"，丁是"作茧自缚"，图麟是"包子作祟"……我自己是"归心似箭"，只有冯品三最好，是"逍遥世外"。

5 月 21 日　火

差一点忘记上英文了。本来对于上课就没有劲，这两天伤风咳嗽，鼻子又不通，很难过，自然不爱上课了。

下午和小吴、老薛外出散步，一点没有什么玩的，在这倒霉的宣威只有散步，老是散步也还是讨厌。

5 月 22 日　水

课少，睡觉。晚上写信给凤竹和五弟，无聊，思归。

5 月 23 日　木

开什么演说竞赛会，我是评判之一，找了两个外面党部里的人，一塌糊涂，大写其白字。和小吴、老薛，去洁馨园吃面，脚全湿了，路烂。正吃晚饭，姚老头来请我们去他家吃面，再去，吃饺子，我自然不很吃得下。大雷雨，路成河。

5 月 24 日　金

大雨后路特别干净，院子里也分外清爽，天还不大晴，阴阴的。到街子上去买了两双袜子和一双鞋，这几个月鞋袜可以不成问题了。大家都无聊，整天聚在一起玩笑。接凤竹二十号信，颇令人高兴。小吴的说白总有四川味，希望她能慢慢的好，只要用心就成。去要钱了，校长说从上面拿,写了张条子寄给汪和宗,叫五弟去取(一百元)。今晚回凤竹信。

5 月 25 日　土

下午只有一课,上三友洗澡去。天冷没有人洗,我一个人在澡堂里大洗,颇安逸。以前就说过为王和杨、何三位解和,到洁馨园吃一次饭。一出校门,王和杨就说话了,他们并无仇恨,只是僵了,不好说话,这样一来,以后就好说话了。晚上在李图麟房里大摆龙门阵。

5 月 26 日　日

八点起来收拾屋子,读《铁流》①《樱海集》②等。头昏,鼻子不通。晚上做书给凤竹。看《盛世才与新新疆》,也没有读完,记日记也写的不多了。

5 月 27 日　月

读完《樱海集》和《盛世才与新新疆》,老舍的文章还不错,我觉得《月牙儿》一篇最好。阴雨天讨厌极了,没有法子混日子。

---

① 《铁流》是苏联作家亚历山大·绥拉菲靡维奇的著名长篇小说。鲁迅先生给予《铁流》很高的评价,说是表现了"铁的人物和血的战斗"的成功力作。鲁迅为该书的译介、出版、宣传付出了巨大精力。1930 年,生活书店将《铁流》付印出版(曹靖华译,鲁迅编校,瞿秋白代译序言)。

② 《樱海集》是老舍的第二个短篇小说集,收录《月牙儿》《上任》《牺牲》《老年的浪漫》等十个短篇,差不多都是在青岛写的。因为"站在我们家的阳台上,既能看樱花,又可观大海,有'樱'有'海'",所以名曰《樱海集》。

5月28日　火

值班，但早上升旗时，一班只有三个人，我不高兴，降旗时歌又唱得一塌糊涂，队又排得不整齐，敬礼时，帽子只有两三顶。吃午饭时大发一通牢骚，把仅余的几块钱也添菜吃了。阴雨，地下烂。

5月29日　水

看叙昆路的人和我们学生比排球，自然我们输了。唱昆曲，遇上郑效宗来打断了，小吴大不满意，郑走后又唱了半天。校长又在底下说吴老师在唱昆曲，很多学生在听唱昆曲，这话自然不是好话，因为小吴今天值班。又有五天不接到凤竹的信了，颇为念念，常常想她。写信给凤竹。

5月30日　木

阴历是四月二十四日，是我的生日，也没有请自己吃面，就这么马马虎虎的过去了。晚上感触颇多，又写了封信给凤竹。外出散步，从交通门出去，沿大堤走到大桥，由南门回来，到县党部。遇到小孙，我们进去看他们剧教队的人打台球。来信，又没有我的信。

5月31日　金

下午放晴，出去散步，和小吴、老薛。外面的路烂得很，弯弯曲曲的走到交通门，胶鞋上也全是泥，到小河边去洗。雨过天晴，天气倒是极好的。回来在洁馨园吃了一盆卤鸡、一盆八宝饭、一张饼、三碗面，我请的客。又没有信，我有点发急了，七天了。晚上唱曲子，一会儿张志信来了。他一来便大谈八字,说我克妻,该娶个小的就好了。我想娶妾是办不到的,但是到外面去胡闹,跟别的女人讲恋爱也许就等于纳妾了,可以免去克妻了。

6 月 1 日　土

下午学生出去帮助抗战军人家属春耕,我和小吴、李图麟一组,跟六班去花椒园。我们走了不少路,第一家人家说没有事,要我们帮忙到第二家去,费了好多口舌,人家才让我们做。叫学生分了组,替人家打豌豆、点包谷、施肥。我和小吴坐在树荫下大谈刘伟光和她恋爱的事。四点回来,洗一洗,得到四封信。凤竹的两封,她要是再不来信,我可真的急了,大姐一封,王荆福一封(给凤竹的),大高兴。

6 月 2 日　日

早起写了五封信:凤竹三十九号[①],附四姐一信,四姐又病了;学生叶至美、刘金钿、田祖泰,附沈凤英;及宗斌。五封信写得很久。唱昆曲,外出散步。跳沟,跌在泥水里,绸裤子跌脏了,回家洗洗。

6 月 3 日　月

昨晚校长在老薛房里啰嗦,老薛大为生气,本来人家快订婚了,结婚还管人家的这些事。今天纪念周,也没有报告,讲"六三禁烟节",鸦片烟之战,老说光绪年间的事。下午没有课,得蒋炳贤信,此人还不错。外出散步。

---

① 是编号为三十九号的信。——整理者注

6月4日　火

现在每天早上六点钟就得上课,但天亮的早,不要紧的。初农老丁带出去后,没有课,好极了。除英语外,今天只有两课,写凤竹、集亭、蒋炳贤的信三通,把空课的时间填满了。读吴祖光的《凤凰城》,写的很不错,但有缺页及不清楚处,使读者不快。看看照片簿子,想起很多以前的事儿。ZJ在她送我的照片后面写着"送给我所爱的宗"的字样,还好好的在,想起那时的痴,不禁有点好笑,现在我们都已经各自有了孩子了。L也是的,董晒的消息也不知道。颇使人怅怅,许多事,许多人。

6月5日　水

这两天老是计划着怎样结束功课,怎样预先考试,怎样设法弄车票,上课也无心了。下午接凤竹信,说是肚子泻,心里又有点不舒服,但似乎在哪儿看到,怀孕的时候肚子泻是常病,又安心一点。昆曲又唱不下去了,去洗了两次澡都没有洗成,人都去插秧去了。晚上戏校队又在我们大礼堂里演戏,《鲟鱼》和《壮丁》,不成,没有上一次演得好。

6月6日　木

起得特别迟,回凤竹的信,不放心。初农插秧,无课。何哥请客吃饭,我知道五月初一是他的生日,王老师、储医生、我,只有四个人。到洁馨园,无菜,又到浙江饭店大吃一顿,人少苍蝇少,还不错。吃完了到交通门外走一走,风很大。张志信来找我,他说老薛的八字没有我的好,小孙的更是坏,"主淫",所有女人的坏处她都有,但又不好告诉老薛。

6 月 7 日　金

天快黑了,小吴才来唱曲子,唱不好。我老骂她唱不好,说白不好。

6 月 8 日　土

下午,全体到东山去聚餐,人多了,不能一致,我先走到大桥下抽烟(好久不抽烟了),一直走到山脚下,他们还没有来。学生们分组在东山各处,煮饭,炒菜。我们在各处跑,各处吃菜。已经快吃饱了,又猜拳,吃酒。这回我酒吃的不多,也输得不多,倒是赢得多了。吃了饭后,便下山回家,已经四点多钟了。在路上,和四班初农的学生一起走,他们叫唱昆曲、京戏,我们也叫他们唱歌。唱秧歌,挺好听的,像我们那儿的小调。到学校,只有一封李鼎芳的信,没有凤竹的信,心里很不高兴。和小吴到中国旅行社去喝咖啡,又没有糖,败兴而归。今天老是和小吴在一起,有人一定要说闲话了,前两天何哥也就说了。真是,结了婚的人,还是免不了有人说话。

6 月 9 日　日

阴雨,星期天也是无聊,早上把房里收拾好,就写信给凤竹、大姐。刚写好两封信,就吃饭了。饭后老丁他们要上花椒园,阴雨天谁又高兴去?在家里不好?小吴要来唱曲子,拍《思凡》。一见《思凡》,我就头疼,因为替郑德淑拍过,但今天下午还好,现在每支曲子拍五遍就勉强可以唱了。凤竹的信到了,说已经不泻了,总算放下心来。但端阳节他们又要吃粽子,写信给她也来不及了,旁人又都不在家。和老吴、李图麟一同到浙江饭店吃面,很不错,又买了两包烟、一本信纸回来。得凤竹的信,很安心。杨老头来请,明天去他们那儿过节。

6月10日　月

过端阳节了,校长真是吝刻得很,也不请客,吃早饭时,还是老冯送来了几个粽子(我没有吃),老刘买了一盆拼盘回来。十一点半到十二点半有课,姚中上请客,还是冒雨去。菜很丰盛,就是太咸了一点,我吃了一碗饭、两碗鸡汤,吃了点酒,谈了半天才回来。拍《思凡》,替小吴抄曲子,打谱。七点开始写信到八点半,写好了两封信,一封给凤竹,第四十三封,一封给宗斌。读《桃园》①。

6月11日　火

读完《桃园》,很不错,其中有几篇特别好玩。得镕和从江津来的信,又是向四姐要钱。下午无课,一会儿为小吴抄《亭会》,两个多钟头全抄好了。和何哥去"华香园"吃东西,坏极了。晚上自习前小吴来唱《思凡》,心慌,唱得坏极了。读一章《你往何处去》。

6月12日　水

下午无课,接基昌、志成的信,大姐已生育一女孩。又接陆八的信,汇来六百元,这种邮局,这六百元不知何时才能拿到。无聊之极,这儿跑跑,那儿跑跑,晚上一个人呆在房里对着汇票看了又看,傻极了,就这么呆呆的,大有成神经病的可能。

---

① 废名(冯文炳)的短篇小说集,发表于20世纪20年代。

6 月 13 日　木

陈德芳请客,在他们自己的楼上,叫洁馨园的菜,还不错。可是一位小弟弟吃醉了,一定要同顾克顺吃酒,弄得陈德芳很不开心。下雨了,我们也就回来了。

6 月 14 日　金

本来我心里就烦乱的很,老是计划着哪天走怎么走,今天又得凤竹的信,说又是病了,心里更是烦。刚好老乡杨中山又来找我,说一两天他自己要回昆明,我心里又活了,又想马上就走。本想找校长,讲讲自己的事。想订二十四日的叙昆路的票,去冯先生家找,没有找到,回来,冯先生来了,说有票。

6 月 15 日　土

昨晚写好凤竹、基昌二信,今天去邮局发。把汇来的六百元,昨天托张全义取了一百元来,今天又去把所有其余的五百元也取了来,还好,六百元中只有两百元是新币。得靳以信,他已经养了一个男孩子。晚上回陆八、凤竹信。

6 月 16 日　日

写靳以、凤竹、陆八、大姐的信。老谢就定在底下办公室里,办点包子、千层糕请客人,到的人不多,孙的父母都没有来,我觉得很不好。张志信来大谈。晚上去旅行社吃饭,咖啡颇不错,又到他们十八分段坐到九点半。

6 月 17 日　月

叫校长写信要下星期交通车的票，公函去了，票子也来了，但日期填的是六月十七日，说不要紧，可以改的，等一两天再找他们路局的人。本星期忙了，各科都在考了，考了好走。

6 月 18 日　火

得凤竹信，说病好了，大高兴。今天做了不少事。出了三班的题目，又做好了一节西洋史的笔记。唱曲子，老是别扭，唱不好，也吹不好。

6 月 19 日　水

三班的历史要求今天得考好，今天就得改。学生全都作弊，下堂来，我卷子也不看，就批分数，想给谁几分，就给几分，十分钟不到也就批好了。下午没有课，好像有许多事要做，于是，爬起来写信、出题目。晚饭后，和小吴、伟光、图麟到东门桥散步，天气很好，雨过天晴，一抹彩虹，美极了。回家在李图麟房里谈到大家都要走，王、刘、杨下半年都决定不在此地了，还有许多人，也都不决定，散的成分是多了。图麟很多情，弹弹月琴，几乎要哭了出来，搞得我们心里也不舒服。伟光自然更是多愁善感，老是说这几天方寸已乱，本来跟同事们的感情也都还是不错的，虽然各人有各人的意见，有时闹一点小别扭，但却都还是好的，尤其是大家在一堆什么话都说，就是对小吴也很少有顾忌，这一点已经是在别处的同事做不到的了。上楼唱曲子吧,唱《思凡》。小吴所会的曲子,已经有《游园》《楼会》《亭会》《折阳》《思凡》五折,就是还唱得不牢。一曲刚唱完,下面有人叫"张老师,有空吗?"他们有话,小吴要下去,我说下去倒不好了。校长上来,没有别的话,老是满嘴的说下半年将在外面找房子,你一定把张师母接了来,一定一定。我想,去年,因为凤竹在此,我自己烧饭做事,他心里很不高兴,现在又一定要我把凤竹带来,真是矛盾。校长下去,我和小吴也下去。月色清白,到后面大礼堂,看看他们排戏,已经排完了,操场上走走。于是,我想起来,校长刚才说话的用意,他是觉得小吴和我太好了。我觉得真是无聊得很,虽然有点不高兴,但是因为我爱的是孙凤竹,并不爱小吴,所以没有在意。

6 月 20 日　木

早上升国旗后,校长和我说,要我迟两天走,我没有答应。我还算客气的,没有和他吵,只坚持我二十四号一定要走。晚饭的时候,我们在饭桌上谈这个事,校长在办公室听到了。我到办公室,他便问我是不是你们在讨论走的问题。我说是的,他说一定要走也留不住,我说自然的嘛,光景很是不好。正好接到杨苏陆的信,要我到昭通去教书,心中大为高兴,因为别人都下半年离开了这里。晚上去又演戏,没有座位,我们在外面看了一下《放下你的鞭子》。

6 月 21 日　金

昨天起就开始大考,今天又考三门,看卷子,批改分数,头都看晕了。晚饭后出去散步,唱昆曲,老姚的朋友也来听曲子。

6 月 22 日—10 月 9 日

三个多月来，又发生了不少的变化。六月底把宣威的事结束了便到昆明，在呈贡龙街前楼见到了怀着大肚子的凤竹，矮矮的个子，一个大肚子，但是还不算难看。有一夜我很不当心，惹得她肚子疼，我们全吓死了(我、三姐和李嫂)，以为她要生了，但没有。她的生产日期预定是七月十七日，因为肚子常常疼，所以我们便进城住在惠滇医院。先住的头等房间，到七月八日下午医生和我决定明天开刀，把孩子从肚子里拿出来，顺便再把输卵管结扎了，使她不再怀孕了。九日中午十二点到一点半，手术完毕，先凤竹还好没有哼，也没有叫唤，到后来可不成了。我一会儿在门缝里张一张，孩子是一个女的，先不活，医生弄了半天才弄活过来。孩子小的很，称下来才有四磅十一两，小的可怜。手术后我们反而住二等病房，因为二等病房钱可以省一点，又加上我们倒霉丢了两百元，是家乡寄来的一张条了。生下来以后，医生和护士许多人都不让凤竹喂奶，因为我们要到昭通去，那时我已经接了国立西南师范学院的聘书，也不好雇乳母，便花了五十六元去买了一罐三磅重的勒吐精的代乳粉交给看护喂她。此后每天，我到医院去看大人和小孩，我住在五弟处(地藏寺巷六号)，太小了，挤得很。后来便住在二义铺一〇四号吴家，七表姊很殷勤招待我，每天代我做菜煨汤给凤竹吃。凤竹在医院一天一天的好了起来，肚子上缝的线也拆了，慢慢的脓也没有了。孩子因为不愿意吃奶粉，长得不胖，屁股因为屙屎折破了。凤竹为这事还哭了一次，怪我不让她自己喂奶，这是母性的表现。在医院的时候，三姐从乡下来服侍她坐月子，四姐也来过几次(她瘦了)，刘伟光、老丁、殷炎麟、李孝友（他从苏州来考联大）、小吴他们等等，很多人全来了看她。住院住到八月初就回乡下了，住三姐的前楼。这半月当中最难过了，李嫂一个人忙不过来，我每天帮着洗娃娃的尿布，夜里还要起来喂奶，凤竹也非常辛苦。住到乡下来，客人特别多，巴金、卞之琳等等先后都来，他们一来，我们便要让房间。有天杨苏陆突然下乡来，我很高兴，他说弄车子给我们到昭通，我正在这儿住得不耐烦了，想早一点到昭通，早一点安定。又上城里住二义铺吴家，住一间从前他们家司机的房子，脏极了，打扫了一下，住下。日里洗衣服、尿布，打听车子，夜晚还要起来喂奶粉，闹得日夜不得安宁。杨苏陆住铁路饭店，三姐也由杨苏陆介绍到昭通女中教书，也带了孩子们住在铁路饭店等车子。八月二十四日，中国旅行社的车子开昭通，车子是郭主任的（曲靖办事处的主任，以前在宣威会过），二十四日我曾去找过他一趟，他说没有问题，并且他把司机边上的位置让给凤竹坐，我真是感激不尽。

二十六日早上十点开车，第一天到曲靖，住西南饭店，还算舒服。二十七号到宣威，住旅行社，到学校去拿东西，老尹、老薛夫妇也搭我们的车一同到昭通做事，是杨苏陆到宣威去邀的。二十八日下雨，没有走，在旅行社休息了一天。二十九日开车先到威宁，也是住的旅行社，很舒服。三十日下雨，又没有走，三十一日才动身。威宁到昭通这一段路没有修好，走的是土路，下雨，路烂极了，一共一百二十公里，我们走了四天才到。这四天中真是受尽了艰难困苦，第一天走就碰到了困难，大家下来推车，后面三天中走几步前面有水塘，人又全下来捡石子填水塘，垫桥，两部汽车一共是四十多人，有二十多个兵，大家一起努力推汽车，车子常常陷在泥中，只见轮子转却不见车子动，真是叫人着急。第二天最糟糕,一天之中只走了四公里。第一天宿在一家人家,铺在地上,把行李打开,许多人糊糊涂涂的睡了一夜,小孩夜里还要吃奶粉,真是要命了。第二天宿在安土司家,虽然比较好,可是仍然睡在地上,在一间没有人的仓房里。晚上吃到一顿很好的饭,可惜安土司家离汽车路太远了,下雨路滑,我抱着娃娃,穿着一双破的套鞋,三步一打滑,有好多次我几乎跌下去。凤竹在后面,小孙扶着她走,也是一步一跌的,那时候我真是想要哭。第三天在一个回回家的牛棚里,张芳林睡在我边上,腿老是搁在我身上,两晚上都没有睡好,夜里起来用泥浆水和奶粉喂娃娃,这样苦比从广州逃难出来时还要苦,就是走路走三天也到了,我们却走了四天。第一天大家出力推汽车是高兴的,后来越来越没有劲了,郭主任颇不错,自己动手和我们一起推车,也是一身的泥浆。第四天在寒风苦雨中推车,走到元宝山看到大道,大家心里才一宽。国立西南师范在李家祠堂,房子小,但阶级颇多。校长曹玉亭①先生南通人,原是江苏省督学,四十多岁,人还不错,我们一到的那天,他特别到中国旅行社来接我们。但学校一点头绪也没有,第一晚我们住在李家祠堂,第二天便搬到附小。用大门扎成的房间,地下湿,上面还有风,还有一块"正大光明"的匾额,原来附小是武庙。慢慢地一件一件的整理,

---

① 即国立西南师范学校(时人简称"国师")首任校长曹书田。曹书田(1898—?):江苏南通人。1924 年南京高等师范学校毕业后回南通师范任教,1927 年曾任南通县教育局局长。后又在扬州、如皋、无锡等中学任教导主任、校长,曾任江苏省教育厅督学。抗战开始,带领江苏中小学教师服务团去重庆,先后任西南师范学校校长、教育部科长、中央大学教授兼附中校长。西南师范学校于 1939 年 9 月在昭通借用李氏家祠正式开学,后四迁校址,于 1946 年迁往文山,共有毕业学生 300 余人。"国师"内部社有附中和附小,还为边地民族小学举办师资讲习班。

来装上电灯,在棚上糊纸,家具还不错,咖啡色的,就是只有家具,比宣威强一点。

上课了,我是十七小时课,兼一班初一的级任,地理的钟点多一点,只有三小时初中的历史。可是上了几天以后,教导主任徐耀洲和地理教员张玉成居然辞职了,留了几天没留住人。于是把徐娇的课,一班历史,分了,一部分(六点钟),给我一部分,朱啸云也是个新来的,于是我一共有二十三小时课,还兼级任,事情实在太忙。再加上杨苏陆(就算是他代教导主任)花样还多,找了许多事情给我们做,级任导师,每星期就是周记都很够受的,还有许多科的笔记簿要看,你是空也没有。课也不容易教,这儿是师范的教法,照书教又太没劲,图书馆只有四橱书,还不满,一点参考书也没有,图书馆是比宣威的差多了。三个月没有写信了,到这儿(昭通)然后慢慢的习惯,一直到昨天才把欠的信债一起还清,这才有功夫来记日记。因为我是级任,所以得住到学校里去,不能住在附小。我在本部有一间房,附小还有一个家,离本校很近,只要转个弯就到了。在本部的一间房很简单,只有一榻一桌一椅而矣,这间房是我自己读书、写信、做事用的地方,办公室的一张桌子是办公用的。

娃娃的奶妈已经换了十多个,还没有找到好的,不是奶水少,就是脾气坏。最近的一个很漂亮,但是奶水还是不多,一天还得喂娃娃一两遍奶粉,只好再找好的。所幸娃娃倒长得胖胖的,也会笑了。凤竹也还好,到昭通一个多月(我们是九月三号到的),没有生过病,饭也吃得下了。

这个学校太严格了,有许多地方不合理,花样头也太多了,一天要填写不少的簿子,全是一律的,一点用也没有。我是有两三个礼拜没有填了，写级任导师日志，我觉得很是形式，太无聊了。我和杨苏陆亏好是苏州乐益没有同事，若是同事，一定会有冲突的。我最反对他的太繁琐，例如一天要对学生训三四次话，吃饭前值日队长要对值日老师行礼，这些都大可不必，我要是办学校一定不是如此。

昭通城比宣威城大，但是还是太小，有陡街一条，街上东西比昆明、宣威都要便宜一点。在此，一月有一百五十元，津贴二十元，兼课薪四十元，一共可以拿到二百一十元。但是还是不够，从昆明到这儿后，一共借了杨苏陆二百五十元，上个月还了五十元，还欠二百元。这次凤竹在昆明生产，到这儿来，除了家里寄来的六百元（丢了二百元）外，一共欠三姐二百元，殷炎麟八十元，老薛四十元。我大概这一生是不会发财了。

10 月 10 日　木

昨天回家（叫附小的那间房子叫家吧）。我们在附小的房，一面是两扇大门钉的，一面是一排子窗，窗户纸都破了，又补上的，左边是墙，右边是半截木板，外面是办公室。一早杨苏陆就叫林启斋来叫我去弄校刊，其实我昨晚已经编好了，专等老薛画的封面。早上起来吃了两个鸡蛋、两碗粥，到老薛房里把封面拿来，到武备街师范部写好目录，叫学生贴在两个碑亭里，还不错。不过学生贴的不好看，自己改写好的一张编后贴不下，也就不贴了。贴到十点钟，正好吃饭，因为今天十一点在护龙街有集会，所以提早吃饭。饭后学生整队去，几位的演讲简直说得莫名其妙，学生全副童子军装备，县长报告说昆明被炸的情形，说的好一点。天热，许多学生都吃不消了，昏倒了。回学校才十二点多，我在床上睡了一觉，一觉醒来三点钟了，老曹在窗外叫我，说要我一同去附小。跑到南门外的金碧餐厅，又到实业公司找到孙绍先①（他是清华的同学，九级的，在电厂做工程师，也在我们这里），我们一同吃包子。我和凤竹慢慢走回来的，回校写信给四姐、宗斌。

10 月 11 日　金

　　我应当把这里（国立西南师范）每天的生活写一写。正好我今天值日，是我初当级任。我当初一的级任，是最忙的一天，早上五点十分起床，六点二十跟学生上操场。我今天早上没有去操场，在校外，因为要打印题目考初中的地理，升旗，看学生们跑步上操，七点早饭，八点上课，我每天早上都是四课满满的，没有一点空。十二点吃午饭，学生们排队依次入膳堂，值日队长口令之后对值日老师敬礼。这有点太不通了，因为饭并不是值日老师送学生吃的。然后稍微休息，我们便也吃饭。吃饭之后，今天在碑亭里看了两小时的壁报，睡了一觉起来改周记。周记改好已经是四点半了，到操场和学生比赛排球，结果三比二，老师大胜。回来正好吃晚饭，也是立正敬礼开饭。六点半上自习，点了名，发周记，骂学生，去了一小时有余。下半小时写了一封信给殷炎麟，就这一点是自己的私事。八点二十分，又是上晚自习，由我报告明天几件该做的事。九点熄灯睡觉，还有学生请假的麻烦事不在内。今天的课都是历史，讲亚历山大帝国，地理讲上海市，初一的地理月考。

_____

① 孙绍先(1913—1992?)：辽宁沈阳人，电机专家。1937 年毕业于清华大学电机系，后留校任助教。抗战期间随清华大学南迁，任西南联大电机系教员、讲师。后赴美学习，1945 年获麻省理工学院硕士学位，曾为美国电机工程学会会员。

10 月 12 日　土

学校是借的李家祠堂,李家是本地的一大商家,很有钱,但并无功名。教室都在祭堂里,还有神龛牌位,没有窗子,只有格子门,教室也一共只有五个,再多也不成了。早上郊外跑步,我也没有去,尤其是腿酸。上了四课后吃饭,饭后便回附小。凤竹告诉我说奶妈又要走了,这个漂亮的奶妈也是没有奶,漂亮不能当奶吃,况且娃娃每次吃她的奶都大哭,娃娃吃惯了奶多的人吃不惯她的了。要走就让她走吧。下午学校举行爬山比赛,我也没有参加,做杂事,洗尿布,打水,和奶粉,预备订牛奶给娃娃吃。到这儿来换奶妈也有十几个了。校长请吃饭,我们也没有能去。晚上很倦,凤竹和我闹,我本来想回学校去睡,后来想到我要是一走,凤竹一定要哭。我喝了一杯热水,也不生气了,于是坐下来看书。

10 月 13 日　日

星期日还有什么值日老师,这又是杨苏陆兴出来的花头。不过也好,一天不出去,可以把几班的卷子都改了。早上到本部记好昨天的日记,张嫂就把小以靖(我们的孩子,名字是四姐起的)抱了来。我正在办公室里改卷子,娃娃哭,我抱她走走。校长室的门开了,原来曹书田睡在里面。一会凤竹来了,把娃喂饱放在校长先生的床上,我们一同到办公室来改卷子。中饭就在我们这吃的,饭后有预行警报,我们没有逃,学校里很安静,正好改卷子。凤竹到我房里睡觉,娃娃在隔壁老尹的床上哭,她睡不着,一会儿娃娃睡着了。我改卷子,她帮抄分数。到下午,七班的卷子已经全部改好了,便抱了娃娃回家。今天得祖麟的信,很高兴,基昌一封七月二十七日的信今天才到。我这小小的房间,我很爱它,听说又要搬到乡下的新民村①去,据说房子还很不错呢。改了一天的卷子,头胀的很,晚上想写信也不能写了。

10 月 14 日　月

　　早上起得很早,想到大好的光阴浪费了,于是想到要有一只洋蜡烛点起,不是可以做事了吗？电灯在夜里一点就没有了,对于我这个不惯开夜车的人颇不好,我愿意开早车,早上他偏偏没有电。

　　纪念周,校长骂学生时间骂得太长了,占了半点钟的上课时间。各班的分数也报了上去,不及格的没有报。下午去承新街拿我订的杂志,拿我订的新皮鞋,十块钱又没有了。这个月已经借了老薛五十元,不够怕又要去借,现在才半个月,钱已经全部用光了。回到附小,又帮凤竹做许多杂事。不知怎么的,有个娃娃,事你就做不完,现在还不要洗屎片子呢,晒被窝,洗碗,打水,加炭,喂奶煮奶。今天起订新鲜牛奶给娃娃吃,冲开水,倒痰盂,钉被子等等,全是些做得看不见的事,一下午就这样忙完了,厨房、房间跑的就没有停过。

　　四点半,师生们打篮球,又得去操场参加。操场在校外小的可怜,另有两个篮球场、一个排球场。老师打输了,我当公证人,老殷上场,结

---

① 国立西南师范学校在昭通七年,前后经历了四处校址。1939 年在李氏家祠;后为了躲避日本飞机轰炸,搬到新民村;后又再迁至北闸,国民政府教育部拨款在闸上修了几大排平房;但因天气冷,风大,运输不便,又搬迁到城里武庙和东岳庙两处办学。

果我们反而赢了，大出学生的洋相。晚上吃鸡，晚上牛肉没有烧的太好。找了许多特约编辑来我房里谈话，请他们多写文章。本不想回附小的，但已经快九点了，事也不能做了，况且凤竹一定要叫我回去，于是叫开了大门回附小。凤竹已经睡了，我和张嫂两人叫了半天也叫不开门，但张嫂一下把门推开了，把凤竹闹醒了，把她的瞌睡闹，于是和我大闹。后来我和她睡在一头才好了，一觉醒来灯已熄了，喂了娃娃一次奶，天已经快要亮了。

10 月 15 日　火

下午睡了一觉起来去上课，上完课回家，今天天气特别冷，想穿新做的棉袍子。回家烤火抱娃娃，娃娃吃新鲜牛奶也还好，就是怕有火气，赶快买梨来给她吃。今天回家很舒服，吻吻小的，吻吻大的，自然还是小的嫩一点。凤竹在做她自己的罩袍。送牛奶的老妈妈来兜生意，送了一束野菊花来，用大缸子插着很好看。我把小铜瓶找了出来，也插了两支带回学校里，放一点花，似乎有生气一点。想写两封回信给祖麟，也没有写。背背诗，说说话，已经下自修了，也来不及写信了，只好睡了。

10 月 16 日　水

一连上了三课，公谈还要我讲，好在昨晚已经有准备了，就讲《谈读书》，很快一小时就过去了。早操到野外跑步，我也跟了去，从南门走一条两边都是柳树的路跑，快到元宝山了，我们才回来。风景颇不错，就是差点水。听凤竹的话，吃完早饭就回家了，今天没有什么事做，很高兴。和凤竹谈谈闹闹,我说她不为我,光为孩子,为自己,她哭了,好容易才哄好。让她睡觉,我坐着。她睡着了,孩子也睡着了,我坐着看唐诗。外面学生上操,一二三四的把她吵醒了,我便和她谈我们家里,从靖达公一直到夏妈,很有趣。每天的生活要能如此就好了,到昭通还是第一次,这样安闲的半天。吃晚饭了,凤竹不让走,今天也包我们的饭了,饭拿得很多,两个人吃都吃不完。晚上也不让我回学校去睡,本来计划写祖麟的信又写不成了。凤竹说,你不知道一个人在家是多么的寂寞啊。因为今天没有睡中觉,八点钟就预备和娃娃一起睡了。凤竹还在做衣裳,她睡在我脚头。

10 月 17 日　木

夜间十二点电灯熄了,娃娃醒了,喂了娃娃又睡了。夜里,喂娃娃奶,给她换片子,穿好衣裳出去大便,月色好极了。上后面大殿的高楼,去看月亮,一条云在山半腰像大江一样,月光下的房屋、小丘,都变得十分的美观。天快要亮了,有一点淡淡的红日出来,夜色还是浓浓的,在同一个楼上,全都可以见到。

很早到学校了,早上一点空也没有,抽出上课前的半小时来写祖麟的信,当然写不完。饭后又睡了一觉,起来继续写信,又得举行作文比赛,还要印卷子收卷子,这样一来弄到了吃晚饭。饭后才回家,凤竹不愿意,一定要留我在家里歇,说了好多话,我想隔几天回来一趟要好得多。结果我还是回到学校里去了,还有陆八、孙基昌的信没有写,但是没有邮票了。这个月又借了老薛六十元,奈何奈何。

10 月 18 日　金

今日值日。教书一点兴味也没有，尤其是地理，全是这样的，老是浙江省浙江省，自己也腻了。历史也只能照书上的讲，也不能加课外材料。吃了饭改了一点周记，改周记还好一点。便回家，凤竹还是装着生气的样子，但是一会儿我们便搂着玩了，两个人一同逗弄宝宝。凤竹给宝宝打帽子，我把它拆了，要她给我先做棉袍子、大褂子。我们一同到小孙房里去裁，让娃娃在房里哭。杨苏陆来了，和他一同回校，到初一的教室里去发周记。和他们一起去清官亭步月，他们谈南通师范的事，我一点也答不上话，没趣，回家。

这本日记费了两年多的光阴，其中断断续续，最要紧最精彩的地方，是在匆匆忙忙中写成的。生活不安定，是记日记的好材料，但没有功夫写，也想不到要写。倒是生活安定下来，又没有什么可记的了，但却有功夫和时间来写它了，这是我记日记以来最大的缺点。这两年中变化最大，跑路最多。是由汉口、长沙、桃源、广州、香港、梧州、柳州、贵阳、重庆、昆明、呈贡、宣威到昭通，西南地区差不多都全跑到了，人也是由一个人、两个人，现在已经是三个人了（这是祖麟来信说的）。这两年多，可以说是走坏运的时候，但也可以说是走好运的时候，经过种种困难艰苦，居然过了下来，活了下来，这不能说是不幸中的大幸。我老是说想找一个能安定的地方住下来一两年，本来先以为昭通总可以，现在也不成了，学校里的种种不能使我满意，常常的空袭也不能使学校安定。现在学校预备搬到乡下新民村去，在这李家祠堂和关岳庙还不知道能住几天,希望能维持了这半年吧。战争战事不知道何时才能结束,我们也不知道何时才能回到家乡,三年来,飘泊流离也够了。这种生活固然是痛苦,但另一方面却也是一种快乐。如果没有战事,我不会到云南这个地方来,更不会到昭通、宣威这样不方便的地方。

附录:

沈其道　贵州安顺,第二号信箱

刘静华　香港班设道宁养台六号四楼

陆榴铭　扬州东关街二八九号

董　晔　四川江津国立第二安徽中学

苏景泉　兰州曹家巷一二号,张念祖转

李远义　易隆叙昆路第二总段

窦祖麟　浙江於潜民族日报,查如棠先生转

李鼎芳　四川白沙上松林,中央图书馆

夏　妈　合肥东乡,撮镇大桥下,益泰仓宝号,转交南岗夏钟元收

张宇和　成都华西坝金陵大学

周耀平　宜宾农本局仓库转

华粹深　北平辅仁大学,华愈收转

陶　光　昆明西南联大中国文学系

张元和　上海愚园路愚园坊二十号

陆鹤仙　合肥三河远庆坊

田祖泰　上海金神父路二十二弄四十六号

刁集亭　贵州铜仁,国立贵州中学

蹇先艾　修文,省立高中,遵义老城北门,姚家巷三号

李宗斌　重庆上清寺二三一号

叶至美　嘉定国立武汉大学,叶圣陶转

俞兆习　云南保山第四号信箱,黎治永转

张定和　四川安江文庙,国立戏曲学校

杨苏陆　昭通国立边疆师范

(第二十本结束)

10月19日　土

早上到学校,学生已经出去跑步了,我在房里写日记。上一本日记记完了,现在来记新的这一本,希望今日起不要间断,只是希望做到,我做不做得到还是个问题。晚上我们的调羹会,王建明请客,在万象村。凤竹先说不去,后来又要去,走到半路她不放心娃娃,又不去了。晚上吃过饭买了点黄果、橘子回去,太太不生气了。

10月20日　日

早上起来收拾房间吃稀饭,小胖子(曹履模,曹书田的女儿)来玩了半天。让凤竹睡,我去学校把一篇跋写好。在学校吃的中饭有三个人,别的人都到新民村去了。饭后王建明到我房里,我们谈了许多学校里的事。他告诉我一甲班有许多学生想要逃走,原因是因为朱老师太凶了。谈到学校里的事情太多,太繁杂,叫学生先生们全都忙得不得了了,自然只好扯烂污了。谈得很久回家,凤竹又在假生气。下午附小的别家都出去了,只有我们一家没有走,张嫂也急死了,想出去,想抱我们的娃娃出去。凤竹做衣服,谈了一下午。

10 月 21 日　月

太过分了,一天都累累的。纪念周时校长讲话,倒是比上一次讲得好。三课上完,吃完饭之后,一觉睡到四点,看看校刊上的文章,回家一趟。娃娃乖乖的,凤竹也乖乖的,在做我的罩袍。抱娃玩了一阵,快吃饭了回学校,得殷老总及叶至美的信。二姐、三姐、大姐、五弟自己人的信倒全没有信来,使我觉得朋友们比我家里的人还要好。晚上回学校,和老朱谈逃难的经过,后来又和杨苏陆喝茶。下雨,明天要到龙洞去旅行,大约是去不成了。

10 月 22 日　火

下午开什么疏散委员会,在校长的房间里,全体教职员工到了。有曹书田(校长),杨苏陆(没有宣布的代教务主任,兼班主任、国文、英文教员),曹培良(事务长,兼体育教员),张宗和(初一级任,兼史地教员),尹恭峋(初二级任,兼艺术教员),吴忠煌(会计主任,部派),王建明(二乙级主任,公民教育概论、方言教员),朱啸云(一甲主任,兼国文历史教员),薛志昌(艺术教员),高慧珍(吴忠煌的太太,会计师助理,绰号"广播电台"),易沧粟(曹校长太太,音乐教员,兼教务员,最近在害牙)等人,尚有孙绍先(清华九级同学,昭通电厂电机部主任,兼任算学教员)。讨论怎样搬家到新民村,无聊之极。我这根本到现在还不赞成搬家,所以话也没有说,开了两点钟的会,我只打哈欠。

10 月 23 日　水

昨晚回家睡的，早上跑来慌慌张张的，脸也没有洗好。下午回家，凤竹说她又吐了两口血，粉红色的，下午我们都不太高兴。接到大姐、三弟的信，说三弟在渝呕血，更是不痛快。娃娃又闹得凶，一直到晚上才好一点，晚上自然在家里歇了。

10 月 24 日　木

仍然在家住。

10 月 25 日　金

值班，明日去旅行，请假的人特别多。值班什么事也不管，讲初中的历史，用《史记》讲《春秋》的事要，很有兴趣。明天旅行到大龙洞，太太说你可以去玩了。

10 月 26 日　土

旅行去大龙洞，去的时候，我和王老师王毅斋走的，也不太累人。一路风景也还好，有两个牌坊，路边有时有龙洞里流出来的水，十五里到龙洞，在一片松林里有一个庙，已改成电报局了。庙的最后面有一个龙洞，很大，很浅，有泉水，是昭通城全城的饮料。洞里有一块匾，叫"饮水思源"。一湾流水还不错，水边有一个护泉亭，造的还不错，可惜一副对子太差了。到山上的一个沙坪上开会，校长也骑着马来了，于是又是训话。以及余兴，各小队都有表演，但没有一个精彩的。最后我们老师还表演了,我唱了一个"身背着花鼓"。回程我骑马,在龙洞街上吃了一顿饭,三碗面一碗饭。洞并不算好,可水还是好。

到家,杨苏陆、曹培良请客,我也吃不下了,人也累了。

10 月 27 日　日

星期日一天没有出去。警报,紧急警报,也都没有出去。附小的人全都跑光了,只剩我们一家和老谢一家,老谢还是刚刚起来呢。在家做一天的事。夜间凤竹醒来要喝水,我迟了点起来,她便生气了,自己起来倒了一杯,把水泼在大红被子上,被里子都映红了。她又一个人穿了衣裳起来,坐在小床上生气,看看也看不下去。电灯熄了,她点了一支蜡烛,我还是不动,她也不动。抱到床上,我说被里臭,她又生气,又要起来,是我用力把她捉住才好的,一夜没有睡好。

10 月 28 日　月

校长在龙洞未回来,纪念周杨苏陆主持。得耀平航空快信,要我到仰光,使我犹豫了半天,但终于是不能去,决定回了他。凤竹得孙源自香港寄来的胭脂,她也很高兴。但谈到要去仰光的话,她又哭了,这叫我怎么能走?下午凤竹特别待我好,我睡了一个午觉。晚上来学校一趟,没有做什么事,看看照片就又回去了。

10 月 29 日　火

预备了《史记》正要上,下午第二节时却放警报了,学生全都跑了。我也到附小,附小里的人也全跑完了,最后老陈、老张也跑了,只剩下我们一家三人。紧急警报了，我们也从后门出去，走到城墙，没有地方好走，在大树下坐了一会儿。娃娃闹，我们又回来了。一会儿也解除警报了，我们去把门开了，在门口看到逃出去的人回来。校长回来说没有吃饭，我们请他吃了两个梨，我回到学校吃晚饭。打回电给耀平，说我不能去仰光，到电报局，说是沾益被炸了，日机低空飞行，用机关枪扫射了四分钟，校长回学校大发脾气，因为易沧粟没有弄饭给他吃。饭后在教导处，易沧粟来了，我们原说好了，跟校长一同去看戏的，来了以后，两人又大吵，很不好看，在办公室里夫妻吵架。

10 月 30 日　水

校长叫我到办公室，要我荐他到仰光去，他想逃避易。他用我的名义又打了个电报给耀平，我们一同到电报局去发的。我对于他们的吵架没有意见，他要我对到仰光的事保守秘密，但我希望这事不成。成了，校长走了，我们这儿又将有变动了。

凤竹又发寒发热了，一下午都在家里，晚上也没有回学校吃饭。

10 月 31 日　木

早上凤竹又吐了一口血，但只有一口。发薪水，还老谢六十元，只剩七十元，希望这个月不要再欠债了。一下午在家里做些零碎的事。晚间娃娃闹，凤竹病，心烦的很，抱着娃娃出去玩。到曹太太房里，吴太太、吴老爷、建华他们都在那里，都夸奖我们娃娃，心里很高兴，多坐了一会儿。回房里改改地理本子，全是抄的，还都抄错了，我太生气了，我觉得我费了这些心对他们，原来他们是这样敷衍了事。也没有改完，电灯就熄了，气的睡了觉。夜间起来两次喂娃娃奶，换尿片子。

11 月 1 日　金

校长和太太之间的冲突似乎越来越重了,校长一定要走,这几天非常消极,今天晚上开国民月会也不出席,由杨苏陆主持。我是因为太忙,会也不参加,改周记。校长在里面房,我进去和他谈了半天,卷子也没有改好。

11 月 2 日　土

凤竹还是有点发烧,她叫我早上不要去上课,调了两点钟到下午去上,早上在家里帮她做家里的事,她就可以休息了。十点钟前,我在家里烧火,洗娃娃,又去煮奶,忙到十点钟还没有忙"定规",只好走了。

下午老朱请洗澡,叫上海浴室,木盆,不能睡,擦背也擦得不好,就是脚还捏得不错。老朱请校长、杨苏陆和我洗澡。回家老谢又请客,在"万象春天",今天菜还不错。晚上回来买了橘子和栗子,预备讨凤竹的好,谁知栗子又是回锅的,不好吃。

11 月 3 日　日

早上把事情做完写信,老谢来叫,说校长不开门,叫我去叫。朱、杨他们做圈套,叫易沧粟写了一个条子叫校长回家吃饭,校长不开门。我到师范,王老师在叫门叫他开,他还是不开,把易写的条子撕了,看都没有看。我们都在学校里吃饭,耀平回电来了,是"查阜西在此处"。我心里很矛盾,校长今天已决定要走,东西全整理好了,还问易沧粟跟不跟他走。我以为他昨晚接到重庆的电报了,我不愿意他走,但他若是真走,学校自然受很大的影响。我们也许又要换地方了。

请校长到房里来，正预备打电报，杨来了，自然是劝他不要走的话。去上海理发所，新开的一家店，还不错。

凤竹"特别"来了，火气大，老发张嫂的脾气。张嫂也在害牙，没有精神，但是欢喜出去玩。

11月4日　月

校长他们已经好了，杨苏陆使劲的劝他们，把两人拖在一起。昨晚校长回家去睡了，今天他们似乎很高兴，对我说一波平了，一波不知道何时再来呢。电报他也复了，就结束了这桩公案。

晚上趁孩子和凤竹都睡了，写了不少信，二姐耀平、四弟、三弟、八姐，一直写到放气之后。我睡小床。

11月5日　火

早上天还未亮就醒了，和凤竹谈旧事，一直谈到天亮了。考地理和历史，下午的历史课让给王老师了。我没有课，睡了一觉，没有被子冷得很。晚上对过尹师母的房里很热闹，我们带娃娃，也没有去玩。凤竹买了不少的东西回来，吃大餐。睡不着，晚上太闹了。

11月6日　水

下午凤竹去洗头，我家里看娃娃，写了五封信(鼎芳、远义、其道、和宗、五弟)。娃娃很乖，她哼哼，我也不理她。晚上校长请客，请实业公司诸位，客人到的不很多，于是我们教职员也凑了一桌，凤竹、吴太太也都上了桌子。有实业公司的事务主任，最后还不走，要听昆曲，凤竹有点冒火，况且这些家伙都不懂得昆曲，上过席，我叫凤竹睡。不唱，我们自己唱一曲《佳期》。

学校已经在搬了,下星期一定得到新民村去了。下乡问题很大,凤竹不能去,至少得等我去把房子找到,也要把小孩子的吃的弄好才成。

11 月 7 日　　木

明天考试,卷子又堆下来不少,下午和杨苏陆去看了看昭通女中和男中。女中简直糟心得很,冷落的很,上课的时候也没有人上课,老师也一个没有见到,图书馆里也没有什么书,杂志画报也全都是旧的。到男中,见到一对夫妻,他们是那边的老师,还不错,太太陈老师,许先生是北大的,人还不错,他们也不满意男中。在王老师他们房里又遇到姜先生,回来快吃晚饭了。

11 月 8 日　　金

凤竹总是不大好,这几天老是咳嗽,也冒火,这都是不能休息的缘故,提起她的病,她就哭,老是说不得好了。今天得到好消息,说日军退出广州、海防了,日军准备撤退了,这还不知道真不真,但这个消息确实是令人兴奋。我和凤竹说,她又难过了,说"我不知道还能不能回去过快乐的日子"。学校昨天已经开始搬了,校长下新民村去了。天气特别冷。

11 月 9 日　　土

暂停搬家了,一天都是别扭事,凤竹老发脾气,骂了这个骂那个,我劝也劝不好。

11 月 10 日　　日

睡到送牛奶的来了才起来,起来后就做房里的事儿,一会儿又到吃饭了,昨天买了个鸡来红烧的,中饭还吃得好,下午帮凤竹洗娃娃衣服。在后面院子中大太阳底下洗好衣服,我上街去买东西。买了核桃糕、脆糖,又买了两个蛋糕,又在一家小店买了娃娃吃的蜂蜜。回来又买了一点金钱酥,又买了黄果,手都拿不下了。回家叫凤竹,凤竹在后面看衣裳,校长老尹他们全在,他们还拿我寻开心,说我是标准的爸爸和标准的丈夫。晚饭吃鸡,吃茭白,很不错。

11 月 11 日　月

校长先生又来主持纪念周了,讲罗斯福当选总统与国际局势。

11 月 12 日　火

中山先生生日,放假一天。昨天晚上和凤竹闹别扭,把四块肥皂丢到痰盂,一会儿又好了,自己起来用火钳把肥皂捡起来,早上又来烤肥皂。放假也没有闲着,上午房里的事做好了,凤竹帮我改卷子。下午也没有空,二弟、二姐、孙基昌又全都有信来,心里很高兴,就是在昆明的人不给我来信,不舒服。

11 月 13 日　水

又有什么书法比赛,把空的一点钟又占了。看了一本八月初的《时与潮》①,已经过时了,但似乎看的还有劲。下午回家写信,凤竹写信给她

① 《时与潮》:半月刊,1938 年 4 月在汉口创刊,主编是齐世英,是一份时政性的综合刊物。在当时的背景下,该刊派有驻外记者到英、法、印及南美洲等地,加强了当时中国与外界的联系,在当时具有很大影响。

哥哥,写的面红耳赤的,提起她家里的事,自然有许多地方叫人伤感。哥哥来信说,要把她母亲葬回镇江去,预备在母亲的坟上立一块碑,刻上一点字,要风竹也写几句。风竹叫我写,我想到生离死别是人生最痛苦的两件事。在二七年十月二十日那一天,是她们母女分离的日子,也就是死别的日子。这一别,还不知道哪一天才能够见到她母亲的坟。想写,但总是写得不好。我写了两封信,一封给二弟,一封给陶某。

杨苏陆叫人来叫我去,说有事,是替学生重新挑铺,弄得人一头一脸又全是灰。晚饭后回家,风竹又病倒了,我知道是为了写信兴奋的缘故。娃娃下午又闹了一下午,晚上睡的还好。

11 月 14 日　木

学生逃走了六人,一甲二名,一乙四名,为的是这两天打风很盛。老朱把一甲不及格的学生打了,老尹也打了几个人,逃走是一种消极的抵抗。我们这个学校最讲究严格,一点点小事就要管,一天到晚就是管,太管得凶了,学生自然受不住,受不住,就只好逃了。学生出逃在这儿成了一个风气,别的学校从来没有这种现象。我管初一就是不管,让他们去,人不是管的好的,不管也并不一定就非坏不成,况且我自己觉得我不配管人,也不会管人。一到这个学校,我不满意,就是为了他们的花样太多,叫学生太忙,这个结果是一样也做不好。给学生的花样多,对我们教员花样也很多,使我们一点空也没有,自然我们也教不好书。晚上,杨苏陆对我和王建明说我们不管事,他们也不满意,我于是大发一顿牢骚。本来老尹和老朱打人也不算是错,校长先生、教导主任也打过学生,为什么班主任就不能够打人呢?我的不管是为了反对太管。下午不在学校是为了太太病，孩子小，没有人照应，我还没有为公忘私的修养。况且教员之所以有别于公务人员的好处，就是在于不坐办公室，较公务人员要自由一点。我又和杨说，校长和教员的关系，不是科长对科员的关系，今天曹书田对杨苏陆的态度（早上曹当着我的面说杨不听话），我就大不以为然。我自问我自己没有对学生教书扯烂污，我也不会因为校长的不乐意我不常在学校，而改变我现在的态度，我仍然还是要每天下午回家去的。

回家很迟了，凤竹已经睡倒了。告诉她这些话，她又上火了，以后这些不快意的事不告诉她才是。

又举行什么警备练习，地点在附小，我们房前面的大院子里。我记得这种花头，二十年前我们在一师附小的时候就有过，他们觉得是很严肃的事，在我看来简直是拿学生寻开心。深更半夜的把学生闹起来，在大院子里训话，学生一个一个的打抖，一个一个的咳嗽，这还不是没屁眼的事儿是什么呢？

11 月 15 日　金

正上第一课初中历史的时候，警报来了，一跑就跑了三课，上午就不上课了。附小有不少人，连最怕的易沧粟夫妇都没有跑，原因是他们还没有起来。

11 月 16 日　土

这两天对于学校大不满意，其实是因为上一次杨苏陆传达曹校长的话，不过本来对于这个学校就不满，一来就是如此。但是既来之则安之,也只好在这里暂时蹲下来,原来预备在此能多待一些时间,现在看样子也不成了。我的困难就是因为有一家三口,妻子病弱,女儿小,动弹不易也。晚上,杨苏陆、老朱找我看戏,昨天老朱因为警报关系,午饭迟了,就请我和杨苏陆在新开的一家糖食店里吃炒饭和冰糖百合。今天杨苏陆来找我听戏,是《斩黄袍》,滇戏。《徐策跑城》《贵妃醉酒》《花田错》还好,但总是不过瘾。回家并不迟,娃娃闹,凤竹发脾气。

11 月 17 日　日

这两天凤竹老是闹脾气,事情也是不如意的多。如吃饭,这两天冷,饭拿来了总是冷的,又没有东西热,火盆上又不好热,我们已买了一个小黄泥炉子来了,饭菜又不对她的胃口,娃娃加吃豆浆又闹,又加上我们学校不如意,所以更不开心。今天一大早起来,为了我给张嫂一个小港币,她当面冲我,不给张嫂,我便生气了一天。但我一想到她身体不好,总是让着她,她说我不和她对,有时忘了对几句,忽然想起我马上咽下一口气,不说也就不会吵了。

早上醒迟了,忙了一阵,我先把娃娃剩的豆浆吃了,凤竹下面来,我又吃了两大碗面。中饭吃不下,一点钟才吃的,凤竹鸡蛋炒咸了,我不高兴。晚上烫饭吃,我只吃了一碗饭。

天冷,曹太太、吴小姐、秦老师、小胖子都来我那间屋里烤火。下午凤竹硬要我躺下休息一会儿,张方林来和她谈谈学校里的事。张方林长胖了,我们娃娃长大了,像张方林也不错。晚上一上床就好了,不吵了,大家都累了一天。凤竹听不得娃娃哭,娃娃一哭,她便什么事都不定心做了,火气也大了。

11 月 18 日　月

新来一位教算学的王先生(孙绍先不教了,电灯公司的事太忙了),三十几岁,人还不错,不大说话,是东川人。因为他来,所以功课表有了更动,本来我除了星期二之外,下午全没有课,现在调得有几天下午有课了,不大好,我不欢喜。为了小小的事儿和凤竹争了几回,我还是不成,不能忍下来。

一早起来精神很好,喂了孩子的奶,秉烛读《史记》,凤竹又闹我,叫我上床,我和衣倒在她身旁。晚上收拾完,我抱着娃娃哼着京戏,凤竹兴致来了唱昆曲,引得曹先生带了小胖子来。听了一曲《惊梦》,又二人对唱了一曲《折阳》。到昭通来这样久,还没有这样唱过,这是第一次。

11 月 19 日　火

下了课,和杨苏陆去南门吃烧卖,化雪,路很烂,小店还不错,烧卖也还好吃。晚上级主任老师开会,评学生操行,并没有多大意思,还得加自习。

晚上凤竹又不大好,因为天冷烤火的关系,老是牙疼,一夜醒了好多次。

11 月 20 日　水

我醒来喂娃娃,睡不着,想起了许多事来。到学校吃过稀饭,写了封信给小弟,小弟来信,文字大有进步,可以造就。信上提到爸爸,很使我难过一阵,爸爸这下半年是一点福也没有享到,一点快乐也没有。爸爸活着的时候,自己也常说,如何可以快乐,我们那时都不注意,以为他老人家发神经。

凤竹老觉得事情别扭,买了肉回来又找不到张嫂买酱油,忙着要钉娃娃的被子,又要换床,我们睡大床,让娃娃睡小床。晚饭我在家吃的,饭又不够,晚上我又想看看书,于是她便说样样事都不顺心。她不顺心,我们一定就要生气。生气对自己身体不好,已经忙了,还要生气,但要不生气却不是一件容易的事,我自己也做不到,能做得很勉强。身体和生理是互相因果的,身体不好便容易上火、生气,生气,身体也一定会不好的。晚上睡大床,一人一个被窝,睡得还不错。

11 月 21 日　木

今天的课最多,老朱的课少,明天我的课最少,我明天值班,老朱今天值班,于是我们两个调了一调。我今天来值班,要苦就苦今天一天,不愿意零零碎碎的受苦。五课完毕,抽空回家一小时又赶回学校,和他们去元宝山踢球。到元宝山的一条大路路畔有杨柳,是昭通附近最美的风景区,可惜现在柳树上挂着枯黄的枝,满地的落叶,也没有多少水。元宝山边上草场短短的草,适合做运动场,小山上的庙里住了兵,不能进去,据说也是被破坏得不堪的了。我自然不加入踢足球的,就是出城去走一走也是好的,回来和杨苏陆走在最后。晚上赵家栋和南燧章吵架,为了这些小事我很生气,把赵家栋大骂了一顿,赵家栋读书不是很好,就是顽皮,我不爱笨而且不守规矩的学生。放气前回家,凤竹已经睡了,假装睡着,留个条子给我,叫我封火并留水给我洗脚。太太总是体贴的,若是她没有病,身体好好的,她一定会好好的服侍我的。

11月22日　金

只有两小时的课,舒服得很。早上在家吃的营养餐(娃娃剩下来的)和煎荷包蛋,凤竹起来做的,吃得很饱,中饭也吃不下好多。下午没有课,写了封信给宗斌。本想和凤竹出去吃烧卖的,她不去,于是替娃娃洗澡,娃娃也长得不错,洗好澡,凤竹累了,也不想出去了。五点不到回学校,吃过晚饭到七点才改好本子。回家,凤竹在尹建华房里,我吹笛子,一会儿她也回来了。逗娃娃笑,娃娃大笑,她也抱累了,她身上一会儿这痛,一会儿那痛,劝她先睡了。

11月23日　土

这两天凤竹总是爱生气,碰碰就和我生气,我也没有法子,为一点点小事,她就生气。不让我看一点书,我一看书,她就生气,起早了她也生气,有许多事是她为我好,但是我却不舒服了。

11月24日　日

又是"倒头的"①,又要值班了,不管他,先把早晨的事做了,到九点钟才去。本预备今天一天改地理的本子和写信,谁知道一样也没有做到。早上听曹书田和杨苏陆为《龙夫人》而吵,又说到周刊上不应该登带有讽刺性的文章,我颇为生气。上次杨苏陆说过,后来又和我说,一直谈到吃中饭的时候。原来说要回家吃腰花的,也没有去。今天值班要看学生,值日生要向队长报告,还要向值日老师敬礼,简直想不出一点道理

---

① 倒头的：方言,"倒霉"之意。——整理者注

来,因为值日老师不能代表教育部(出津贴给师范生吃饭的是教育部),又不能代表上帝和佛祖,并且学生的饭常常吃不饱,弄得到处敲饭桶,老师还要出来骂。下午回家,腰子没有做好,晚上吃的。下午到学校看《萍踪忆语》,邹韬奋作的,大骂美国的资本主义,别的事又没有做。

11 月 25 日　月

五课空一课,忙着看校刊《南风》的稿子,吃饭后,就忙着贴,今天从早上起身后一直忙到下午两点半,没有停过。下午又检查身体,替学生看视力,听表声,无聊极了,一下午又走掉了。

11 月 26 日　火

忙人的一天。下午我回家时娃娃、凤竹都很好,娃娃穿短衣(今天天气好),带她去小学磅一磅,十一磅,凤竹只有七十二磅。到南门去吃烧卖,抱着娃娃一同去,杨苏陆也去。今天大高兴,到南门小馆子吃烧卖,很满意,馄饨也很满意,我们全吃的很饱。又到昭通中学,一个教员也没有找到。回到家,天已经黑了,凤竹说她吃得饱胀的很,又是我先睡的。已经欠的很多信了,得找个机会复信,还有两班的地理本子没有看。

11 月 27 日　水

我每天回家都担忧,担忧娃娃哭、凤竹在家生气。一天中最好的时候是晚上娃娃睡了之后和早上娃娃未醒之前,在这两个时候,凤竹待我最好,其余的时间我们两个人都忙,上午我总没有空,下午我也总是有课。回家常常不顺心,饭菜凤竹吃的不顺心,佣人也用得不顺心,做事总是不顺手。而每天总是有那么多的事等着你去做,不做就是不成的,而且有时候事情很别扭。如今天的火就成了大问题,到厨房去烧了三次都没有烧着,于是凤竹大发脾气。下午娃娃睡了,凤竹出去买菜,买猪肝,钱不够,还是向老薛借了一块钱,才把猪肝钱付了。我到学校吃了晚饭回来,凤竹又哭了,说火又熄了,煽了半天才煽着。明天又是我值日。

11 月 28 日　木

我还是抽空回家看一趟,凤竹眼睛肿了起来,火气,不舒服,天天和我吵。值班只写了两封信,一封给三弟,一封给蒋启良。三弟已于十一月一日和俞晨结婚了。

11 月 29 日　金

今天是我最空的日子,但并不惬意,十一点下课,校长叫住我,要我替他看公事,我没有能回家吃饭,下午也弄了半天才弄好。下雪,冷的很。回家,凤竹和我大闹,说好回家吃饭的又不回家,我说周记还没有改好,她更生气。四点半回到学校改周记到五点半回家,只有数本没有改,晚上我还要去,她不让,又吵了一晚上。校长走过来,我们才没有吵,晚上各人睡各人的被窝,简直没有理她。今日发薪水,名义是二百一十元,实际上只得了一百四十三元,扣了两人的饭钱和一切学校捐的杂税。

11 月 30 日　土

夜里醒,凤竹哭着说脚冷,于是又到我的被窝里来了。她说她之所以和我吵,就是希望我多在家里谈谈,谈到天亮了,听到吹升旗号了。今天五课,我还杨苏陆钱五十元,我还欠他二百元,他不要,留着自己用吧。晚上看戏全本《红鸾喜》。

12 月 1 日　日

今天一天总算过得还不错,虽然忙一点,却是高兴的,美中不足的就是娃娃有点泻肚子。早上我大睡,凤竹先起来做事。吃昨天买来的烧卖,十分可口,大满意。下午为娃娃洗澡,张嫂不安逸,我自己又洗尿片子。凤竹又和吴太太、吴小姐她们去买鸡,预备来家做风鸡。在家看看书,晚上很早就睡了。

12 月 2 日　月

得宗斌信,说在重庆遇到徐迟、庞致中等一帮熟人,颇为高兴。我也为之大高兴,何瑞修由昆明来,中饭后陪他到家里去一趟。晚上,我们三人老尹、老薛请他在小馆子里吃饭,一点也不贵,才十块钱。

12 月 3 日　火

夜晚没有睡好,很倦,今天一天又是一连五课。下课回家,因为买了两背炭,把房里弄得全是灰,我又做了两点钟的事,把房里弄干净,又要到吃饭了。

今天得五弟和老总的信,都说四姐于上月十九日飞渝的消息。自然今天一天和凤竹谈的都是关于四姐的事。我结婚了以后她已经不大相信我了,但我相信只要有机会和她在一起,我一定可以劝她的。

12月4日　水

抽空写了几封信,都是不得不写的。又为娃娃做了一次贼,偷了老尹房里药柜里的一点纱布,给娃娃做小手巾。

公谈是老尹谈(现阶段的抗战形势),听着人很多,我趁这机会把贼赃送了回家去。下午又有什么越野赛跑,我和王建明是终点裁判,在西门外牌坊处,有一个学生岳开杰来和我一同去的。回来时在三友小食店吃了一点甜食,冰糖白果还不错。

12月5日　木

值日五课,下午还抽空回家一趟。空时写了四封信(五弟、殷炎麟、鼎芳、蒋炳贤),把欠的信都还清了,但似乎还得写两封信。杨小姐结婚了,杨振声寄了帖子来,又得出礼钱了。

12月6日　金

早上就把周记本子改好了,下午可以不出去了,下午帮凤竹洗娃娃的衣服。为了我叫她看看火,她便大发脾气,把热水瓶的盖子丢了,当时我气得说不出话来。晚上睡觉又闹,本来睡得很早,但是到十二点后才睡,她睡了以后气得爬了起来打裤子,娃娃哭,她也不顾,我真是气极了。起来喂了娃娃以后,独自睡了不理她,但心里始终睡不着。十二点,她坐在桌边哭,我气也消了,下床来抱她上床去。当然没有睡好。

12 月 7 日　土

写了封信给三姐,她好久不给我们来信了,也许是为了我们不还她钱的缘故。五课上下来回家,今天凤竹好了,不闹了。杨苏陆来找我去姜四先生家去,久闻姜三小姐的大名,幸未一见,可惜无缘。我们去到他家,姜三小姐刚好今天动身到叙永去了,大失所望,特别是杨苏陆。和老太婆(四伯母)谈,自然一点兴趣都没有,于是只是每人吃了一个橘子就走了。出来买了不少东西,核桃糖、面包、黄果、带子、电池,大都是为了娃娃、太太。晚上曹培良在我房里谈了半天,凤竹说她"特别"特别多。

12 月 8 日　日

早上睡得很迟才起来,和凤竹商量好去改改地理本子,因为本子收来有一个月了都没有改,非改不成了。九点一刻到师院我的小房里,改到十二点才改起二十多本,题目出的不同,答也答得不同,于是我改的人就大吃苦头了。下午王建明又写条子来要打排球,我们还在家里吃茶、唱曲子。凤竹做的圆子又做散了,大不高兴,晚上白菜也烧得太咸了,弄坏了,她还怪我。打排球,和叙昆路的人,我们的人太少了,结果输了。好久不打球了,打的太累了,手和腿都酸了。娃娃很好,今天没有给她洗澡。

12 月 9 日　月

初去听校长演讲觉得还好,现在也不见得好了,大概是因为要想去改本子,一甲的地理本子还有一半没有改好呢。但我终于坐在长椅上听他讲什么"温故而知新"。第二堂上一甲的地理,把改好的还给他们,没有改好的一个一个的叫到桌子上来改，就这样仍然没有改完。第四节空课，出明天考师范各班的题目，我真是怕考试，学生时代怕考，到了当先生了还是一样的怕考，到何日何时才能不怕考呢？下午二点半后又出考卷，预备明天印。凤竹叫张嫂带信来，叫我回家和娃娃一同去照相馆。我一直忙到四点才有空，一到家凤竹自然生气，她已经擦好了胭脂，娃娃也打扮的美美的，她一定要去，不和她去一趟一定更要生气。走到大门口就刮风了，好劝歹劝，劝了她去。果然到永兴街东头一家丽华照相馆说是太迟了，照娃娃不好，照了一张。（二寸的三块五一张，添印一张一元二，"乖乖！"）

歇了一会儿，我劝凤竹去三友食品是吃糖食，她叫了一碗八宝饭，我吃了一碗白果。许多人都来看我们的娃娃，说好看，凤竹于是大高兴。到牌坊叫车子让凤竹抱着娃娃回去，我再到南门口烧卖店吃烧卖。烧卖涨价了，一毛钱两个，买八九个回去给凤竹吃她才高兴。她又是大人又是小孩，还是得骗骗她才成。

12月10日　火

第一节一乙地理，叫他们温习，想看看校刊的稿子，但学生们有许多问题，也没有看成稿子。第二节考地理，四班一起考，我监考二甲班，考下来卷子又是要命的一件事。为王老师监考二乙班的教育概论，第四节二甲班的历史，下午看校刊稿子，看到两点半才看好。上初中历史，无意中说了一句"譬如上望海楼去玩玩"，引得全堂大笑。赵家栋脸红，因为他曾经写信约女学生去望海楼玩。贴校刊也要去看着，又要忙着张罗稿子，四点半回家，凤竹没有和我闹，我告诉她我忙的情形。在学校吃完饭后，马上到大寓书店为娃娃买了一本小日记簿，凤竹说每天要替娃娃记日记。

12 月 11 日　水

今天一天很高兴，公谈改为个别谈话，回家帮凤竹淘米（预备磨了面给娃娃吃的）。今天天阴，水特别冷一点，为娃娃也乐意忍着，娃娃也是越来越好玩了。

12 月 12 日　木

今天早上醒来，已经不早了，又大便在痰盂里，大概是冷着了。今天考二甲的和初中的历史，考卷要到星期日才改了。晚上到王建明房里烤火吃茶，他似乎和我很好，这个人我还欢喜他。

12 月 13 日　金

这两天凤竹不大和我吵了，我们好多了。给娃娃吃的米粉磨好了，但是天阴还没有晒干。帮凤竹替娃娃洗小衣裳，她洗了，我替她"过"①。

12 月 14 日　土

第三节快下课的时候放警报了，学生跑了，于是我便回家。凤竹把娃娃抱了出来，她穿着红衣裳，漂亮得很，人人都欢喜。晚上在家吃饭，没有菜，炒个鸡蛋当菜。王建明谈他不愿意当奎乡小学的校长，叫我去

---

① 即"过水""清洗"之意。——整理者注

对曹书田说一下，我答应了。他不去当自然有他的原因，大概是因为他们不是诚心要他去当的，而是想叫他离开这儿。

12月15日　日

很迟才起来，在床上谈了很多的话，夜里我要起来喂一次奶，只能早谈。把事做好，改卷子。七班的卷子要改，改了一点，已经吃饭了。饭后有警报，我们没有逃警报，解除警报后，曹校长来硬要拖我去看足球比赛。我知道凤竹不愿意我去，我也因为要想一下子把卷子改出来，但没有法子只好去。走到路上遇见赛球的人已经回来了，于是回到学校来拿记分簿回去改卷子。好容易把卷子改好了，杨苏陆、老朱、老曹来谈，凤竹正在做菜，鸡汤、醋溜白菜、肉丝炒韭黄、炒芥菜等，好吃的很。晚上去曹校长房里谈谈，谈生活问题。我们的生活愈来愈难了，东西又都涨价了，但是我却不愁，愁也没有用的，还是坦然一点好。我们现在一共只有十几块钱了，还有半个月的光景呢，家里的钱又还没有寄来。回家来登记分数完毕，已经放气了，今天忙了一天，但是很高兴。

12月16日　月

今天是凤竹的生日(阴历十一月十八)，我一下课就回家，路上就想到该请她去看一次戏，自从有了娃娃以后，她就没有能好好的玩一下。让她在家里睡觉，我出去买牌子、买面。到街上一看戏很不错，是全本的《王宝钏》。从三关做起，一直到《大登殿》。买两张票，回来买了五毛钱的细面，晚饭在家吃面。想到晚上要有戏看，我和凤竹都很高兴的做事，一点也不觉得累了，到八点的时候，弄好娃娃睡了，月色很好，两人一路走一路谈，也不觉得累了。去了正好在唱《血溅鸳鸯楼》，接着就是《赶三关》《武家坡》，朱美英才出场，还算规矩，但是穿的青衣不好看，《大登殿》时穿宫装才好看一点。今天全是唱工戏，只有一段快板还可以听。叫黄包车让凤竹坐回家才十点半，上床我们又谈了半天，这两天我们的话似乎讲不完。

12 月 17 日　火

上课时学生愿意听，我也愿意多讲一点，也高兴讲一点，我不要全班的都注意听，一班里面只要有几个人注意听就满意了。下午一堂空课，看《史记》，现在只好利用预备上课的时间来自己读一点书了。回家凤竹又在发冷发热了，前两天太累了的缘故。晚饭没有上学校吃，凤竹吃米糊子，我吃她的饭。我也太倦了，但是我比她还先睡了，不该呀，不该。她在补记娃娃的日记。

12 月 18 日　水

公谈，个别谈话，只谈了四个，无聊的很，本来预备写信的，现在也写不成了。饭后有警报，而且有紧急警报，我回附小没有逃，凤竹就欢喜有警报，因为有警报，张宗和就不上课回家了。回家帮凤竹钉被子，又累了，睡倒也没有睡着。写了一封信给三姐，说大姐汇来的五百元钱的事。今天凤竹不大好。学校吃过饭，去剃头。

12 月 19 日　木

夜里凤竹不高兴。喂过娃娃奶，我就没有睡着，一直到天亮。到操场看看，好久没有上操场了。上午四课，一点空也没有，中午读《史记》。

下午上过一课后回家看娃娃,坐在小竹车里乖乖的。和凤竹玩一会儿,喂娃娃吃了米糊,我又回到学校来。在老朱房里听老朱大谈张宗昌。晚饭后写了不少信(三姐,五百元已到昆明,殷老总,李忠诚,李宗斌,景泉)。

12 月 20 日 金

没有课时,也没有做什么事。

12 月 21 日 土

昨天没有做什么事,今天可苦了,空的时间改本子。曹书田这两天晚上常来,他很欢喜镇江人,大概是因为他的女朋友是镇江人的缘故吧。

12 月 22 日 日

星期日特别不开心,凤竹上了床就和我好了,一起来就找着要和我吵,今天我生气了一天,到晚上才好。在生气的时候倒看了一部《伦敦战时事记》。凤竹为娃娃洗澡生气,她说她只要一做事就要生气,躺在床上就不会生气了。晚上大家在金碧餐厅吃饭,校长请客,因为他今天生日。到的人很多,同事们差不多都到了。吃烤猪席,小猪烤得好,最好的是有一只菜是冬笋,大概是好久没有吃的缘故,所以觉得很好。忙了一天,就是为了忙娃娃,叫她漂亮一点,晚间拖了她去赴宴的。回家叫车子让凤竹坐了回去,又买了不少吃的东西。

12 月 23 日 月

得陆八自舒城汇来的七百元,也没有说什么,大概是家乡的租钱吧。七百元中有两百元一张汇票写成了二十元,还有点麻烦呢。读老苏寄来的两本杂志《读书月报》和《文学月报》。今天还是高兴,大约是因为家里寄了钱来的缘故。

12 月 24 日　火

今天课多,也没有来得及去拿钱,钱大概是没有到吧。讲初中的历史,我拿着《史记》讲的,觉得很有意义,对我自己,因为我讲过一遍自己就记得了许多。写了一封信回何哥。晚上回家,孙凤竹炖猪蹄,味道颇香。今天她没有和我吵,睡得很舒服,一觉醒来天快亮了。

12 月 25 日　水

圣诞节,就是云南起义民族复兴节,所以放假一日。早上九点钟到护国团开会,我到学校刚九点,他们已经走了,于是我到小房里来写信,写了三封,蒋炳贤、何瑞修和夏妈。今天一天很开心,下午去看那两个"小屁星子"①。天气好,抱了娃娃出去,和曹培良一起走的路,路上遇见老朱和杨苏陆。同到姜四先生家,太太出来招待,小姐也见到了,脸也不好看。孙基昌来了不少信,其中有汪精卫的词,和曹书田研究了半天。

12 月 26 日　木

早上到学校很早,他们刚去上早操,我没有跟着出去,在房里为杨苏陆写信给罗莘田,请他给杨的女友王丽萍找事。四课上下来吃饭,饭后和杨苏陆去邮局拿钱。找到邮政局长,说票根还没有来,说明天可以有广州汇来的十元,孙基昌代他公公寄来给小毛丫的钱。下午第一课,

---

① 小屁星子:安徽方言,昵称,"小乖娃"的意思。——整理者注

课毕回家一趟，喂了娃娃一顿米糊。凤竹写信回公公。回学校来了，写了四封信（小弟弟、五弟、三姐和陆八）。

12 月 27 日　金

把周记都改好了。钱少，只拿到四百元，还剩三百元。拿到钱，心里好像很高兴，因为这笔钱好像是一笔外快似的，其实我自己拿到手的没有多少钱。到"东南美"买了点皮糖回家，还杨苏陆二百八十元，他硬不要，只收了二百二十元，在重庆时他汇我的六十元硬是不要。我这个人就是这样的，不要就不要好了。为娃娃买蜂蜜。

12 月 28 日　土

天太冷，昨晚我先睡了，凤竹大发脾气，我听见了，可是不作声。上床后就好了。

12 月 29 日　日

我们起得很迟，上午忙房子里的事，凤竹买了菜、肉和酸菜回来，娃娃睡觉，我安心的看书。天气好，带娃娃出去照相，到"光昭"照相，娃娃照了一张两寸的，我们三个照了一张合家欢。照好了时间还早，去南门吃烧卖，才吃过点饭又吃不下，每人只吃了五个，带了二十个回来。《贩马记》可以看，但是卖牌子的人老是不来，凤竹到园门坐车回去。我买了布预备做裤子的，又买了万金油、牙膏。请老朱、老杨看戏，钱也花了不少。回附小看他们的学生练习表演。晚饭吃了豆芽、肉汤，很鲜，饭后把娃娃收拾好，包好交给尹老师。我们是走去的，戏正唱到《乌龙院》，接着是《美猴王》。《贩马记》《写状》，女人做戏总是不对劲，并且这出戏看的好得太多了，也就觉得她不好了，本来也是不好。

12 月 30 日　　月

年底了。

12 月 31 日　　火

停课一天，布置会场。展览会指挥学生抬桌子贴表。忙了一天，停课一天，比不停课还要累。

1941年

1 月 1 日　水

早上我到学校,他们已去护龙街庆祝元旦去了。来参观展览会的人很多,晚上有游艺会,人也到了很多。他们硬逼我唱了一段昆曲,我吹,凤竹唱了一段"袅晴丝"。张方林他们演的《打鬼子去》还不错。凤竹坐在后面看,回家就很累了。

1 月 2 日　木

杨苏陆陪了一个护国团的赵副官来,要我们今天晚上去护国团唱昆曲。我先想唱《惊梦》的,后来要想和凤竹唱《游园》。但身段全忘了,后来不想唱,他们一定要逼着我们唱。我们说请朱美英的弟弟来吹笛,他又不会吹《游园》。我想我吹凤竹唱,但赵副官说一定要化了妆唱,我们都生气了,说唱好了。晚上我先去护国团,招待得还不错,朱美英的母亲给我们化的妆,画的也还不错。我的衣裳太小了(我做小姐),和朱美英的弟弟又合了一遍,上台糊糊涂涂的唱了,拍子又不合,身段也不合。我看到台下第一排坐着中国银行的小陈,我更加生气,但还是没有僵住。老朱做监场也不成。卸了妆,在某连长房里吃宵夜,菜很好,可是我们全都生气吃不下。饭后坐第二排看戏,朱美英的《贵妃醉酒》,又看了一出苗溪春的《火烧广泰楼》,不知是什么人的戏。戏都不好,我们都生气,凤竹更是累了。

1 月 3 日　金

放假,我们还是累。凤竹咳的厉害,又发冷发热,唱这一出戏真是不值得。娃娃和我们的合家欢都照的不错。

1月4日　土

照常上课,下午有假警报。

1月5日　日

凤竹仍然未恢复,夜里咳得凶。

杨孝辉、孙绍先来请客,在他家里,我本想不去的,但他们都说不好,人家叫去不去,人家会以为你瞧不起人呢。星期日想休息的,但是老朱和老杨、老曹都来谈话,凤竹已经累得没有精神敷衍他们了。晚去杨家,全是自己家的菜,特别是火腿烧白菜心,真是好。人家请客真是诚心实意的,是预备请诸位老师的。

1月6日　月

安军长今日到,各界接着人很多,我们的曹校长也去的。买面包和糖拿回来,去拿印的照片。

1月7日　火

凤竹"特别"来了,更是累。我抽空回去看她们的时候,娃娃总是很安静的。她说我一走,娃娃就哭。

1月8日　水

早上本想多睡一会儿,胡庸才又来了,他来要钱了,又轮到我管厨房了,这一种麻烦的事。公谈改个别谈话,一小时只谈了三个人。我自己重伤风,有一些怕冷发热,凤竹又咳得凶,心里难过极了,晚上我们两个对着咳睡不着。我们只能怪我们自己太苦命了,在这种地方受这种罪。

1 月 9 日　木

又值班,课又多,又是本学期最后一大课,夜里咳的没有睡,想请假,想想课全靠今天来结束了。今天上课讲两句话就咳嗽,一连上了五课,觉得十分吃力。

1 月 10 日　金

学校下星期大考,明后两日停课,停了课,我们仍然不得空。我和凤竹都咳得厉害。

1 月 11 日　土

王建明回家,早上我去荣兴街建华药房送他,买了点面包送他在路上吃。杨苏陆随后也去送送他。骑马走的,自己的马很胖,送到南门口和杨苏陆回来。下午有安军长演讲,讲纪律,讲的还要得。晚上和凤竹大闹,把土罐子踢破了一个。

1 月 12 日　日

娃娃今日欠安,不想吃东西。早上,昭通中学的女教员陈老师来,和凤竹学怎样喂娃娃牛奶。她最近才生了一个小女孩,没有奶。

出历史题目,明天要大考了。

1月13日　月

第一节课我考历史,七点钟我起来,七点五十五才到学校,他们已经来催过两次了。我监考初中,监考两小时下来马上看卷子,到下午四点钟才看好一班,还是老朱来帮忙算分数的。我又帮杨写操行分数,一直到晚饭后才得空回家一趟。娃娃好多了,但有点泻肚子。又回学校看了几本地理卷子,晚上又和杨苏陆写了几本初中的操行,晚上又看地理卷子。卷子都没有看完,预备明天早上看,一天到晚累得不停。下午回家,凤竹为了娃娃闹,老鼠拖走了肥皂,还找我生气,我又去找肥皂。

7月18日　金

我又来记日记了,一搁又是半年。现在又是暑假了,我们由昭通城搬下新民村,在公司楼上住了半年,现在又给赶下楼了。国立师范的校长已由曹书田变成了经小川了,但没有关系,聘书又发了一年的。在新民村还得住半年,明年也许新房子造好了,就搬到龙洞去。半年来无甚变化,孩子大了不少,也好玩了,更烦人了,凤竹也还是那样,精神似乎要好一点。住在乡下,进城太不方便,半年我一共只进过三四次,都是万不得已才进的城。在公司楼上住的好好的,全是公司里新来的一个姜逸青,一定要和我们换房子,把公司原来的办公室让给我们一家,费了两三天的功夫,才把房子隔好,苍蝇打完,现在才定规。搬到乡下来,有一个佣人郑怀珍是夷人,还不错,做了两个月,可惜她身上的疥疮发了,染得娃娃一身的,不得已回了她。现在又快有一个佣人了,凤竹嫌她孩子才死,怕晦气,要她歇两天再来,我只怕她不来了。半年来我一定老了,也不知道和凤竹吵了多少次嘴也好了多少次,难过起来也会想到死,但哭过以后又好了。不顺心的事也不知道有多少,这两年来我一定走的不是好运,一不顺心,凤竹便要和我闹。搬到下面,房间被我们整理得很不错。自七月起,凤竹也做图书管理员了,薪水五十元,加津贴等有一百元,我们又多了一笔收入。我自己从八月份起加薪了,下半年的收入可以多一点,但一定也不会有余款的。

7 月 19 日　土

早上和杨苏陆一起进城,昨夜下了雨路还未干,骑了两匹马一起进城,才走上坡,便叫有"土豹子"(狼也)。其实却是狗,因为这两天土豹子太活动,咬死了不少人。进南门先找到新吾,把欠他的七元钱还他。然后上街买东西,把凤竹所开的单子上的东西差不多全买到了。在一家小米线店里吃了两碗米线,回附小把买的东西交给胡庸才带下乡,我要明天才回乡下呢。下午想睡觉也睡不着,在银行为娃娃存一百元,再出去活动。晚饭后雨还不止,想看戏又看不成了,只好回附小,拉拉唱唱,弄到十点多一点才睡,

7 月 20 日　日

一早就给杨苏陆他们闹的睡不成,起来吃了早饭后我一个人出去。先到清官亭去看看龙主席的铜像,还不错,我觉得马太大了,马头太小了,小基石也不好。但是新建的公园门还不错,路稀①,走到西街又买了一把小茶壶和糖。没有什么事了想回家,太早了怕找不到马,在一家四

---

① 路稀:方言,"路烂而滑"的意思。——整理者注

川店里喝茶吃饭，很便宜。这会决定回乡了，走出西门，恰好有马，挑了马，一路缓缓的西行，龙山寨还吃了一杯茶。到家她们才吃过饭，一日不见，如隔三秋。算算账，一百七十元全没有了，但也没有玩，买了好多东西，钱真是不经用。把娃娃哄睡着了，我们也上了床，有大帐子颇安逸。

7月21日　月

凤竹去开图书馆，没有人来借书，我去照顾她的生意，借了一本郑板桥的评传。趁娃娃下午两次睡觉的时候就看完了，算是看得快的。上午又去洗娃娃片子，刚歇下来又叫吃中饭了。

下午凤竹睡觉，我看书，等到她醒了我再睡。今天的事较少，但娃娃又糊屎，凤竹又头疼。晚上娃娃和晋家的小曼（晋太太的女儿，到我家玩，她大我家娃娃一个月）抢盒子玩。晚上替娃娃洗洗澡，吃点麦片。凤竹吃桃子，我吃烟，下大雨，这是我们一天最舒服的时候。

7月22日　火

早上的事全是我一个人做的。大雨，新民村的人出去堵水，闹嚷嚷的把我们也闹醒了。早上起来洗娃娃，穿娃娃，喂娃娃，然后扫地抹桌子，正好吃早饭了。凤竹开过图书馆后，做饺子吃，可惜肉不新鲜，吃起来老是有点疑心，没有吃多少就饱了。下午没有事，娃娃睡了我们也睡了一觉。又下大雨，水已经太多了。

7月23日　水

娃娃和小猫玩得很好，娃娃一点也不怕猫，猫也表示和她好感。读

《袁枚评传》,杨鸿烈著。下午我们三人一同睡中觉,凤竹把我吵醒了。已经不早了,出去洗片子。一会儿凤竹和娃娃也都过来了,她看见我在洗,好像很过意不去的样子。太阳还亮在,已经开晚饭了,我们吃饭,我们在火上炒了鸡蛋饭吃的。想起新买来的七块钱一把的小刀子不见了,大找一阵,凤竹生气,叫我去问问校工,公司的门又关了不得进去。就是为了刀子大生气,凤竹怪我说,刀子不见了,麦片又是酸的,晚间大不开心。

7 月 24 日　　木

刀子找到了,凤竹大高兴,金太太和她开起玩笑来,于是我想起了在惠滇医院时的,戴莹子来和她开玩笑,自然我也和她开玩笑了。天阴又下雨,闷人的很,读《袁枚评传》,忙娃娃。城里带来五封信,就是没有五弟的信,钱的事情真叫人着急。王鸿图来,他昨天就来的,晚上杀鸡吃。金家的女儿比以靖大一个月,既胖又傻,和我们熟了,现在也要我们抱了。

7 月 25 日　　金

写了七封信(老刁、老苏、陶某、四弟、三弟、老尹及陆八),下午娃娃、凤竹睡觉的时间写的。又看了一点《袁枚评传》,把年谱读完。下午佣人来了,叫游华珍,新寡,孩子最近死了,于是便出来帮人。

7 月 26 日　　土

老毛病又犯了,全身骨头节酸疼,睡了一天,到下午吃晚饭时才起来。看凤竹叫华珍做事，睡在床上读《袁枚评传》，还是没有读完，又看看旧小说，也无聊的很。

7 月 27 日　日

起来了，但是还是浑身没有劲。下午经小川、王效庄回来了，带来三姐的一封信，大大的骂了五弟一顿。看凤竹教华珍洗衣服。现在晚上小孩子、凤竹、我三个人睡一张大床了。

7 月 28 日　月

一天和凤竹生了两回气。下午她要睡觉，我也想睡觉，我先在小床上睡着了，她就骂了一大套。我一生气不睡了，结果她也没有睡，陪我在大床上说话，后来她倒睡着了。

晚上上床了，我说我没有资格睡觉，于是她便要和我离婚，数了我不少的过处，说我看不起她家，看不起她……我一句话也不说，让她骂，骂完了没有骂的了，她也就睡倒了。她咳嗽，我倒了杯开水给她喝喝，于是也就好了起来。

7 月 29 日　火

准备明天进城。凤竹叫我去看看病，再换一口箱子，换大一点的。

7 月 30 日　水

进城，水大，有不少处要涉水而走，幸亏骑的是马。西门进去的，肚子饿了，在园门口小馆子吃了两碗米线。到附小，人都去参加龙主席铜像揭幕典礼去了。我也去清官亭转了一下，人太多了挤不动，铜像边上围着绳子，没有代表条子的人进不去。我在外面看着，他们很多人都在里面，还有我们附小的小学生，我回到附小等他们。下雨了，人也都回来了。我们到昭通中学吃饭（龙主席招待各地代表），吃猪八件，实在不高明。晚上招待代表们在戏院听戏，说是要票，没有票的看不成，有代表条子也没有用，只好回附小。一会，王大胖子送来了两张票，让我去看，我便去了。老朱他们找到王县长也要到了票子。戏是滇戏《红鸾喜》，并不好看，《单刀会》还不错，川戏钟美铭的《访友》，钟很漂亮，但川戏就是要打锣鼓合唱，很叫人不习惯，花旦穿短袖子衣裳也太特别了一点。京戏邢再春、秦湘玲的《大补缸》很好，我总觉得秦香玲比秦湘君①还要漂亮些，王大娘和苗溪春大打一台，有些不伦不类。《独木关》新来的武生唱的未见得太好，《追韩信》又是周福珊，最后是秦湘君和新来的坤角老生唱《坐宫》，人也走了不少，他们唱的也不带劲。回附小。

7 月 31 日　木

早上吃曹培良下的面。找甘局长看病，不在家，说十二点才回来，于是我又回到附小吃了中饭。十二点又去，还不在，太太说别人来接了去看病，一会儿就回来，于是等等。到他们火柴厂各地看看，等了一点

---

① 即琴湘君（1916—1942）：原名吴素贤，京剧文武花旦。最初在上海从艺，后因战争，先后在长沙、横阳、桂林、贵阳、昆明等地演出，1940 年底被新生剧团班主朱继鳌邀至昭通。她扮相俊美，唱腔优美，自小练习武功，有涂厚的功底，在舞台上既有美丽优雅的女性魅力，也有生龙活虎的武将风范，深受昭通当地戏迷的喜爱。于 1942 年初含愤服毒身亡，年仅二十四岁。秦湘玲是其妹妹，也叫琴湘玲。

钟的样子还没有来,于是约好了明天再来,我便走了。到南门口吃烧卖,晚上看旧小说,睡觉。

8月1日　金

凤竹昨日来条子说,她也想进城来玩。叫好了滑竿,昨夜突然大雨,今晨还未止,只好把滑竿又回了,写条子让老陈带回去。到甘局长处看病,把要说的话也说了,拿了药单子出来。在西街上吃的馆子,黄瓜、腊肉、豆花,才花了两块钱。买了些牛奶、饼干、面包,让老陈带回去,又去吃烧卖。夜晚起来,大便来不及,拉在裤子上了。

8月2日　土

在这里蹲得也腻了,睡又睡不好,一定要回去了。十点多出门买糖,买月饼,买蛋糕(又发了三十五元的米贴,我有一百八十六元多一点),想到金碧去大嚼一顿,谁知不卖零吃。叫到一顶轿子,八元钱,回新民村,凤竹也很想我,我也很想凤竹了,见面很高兴。

8月3日　日

天阴下雨闷人,补日记。凤竹、娃娃睡中觉时,我便看在圩子里时的日记,颇有感触,那时正在和四姐吵,也正在和凤竹写信。佣人洗衣裳,我们都紧张。娃娃闹得讨厌,凤竹还要和人吵,日记也写得不好,马上就要给娃娃吃东西。

8月4日　月

仍然是下雨,肚子泻人没有劲,难过的很,身上还是有点酸疼。

8 月 5 日—7 日

　　日记也没有记头，总是吵嘴，吵一会儿又好了，别人说夫妻们过三五天就要吵一次的，我们总是一天都要吵几次。我总是很生气，真的生气，一点也不假生气，气的不说话，可是过一会儿却又好了。有时候一天要生几回气，总是为了一点小事，生气的时候我真是恨她，巴不得她马上就死了，不再和她在一起，一点也不可怜她爱惜她。可是一会儿却又不同了，一天往往数次紧张，感情一点也不能平静下来。

　　天阴下雨讨人厌，直到最近雨天才晴定，早上下雾（此地人叫海罩）。经小川奉令去渝受训，要接唐盛璞。带小孩进城去玩几天，乡下人要少了，我肚子老是不大好，自从进城回来之后，娃娃肚子也不好，但最近都好了，肚子不好泻了，人没有精神没有力。这两夜月亮都好，可惜我们没有这个闲心情去赏月，有一夜月亮好，我们也好了。乡下生活太单调，凤竹每天总是找事情做，做得累了，就找人发脾气，佣人身上有虱子，于是娃娃便不敢要她抱了，那她还有什么事呢？于是做针线，这两天在叫她做鞋底子。凤竹说要回了她。

8 月 8 日　金

　　记些什么呢？一天老是闹气，凤竹想进城，赶做鞋子，又铺棉衣，棉衣做累了，我叫她马虎一点，她又和我吵了。一天我都没有好脸色，晚上上床来才好。公司里来了客，客人大概是吃鸦片烟的，我们一觉醒来，还有人在外面跑来跑去的。

8月9日 土

凤竹的鞋子也做好了，棉衣也晒好，收到新买的箱子里了。凤竹气瘦了，我屙肚子也瘦了。

8月10日 日

早上就说好了今天让她进城去玩的，谁知早上她不去了，说是娃娃翻了一夜，一定有病，今天不进城去了。我真是生气，我说你要是不去，我要生一天的气，结果她还是去了，换上衣服理好东西骑了马去。我送到村口，回来早上做房里的事，打苍蝇。华珍喜欢到冷大妈家里去，冷大姐抱娃娃，娃娃还要她抱。下午写了九封信(二姐、三姐、祖麟、许宝骙、李孝侯、宗斌、蒋启良、王清泉、黄席椿)，写了一下午。下午娃娃睡起来在冷大姐处玩，我也到她那儿去，坐在矮凳子上很舒服。云南我别的东西不喜欢，喜欢这些矮凳子高蒲团，很叫人舒服。晚上菜好吃，吃了三碗饭。

8月11日 月

早上天阴后来下雨，没有人进城，写给凤竹的信只好搁下，一会儿江胜发进城托他带了去。吃豆花饭吃的很舒服，读完李健吾的《使命》，一点也不好。今晚娃娃玩钞票，吃完饭黄昏后娃娃睡觉了，叫华珍看着，一个人到村外沟边走走，凉凉的，颇为自得。

8月12日 火

天晴，看着华珍把衣裳、被子洗了。上午灶房里的事做完了，看看黎烈文译的《法国短篇小说集》，看了几篇都还不错，没有看完。我想今天凤竹也许要回来了，三四点钟的时候到大路边上小山上坐了一会儿，看着过往的人都没有看〔到〕她。抱着娃娃在外面操场上等，看着一匹马，我以为是凤竹回来了，谁知道不是的。今天已经有点着急了，若是她明天再不回来，我可要写信去骂了。

8 月 13 日　水

我心里也在想凤竹今天会回来的，因为老陈回来说张太太昨天就预备回来的。早上把房里弄得好好的，带娃娃上楼去玩，再看看大路上有没有滑竿来，十点钟就开饭了。真是岂有此理，华珍又被黄主任家太太叫去背娃娃赶场去了，我一个人带着孩子在楼上。凤竹坐着轿子回来了，看了两次戏，打了一次牌，赢了四十块钱，吃了一次金碧餐厅。中饭倒吃不下去，只吃了两碗。下午金太太来要回去，轿子不肯要她加东西，走了。和凤竹到小河边，她说了这三天的经过。每天我总要到水塘边去看水，这地方水太少了，这一点水似乎叫人很欢喜。《法国短篇小说集》，写男人的嫉妒与爱情，写粗线条的夫妻，写的很好。

8 月 14 日　木

读完《福楼拜短篇小说集》，都还不坏。凤竹睡了一大觉，下午我睡了一会儿，下晚我们还唱了一会儿曲子。我把图书馆的旧画报拿了出来，剪了些画片下来，贴起来布置房间。

8 月 15 日　金

洗澡，唱曲，吃炸酱面，三乐也。现在记日记，又在不高兴。

8 月 16 日　土

日子是在吵骂声中过去的，一早凤竹就骂华珍。大姐来了一封信，昨晚回信，大姐好久没有来信了，是为了痔疮和流产。我们打牌打的很小，八圈牌，我输了五元，凤竹赢了几毛钱。晚上娃娃睡了，凤竹捉跳蚤，她一天老是捉跳蚤。

8 月 17 日　日

娃娃糊屎，天刚亮就把我们吵醒，凤竹又和我吵。生气穿好衣裳一个人到外面去，在田坎上走走，想到许多事。ZJ 不知怎样了，那时我要是娶了她，不知是不是也是这样的天天和我吵，董眲、四姐……

一和凤竹吵起来，我老是想到她们，好久不见了。记得大姐她们初婚，有一个时期夫妻也是常常吵的，这个时期不知要多长呢，不知道什么时候才不吵了。走了一圈回来，凤竹倒又睡着了。中上吃炸酱、冬菇、豆腐很舒服。下午又和凤竹吵，到图书馆找旧杂志来看，暴风雨又来了。凤竹又在说要进城了，我预备十九号进城，二十号开始报名。

8 月 18 日　月

凤竹老是说要进城，她也想进城玩玩去。不过这两天我们吃的很好。到图书馆找《大风》来看。

8 月 19 日　火

本想今天不进城的，天气也不大好，阴阴的，可是城里来人说，明天报名的多,下午赶紧进城去。匆匆的收拾行李,带了一个箱子,把凤竹和娃娃的东西也带进城,她叫我后天一早派滑竿接她母女。中上吃饭吃的太饱了,没有马,走进城,东西叫新校工挑着。没有雨,也没有太阳,走路倒是很舒服,一路上只在龙山寨休息了一下,也没有喝到茶。由南门进来,在西苑买了两张票,预备请杨苏陆去看。到学校,他们一大群人正在开招生委员会,我在金太太房里吃了一杯水,才去开会,他们倒又散会了。新来的许多同事都不认识,把床架在后面大殿楼上,和杨苏陆一间房。晚饭的肉是臭的,自然吃的不好。我预备去剃头,剃了头再去看戏,看戏不少人全不认得。还是滇戏《九华宫》,没有看头,出来走了一会儿。京戏是《葭萌关》和《临江驿》,秦湘君今天扮相好,唱也唱得还好。今天的戏不短,到十二点才散。

8 月 20 日　水

开始报名,报名的人并不多,其实用不着三处,三处太多了,我们只是去看看,事情让学生做。在小馆子里吃了碗饵丝,晚上回来看书。

8 月 21 日　木

早上天还是阴,不管,派了个滑竿下乡,下午凤竹带了娃娃来了,我正在办公报名。晚上吃馆子去。晚上睡在教室里,我早就布置好了,还很像样的一间房呢。

8 月 22 日　金

下午说是去吃烧卖,学院门口又买了六元钱的票,在第八排,还要得。身上已经没有几个钱了，烧卖倒便宜，每人只吃了一元多。回附小，把娃娃交给新来的女校长看着，我们两人去看戏。八点了，还在唱滇戏《水淹七军》，淹得真是急人，乱打一阵，又说话。名票友薛小姐唱《起解》，嗓子还好，唱得也还稳，没有什么毛病。最后是周福珊、郝文蔚的《十八扯》，还好玩。到附小刚放气，娃娃回来了，一会儿下雨了。

8 月 23 日　土

今天没有出去玩，下午到清官亭去了一趟，带了凤竹去看铜像的。

8 月 24 日　日

晚上想到金碧餐厅去吃饭，谁知道人太多了，有酒席，不开便饭了。我们便到"融合园"吃油淋鸡、汤爆肚，吃了十五元多。我请客，请唐盛璞，吃的还开心。

8 月 25 日　月

今天接到四姐的信，凤竹因为信上提到了她爸爸，还哭了一场。晚上看梁红玉《满江红抗战八股》，不伦不类，一点也不好，前面的《梅龙镇》又只唱了一小点，不痛快。散戏很早，在小馆子里吃了两碗饵丝才回来。回来已经下雨了，到家，看娃娃的秦大姐扶在桌子上睡了，娃娃爬出了帐子。

8 月 26 日　火

早上我多睡了一会儿，娃娃来屎，我没有管，凤竹就和我吵了半天。一会儿，我看见她在做"特别"来的带子，我便知道她和我生气的原因了。下午我出去拿昨天订好的票子,才知道戏又改了。晚饭后,我们早早的就预备好,我借了陈县长的一条淡颜色的领带,便穿起西装来了。到戏院才在唱滇戏,苗溪春的《华容道》,接着是郝文蔚的《戏迷传》,还当堂写字,字又写得并不好。《铁公鸡》还好玩,《石头人招亲》,是秦湘君和周福珊做的,还很好玩。最后是《黄鹤楼》,秦湘君做的周瑜,周福琴做的张飞,郝文蔚做的刘备,人都走了,但唱的还是卖劲。

8 月 27 日　水

孔子圣诞带教师节,每人出四块钱的份子钱,去吃猪八件。早上我们起来迟了,没有吃到早饭,唐盛璞出钱买了面来下,我吃了三碗面。

从武庙到文庙去吃,一点也不好吃,文庙我还没有去过,吃完了出来。有太阳了带娃娃去照相,又买了些东西,抱娃娃都抱累了。晚上下雨,王太太要请凤竹去看戏,一连看了两天戏,不看也罢,明天还要招考新生呢。

8 月 28 日　木

招考新生,早上到昭通中学,我监考第八试场,一共九个试场四百多人。上午考常识、算学,一共四个钟头,坐着也累人。下午考国文,我没有去,和曹培良在后面的高楼上看卷子,四百多份,从下午一点一直看到晚上十点才看完,看得头昏眼花。晚上吃了一顿面。

8 月 29 日　金

买戏票,看照片。戏票买到了,我故意说没有买到,一直到晚上娃娃睡了，我才告诉她去看《天河配》。多年没有看了，一点也不好看，乱来一阵。娃娃一个人丢在家里，没有托人，门也是锁着，这样真是不行，明天一定得走了。

8月30日　土

王校长下午请客，有我，没有凤竹，她一定要我今天和她一起走，我生了一天的气。我知道她的心里她并不是和我一刻也不能分开，实在是因为到了家有许多事要做，要我去做佣人吧。早上收拾东西，叫滑竿来，又叫校工背了东西把她们母女俩先送走，然后我再到照相馆去拿照片。到"东南美"买枣子，到四川馆子吃了豆花，出西门没有马，只好脱了夹袍子走路。路烂，有些地方简直不好走，到龙山寨喝茶，有许多背货的客商也在喝，听他们谈天。在路上我就想起凤竹没有钥匙，遇见轿夫，果然说找了半天都没有钥匙。我一到家凤竹就吵，又骂胡庸才说还不来。我用箱子上的钥匙试了试外面的门，可以开，但里面的中国锁，开不了，叫校工来下窗子才进去。大忙一阵，扫地，抹桌子，又理东西，一直到晚上吃晚饭，太累了。凤竹也觉得不好意思，一定要让我先睡。

8月31日　日

图书馆从对面的那间厨房搬到以前的合作社去了，搬了一上午。飞机嗡嗡的响，我一听声音不对，又是日机的声音。走到场上，抬头一看，不对，三十六架飞机，四队向昭通城里飞去，飞得高极了，日光照在飞机上，雪亮。我马上想起在汉口见到的那一些飞机。飞机已在飞机场丢下了炸弹，又向北飞了。回房哄娃娃睡觉。

9 月 1 日　月

早上娃娃还未醒,我们俩睡在一头去讲话,我就知道今天城里一定有人来。果然,吃中饭的时候,经太太、王太太、杨苏陆、曹培良、杨孝平,都来了。上午替金太太整理好房,晚上他们在热闹,杨孝辉一个人睡在那间小房,金家、王家两家睡那个大的房,把房间都挤满了。晚上写信给四姐,凤竹、娃娃全都睡了,安静的很。

9 月 2 日　火

天朦朦〔蒙蒙〕亮的时候,醒了,今天来了不少人,上午我和曹培良去赶土洞的街①,坐在一家茶馆里喝茶吃麻花,还算舒服。叫老陈买肉买鸡蛋,一会儿我们又赶回来吃中饭。华珍不来洗衣裳,凤竹又生气。陈家珪理房,把娃娃放在我们房里,金太太、王太太都来了,一下午没有安静,娃娃觉也没有睡好。晚上娃娃也睡不着,凤竹又在摇床发脾气。明天是注册的最后一天,就要上课了,又是一学期的开始了。

9 月 3 日　水

我帮着做注册的事,早上没有什么人,下午人却多了,晚上人更多,一直到八点半,到了一大半了。

9 月 4 日　木

今日开学,上午十时行开学仪式,请校长演讲,孙校长讲得不好。下午上课,现在教初二国文、历史、地理,其余三甲、三乙、二甲、二乙尽

---

① 赶街:赶集,赶场。

是地理，不担任级任了。

9月5日　金

课最多五课，初中就是三课。

9月6日　土

杨苏陆昨天进城去主持城里分校的开学典礼，今天带回来两个新教员。都不怎样，一个胖的很，一个瘦的很，教国文的叫萧隐疾，一个教体育的，叫李之吾。上课，初中国文讲元曲，我还高兴。今天是阴历的七月十五鬼节，我们就叫采买给我们代买纸钱，预备烧给我爸爸妈妈、她爸爸妈妈。采买到天黑了才回来，我们把娃娃安排睡着了，带了纸钱出去烧。到外面的河边，月色很好，许多小孩子在玩，把纸烧了，晚上我们两个都做了好梦。

9月7日　日

昨日买了面来，凤竹起来做炸酱面，我吃了三碗，很好，不少人来吃要。好久没有唱曲子了，凤竹说唱唱曲子吧，陈家珪来听，中饭时我哼哼戏，王太太说我的小酒窝一窝一窝的，我真是脸红了，跑了。她们两个太太都要拿我开心。下午给娃娃洗澡，又吃冷大妈他们送我们的包谷饼，还不错。今天起才算正式上课了，我多了一小时的课，一共二十三小时，但没有级任，也不值日。娃娃真是好玩极了，会说话，会玩不少花头，就是吃东西的时候烦。

9 月 8 日　月

纪念周的时候,杨苏陆一定要我们去参加。每人抱了一个小孩子去读总理遗嘱,孩子们闹,只好抱走。

9 月 9 日、10 日　火、水

正要记日记,凤竹来拖我去睡觉,于是写不成了。

9 月 11 日　木

这两天又下雨了,不下雨也是阴天,上午课老火得很。昨天杨苏陆说若是晋学先不来,叫我当边疆研究室主任,钱可以得到二百二十元。我不在乎什么主任不主任的,钱倒是好的。凤竹闹,图书馆也要我帮忙。

9 月 12 日—19 日

又有几天不记日记了,也觉得如凤竹所说的,你净记吵架这些事。有时候吵架的时候我真的是很恨她,因为她说话太毒了,许多话往往叫人很伤心,以前吵架只是吵吵就算了,现在一吵就提到要离婚。吵架其实都是为了一点很小很小的事儿,吵到后来连先前为什么吵的都记不得了。有一晚她又和我吵了,我知道她的脾气,马上忍住一口气,一句话也不说,让她一个人说,她说完了也就不开口了。于是我慢慢的再来劝她,那时候她也就听话了。她说我们不如往日了,以前我们并不像现在这样吵得厉害,回昭通以后吵得更厉害了。我想这是为了孩子的缘故,忙了的人容易生气。人来多了,又来了两个新教员,两桌吃饭坐不下,杨苏陆叫凤竹到里面房里去吃,于是凤竹大生气,和杨苏陆大吵,还掼碗。其实杨苏陆是为了她有肺病,许多人不愿意和她一块吃,凤竹不知道是为了这个,说是他要撵她走,讨厌她,于是吵了起来。

这是劫后第四本日记,前面的十多册日记,我希望不久就会见着它们,因为它们并没有被毁,仍然在苏州李孝侯家。抗战四年来,跑的地方也太多了,中国丢的地方也太多了,世界局势变化也太快了。日美谈判,定有对中国不利的地方,仗还不知道要到什么时候才打完。三弟来信说,他想要俞晨他们回去,从巴东、长阳一路好走。凤竹也很想回家,就不知道这路到底能不能走,要是真的能走,省得在外面受苦,家里虽然也不见得好,比在外面要好一点。大姐也来信说,若是在外面吃苦,钱还不能够用,那倒不如回家整理整理,一年的收入比在外面一定要多几成。凤竹也劝我回家闷头读书。但回家也有回家的难处,乡下有匪,城里有日本人,到上海生活又太贵,不做事无以为生,做事又无可做之事,一直踌躇着,而且我又怕动,怕路上这些麻烦,如果不怕这些,也许我们早就走了,夜深人静,思家心切,奈何,奈何。

三十年(1941)9 月 20 日　夜

（第二十一本结束）

9 月 20 日　土

昨晚凤竹迟睡,写了一封信给杨苏陆,今天我一早起来看了看,还不错(她信写得都还很好),于是让她叫陈重道送去,一会儿杨苏陆也写了条子来,和好啦。下午杨苏陆去硬要把两百元钱交给凤竹收起,他们算是说话了。

今天课最少,只两课,下午完全休息了。上午还吃了面。王大胖子(事务主任)下午来了,他太太(姨太太)盼望了几个星期了,今天才得空来看看。晚上写了不少封信,最后想写一封信给四姐,但是没有写成。

9 月 21 日　日

星期日仍然不能多睡,昨晚睡迟了,反而散神,睡不着。曹培良来谈回家的事,凤竹一想回家就同人说。夜里醒来了,一直到天亮都没有睡着。下午娃娃睡了,看看《明史》,一人出去走走。雨后的山是淡红色的,很好看,水很多,也很清。

9 月 22 日　月

天老是阴沉沉的,下雨也不大。纪念周,王效庄报告事务方面的事,拿了根手杖在雨地里走来走去的,说还说的不错。晚上凤竹得家信(她妹妹来信),说基光兄(她大哥)在广州死了,她一点也不悲伤,反而快乐,因为她太恨他了。

因为又来了一位姓魏的音乐艺术教员,于是课程又有了改动。下午凤竹去开图书馆,我也把房里的事做好了。下午把床、灯布置好,扫地、喂娃娃吃等等杂事做好,抱娃娃去图书馆,天又下大雨了。到图书馆,看到一本世界文学,看到里面有一篇国木田独步①的《女难》,这篇

---

① 国木田独步(1871—1908):日本小说家、诗人,是日本文学中自然主义的先驱。

文章还是很早以前就在《国木田独步集》①里看过的。那时还在苏州，正在和 ZJ 好的时候，书中有一个女人叫阿俊，ZJ 的小名也叫阿俊，叫 ZJ 也看看，她看完了告诉我说我没有她那样坏——书中的阿俊嫁了几个人。这些事似乎都还分明记得。晚饭后抱娃娃回家我便发愣，想到 J 也曾说过，她最怕看我想心事发愣了。读读诗，一时间读诗的兴致似乎很好，偶然想到两句，"十年音讯两渺茫，满地韶华分外长"，想续成一首七律诗，终于没有做成。娃娃和凤竹都在打呼了，往事如麻涌上心来。

9 月 23 日　　火

夜间没有睡好，昨晚记日记后，既作诗，勉强凑成一首："十年音讯两茫茫，边地时光分外长；洞里恩情还在否，箧中容像犹珍藏；满腔幽怨凭谁诉，转眼儿女忽成行；遍地腥膻家国远，云帆何日得还乡。"平仄似乎也不调，只好随他了。

9 月 24 日　　水

新换了一个厨子，菜做的还不错，大家的饭都多吃了一些，连凤竹也吃了两碗饭。天晴华珍来洗衣裳，从早一直洗到晚，现在洗衣服也是一件大事了。新课程表，今天是五课，又补考了地理，又是六小时了。

9 月 25 日　　木

学生全体帮助新民村的人收包谷，上午的课停了，算是清闲了。说

———————————

①　最早由开明书店 1931 年出版。

好等娃娃睡觉吃过豆浆一起去闸上看学生们收包谷,可是凤竹反悔了,起来吃碗豆浆,我也就不高兴去了。才九点多钟,王庆丰来送我去,于是让他抱娃娃去了,凤竹要去,我们不要她了。走到堤上,杨苏陆他们已经回来了,但学生还在收,我们仍然去。见到王建明的太太和小孩,自然也是苗人了,小孩才四个月,头发长极了,比我们娃娃的还长,太太还好,也矮小得很。看看学生们收包谷,回校也还才十一点,下午给娃娃洗澡,又上了两课。凤竹开图书馆,我在房里喂娃娃吃,娃娃一会儿就来尿,一会儿下屎,收拾了半天才弄妥当。学生们都喜欢我们娃娃,晚饭后,姬新美和赵远芬都想来抱我们的娃娃,凤竹自然大为得意。窗外院子里,今晚起大热闹了,都在剥包谷皮,剥包谷秆子,大概要忙到半夜了,吵吵闹闹的。

9 月 26 日　　金

十点到十二点两节没有课,抱了娃娃到前面楼上去,好久没有上去了。到萧隐疾、李之吾他们房里去谈,自然又谈到回家的事了,萧预备寒假回去,他们两个都是湖北人。吃过饭也没有空睡觉,昨晚我一个人睡小床,夜里起来把尿不便当,一夜也没有睡好,睡睡醒醒的醒了不少次,娃娃的尿倒没有来在床上。下午两课上了之后回家也是不得空,一天站得腿都酸了,回家也还是不能歇。娃娃来了一泡尿在小床上,凤竹大发脾气骂娃娃,又骂我,又重重地掼东西,我都忍着不吭声。我只好再慢慢的来理房间,喂娃娃吃豆浆,抱娃娃出去玩。外面又是在剥包谷,点了汽油灯赶夜工,一夜又睡不好了。

9 月 27 日　土

学生第二节课后继续替公司收包谷,我上了第一节课后就走了。天气好,下午一会儿一定是个晴天,一个人慢慢的走也不太热,本来可以很舒服的,谁知一脚踩在水里,一只脚全都湿了。一路走,太阳晒着也就干了。从南门进去,走过戏院,就买了两张票。先理发,然后到西街上去买东西,凤竹要买的东西都买了。最后到金碧餐厅吃面和包子,两块钱,还吃的不错。二部(现在已不是附小了,是二部了)学生都去郊游了,一个人也没有,在办公室歇歇,四点多钟才回来。歇了一下,我出去洗澡,澡堂太马虎,擦背也没有擦干净,捏脚也没有捏过瘾。出来电灯已经来了,到"荣和园",一个人吃了碗炒饭,一上楼就遇见甘局长在大请客,坐上就吃了一顿。回二部,一个人也没有,易老师出去吃饭了,等到八点钟才回来。和杨苏陆一同去看戏,自修时到各处巡视了一回,还是滇戏。京戏《李陵碑》,只唱了"探杨家"一段,苗溪春的什么《为国捐躯》不好,最后是秦湘君和龙三公子的《宝莲灯》,这戏是本来难唱,还亏他唱得还不错,虽然甩袖子不自然。看完戏一站起来就不对劲了,脚手都酸,老毛病又犯了,勉强走回二部去睡。

9 月 28 日　日

一觉醒来,天还不十分亮,打起身铃了,我们都起来了,不好,手脚俱不得力,叫轿子回去。上午晒晒太阳,花洋布也不买了,上台都要人扶着,十块钱一乘滑竿也只得坐了回去。回家凤竹刚睡觉起来,看我手脚都酸了,就和我吵,见面还未说几句话就吵,说这样不该买那样没有买。我真是气,从来都是如此的,我从外面回来,她就没有高高兴兴的来迎过我,也没有说我累了,也没有说倒一杯茶给你,打个手巾把给我。听她说了一阵,承她的好心叫我睡,我知道睡不安,不睡,她一定要我睡。果然一会儿她又说了起来,说了一句话很叫我寒心,她说:"照这样,将来上路起来,还要我服侍你呢。"真的只该我服侍她,我还配她服侍我?我是生来就该服侍她的吗?无论是上课回来,或是从外面回来,随你再累再疲倦死了,她总不会安慰我一下。现在不用说安慰了,言语也没有了,她总是冲头冲脑的,我还不是总是忍着,实在忍不住了,心快出来了,我才回她两句,过后,往往我又懊悔不该说她太任性。我随便怎样气,听她咳了,还是要替她倒茶,拿痰罐子,不知道怎样的(写这两句时,我流了泪)。我太难过了,许多的话能向谁说呢?许多的气,我全吃了,一声不响的吞了下去,还叫我怎样呢?手脚都还在发软,她气了,房里乱了,我还不是得打起精神来收拾,甚至于她的饭碗我还要替她拿出来。我只能气她,但还不忍恨她,也不恨她,只恨我自己没有能力叫她舒服,叫她病好。她找月经带,月经来了自然容易生气。

　　早上易老师家胡大妈荐了一个梁大妈给我们,明天叫采买带来。佣人来,少忙一点,气总可以少一点。

9 月 29 日　　月

　　腿手都酸。下午梁大妈来了,带了一件棉袄来。从此以后又得好一阵。

9 月 30 日　　火

　　买草垫,没有人带回来,梁大妈和陈家徐嫂睡在一起。梁大妈高龄五十有一，做事慢一点，别的倒还好，耳朵有点聋，娃娃还要她抱。我家娃娃什么人都要的。

10月1日　水

禹如山（体育室，老师）来了，他是从国立三中来的，带来老刁的一封信、香皂三块。他和老刁是同事，回教，人还爽直。凤竹肚子疼，睡在床上，禹和魏忠慎都来我房里谈了半天。国民月会又害我们到下午四点半。还有课，明日起我管厨房了。

10月2日　木

预备过中秋节，欢迎城里学生下乡。忙得很，中饭菜太少了，别人说话，我就不高兴，晚上五样菜都很多菜又剩下了。娃娃见到人就到处疯，昨天起已经能不要人扶在地上走四五步了。许多女学生在一起，她就挤眼睛，招手，弹灰，样样都做了。

10月3日　金

明天欢迎城里的新同学到乡下，许多人都忙得很，课也没有心思上了，三甲班的课我就没有上了。扎牌坊，除草，做壁报，忙得很，下午根本没有上课，全体出动去弄松毛。炊委会的人都一直忙到夜里四点钟。

10月4日　土

新民村口和厨房边的牌坊都扎好了，用柏树枝扎的，还不错，不难看，就是国旗插歪了。教室前地上也都铺上了松毛，因为晚上就坐在地上吃饭的。大扫除,各教室的椅子都架起来了,预备给城里来的学生睡觉。各级的壁报以及校刊都出好了,标语也贴好了。大场边挖了一个坑,架了锅煮饭,一切都已经准备好了,专等城里的人来。四点钟还不见来,好像等花轿似的心焦,四点半五点,老朱才第一个来,大队人马后面才来。新来的一位晋先生找我,原来他和冯品三是同班同学,又是同乡,一见面就说"久仰久仰",我最怕了,一谈之下,北方人到底不错。

吃饭大家都坐在松毛上吃,菜还不错,可惜冷了。一坐在地下吃饭,也吃得不多,但是人很多,热闹的很。晚上有欢迎大会,又叫中秋节同乐会,其实毫无精彩的节目,每个节目都只叫我低着头,不好意思看,太无聊了。盘坐在地下,腿都酸了,绝不再唱什么昆曲了,回房睡觉。

10 月 5 日—10 日

这几天凤竹很不好,咳的厉害,一醒就咳,不很有痰,干咳。她想回家,我也想回家,娃娃也有点伤风。娃娃是愈来愈好玩了,会看脸色会哄人,譬如说凤竹生气,她会慢慢的摸着过去亲她一阵。双十节放假一天,歇了一天。这星期又有小考,也很忙人。和禹如山一同来的晋启生、李之吾调进城里去了,课程又大有更动,杨苏陆进城,课程表还是我替他排的。九号排了一晚上,十号早上又替他对一遍。

10 月 11 日 土

第一课监考国文,二、三两堂自己出初中的地理题目。自己写钢板,书记都进城去了,两小时忙好,第四堂课考。

吹笛子唱昆曲,好久没有这样唱了。

10 月 12 日　日

早上就和凤竹两个人改卷子,把八班的考卷一起看完,也算是很快的了。下午写信,凤竹也写信给他二哥,我写信给尹恭峋,还他钱。刁鸿翔,四弟,五弟,孝侯,等等。星期日也做了一天的事,没有歇,晚上也有工作,娃娃吵,给我打了两下,抱起来哄睡觉了。

10 月 13 日　月

手脚有些酸疼,下雨。各级学生谈话,没有我的事,好像意外得到一点钟的休息,下午又举行作文比赛,我两小时的课又放了。天冷,房里也生了火,房里马上就热起来了。晚上娃娃受凉,又屙屎又吐奶,闹得我们一夜都没有好好的睡。

10 月 14 日　火

娃娃好了一点,但人不大想吃东西。夜间未好好睡觉,睡了一大觉,很舒服。

10 月 15 日　水

娃娃全好了,但瘦了一点,眼睛更好看了。上了四课,第三课时还饿了,买了月饼和桃片糕请客。下午没有课,又睡了一觉,睡得很长久。替凤竹开图书馆,晚饭后有许多人一起到我们家来唱戏,各人都唱了很多,很过瘾。凤竹也唱了一出《惊梦》,唱的很好。这是开学以来,最开心的一天了,一直唱到熄灯铃响他们才走。

10 月 16 日　木

夜晚醒来,凤竹和我谈了许多事,对于她爸爸最好玩的事儿,要算是"小妈妈"的故事了,笑了半天,直到天亮,都没有睡着。下午又睡了一觉,报来了。看报,"湘北大捷""郑州失守""莫斯科失陷"许多重要消息。睡觉起来,吃不下饭,凤竹开图书馆去,我整理房间。

10 月 17 日　金

今天一天最忙,五课,加上替凤竹开图书馆就是六小时的工作。家里的事写信给查阜西,打听昆明到香港的飞机票,是帮孙源打听的。

10 月 18 日　土

凤竹不舒服,又哭又哼,今天一天都不舒服,睡在床上不大起来。开图书馆,晋学先来借了一大批教育的书籍。

10 月 19 日—25 日

这几天凤竹都不大好,夜间有点发烧,病很多,有一天还咳出了一点血。有一两年没有吐血了,现在又吐了,真叫人着急。自从和杨苏陆闹的那一次以后,一直到现在,我知道她心里不舒服,一直想回家。凤竹一病,自然我更是忙了。她病了,火气更大了,有时也说从明天起一定不发脾气了,但一小时以后她却又忘记了。经小川回来了,唐盛璞也进城去了,丈夫回来了,她自然高兴,小曼身上的风疹没有好就进城了,把面包和火腿送了我们。

10 月 26 日　日

星期六,他们旅行到鲁甸去了,我自然没有去,带今天休息了两天。经小川一个人回来了,腿一瘸一瘸的,病还没有好,拿了一根短短的小拐杖撑着。经小川来,许多新教员们轮流一个一个的去他的房里谈话,一直谈得很夜深才回去。凤竹"特别"来了,弄得一床的。

10 月 27 日　月

纪念周,自然由回来的新校长主持,谈总理遗嘱,似乎有点做作,讲了一小时半,似乎太啰嗦了,翻来翻去的,说的也太夸大了一点。我一直是低着头。演讲自然没有曹书田说的老练,这一点半钟竟然都是口号,他要学生样样都好,"学问好""品行好""能办实事""能教书育人""能发表自己的好处",讲了一大套,最后还来一套冯玉祥的把戏:"我说的话都明白了吗?""明白啦。"学生们回答。"既然明白了,你们哪个能把我说的话复述一下?"所幸有一个吴伟玲,举了手。

第二课不上,杨苏陆悄悄告诉我,说他下月一号就不上课了,就要去重庆了。我早知道他会有这一套。经小川来时说一个人也不带,但自己就带了两个,走后陆续来的新教职员有一二十人之多,使杨苏陆大不安。下午,杨和曹培良一同进城,仍然是和昨天一样,觉得有人到隔壁经小川房里谈话,训话报告说别人坏话。下午上两课,又开两小时图书馆,忙得很。凤竹今天起来了,这两天我逼她躺在床上,她也总不能安安稳稳的睡在床上。

10 月 28 日　火

经小川这次回来大神气,今非昔比,大搭校长的架子,我有些讨厌他了,没有才来的时候印象那样好。下条子叫王建明代办事务,下午经小川走了。

下午娃娃睡觉。今天是重九,举行爬山比赛,我和陈家珪她家的徐嫂一起去看他们爬山。我们只到山脚下,来回也没有走多少路就已经累了。

10 月 29 日　水

连上四课,下午马马虎虎在娃娃床上睡了一觉。开图书馆,人不少。晚饭,房里吃鸡,吃的还舒服。

10 月 30 日　木

娃娃好玩的很,会行礼会鞠躬会学说话了,就是除了上下午睡觉之外,闹得很,闹不停,花头多极了。上午两课,下午开图书馆。

10 月 31 日　金

昨夜大雨,一夜未止,天寒,在房中生火。一天五课,第二课下课时还得抽空回家看看饭。下午去图书馆时整理书籍,四个书橱的书都整理好了,不许学生他们乱翻。上课老讲一样的,腻烦得很。阴雨绵绵,晚上又下雨了。

11 月 1 日　土

起迟了一点就忙得不得了了,早饭也没有吃,倒是下了面来。预备铃响了,慌慌张张的去上课。谁知杨苏陆和我的课对调,上了一课回来。吃一杯银耳补一下。本来想进城的,下午上英语,于是就没有动了,开图书馆。二姐寄来不少小孩子的衣裳,也没有信来,不知他们到没有到仰光。天冷了,凤竹不睡小床了。

11月2日 日

天晴了,但夜里特别冷,远处的山顶上都积了雪了。星期日也忙了一天,只是早上起来玩了一阵后,在院子里坐在公司门口,晒太阳哼戏。后来凤竹要睡觉,抱着娃娃上前面学校楼上去找晋学先,和他们谈天。一会儿凤竹叫人来叫下帐子来洗,只得回家下帐子。吃了饭又替娃娃洗澡,又看厨子炒饭给凤竹吃,又晒帐子,把帐子吊在花园里的紫藤架子下面晒。洗好了澡吃了稀饭,我坐在花园草地下,给娃娃换上二姐寄来的红羊毛衣,带了她到各地去出风头。娃娃本来就美,穿上好一点的衣裳更美。四点多钟,帐子干了。又回来挂帐子,挂了半天又吃晚饭了。匆匆的匆匆的,一天又这样过了,倒不会觉得日子太慢了。经小川带他的小舅子唐盛×来,人年轻也很摩登的样子,也是个合肥人,来办事务的。

11月3日 月

下海罩,天冷,但却是个大晴天。经小川又在纪念周上大声嚷嚷,有许多话都说的不对,如:"老师都走了也不要紧,我一个学生教员都不要,学生不要被人利用,受人利用的,就是走狗吃屎的。"这些话全不像一个校长讲的,曹书田就不会说这样的话。纪念周自然又超了时,除了他自己说话外,王建明、杨苏陆、曹培良、学生林伯勋也都说了话。

下午有两课，饭后小睡一下，也没有睡着。下课遇到晋学先，也谈起上午经小川说话，杨苏陆很不高兴，他已经向他说明白，我就是说经小川不该说那样的话。开图书馆，凤竹也去了。三甲、三乙赛篮球。

晚上得陶光、李孝侯、罗莘田的信，信封上有"被劫寻回"字样。罗先生信中说起四姐生病，和凤竹又谈了一大阵，凤竹又要哭了，说我们将来一定找四姐来和我们一同住。

11月4日　火

写了几封信，但要紧的信都没有写，只写了四封，陶、叶、孝侯、俞兆习以及老苏，罗莘田的信也没有写。下午四点开什么本部事务会议，在教室前的大操场上，还预备了茶点，也没有讨论什么重要问题。晚上，经小川找我谈元旦演戏的事，预备演一个长一点的戏，老师和学生会演，于是我们都热心起来看剧本了。

11月5日　水

长天雨，很叫人不舒服。上午上完四课，下午看剧本，读完《国家至上》，还不错，还可以演，人也不多。看了许多小剧本，三点半开戏曲训练会，决定演话剧《新嫁娘》，女生演姐姐妹妹，炸死三百多日本兵。

又帮凤竹开图书馆，一天工作六七个小时也够累的了，晚上早早都睡了。

11月6日　木

这两天都在忙戏剧，一有空就看剧本，今天看完了一本《海潮红》，不能演，因为女角太重要了，没有人能演。开图书馆，看了一点《古城烽火》。吃过饭睡中觉，凤竹这一阵子都是送饭来吃的，学生们吃包谷饭，老师们也都吃了一点，大家似乎觉得很好吃。

11 月 7 日　金

昨天晚上写了两封信，一封给罗先生，恭恭敬敬的写了五张纸，一封给二姐和四姐。四姐因病去江安，不知现在可回重庆，这些都是罗先生来信说的。写信给四姐，总是好像没有什么话说，只写了一张纸。夜晚又下大雨，一夜醒了三次，没有好好的睡过一个整觉，似乎也习惯了，日里不睡中觉也不要紧了。

今天连上五课。一清早天还没有亮，女学生来服务就醒了，一点不倦。到现在没有停一下，老是那样的紧张，老都是些琐琐碎碎的事，说也说不清，哪一天才能不做这些事？我一拿起书来，凤竹就不要我看，说歇歇吧，其实我看小说看剧本，也就是休息。

11 月 8 日　土

下大雾，天一定晴，好久没有进城了，今天得进城去，头也得剃了。叫胡庸才叫了马，课也不上了，给杨苏陆写了条子请假，骑马进城。一路上雾都未散，快到城里才见太阳。下了马，谁知腿还是不好，酸酸的。进南门先剃头带休息，然后到陆街西街买东西，最后到金碧餐厅一个人吃饭。叫一样软炸腰花、金钩白菜、三鲜汤，一共吃了六块多钱。走不动，叫了洋车到二部，路遇周学成回新民村，托他把东西带回去。我到二部，见到许多新来的人，小学现在搬到北门外的东岳庙去了，我还没有去过。和老朱去附小，见到李之吾，大招待，还买了烤茶来吃。王大娘生了一个女孩子。回二部，他们正在开什么级联大会，一直开到天黑。她们女生还演了一出戏，还不错。经小川请客吃饭，因为乡下的老乡很多，一共十人，王效庄、经小川、杨苏陆、朱啸云、唐铁生、萧隐疾、晋启生、陈汉清、王鸿图和我，在金碧餐厅吃了六十几元，酒喝的不少。出来我和萧、晋、王又去看戏，八点钟还买得到票，戏是《五元吹箫》《摩天岭》《法门寺》，人少不卖劲。回二部时间尚早，吹了半天才睡。

11 月 9 日　　日

脚仍是不好，不想多出去，但他们纪念周时，我还到附小去了一趟。王大娘又在睡觉，没能见到她，去陈主任房里坐了一会儿。回二部，纪念周才做完。到街上买糖跟火腿，还买了一个瓷茶缸，回来开会，我反正没有什么事，也不说话。晚饭有好菜，还不错，饭后坐轿子回新民村，风大，抬也不大好抬。回家，凤竹又说起娃娃昨晚闹的事。

11 月 10 日　　月

纪念周，一个也不来，由王建明主持。他家里太太不好，孩子也不好，心绪也不宁，说话语无伦次，十分钟就下了。让我回家多玩一会儿。我倒很关心王项伯的事，我觉得他虽然古怪一点，但读书还是好的，若是叫他走，似乎太可惜了。今天的事解决了，记一大过，写悔过书。晚上韩服孟回来，买了一瓶酱油打翻了，他说是给陈老师打翻的，我们大家原来就不高兴陈老师，自然更不高兴了。

11 月 11 日　　火

一天都在忙。第三节没有课。吃了十个饺子下去，没有过瘾，晚上又吃了一顿,吃了二十几个。

11 月 12 日　水

夜来凤竹醒来说梦见穿新衣裳,我们就谈起回家和克不克的事。总理诞辰,晋启生演说,这次比上次说的好的多了,讲总理的生平,刚好一个钟头。这星期要小考,课都在温习,不上新书了。下午合衣而卧,睡了一大觉,陈家珪回来了,她娃娃的病也好了,在我房里坐了半天,我题目也没有出成,还是晚上才出好的。公司棉纱被盗,招集全体佃户训话,又变戏法,说白纸上会现字出来,吓那些无知的佃户。把考卷出好,一早去印,凤竹和娃娃都睡着了。

11 月 13 日　木

考试,这两天就没有上课,上课也就是复习。下午凤竹洗澡,在房里生火,挑一担水来洗,给她擦背。

11 月 14 日　金

监考也还是一样的累人,站着走来走去的,只有比上课讲课还累人。老妈洗衣服也算是一件大事。晚上杨苏陆来吃葱油饼。

11 月 15 日　土

就是今天早上稍微空一点,炕饼吃。下午替娃娃洗洗澡换上红羊毛衣,漂亮一下。三点半到四点半时考初二的历史,打了几下篮球。

11 月 16 日　日

星期日还是不得闲,改了一天的卷子,才把七班小考的卷子改完,一直改到下午。真是头昏眼花的,头胀胀的,头一胀,就发疼,近来是有点不成的样子了,才二十八岁,有时腰也酸了(以前从来不知道腰酸是怎么回事儿),上课上多了眼也发黑,不能说话。这两天菜坏极了,物价飞涨,肉已到四元一斤,如此下去,真是不得了。晚上两人在床上谈了半天才睡。

11 月 17 日　月

纪念周时又来那一套,叫学生们自己认错,经小川自己讲讲,讲的话也还是不太中听。我说经小川就是吗啡针来了紧张一阵,去了又松下来了。上课也上的没有劲。

晚上为了前两天三姐来了一封信,我忘记了拿给她看,就和我大闹。我现在记下她说的话,我一句也没有说。"以后你的信别再给我看,我看了马上就吐血,就死。""我现在不像往常,我要干许多的事,一起在发作。""你不要做秋梦了,我是个傻子,是个呆子,我什么事也不知道,你不要以为我是九妈,想你的钱,才要看陆八的信,有时朋友来个信,杨苏陆还拿着看呢,三姐来信,我一点影子都不知道,杨苏陆写封回信拿来给我看,我一点影子也不知道,就是个朋友来封信,也该叫我看一看,况且三姐我还在他们那儿住过。""本来我死着活着,没有关系,现在没有人需要我了,我要回家,一个人回家,不回家就死,不死就回家,就这两条路。""我还不知道,要我反而麻烦,反而要人服侍,又不能带小孩,小孩都是你带的。""我现在已经好得多了,不大生气了,也不吵了,今天我是实在忍不住了,我没有吃过猪肉,还没见过猪跑吗? 有什么稀奇呢,就把我吓倒了,我和别的女人不同,别的女人嫁了男人就只有丈夫,我的娃娃要姓孙。""要是真正发了财还不得了了呢,你当我沾了你的光,这样的苦日子荣耀得很,又有这些好亲眷,我们的朋友都是挑狗屎的,哪有人家银行家在外国的? 就像金玉奴样,丈夫做了官就受气,见鬼的很呢,家里几千块钱汇上海就不得了了,我家里的人也从来没看见过几千块钱。""我倒生气让你舒服,你也说说叫人家也气气,除非是耳朵聋了,死了。""我气得脸上发烧,小孩子,你一手包办了也不需要我了,死了我一个人,再用一个老妈子就是,这两个月来,我什么事也不管了,这个梦做得不小,门缝里看人,把人都看扁了。""我现在虽然下作,但骨子里简直混账透了,我什么人都不怕,天王老子都不怕,我活不到几年了,我还要让人把气给我受,真是做梦,我父母都死了,谁还敢给我气受?"本来听到了这些话,倒是要生气,但是现在她说一句我记一句,好像是写演讲稿的样子。她的用心完全错了,我一点也没有生气,我觉得我现在是越吵越进步了,也许是越吵越坏了,岂有吵嘴而不生气者乎,我现在只气一会儿,等平心一想,马上就不气了。写了两封信给耀平、三姐。

11 月 18 日 火

这几天伙食都吃得不好,不舒服的很。桐油灯点不来,自己买了清油点,清油现在也贵的很。

11 月 19 日 水

戏曲训练,我来编了一曲《新嫁娘》,今天自习时挑好角色,读了一遍剧本,叫星期六大家要背出来,对剧词。课外运动时,为女生排一个《九一八以来》,有九个女生,每个人都要演一个角色,但是戏里面一共只有六个角色,有几个女学生没有派到角色,后来我想到戏里面可以加一个妈妈一个弟弟一个妹妹。但晚上,梁金珀又哭着来说,不演妈妈,大哭大笑,真把我笑死了。

11 月 20 日 木

吃不好饭,学校里什么都不行,看着火气大的很,早饭吃不到就算了,中饭又吃不饱,就是豆腐豆干。我就大发脾气,和杨苏陆大吵,我不是为别的,是为我们管厨房时菜一点不好就有人说,但现在就没有一个人敢放屁了。下午两点钟,和凤竹谈杨苏陆,然后去开图书馆。我娃娃走路已经走的很好了,胆子也大了。

11 月 21 日 金

炒鸡蛋饭吃。新买的铃也不响,摇不到这边来,我就听不见,不去上课,第一堂课缺了十分钟。下午下了课,娃娃刚醒,我和凤竹、娃娃一起在花园里晒了一个小时的太阳,然后我去开图书馆。王建明去借书,买了饼来吃。晚上好了,杨孝辉去赶了趟场,买了两只鸡、几斤肉和鸡蛋,大吃一顿。天大冷,生火,杠炭五十元二百斤。

11月22日　土

下午排戏对词，詹刚不行，没有找到人，找到人就换他。晚上找老魏、老晋、孙校长等人来房唱戏。铺稻草在床上，晚上大舒服，可惜太热了。

11月23日　日

读《抗战丛刊》。下午天太冷，找陈重道、李世芳砌储藏室的炉子，我们预备下月和陈家珪一同起火。这两天凤竹大兴奋，我和陈家珪商量怎样开火的事。

11月24日　月

经小川没有来做纪念周，清静多了，二十分钟即礼成。排戏，戏词仍然背不出来，女生已经要演了，到吃晚饭时还没有排好，没有劲了。

11月25日　火

下午没有课，写信，可写得多了，一共写了七封（定和、寰和、宇和、祖麟、陆八、老刁、李宗斌）。

11月26日　水

现在是早上，我先起来把娃娃穿好，给她吃，然后自己洗脸，给娃娃洗脸，还把水拿到床边给凤竹洗脸。早上总是吃不到饭，于是叫人拿鸡蛋去炒饭，仍然和凤竹一同在床边上吃。只有十分钟就要上课了，我赶紧去上课，上午的课总是很多。十点钟以后有二十分钟的休息，家来看看娃娃,娃娃现在吃四顿呢,也已经满路的跑了,这两天冷得很,娃娃不出来玩,在房里急得很。又刮大风,下午替凤竹去开图书馆,风吹来太冷了,晚上头疼。

11 月 27 日　木

娃娃什么都好,现在就是夜里总来尿不好,夜里我总得起来三四次,但她还得把片子都来潮了,真是有点叫人生气。今晚梦特别多,一闭眼就做梦,梦得很好玩,在月光下的一个院子里,一对情人在谈话,男的明天就要到美国去了,但女的肚里有了孩子,家里人还不知道。女的很痛苦,忽然来了一个小偷样的人,向女的唱歌:"小锣响当当……你肚里的孩子是谁的小儿郎?"女的也唱歌回答,搂着他的情人唱,说他是她的丈夫,肚里的娃娃就是他的人,一时很高兴,因为她可以在人前宣布他是她的丈夫,孩子是他的。正在高兴时,她的家人来了,叫她"幼兰回来睡觉吧"。她于是很扫兴就走进门里去了。

天阴冷,累了一上午,下午在家里看《林家铺子》。娃娃老是闹,凤竹为了要自己起火又紧张。三点半排戏《新嫁娘》,他们还没有读熟。女生的戏在公司小学里排的。

11 月 28 日　金

这两天天都特别冷,阴阴的像要下雪的样子。今天冷得手脚都冻僵了,学生都不愿意抄笔记了,写黑板,手也僵了,上了五课。房里到底好些,有火暖和些,凤竹特别好。

11 月 29 日　土

今天晚上我们开始自己烧饭了,和陈家珪一起起火,预备了好多天,大家都紧张的很,尤其是凤竹和徐嫂,梁大妈到底老一点,也不紧张。早上凤竹不弄葱油饼给我吃,生气了,第二课下来烤面包吃。下午,话剧对词,他们已经没有兴趣了。

11 月 30 日　日

自己烧饭。王巨源在这儿。中上晋学先请大家吃饭,今天总算是吃得很开心。

12 月 1 日　月

天冷,纪念周改在第四节课,这一次经小川一个人讲,讲的还不错。

12 月 2 日　火

发下薪水来,凑七百元给曹培良进城做生意去。排戏在公司花园里,乱七八糟的。吃萝卜丝饼,太饱了。

12 月 3 日　水

经小川常住这儿,代王建明的课了,每天一空下来,他就拉胡琴。孙校长尤其崇拜他,我也得常常到隔壁去唱戏了。

12 月 4 日　木

公司水池边上新建了一个亭,黄主任又题之曰"鉴影亭",凤竹说简直是"见鬼"。娃娃在地下大跑而特跑,就是每晚要来尿不好。排戏的人不到,我大生气,今天已比上一次好一点了。

陶某来信。周耀又来信,要杨苏陆到南阳去。这两天日美谈判正紧张。星期日经小川来和杨苏陆大闹,说杨带学生拍照,要叫学生到重庆去告他,经小川又要到南阳去。这些事我全不知道,我是一下了课就回家,什么事也不管。

12 月 5 日　金

做饭,凤竹和梁大妈忙,我不动手,陈家珪也不动手,徐嫂也不大帮忙,很叫凤竹生气,今天凤竹已经在生气了。今天我课又多,我下了课回来腰都酸了。真的,以前也从来不知道什么叫腰酸背疼,这几年来也实在是太累狠了。

12 月 6 日　土

叫学生讲书失败,许多学生都照着书上读一遍。

12 月 7 日　日

星期日还是不得休息,忙了一天。

12 月 8 日　月

上初二历史,讲慈禧太后的事,学生们都说好听,我自己也讲的很有劲。纪念周,经小川又叫学生上去悔过了,悔过完了,他又演讲怎样求学问。只听到些第一第二第十第九的,别的什么词我一概没有听见,学生自然也听不到。晚上腰酸背疼,夜里还得起来。天已经很冷了,但太阳一出来的时候还是有大苍蝇飞到房里来，总是叫我费很大的事来打它们。

12月9日　火

日美关系很紧张。

12月10日　水

日本已对美英宣战，太平洋上的战争爆发了，日本是先下手为强，英美又吃了不小的亏。拍戏很不起劲，因为刚和凤竹吵嘴的缘故，她开了图书馆回来又和我好了。夜里醒来，和凤竹谈了好多话，她说"明天起不再同你闹了"。我知道这种话没有用，不算话的，但听着心里也高兴一下，总算有一个时候她是听我的话的。

12月11日　木

国际关系紧张，就要看报了。做饺子吃，吃的不开心。

12月12日　金

梁大妈又心口疼，没有人煮稀饭吃，就吃包饭。凤竹起来炸饺子吃，我吃得很多，吃完已经上课了，赶快赶去上课。今天下课再去给凤竹开图书馆，空下来看《老残游记》，结构不是很好，一件一件的故事还算好，有许多地方也不高明。凤竹老是冲我，没有好言语。

12月13日　土

鸡第一声叫我就醒了，睡不着，还是起来吧。到教导处去一看，才五点半,在操场上念诗,然后唱昆曲,倒也很高兴,虽然寒气逼人。一天都很不开心,凤竹老是骂人,不是冲我,就是梁大妈未做饭,叫陈家珪很不好意思。晚上我没有和她睡一头,又气了。我伤心的很哭了一场,她也好了。

12 月 14 日　日

一天,我没有做什么事,早上我睡着不起来,让凤竹起来做葱油饼吃,很不错。到孙校长处唱昆曲。看看《佛学概论》,虽然不很懂,却还是有意思。

12 月 15 日—31 日

整整半个月又没有记日记了,天天好像没有什么事可记,一搁下来,又似乎事情太多了。我们的生活真是古怪得很,说是很快乐的日子,说不上,说是痛苦,有时有一点儿小的乐趣,反正是不乐意的事多,乐意的事少。一天我们可以吵好几回,也可以好好几回,感情一点也不平静。原来陈家珪和我们一同吃饭的,现在不和我们一同吃了,但两家还是共用一笼火,徐嫂和梁大妈也还是要吵,凤竹也还是要生气。

国际形势很不好,乡下消息迟,我们知道香港已经沦陷,马尼拉也很吃紧,苏联尚未对日宣战。为新年同乐会演戏也是叫人生气,天气也不好,这两天老是阴天下雨,再不就是下雪。今天三十一号,早上还下着大雪,但这儿的学生终于冒雪进城去了。我们有预备今天进城去的,但今天下了雪,就不去了。读张谷若译的哈代的《德伯家的苔丝》,我和凤竹两个人都读迷了，许多地方实在太动人了。陆八寄来一千元，今年每人还不止一千元呢。接到许多信，因为忙一封也没有复，全部放在抽屉里。云南起义(二十五日)，我还演讲一次。一年又完了，一切并没有什么两样，我还得这样的过下去。

1942年

1月1日　木

元旦很扫兴，下雪，而且是水雪。天冷，早上张官发来，带来了经小川的信，要我们都进城，并说派两顶轿子来，因为滑竿太冷。我们又忙了一早上，理东西，烤片子，收拾箱子，闹了半天。理好了东西，让凤竹睡觉，我带了娃娃到陈家珪房里去玩，她房里脏极了。一会儿张官发要回去了，我便写了张条子带给经小川，说天冷今天不去了。没有菜吃，磨点豆腐吃，娃娃也可以吃豆浆了。把《苔丝》读完，有许多地方我们也曾想到，但却没有说出来，他说出来了。我又拿了哈代的《还乡》来预备好好的看一看，昨晚凤竹让我说哭了，今天眼睛都肿了，也怪可怜的。

1月2日　金

仍是大雪，而且是可以积起来的了，今天又无希望进城了，凤竹于是睡在床上不起来了。本来雪天，拥衾看小说是最好的事了，看看书又睡着了。我今天写了一天的信，写了十封信，把欠的信全都还清了（二姐耀平、三姐、四姐、四弟、五弟、老苏、宗斌、陶光、孝侯、陆八），凤竹也写了三封信附在我的信里（三姐、四姐、五弟）。王清泉回来说城里各项活动都停止了，明天大批的人马也都要下乡了。我亏得好没有进城，就是去了也是白跑一趟的。

1月3日　土

今天倒是个大晴天，雪都化了，学生们也回来得很多了。王清泉说成绩展览会是开的，但参观的人签名的只有三个人，只有六个人来看。

今天开始看《还乡》，看了一小点。太阳出来了，可爱的很，带了娃娃在走廊上晒太阳玩玩，一天就这样过去了。明天是阴历十一月十八日，凤竹过生日，叫她快乐一点才好。晚上有大月亮。

1 月 4 日　日

凤竹今天生日，但天气却不好，阴阴的。记得去年今日，我们还一同去看朱美英演的全本《王宝钏》，今年却只能在家里弄一点吃的。早上吃昨天做好的烫面饺子，炸的很好，我一个人大概吃了十几个，凤竹也吃了不少。中上吃饭，晚上吃面，今天一天都是我在厨房里弄给她吃的。今天学生老师也都回来了不少，杨苏陆也来了，还吃了我们的面包。家乡寄来的一千元已经取到了，还了杨苏陆二百五十元去。

1 月 5 日　月

上课只有这一个礼拜了，下礼拜就要大考了。休息了好多天，上课倒觉得很累了。我脸上生了一个小豆〔痘〕子，出脓了，疼的很。图书馆只收书，不借书出去了。

1 月 6 日　火

今天天气大好，出太阳了，赶快洗被单，梁大妈就洗了一上午。嘴边上生了个东西，说话都不带劲，讲书自然不方便了，我便叫学生们抄笔记。

1 月 7 日　水

赶功课，初中地理不上了，上历史，二甲、二乙也是赶历史，欧洲中古史。

1月9日　金

明天进城,天气很好。准备明天考初中地理。

1月10日　土

考初中地理,上二甲一堂历史,本学期就没有课了。下午进城,今天天不好,但头发长得像囚犯一样,不得不进城了,两个月没有进城了。杨苏陆从城里回来,把马放了,学校买了一匹马,一千五百元钱,马跑了,许多人都去撵,撵到海子里去了,鞍子都湿了,真气人。备好马,拿了孙凤竹开的单子骑了马出门。冷的很,骑了一会儿马,走了一会儿路,好一点,否则一直骑到城里腿又要酸了。慢慢的走到城里,天已经快黑了,到剃头铺去剃了个头,天黑了。到街上买东西,回荣和园吃饭,然后回二部。戏不好,没有秦湘君,没有看戏,一个人回房里,请罗正昌买了两斗米。

1月11日　日

夜里起来惯了,一早就醒了,只好爬起来,找老朱出去吃豆浆,跑了老远的一条街,吃了一点糍粑、豆浆。到二部和经小川、杨苏陆、曹培良一路上谈学校里的事儿,我是一向不关心这些事,也不发表意见,只听他们说。和李之吾一同上街买东西,到附小看老谢的儿子,给了十块钱,真的还不难看。今天何敏和唐世珍都请客,一定要我去吃,我也不认得唐世珍,但也终于去了,经小川也在,到八点多才去。戏院里唱的是《朱痕记》,秦湘君、周福珊都还卖力。天太冷,外面下凌。

1月12日　月

早上半天没有出去,在每个房里都去坐了一会儿,在吴太太那边去吃了几块糖。和萧隐疾一同出街,单子上的东西除了买不到的以外差不多都买全了,天冷;帽子又没有带来,于是买了一顶毡帽,二十五元买了一条围巾,大浪费了一下。回二部吃饭,吃过饭备马回乡下,凤竹大欢迎我,娃娃也赶着叫"爸爸"。

1月13日　火

出题目,叫书记写,天晚了他还不写呢。

1月14日　水

下午考地理,上午我也忙了一阵,看王庆封印考卷。下午考试的时候出了一件事,三乙班原是王建明监考的,王建明不在,请晋启生监了,考完了他把卷子交给一个学生送到我那里,我却没有收到。考完已经半点钟了,三乙班全班的卷子还没有收到,我问晋启生,他在搬家,他也不在乎的样子。等到胡庸才在公司碾房里把韩正乾、洪光品找出来,他们才到前面饭场上训他们。我气极了,把三乙班全班的卷子全撕掉了,他们又说我太鲁莽。但一会儿杨苏陆、晋启生再问他们两个学生,他们两个学生也都承认他们把卷子改了一会儿,晋启生又到我房里来打招呼。为这事不痛快了一天,题目也没有出。晚上才到教导处出历史题目,看着书记把它写好。

1 月 15 日　木

一早起来印卷子监考,下午看卷子,一直到晚上,只有两班历史没有看了。凤竹做狮子头,请黄主任,又送到学校那边给各个老师吃。晚饭在公司吃的。

1 月 16 日　金

上午把卷子都看完。凤竹做火锅,曹培良、杨孝辉也在我们这吃,他们俨然是夫妻了。

1 月 17 日　土

今天是大考的最后一天,我监考一堂,天冷脚都站僵了,早饭也没有吃。下午行休学礼,经小川又说了不少的话,一个会就开了两三个钟头。晚上初中开同乐会,请吃茶点,也没有什么精彩的节目。

1 月 18 日　日

天还不亮,就有学生唱歌了。今天学校的人走空了,学生只剩了六个,教职员就我们一家和晋启生、刘延潘,一共四个人。晋启生商量和我们一同吃饭,凤竹不愿意,这事又使我不好过了半天。结果是这样,叫一个厨子去给我们三人做饭,刘延潘不同我们吃。上午人都走光了,马上清静了。下午替娃娃洗了个澡,梁大妈洗被子,今天一天又没有空了。晚上晋启生来谈话,谈得很久,最后是谈曹、杨的婚姻问题。凤竹、娃娃都睡着了,灯油又加了一次。上床,凤竹说:"听你们说曹、杨的事,我已经上火了。"

1月19日　月

　　没有人了,清闲了。晋启生已来我们家吃饭了,希望这一个月不要出什么事儿,安安稳稳的吃一个月才好。读完一本法国的悲剧,写的很不错,又开始看汉德森的《英德外交内幕》。昨天四姐来信,说起年轻的追她不到,就恨她,年老的叫她,她不去,就说她不可造就,她太苦了。昨天凤竹看到她的信就哭了,我们睡在床上,自然又谈到她,我们真的无法帮助她。

1月20日　火

　　天气变坏,又阴又冷,凤竹夜里咳,两人都没有睡好。我一早就爬了起来,一个人夹本书出去,吩咐梁大妈不要进房间,不要吵了她们,但一会儿凤竹又叫梁大妈进去了。上午晋启生来谈了一上午学堂里的事,我觉得无聊得很,我实在不大欢喜管这种是非。下午凤竹、娃娃都睡觉,看《英德外交内幕》。一会儿晋启生洗完澡,来叫我洗澡,我在他房里洗了一次澡,很舒服。在床上躺了一会儿,穿了衣服出来,到窗外小院子里。娃娃撵鸡,娃娃在当中追来追去的。娃娃现在脾气也大得很,一点不如意,就发脾气,也不知上哪儿学来的赖地皮,再不就是摔东西。这些坏脾气都该纠正过来才好。

1月21日　水

　　几夜都没大睡好,她晚上叫我早点睡。杨要进城,梁大妈洗衣裳,放学了,我们还是忙,要看娃娃。梁大妈洗衣裳,又扭不干,晾了一天到晚上还是湿哒哒的,凤竹生气骂梁大妈,我阻止她不成,就让她骂了,骂过了也就算了。我上床睡了,她不来睡,她又想起我晚上抱着娃娃,叫她先睡的事(我是哄娃娃睡)。看她也累了,就叫她先睡了。我想到她今天说过让我先睡的,我就说,是你叫我先睡的。现在她却生气了,她坐在火盆边上,莫奈何,我也爬起来坐在火盆边上。这样说说,说到不高兴的事儿,我怪她一下,她总要想着办法和我吵。自然我们又说到生活太忙了,又说到别的男人该不该做事、带娃娃、烧锅煮饭的事,于是越说越不高兴,我上床翻身朝里面睡了。睡不着,她咳嗽也睡不着。好容易睡着了,一觉醒来,把娃娃的尿,把尿的时候,觉得手脚都酸疼,我心里想糟了,明天又进不了城了。凤竹也被吵醒了,于是我们又说起话来,说到腰酸手酸,她又怪我不早说,于是心里又是一阵难过。凤竹说了半天,天朦朦亮了,又睡了一小下,我听见鸡叫了一遍两遍三遍,心里还是不舒服。凤竹咳嗽醒了,叹气捶床蹬脚,嘴里嘟嘟囔囔的,"早死早升天"。平常她常说这句话,但今天这句话却触动了我。我看天微微的亮了起来,我想到又是一天来了,又是不能快快乐乐的一天,又是有许多不得不做的事儿,明明知道日子很不好过,但是又不能不过,我想到还有一瓶"来沙西"。在公司楼上住着的时候,我把孙老伯和四姐的事告诉了凤竹之后,我也想到这一瓶"来沙西"。最近几年来,我想到"死"这个字也不止一次了。

娃娃醒了,和娃娃玩玩,但娃娃一点也不能感动我。我在那个时候,因为我记得从前四姐告诉我,钟干有一次想死,到河边上看到水清清的,里面有许多小鱼在游,于是便不想死了。一见到生,看到了娃娃的可爱有生气，我就想到了这个事。我觉得不能给生来打消我的死的念头，我爬起来，凤竹见到不对，也不顾天冷，爬了起来死命的拖住我，我们全都很伤心的哭了。但我还没有打消死的念头，我哭着对她说，我看你活下去也是苦，你也常说要死，倒不如一起死了的好，省的过这样不知道那一天才能够有快乐的日子。她说娃娃呢？我抱起娃娃来看看，我伤心但我也狠心，我说这样可爱的娃娃不会没有人要的，请人送到昆明去给三姐好了。她拖住我不放，我们就坐在被窝里坐了一会儿。我穿起衣裳拿起那一瓶"来沙西"，看看，我觉得太少了，不够两个人死，于是想到学校边上的那个大水塘，现在还是很深的。凤竹起来，把"来沙西"藏了起来，慢慢的我也平静了下来。起来后我还是做房里的事儿，脑袋里总丢不开个"死"字，我自己也常常害怕我会自己不声不响的杀死我自己。我不愿意去想这些，但又非想不成，有一次我曾想把那瓶"来沙西"倒了，但平静的时候又觉得它太贵了，倒了岂不可惜。但一想到死的时候，立马就想起那一瓶"来沙西"，因为它最便当最容易吃。我坐在火盆边烤火，手老是冰冷的，凤竹捏住我的手，也不敢说话。我极力的想不想这些，拿起一本《赛金花》来看。吃过早饭，她又要我睡，我叫她睡，她躺在床上不住的流泪，我亲她吻她。我知道我自己还是爱她的，我想死不是她的过，也不是生活之过，说不出是什么真正的理由，我就是自己想死。听着她睡着了一小会，自己也安心看书。凤竹醒来没有一会，萧老师派的滑竿来了，我早就和凤竹说好，要是滑竿来了，她带娃娃、梁大妈先进城，我明天再进城，一来我想一个人静静，二来我的腿也不好，多歇一天也许会好一点。滑竿来了，我帮着理要带去的东西，吃了饭，一切弄好了，送凤竹、娃娃上滑竿，看着她们去了。回房来整理一下房间,锁了门,拿起《英德外交内幕》到花园里去看,这时太阳已经出来了,很暖和。一会儿晋启生也搬了一张椅子出来看法国的悲剧,于是我们谈起国际问题来。正谈得高兴,听见飞机声,是轰炸机的声音,等我们跑到田坎上,飞机已经在我们头上了。我看到六架飞机,但有人说是九架,有人说是七架。不一会儿飞机过去了,我们回到院子里看书,谈国际问题,似乎很清闲。太阳快下山的时候,又到沟边一条大路上散步,回到我们学校里的厨房里自己炒蛋炒饭。晚饭后吃茶烤火,从我和孙凤竹认得谈起,谈到我们一同经过的种种不幸,说的很快很急,有时自己也忍不住伤心,很有点感动了他。他说我真忠厚,他也告诉我他家里的情形,后来又谈到肺病,谈到我们将来的计划。坐的太久了,腿都不灵活了,于是回房来睡觉,半天没有睡着。一觉醒来,听见外面狗叫人吵,范老师也起来了,我们也穿上衣服。听见范老师说,有一家店铺的门被人下了,不久声音小了,狗也不叫了,我再躺下去却也睡不着了。

1 月 22 日　木

被小偷吵醒,一夜没有睡好。早上起来收拾家当,叫人把木窗上上,上了半天才上好,又把桌子上的东西全都收好,到晋启生房里吃茶,等胡庸才来。一会儿胡庸才来了,我们也预备走了,只有一匹马,我骑,晋启生走。晋走得很快,我们的马几乎赶不上他。到龙山寨人休息,马也休息吃包谷,我先走,晋启生骑马追来,我再骑,一直骑进北门。天气很好,中饭一定赶不上了,到邓家馆子吃了点心,晋启生会的账,又到一楼的戏院买票看戏。到二部,凤竹她们住在一进门的一排中间的一间房里,还不错,就是没有天棚。我一到就整理房间,房间已经整理的很像样了,一张大床,两张大长桌,两张椅子,两张矮课桌,一个火盆就好了。晚饭在关帝庙前吃的,我只吃了半碗饭。唐铁生太太黄智瑶,湖北人,高鼻子凹眼睛,还好看,人也还好玩。凤竹很欢喜她,和她一起玩。戏是《孟姜女》,做的还不错。回到武庙,晚上我们特别的好了。

1月23日　金

早上我们起得很迟,我还没有得吃,我们自己买了半斤肉、一颗白菜,自己到厨房里去煮面吃。起风了,到三点钟才吃到中饭,换我们乡下的厨子来稍微好一点。易沧粟来谈杨苏陆的事,各房间乱跑了一阵。一会儿要吃晚饭了,我不吃,我们一同上金碧餐厅吃了二十一元,自然吃得很高兴。晚上又有人请看戏,是《华鼎观画》《五国城》《斩经堂》。带了梁大妈来,看戏就便当了,叫梁大妈在家看着娃娃。

1月24日　土

天气好,不刮风了。早上没有东西吃,邀杨苏陆、经小川一同出去,在西街上吃糯米煎饼。回来时杨苏陆不见了,经小川便和我谈杨苏陆的事,他自然很不高兴他再蹲下去,又不好意思直接说,想叫他走,得想个法子。在"天道生"家买了一件蓝布袍子,一百元。回校后天气好了,吃了饭,带娃娃一同去照相,把梁大妈和她的孙子常有都带了去。让娃娃一个人照了一张,我们三个人合照了一张一寸的,六元钱,真是太贵了。照好了相,叫梁大妈、常有带以靖回去,我们去买票,我想大请一次客,买了十六张票,共四十八元,又到邓家馆子去吃烧卖。回家来各处去送票,居然也有送不掉的时候,戏是《火烧广泰楼》和《庆项珠》。

1 月 25 日　日

今天是新校舍奠基典礼,大请客。早上别人都忙着布置,我没有事,和凤竹坐在火盆边上烤烧卖吃。天晴没有风,中饭我吃了三碗,还没有到三点钟,杜老太太就来了,一来就躺在经小川的床上,等到别人来,她又坐轿子走了,客人渐渐的来得不少了。陈家珪也是做招待,打扮的非常漂亮,头发也改了样子,穿了一件蓝绸子的夹袍子,一件黄色薄的大衣,结果冷死了,饭也没有吃就回去了。龙团长不来,会就开不成,好容易等到五点钟的样子,那个胖胖的小夷人才到。一到就开会,先照相然后开会,开会就在院子里,经小川没有啰嗦,只说了几句话,法院李院长谈了几句。此后就是余兴,先是小学生们跳舞唱歌,本来有昆曲,但是凤竹的嗓子哑了,不唱了。一会儿经小川又说龙团长要听,我又想到在护国团唱《游园》的事,没有法子,我唱了一段《闻铃》,没有笛子自然一点也不好。接着苏二小姐和卫生院蒋院长的太太都唱了,新吾拉的胡琴,气灯也是租来的,唱完了到西边的厅里去吃饭,一共有十桌,很热闹。龙团长他们坐的第一席,闹得很厉害,本学校会吃酒的老师都去敬酒。最后我们的饭都吃完了,吴太太也去敬酒,我不在,听说吴忠煌和他打了起来,闹得很不好看。他们那一桌子的菜都没有吃,经小川也醉了,老朱、曹培良也有点装醉。

1 月 26 日　月

早上我们总不吃早饭,买饼子来吃,李之吾又送了酱来,蘸着吃很好吃。中饭后到薛家去,他们住在文庙后面自己的一个院子,很好,他们家的小弟弟梦麟和许多小狗都很好玩。他们请了赵君玉来教戏,薛二小姐学的是《三娘教子》,赵教的还不错,使我想起在苏州,传芷他们教戏时的情形。薛二小姐又在学《闹学》,拿了笛子来,凤竹还是唱不出来。晚饭他们吃的是便饭,我还是不客气的吃了三碗。晚饭后围着桌子谈话,从昨晚上吴忠煌吴太太打架一直只是谈到他们以前的同学王铭勤的故事。他们越谈越有劲,几乎不想回来了。晚上踏月而归。

1 月 27 日　火

饭后去拿照片,娃娃照傻了,凤竹照的更瘦了,一点也不好。

薛大小姐和薛二小姐来了,薛库长也来了,来见经小川,因为下半年他们家两个小姐都要到我们学校里来做事。和他们在房里谈了一会儿,一块儿去金碧吃饭,把娃娃和梁大嫂都带了去。叫一点酒吃,一个拼盘,一个锅烧鸭,醋溜白菜,烧野鸡,圆子汤,吃的很舒服,才吃了四块钱。经小川要杨苏陆当奎香校长,这明明是要他走,杨不走,要和他闹,这几天大家谈的都是这事。梁大妈看经太太家用一个佣人二十几块钱,眼红了要辞职,凤竹不高兴,说了她一顿。进城来,这还是第一次不高兴呢。

1 月 28 日　水

进城的时间太长了,准梁大妈请假半日。警报响了,抱了娃娃和凤竹一同回去,回到小门口凉亭边的时候,魏忠慎还带着抱了一会儿娃娃。在河边坐了半天,紧急警报也放过了,飞机老是不来,走到小西门,解除了警报。梁大妈也回来了。王济元和陈家珪请吃牛肉,因为警报误了时间,王又来请,在南门一家牛肉馆里去吃。牛肉蘸水还不错,有麻酱、麻油等佐料,我吃了三碗面,请的全是我们学校的同仁。饭后顺便就到薛家去了,凤竹就躺在他们家床上了。玩了一会儿就回来了。牛肉吃的太饱了,晚上我根本就没有吃饭。禹如山一家大小都来了,一个太太三个小孩,两女一男,大女儿叫丽丽,最好玩,才八岁,一家子人晚上闹死了。

1 月 29 日　木

凤竹上午没有出去。禹请看戏,前两天没有戏看,秦湘君请假,新角色又还没有到,今天新角色登台,秦湘君不登台,还卖五元一张的票子。晚上两人一同去"金碧"吃了一条鱼、一盆冬笋、一盘软炸肫干,吃的大开心,似乎比吃酒席还要舒服。饭后款步到戏院,还在唱滇戏,戏一点也不高明,苗溪春的《驱军战》,蒋曼云、周福珊的《乌龙院》,唱的也不好,做工也不好,一无可取,明天的《翠屏山》我也不想看了。

1 月 30 日　金

还没有请禹如山呢,唐铁生说请我们,也没有请,和人打牌去了。黄自莞请我们一同到南门一家小清真馆子里吃鸡吃饺子,还算吃得好。饭后到薛家,因为他们前天说过今天请我们去吃面,请的经小川,我们带了黄自莞一同去的,因为我们都欢喜她,带她去看赵君玉教戏。先看薛人镜(二小姐)排《三娘教子》,后又看李新吾和薛二小姐对《大登殿》,很好玩,秦又唱《玉堂春》。经小川来得也早,吃面,吃酒,一会儿李院长也来了。我也吃了两碗面,饭后又大谈一阵,因为娃娃在家先回去了。

经小川还在那摆呢。

1月31日　土

又有人请看戏,但票子也是后排,凤竹就大不高兴,和我吵,只得我自己又跑去买了两张第六排的票子,对萧老师说是别人请的,这样凤竹才高兴。因为今天晚上是好戏,曼云、周福珊的《梅龙镇》,秦湘君、赵君玉的《哭盟》《写状》《贩马记》。早上写信给三姐、四姐,回胡尔干的信,因为他有电和信,要我仍回宣威。回尹恭峋(问他钱收到否),发信就顺便买牌子。

老薛、小孙的娃娃满月请客,在"过街楼",席既不好吃,烟也不好,客倒有四桌左右,吃的也不开心。看戏尚早,凤竹睡觉,我叫醒她去已经在唱《梅龙镇》了。《梅龙镇》也没有唱完就唱《贩马记》,《贩马记》倒做得不错,很令人满意。

2月1日　日

为了杨苏陆的事,叫我也夹在里面忙,现在他们要我在当中转弯。杨提出:(一)仍旧当教务主任;(二)请教育部正式委任奎香校长;(三)自己走。我转弯的结果是这样的:由经小川拍电报到教育部保举杨苏陆任奎香校长,送一千元路费,名誉是因公赴渝,一千元钱今天已拿到了。杨告诉我说,他本来就是要走的,但却非要和他们捣乱一下不可。早上又接到胡尔干的电,下午和杨一同去打回电,杨回电说初六动身赴渝。这两天老刮风,一床都是土。李之吾请看戏《玉堂春》,自然又不走了。下雨刮风,晚饭还是曹培良请媒人,他和杨孝辉的事快成了,正月初五订婚,问题就是杨孝辉能不能和他一同到重庆去。杨司令和胡县长都是老头子,我和杨苏陆先去"金碧"等客,果然天还未黑,客就来了,胡县长道貌俨然,七十岁。杨司令也是六十几,席间他坐在我身边指手画脚的,一点规矩也没有,我气的菜都没有吃好。杨司令多吃了两杯,大骂王荆夫(?)。时候已经不早了,去戏院滇戏快完了,京戏是《定海神针》《打花鼓》《玉堂春》,都还不错。明天一定得走了。

2 月 2 日　月

赶快走吧,这儿的天气一过十二点就要刮风了,我们起来就赶紧理东西叫人雇滑竿,雇马给梁大妈骑。滑竿来了,先把她们母女二人送走,我再为杨一千元的收条的事啰嗦。杨不肯写,经一定要他写,我代杨写了一张收条,经他还不要,我急了,大声嚷嚷了一阵,结果他们才收了。收拾好了,叫胡庸才背了东西牵了马先到西门外等我,我还得去剃头呢。和杨一同来到院门外,吃了豆汁和酒酿鸡蛋,然后我去剃头。看看已经十点半了,叫他快快的剃一剃,十点才到剃头铺。在中街、西街买了香肠、香烟、茶叶、锡箔等物品,又用了近五十元。我们这次进城十天,用了将近六百元,家里寄来的一千元就这样用去了,曹培良顶看不惯了,和杨苏陆说了不知多少次了。到西门外新牌坊,小胡已经等了半天了,大约十二点我们才动身。走不多远,已经开始刮风了,到龙山寨下马休息一会儿,嘴干吃了点茶。又走回到新民村,见满住的都是兵,是来修路的,学校宿舍都住满了,我们的院子里也住了兵,女生宿舍里也住了兵,乱糟糟的。我到了家以后又大大整理了一阵才安逸。

2月3日　火

回家来也没有做什么事。中上吃甜饼，冬笋烧肉。晋启生也回来了。写日记，补写好多天的。

2月4日　水

读完《英德外交关系内幕》，这本书读了好多时候才读完。梁大妈洗衣服，我们还是忙。晚上凤竹和我吵，又提到死的事，心跳了半天，我知道我会克制不住我自己。

2月5日　木

家里又来了两千元。娃娃闹得很，大概不大舒服，夜里翻来覆去的不大睡觉。

2月6日　金

今日起整理图书馆，把图书馆里的书全都抖了一遍，重新分类排列。图书馆外面三甲班的教室住的有兵，进出要关门也不方便。图书馆里郭福荣住在，弄得一塌糊涂的，看着他们半天才算弄干净，所以今天没有做多少事。娃娃还是不大好，但今天已不大闹了，夜里还是翻的厉害，大概是不舒服。冯品三、老薛、晋启生进城。

2月7日　土

今天上午又整理了一下图书馆，给图书分好类，就是有几本书还有问题，不知应该放在哪一类才好。下午睡了一下，做了许多怪梦。凤竹和娃娃就在打饥荒,娃娃这两天闹得凶,脾气大极了,一碰就要赖地皮。

2 月 8 日　日

在图书馆工作倒是有兴趣,但是也有许多困难,困难就是好玩的地方,分类排列最麻烦了。叫郭金堂去办年货来。

2 月 9 日　月

早上收拾妥当,我就去图书馆分类,大类已经分好了,现在再从大类里来分小类。快到中午的时候,晋启生回来了,于是在图书馆里谈了一阵关于教育图书分类的办法。一下午,我们两人把教育书籍一同排列好,而且写好了编号,分类。中午吃饭的时候,谈起他当教务主任的事。娃娃已经好多了,睡也睡得好了,也不大咳了,也不闹了。冯品山、老晋带来一盒糖送妹妹,好的很,妹妹抱着洋铁盒子不放。

2 月 10 日　火

图书已有头绪,今天把大类小类全都分好了,又写了一点分类表。天又冷起来了,凤竹叫人送了一盆火来。娃娃好了,也好玩啦。

2 月 11 日　水

天冷,上午下午做事我都很慢。上午把总分表弄好,拿给凤竹看,她不高兴看。下午写号码,天冷,做的慢的很。

2 月 14 日　土

今天是阴历的大年夜,一天没有上图书馆做事。上午包饺子吃,晋启生也来帮着包,包得倒也还算好,孙凤竹说比陈家珪强得多了。晚上天一黑,就把一对红蜡烛点起来,烛台早已擦亮,又在当中钉了一个洞,以便插中国蜡烛。点了红蜡烛,三个人吃年夜饭,菜还是很丰盛,一盘腊肠,一盘拌菠菜,吃酒,一个肉丝炒韭黄,一个冬菇冬笋,一个狮子头,一个火锅。大家都吃得很高兴,晚上点了两对红烛。晋启生又说学校里的事,全是些废话,凤竹和我全不耐烦听,好好的一个大年夜,让他这一席话给弄糟。

2 月 15 日　日　年初一

凤竹昨晚叫我写一个条子"万事如意",放在她的枕头底下,因为她觉得许多事都别扭。谁知早上又骂梁大妈,早上起来吃莲子茶,吃炸饺子,凤竹都是在床上吃的,因为昨夜睡得太迟了。凤竹要睡,我抱娃娃出去,先在冷大姐家玩了一阵,又到晋启生房里去玩。下午三个人玩了一会儿扑克,天就晚了,早早的就睡了。

2 月 16 日　月

晴朗无风,今日又到图书馆工作,预计明日可以全部编好号码,然后进城。晋启生下午进城,赶马的来,带来了几封信,有四姐、二姐在重庆唱昆曲的事。早上凤竹又忙了,一早叫梁大妈洗衣裳,梁大妈不得空,凤竹只得带娃娃。吃过早饭,凤竹坐在花园里哭。下午和我一同到图书馆去工作,她修补破书。

2 月 17 日　火

又刮大风了,早上、下午都在图书馆,编号码。已弄好了,真是可怜,一共才一千八百一十几本书,还不到两千本呢。

2 月 18 日　水

说好是初四进城的,一来送杨、曹等,二来拿钱。白天刮风,想早早的走,马又不来,马又走得慢,一直骑在上面,进城后腿又酸了。一进城就到昭中,先把陈家珪的咸肉送去,薛家大、二小姐都在那儿拜年。我肚子饿了,吃了王巨源煮的糖鸡蛋。到邮局把两千元钱拿出来,又买了东西回到武庙。没有东西吃了,还是黄志光拿了两个鸡蛋来炒了一大碗饭,油多了一点不好吃,也没有吃多少。就到东岳庙去看老冯,现在初中部搬到东岳庙了,老冯当初中部主任。一到那儿,冯太太都不认得我了,老冯睡在,把他叫醒,大谈一阵宣威的情形。曹培良、杨晓辉在"金碧"订婚,去参加的人到得倒还不少。没有人说话,只行了个简单的仪式,经小川、晋启生等人一概都没有请。杨晓辉穿了新衣裳,人也长胖了,很不错,就是裤脚上要钉亮边,不大好看。酒菜也不错,不好的就是正在举行仪式的时候,曹太太家的小吕蒙大哭大叫。

晚上请老冯看戏,自然又得请晋启生,我是先去的,因为怕看不到秦湘玲的《贵妃醉酒》。老冯夫妇后来,等《贵妃醉酒》唱了一半,晋启生才来。秦湘玲还不错,虽然肚里已有孩子,接着是《定军山》和《穆柯寨》,只唱一点《提亲》。萧隐疾和王效庄也决定走了,到湖南去。晚上宿武庙,同房的有王书记、李之吾,自己带的被子,拿了一床学生的被子盖,还是冷。

2 月 19 日　木

夜里起来惯了,早上醒得早。王效庄夫妇住在我们从前住的那间小房里，王大娘添了个女儿，还是好看，晚上在他们房里吃稀饭，吃咸菜。禹如山在隔壁生病，到他房里，又吃鸡蛋，又吃了一碗稀饭。和晋启生一同去昭中。昨天下午在东岳庙里碰见陈家珪，神色不对，说要下乡，我说乡下有兵，你的房给兵占了，她一定要下乡，我就知道她一定和王济元两个人吵架了。果然，我和晋启生到昭中，王济元闭了门，不让她进去。到秦老师处，吴大新说，昨天就吵了的，为了打牌的事。我们不好就走，劝劝王济元，他哭着说一定要杀死她。陈家珪也哭着请萧凤祥写状子，一定要告他。一上午就这样耗掉了，说到薛家去拍曲子的，也没有唱几遍，因为中上我们大家请王效庄。萧隐疾和易沧粟也要到重庆去，经小川也去的。王效庄多吃了一点酒，醉了，发了一阵牢骚。我们饭后到王子和处打牌，我只打了一圈。又到薛家教薛人镜唱《学堂》，顺便买了一个小毛狗给他们家的梦麟，给自己妹妹买了一只会叫的小兔。在薛家唱了十遍"小春香"，吹笛子，她就会唱，很用心学。晚饭后又听戏，晋启生请的。陈家珪、王济元他们已经好了。戏是《追韩信》和《花田错》，都还唱得卖力。

2 月 20 日　金

我请曹培良、杨晓辉、杨苏陆，给他们送行，杨家母亲为了女儿要走，已经哭了好多天了。在杨家坐了好半天，就去"金碧"，又碰到王鸿图。萧昨天就说过要向我借一千元路费，在"金碧"门口碰到他时就把一千元交给了他。敬了杨苏陆、曹培良他们一杯酒，我就醉了，躺倒了又吐了，曹杨夫妇陪我一阵。我回武庙到铺上大睡一觉，还是不成，难受得很。晚上在朱瑞宣家请客，我勉强吃了一点饭，酒一点没有吃，回来的时候仍然吐了。想请他们看戏也看不成了，多了一张票送杨苏陆，叫他去请别人。

2 月 21 日　土

吃酒实在是不大舒服，昨天多吃了酒，一天难过的很，今天头还是晕晕的。一早醒来，忽然发现后裤袋里面两百元钱没有了，一时心里非常不痛快，后来想想，做生意还赚了钱，算了。又借了五百元给易沧粟，她也要去重庆了。晋启生来说，有一位什么李县长襄理很好，留他一天，可去接凤竹来看一看。于是，我回武庙命人雇滑竿到乡下去接凤竹。因为杨苏陆明天一个人先走，还送一送，我回来写信给三姐、四弟、大姐、陶光等。睡起来和杨苏陆到赵远芬家，他近来常到赵家，对赵远芬五姐似乎颇有心事。那天请他们一家人看戏，在赵家坐了半天，带着赵远芬和她的二哥一同去文庙唱戏。蒋太太、王连宝(拉胡琴的)都在，每人都唱了不少，远芬的哥哥被逼不过也唱了，唱的还不错呢，写条子叫凤竹到薛家，天快黑了，还不见来，去昭通中学取帽子，顺便到南门口去等她。远远的并不见滑竿的影子，等了一会儿，天黑了还不见来。到昭通中学，薛人镜和梦麟来说姐姐来了，原来她已经跑到薛家去了。在薛家吃晚饭。晋启生派人来说，李县长来了在武庙，可以回来看病，于是又叫车子让凤竹回武庙。凤竹匆匆看了病，开了个长方子拿着，又匆匆去戏院看戏。还是我们请薛家母女，戏不好，是什么《诸葛亮招亲》，乱整一气，一会子就完了。凤竹去薛家睡，我回武庙。

2 月 22 日　日

一早起来匆匆的送走了杨苏陆，也惨的很，除了我和老朱、曹培良与几个学生以外，别人都没有送。经小川不该，杨苏陆也不该，不说一声就这样走散了，真是不大好。回武庙，凤竹也没有送到杨苏陆。为了借一千元给萧的事，凤竹和我闹了一阵，我自己也伤心。我太好说话了，凤竹和我闹闹又和我好了。到护国团，山门口小饭馆吃饺子，曹培良请我们一同到赵远芬家，一个人都不在家。又回武庙，冯品三请我吃晚饭，吃的很舒服。今晚的戏是全本《大英节烈》《铁弓缘》，很长，很过瘾。晚上回武庙，住以前住的那间房。李之吾拍我马屁，给我们铺好一张小床。

2月23日　月

凤竹想娃娃，娃娃一个人在家跟梁大妈，不放心。叫滑竿要她先回去，我明天再走，因为今天下午要开校务会。很迟滑竿才来。送走凤竹后，快吃晚饭了，中饭、晚饭都在王大娘家吃的，菜很好，很家常。饭后睡觉，来叫了我几次开会，我才去。先是经小川说了一大套，谈到他爸爸哭了，说了许多学校的事，果然是大家都知道的。有报告本学期情形，晋启生教务，朱啸云训导，我当研究主任。我不干，我一直就不愿意干什么主任。李之吾代事务主任。后来晋启生又说了一大套，不得不当教务主任的理由，接着讨论吴忠煌报名"国库"的情形，罗罗嗦嗦。我看时间已经不早了，和曹培良跑了出来，叫他带我去看替我们做生意的人姜俊英。不在，到杨孝辉家，又到邓家饭馆吃馄饨，回武庙。晚上八时又去西街找姜俊英，见到了，谈了谈，谈得还不错。

2月24日　火

钱已用光，诸事已毕，备马回家。过南门，邀薛人镜一同下乡，她愿意在我们图书馆里做事。她坐滑竿,我骑马。很快到新民村,让她住杨晓辉的房间。

2月25日—3月2日

这一个星期的功夫,我们在整理图书已经渐渐就绪,就是有许多事情不顺手,因为没有东西。薛人镜很不错,还不太小姐气,我和凤竹都很欢喜她,她也渐渐的能帮我们画格子盖图章了。这几天她在我们处吃饭,我们一处过得很好,她人也很安静。就是二号晚上,她姐姐来了一封信,说母亲病了,而且已经替她向经小川辞了职,明天抬滑竿来接她。慌慌急急的几乎要哭了,到底是从来没有出过门的小姐。这一周老在忙图书馆,不然就忙着吃,打来的菜凤竹也吃。

3月3日　火

今天算是正式上课了,还没有开学,但是学生到的太少了,每班只有几个人。我今年二十二小时,三甲国文,八小时,三甲地理,四小时,二甲史地。同事走的太多了,人不够分配了,我说不当主任,当主任也不能做事,一天光上课好了。好在二甲现在龙洞,暂时空六小时,只十六小时。今天我还以为是星期一,照课程表上三乙国文,总共只有四个学生,也谈了一小时。吃早饭,薛家抬大滑杆来接她了,说是太太很好,因为大小姐太忙了,日里上学校,晚上又要去卢家补课,除了太太、梦麟之外没有人,故而叫她辞职回家。她说自己还是愿意干这事。送她上了滑竿走,她前后来此才一星期又走了,我想她怕是不会再来了,虽然她说还是愿意来。下午没有课,凤竹去图书馆贴书码。下午凤竹干了一会儿就累了。

3月4日　水

让凤竹歇一天,躺一天,因为她夜里咳得凶。早上两课没有上,到图书馆抄书目,接着上三乙国文,讲文学史、《诗经》和《楚辞》。下午上二乙、二甲历史,没有上几分钟。找朱勋彩给我画格子,晏庭杰盖印,我抄书目,又忙娃娃,晚上补日记。昨天接四姐一信,说"侨教会"要设许多学校,问我愿不愿意当校长,她可为我努力。接信后,我和凤竹都很高兴,晚上亦复一信。今早又打电报,曰:"请继续进行。"不知结果如何。

3月5日　木

上课人少,不能正式讲,就整理图书和写目录。现在只剩三项工作了,抄目录,贴书码和刮去旧书号,盖图章,找学生帮忙做。

3月6日　金

今天把一本目录全部弄好,这本目录是我一个人写的,写了好多天。写好了,校对一遍,头都晕了,晚上早早的就睡了。

3月7日　土

今天算是正式上课了,因为昨天截止注册,今天来的人都要罚钱了。今天上午两课二甲的地理,讲法国,于是一个钟头就讲的法国的灭亡。早上起来把房里的小床取消,里头显得大多了。下午找铁兴铖贴书码,我写他贴,贴的还不错呢。这两天一有空就在图书馆里工作。

3 月 8 日　日

礼拜天也没有休息,在图书馆工作了一天,预计明天以后可以全部理好了。把目录发给学生抄,晚上已取回来不少。夜里凤竹"特别"来了,这样我们才放心,虽然我们常常说要一个小弟弟,一旦"特别"不来,真怀孕了,真是不知道怎么办呢。这几天老鼠闹得凶,什么事都不顺心,凤竹特别脾气大。

3 月 9 日　月

今天才把书码全部贴好,以后事就少了,直到天黑才弄好,因为日里还要上课。一千元的事,凤竹又絮叨了一下午,晚上也没有放过我。娃娃又伤风了。

3 月 10 日　火

我讲图书馆使用。

3 月 11 日　水

早上我报告时事。

3 月 12 日　木

总理逝世纪念,休假一日,八时开纪念会,晋启生主席,禹如山也下乡来了。晋启生先说,然后金应元、老朱都说了,也不外是那一套。晋启生说完了,报告了几件校务,把我当研究室主任的事说了。我是不愿意当,若是不说话,岂非默认乎?于是等大家说完了之后,我也说了几句,表示决不当主任,仅当老师。会后晋启生打了我一拳,我倒怕他们生气。一会儿,城里派人接他来了,因为他太太和小姨子、兄弟都来了。

把帐子下了下来洗。晚上写宗斌、二姐、老刁诸人的信。

3月13日　金

上完课后回家晒帐子,早上一早起来就晒帐子。这一阵子老是到下午就刮风了,虽然不冷,但却刮着很大,叫人不舒服,衣服晒上一会儿都吹上黄土了,不会干净的。下午没有课,为娃娃洗澡,忙了一下午。图书馆开放,借书的学生并不多,学生们不知道怎样找书查目录。

3月14日　土

本想今天下午进城的,先是马未来,马来了,禹老师他是因公,自然让他骑。凤竹说我走了腿会酸,不去吧,于是把一千元交给禹如山带进城,让冯品三做生意去。把薛人镜的碗筷交出去,也就没有事了。不进城,也可以上午上两节课。图书馆现在是我的办公室,在里面写九封信,三弟、五弟、镕和、尹烈钧、老苏、何瑞修、孙基昌、鼎芳、李宗斌。凤竹来开图书馆,又逼她写了一封信给她二哥,夜里又打老鼠,闹得半夜没有睡觉。

3月15日　日

下午,经小川来。下午晋启生夫妇带孩子及小姨黄柏华走,太太还不错,小姨并不如她所说的那样好看。他们都住在我们隔壁。

3月16日　月

上午七点半,纪念周补行开学典礼,经小川的一套又拿出来了,什么小老婆妓女,又大骂了杨苏陆、曹培良等。我们都觉得他这样不对。夜雨日晴。

3 月 17 日　火

娃娃和武家丽芳已经玩得很好了。丽芳比以靖还小几岁,以靖叫她妹妹。

3 月 18 日—20 日

几日来平静无事,梁大妈的孙子来,又引起她的不安。四姐那边关于校长的事已消沉下去,我也不兴奋了。一千元钱交给老冯做生意。凤竹又腌了咸肉。图书馆开放的时间也延长了,下午一时半到四时半。

2 月 21 日　土

饭后进城无马,一个人走进城,走了三小时。先到昭中借书,到薛家,看薛人镜拍"小春香",太累了一点,在她家吃他们做的炸酱面后,宿老苏房中。

3 月 22 日　日

晨起,吃油条。天暗下雨,去武庙,除梁行素外,无一熟人,又来了大批的新职员。又去东岳庙,初中生正在平操场。在老禹、老冯家吃午饭。上街看布,又去盛源记剪刀店为常有接洽投师的事。回西街购物,到辕门口理发,由西门叫马归。

3 月 24 日 火

凤竹早晨又吐了两口血,我心里难受得很。梁大妈为孙子又进城去了,什么事全是我们自己做。

3 月 25 日 水

凤竹吐痰还带有一点粉红色,但只有淡淡的一点。

3 月 26 日 木

梁大妈还不来,又上课,又做佣人,凤竹也忙,我也忙,简直没有办法。四姐有信来,说她生活苦的事。

3 月 27 日 金

凤竹脾气大,梁大妈再不来可真是不对了,所幸今天一早她就来了,是走来的,凤竹也就不骂她了。为凤竹又吐血了,这两天心里老是不定,虽然现在她是不吐了。

经小川来说,那个李县长又到昭通了,劝我们明天进城一趟去。经小川说李县长是包人好的,但凤竹吃了他的药并不好,太热了,但这也许是好的呢？我想她去,和她说,她一定不肯。晚上朱啸云由城里带回我们的薪水,我加了二十元,凤竹加了三十元,我是二百九十元,她是一百七十元,一共是四百六十元。有钱了,凤竹说明天进城买布去,刚好她把我的一件新大褂做好了,很得意。我自然劝她进城。

3 月 28 日　土

在床上我们就讨论进城问题,她要和我一同去,我不去,我说在家看孩子,后来她也肯了。穿上衣裳骑上马,也蛮神气的,我们送到村口,告诉以靖说,"妈咪买橘子去了"。晚上校工王庆碧由城里回来说,白天马跑了,他还帮着马夫追了半天,我又担心她不知摔着没有。早上天气好,下午天气变了,下雨了又冷,亏得好叫凤竹带了大衣去的。一天就是看着娃娃,现在娃娃大了一点,一天就在外面闹,吃饭也不好好的吃,觉也不好好的睡。晚上梁大妈把她放在床上,走了,我在隔壁晋启生房里唱戏,谁知娃娃竟从床上滚了下来,跌醒了。我有些心疼,但也没有骂梁大妈。晚饭后唱戏,孙校长操琴,晋太太、晋启生我们三个人唱,秦老师听戏。后来他家丽芳大闹才停。娃娃晚上翻得厉害,想是有跳蚤咬的,身上有疙瘩。

3 月 29 日　日

早上也是忙忙的,因为要举行革命先烈纪念。七时半开始,老朱还写了个"革命先烈之位"的牌位供起来,用四本大字典靠着。纪念仪式中还有一项献花,借了我的小花瓶,插了一只榆树叶和一枝海棠。学生摘了公司的一枝牡丹,插不成,还得让我去向李主任道歉。

凤竹昨天倒偷了一支去送给薛人文。小花瓶牌位既不庄严,又不好看,寒碜的很,还不如不要的好。但晋启生、老朱一定要,我只好在献花的时候不看。晋启生先说话,老朱后说,又谈到曹书田,对曹不太恭敬,我不大以为然,而且老朱讲的一点也不好。最后,秦炳震讲的还不错,三个人中秦讲得最好了。一天看着妹妹,梁大妈洗衣裳,妹妹常和丽芳抢东西。晋太太和她妹妹大洗被褥，丽芳玩水大闹，我把她拖到亭子里边不让她去，她大哭。以靖看着，也跟着哭了起来，丽芳的脾气实在没有以靖的好。晚上妹妹不咽饭，让我打了两个大嘴巴，大哭了一场，饭也没有吃，后来我心疼她，又拿新鲜的面包给她吃。娃娃真乖，提到妈咪，就说："嘟嘟嘟骑马，买橘橘。"

3月30日　月

天冷下雨了，许多进城的老师都没有回来，凤竹自然也不会回来了。早上也想叫韩复义带点衣裳去，但天下雨又怕下湿了，想她一定会借薛人文她们的衣裳穿的。果然，下午陈家珪回来说，在昭通中学见到她穿着薛二小姐的衣裳，老魏又来说，见到她在看戏。

一早娃娃未醒，我梳洗毕后，到学校办公室，冷冷清清的，只有老朱一人。我今天上课最少，只有两课，后来王子和、魏忠慎陈家珪都来了，我上了课，他们都一肚子的牢骚，和老朱说起各人的工作不平均，老朱和晋启生二十小时还兼主任，城里有许多莫名其妙的干事，一百五一百五的拿着薪水，他们为什么不下乡来教书呢？初中部许多老师不下乡，乡下许多课都没有人上，经小川简直是糊涂。中上，在冷大妈地炉边上，和陈家珪也是谈这些。晚上老魏、秦炳龙来找我商量剧本的事。唐铁生带了丁文治的太太已到城里，说张司长要来，赶快准备去吧，让我们选。不明白这学校是为学生办的呢还是为司长办的？晋太太、黄柏华都来了，先大谈一阵剧本的事，后来又谈到学校的事上，他们也有同感。

妹妹很乖。到晋启生房里玩，和他太太闲谈，她又送了我一支玉屏箫。

3 月 31 日—4 月 6 日

　　这一个星期的日子过的糊涂极了,好像过了几年似的,人也像是老了。先是凤竹回来了,带来了许多布回来,也找医生看过了(我就知道她跟我一同进城去,她不会去看病的,所以我不去)。星期日晋启生进城,我请他去找凤竹,因为陌生一点的人去看她,她会不好意思。凤竹的药也带回来了,但是她一回来就说娃娃瘦了,说我们带得不好。说一次不够,老是说老是说,又骂我,又和我吵,我真是实在受不了了。她常常无缘无故的和我闹,再不然就是一点小事,就大声的吵,大骂我和梁大妈,我和梁大妈就是她的出气筒,可怜我现在也和梁大妈是一路的人了。也记不清是哪一天,她又和我吵,先我还回她两句,后来我索性不作声。她还是不住地骂我,我忽然发了神经,我有点想死,我找"来沙西"。她看我神情不对,就捉住我。我大哭,但又怕人笑,我想忍住,可是却忍不住,我发了一大阵神经,我知道她这样的和我吵下去,我准会像爸爸一样的发神经的。有了神经病有什么用呢? 还不如死了的好,我似乎一点也不怕死。发神经,我又打了娃娃一嘴巴,因为她来尿在床上,这一下打得很重,把娃娃打倒在地下。凤竹因为特别生气,也不扶她起来,我自然也不扶。如果不是因为和她生气我也不会打娃娃,打了娃娃一下,又抱娃娃出去玩。姬新美要抱娃娃,抱她站在花园走廊的栏杆上,我和晋家丽芳在一起,不知怎么的妹妹跌了下来。我先回以为是跌坏了,看看头上有个包,妹妹老是闹,我又不敢对凤竹说。凤竹她咳得可怜。娃娃来家就睡了,夜里就翻,第二天才发现手臂上跌坏了,也许脱了臼。下午我没有课,听冷大妈说簸箕湾有一个王先生,看跌打损伤的，于是叫凤竹骑了马，我和王庆丰轮流抱着娃娃走到簸箕湾志桢小学。现在薛志昌在那儿当主任了，请薛志昌派人请王团总，说进城去了，要到晚上才回来。凤竹又着急，只好叫王庆丰回来拿铺盖，我们暂时在志桢小学住一晚上。老薛似乎并不太热心，还是何玉凤大热心，他也是镇江人。晚上王团总回来了，看看娃娃说不妨，只是扭了筋，并未伤着骨，明天拿药来敷。我住他们的男教员宿舍，凤竹宿对面的女教员宿舍。看过了，大家才放心，明天一早我就回来了，因为我还要上课，凤竹等王团总给娃娃敷药。老薛他们吃的太坏了，我们一点也吃不下。我回学校上课，马上叫王庆丰租马去接凤竹和娃娃，回家后娃娃发烧闹得凶，手倒是好了一点，王团总还特别骑马来了一趟。手臂好了，但娃娃有两天下午都发烧，早上倒是好一点，夜里也好，我们不知道是什么病。直到昨天才看见身上有了红点，冷大妈说是出疹子了，不要紧的，避风，吃吃白酒、香菜，表一表就好了。娃娃闹的凶，平常她也不是这样闹的，自然是为了病的关系。

4月6日 月

娃娃夜里睡得很好，我们也就睡得好了。三乙班去龙洞，陈家珏也跟着去。我的课也少了六小时，我先想分一点老朱的历史来教，因为老朱也忙得很，十八小时，还接训导主任。一到办公室，金应元正在叫苦，他教三班的国文，于是我慷慨的替他教了一班国文，马上就移交本子给我了。经小川骑了自行车来上纪念周，第三节课未上之前，他悄悄地问我学校现在怎样，是不是老朱和老魏闹不好，为什么乱招待新生，三乙班的学生怎样侮辱女同学。我说，全是没有这些事。上纪念周，他只骂师范生不好,这次倒没有说到教员身上。第四节课,大家拖住他开谈话会,请事务主任或组长下乡,晋启生又质问他许多事,把他弄得面红耳赤。我不看这些事,骑了他的车子到外面去转了一转。后来晋启生告诉我说,他这一次来找岔子,完全是魏忠慎进城去说的。妹妹出疹子,我们全不懂这些事,冷大妈说了这样不能吃那样不能吃,只能吃点青菜和稀饭,连盐都不能多吃。弄香菜米酒给她表一表,又烧柏枝,倒是怪香的。我记得《红楼梦》里写巧姐出疹子,贾琏、凤姐分床睡,所以我也不惹凤竹。

4 月 7 日　火

课程表改过了,上午三课国文,讲《夜渡两关记》,自己觉得讲得还不错呢,学生听了似乎也很高兴。娃娃好多了,也不像前两天那样的闹了,但还得样样依着她才成,今天她自己拿着勺子吃菜粥了。下午在图书馆里改历史卷子,没有改一会儿,秦炳震来谈起学校的事,他大为不满意经小川。又谈到女中的事,他在女中当教务主任,女中环境很好,薪水也比我们这儿多,我也想去,他说他一定可以帮忙的。下晚娃娃睡了,房里有火,又热又闷,邀凤竹走出来,学生赛球。谁知凤竹见到姬新美不睬她,大为生气,回房一定要叫她来训,她就是欢喜这样,我可不大赞成。把姬新美叫来说了一顿,说的她面红耳赤的,一句话也不敢说。真是何苦来,她本来就不懂得什么叫做礼节。把娃娃跌了,能躲着不见是最好的了。

4 月 8 日　水

一夜醒来,不寐,心中千头万绪,乃作诗一首:"觉来斜月照窗台,妇咳儿啼亦可哀。千种凄凉千种恨，一时都到枕边来。"晨起，娃娃安逸没有醒，凤竹也还在睡在。我起来在外面走了一趟，学生正在大路上跑步。我走上村前的小山土地庙上，一路读鲁迅的"惯于长夜过春时……"又读"黄沙白浪起狂飙"，读到"大笑秋空死亦骄"，不觉泪下。这两天我太容易受感动了。

4 月 9 日　木

娃娃已经大好了，就是不能出去，不能吃东西，忌嘴的东西太多了。今天我咳嗽，呛的很，下午还演讲《西北各省古图防上的地位》，预备了一小时的演讲。二甲、一甲比赛篮球，我做公证人，又跑了一点钟，晚上累了。

4 月 10 日　金

咳嗽，心口疼，讲书都觉得很吃力，三小时之后已经觉得太累了。下午改卷子，晚上也去图书馆改了半小时，总算把地理、历史的卷子都改好了。下午举行越野赛跑，我和凤竹到新民村去看。还真是跑得快了，二十多分钟就跑了一圈回来，第一名是一甲班的王化全。

4 月 11 日　土

把第一次的小考卷子一起看好，也算是了了一桩事。下午到图书馆写信，给孝友、杨苏陆和四姐等人。

4 月 12 日　日

上午，天朗气清，于是带凤竹、娃娃去观音庙。叫娃娃在观音像前叩了头，并没有上山。

4 月 13 日　月

纪念周时刮大风,有大太阳,晒得人怪难受的。下午有两课,下了课后又帮凤竹、黄柏华她们剪报。一会儿又做公证人,二甲班、一乙班比篮球。回家来凤竹就生气,我都没有理她。晚上哄哄凤竹,后来大家昏昏的睡了。

4 月 14 日　火

清晨醒来爬到凤竹那一头,要和她说话,她老是不说,后来才说我和黄柏华调情。真是万想不到的,女人的心也太细了,昨天我去替她剪报,催她回家,她就疑心了。

4 月 15 日—27 日

这十二天来似乎老是在忙,其实事也并不算多。不过自从教了二乙班国文之后,多了一班的卷子要改,看卷子如凤竹所说的,和吃屎一样的难过。最近两天感情似乎特别的脆弱,一碰就想哭,昨天讲《狱中上母书》,当着学生的面就流了泪,自己也觉得难为情。这些地方是我的大缺点,但忠臣烈士的绝命书也总是十分动人的。星期日二十六日,下午举行同乐会,在新民村边上的小山上,节目很多,但精彩的并不多。学生当中,有笛叶合奏《燕双飞》很好,老师当中除了唱戏外,有志桢小学何玉凤的歌表演很精彩。那天我们这儿的同事请他们吃饭,我不在伙食团,也就是客了。凤竹"特别"是十八号来的,她"特别"不来,我总是担心,怕输卵管没有扎好,因为医生说过,三五年后也许会通的。

4月28日　火

这两天夜里没有睡好,头有点晕,但脑子却并不糊涂。凤竹老是不愿意我出去,一下课最好就回来,我知道她喜欢我在家,却并不是一定要我做事。但我有一个脾气,就是人一多一点,小孩子一闹,看书写东西都不能定心。现在有个图书馆,似乎可以做一点事了,可是也不见得,信又有好多没有复了。晚上得二姐信。晚上开部务会(师范部),也没有什么重要的事,开到九点钟,我都困了。夜里醒来把娃娃尿,一觉到天明。春天来了。

4月29日　水

早上凤竹睡了一觉,又吐了一点血。我自己安慰自己说,春天来了,许多病都要发的,吐血的病也是要发的。劝她吃了点白药。

国文讲夏完淳《临死遗夫人书》。上午两课空堂,原想写信,回家和凤竹谈谈,信也没有写。天气好,花全都开了,连金银花晚上也开了。娃娃就在外面玩,现在是人说一句,她也跟着学说一句。

4月30日　木

凤竹今天一天都是愁眉苦脸的,害得我也不舒服。为了要洗澡,韩复乾打水,说没有水,又生了好久的气,又骂我。我现在真是千忍万忍,忍下来,有时心里非常难过,譬如吃晚饭时,她说我,我勉强忍住,饭吃的一点味道也没有。晚上上床,她又哭,我简直没有办法,劝她的话都说尽了,但她从不好好的听你的话,即使听了,两三天后又是老脾气。

下午因为洗不成澡,守着妹妹和凤竹都睡了一觉。后来去图书馆写信,只写了五封(萧隐疾、五弟、李宗斌、马学良、曹培良),还有好多现在都没有复呢。五时,和秦炳龙、老朱一同到田野里散步。

5月1日　金

今天凤竹特别待我好,因为她想到昨天待我太不好。我又替她洗头,到图书馆又看了一会儿报纸。头发长了,想明天进城去,但天气有时晴有时雨的,路又烂,还不知道能不能进城去。经小川将去昆明,来一个通告,叫大家努力。写的很叫人生气。

5月2日　土

夜里醒来和凤竹谈起爸爸、九妈的事,她也谈起她爸爸以前很多的风流韵事,有时很好玩,有时又很伤心。说到爸爸九妈的事,她很感动的说:"我以后一定要好好的待你。"本来预备今天下午进城的,可是吃中饭的时候,薛人文来了,马又叫不到,于是作罢。薛人文会说的很,总是引得人笑,但却似乎太会说了。凤竹杀鸡招待她,乡下也没有什么好吃的东西。晋太太带小毛子坐薛坐来的滑竿回去,她宿在晋太太的房里。一下午很高兴,出外散了一次步,枯燥的生活,有一个客人来也叫人兴奋一下。

5月3日　日

今天上回龙湾去,早上起来就吃饭,预备只吃两顿饭。叫马到土洞去,都叫不到马,凤竹只好不去,我和薛人文、黄柏华三个人去。一路慢慢的走，薛人文话多的很，走走谈谈，颇不寂寞，也不觉得累。翻过第一个小山坡就看见龙家祠堂了，先到志桢小学，该小学粉刷了一遍，又加上老薛写了许多艺术字，与我们上一次来的情形已大不相同。老薛夫妇、何玉凤殷勤的招待，糖煮鸡蛋。休息了一会儿，又到龙家祠，我和老薛先去王团总家，把带来的礼（糖和点心）送去，再到祠堂去找他们。他们说龙主席要来，祠堂正在修理，挂着的画烂了，正在接补。芍药花开了，到住宅去看了一下，又到坟山上去坐在小松林下。薛人文谈陆老太太、陆老爷等当地的要人的逸闻趣事，颇有味道。凤竹叫我带来的小萝卜正是时候，每人吃了一根。回志桢小学，他们一定留吃饭，我们一定不肯。我们从另外一条小路回来，比原来的路好多了，有树荫。

5月4日　　月

天又暗又下雨的样子，薛家的滑竿不知会不会来，薛人文急着要回去。上午晋启生回来，但纪念周并没有上。我们四个人（我、薛人文、凤竹、黄柏华）打扑克，黄柏华和凤竹输了，我自然没有要她的钱，我想赢薛人文的钱，因为她吹的太凶了。薛人文要骑马进城，一个人又不敢骑，要我们陪她。于是我叫人到土洞去叫了两匹马，学校有一匹黄马，快吃中饭的时候滑竿来了，于是薛人文又怂恿凤竹带娃娃进城。下午我还上了一课才走的，凤竹带娃娃坐了滑竿走了，我们三个骑马在后面。薛人文骑马老是不肯走，把她急死了。到龙山寨，凤竹和薛人文换了，薛人文带了娃娃坐滑竿，凤竹骑马。我们雇的马走得快，先到南门外环城马路等凤竹来了，我们才一同回到文庙薛家。晚上戏不好，吃了晚饭，于是我们唱昆曲玩。凤竹住在薛家，我送黄柏华去东岳庙找她姐姐,一路上提着一个绿纱灯还不错。到初中部,学生都已经睡了,在老冯房里坐了一会儿,到附小。梁行恕去昆明了,床空着,我便睡他的房。见到丁志和,合肥人,唐铁生之姐,一口的合肥话。睡倒一会儿大雨,且有冰雹,把窗子都打破了,冰雹飞到床上来,很是怕人。

5月5日　火

很早就起来了,除了小学生外,没有人起来。洗了脸,没有办法,到初中部去吧,他们要上早操,一定会起来的。去了,果然老冯、老禹都起来了。到后面他们自己的操场上看看,远远的看着朝烟,很不错,操场上有新做的平台、双杠、单杠、排球场、篮球场,比我们乡下没有体育课的好多了。到初二学生课堂里去看看,有许多学生在自修,见我进去,有人喊立正敬礼,我很高兴。

老冯请吃面,鸡蛋下的,不太好吃,但我倒吃的很多。八点钟离开初中部去剃头,看《西南二千五百里》,又买东西(牙刷、鹧鸪菜、饼干等)。又到怡乐戏院买票,买了八张,预备请几个人看戏,戏是《柳金蝉》。到薛家吃中饭,凤竹说娃娃闹,她夜里睡不好。(本来今天叫梁大妈来的)。在薛家吃饭后,我们唱昆曲"小春香",她们就看。我知道她们要拖凤竹打牌,我不高兴,到姜传清家去,可巧他又到庆丰祥去了。我不愿意回文庙看她们打牌,于是到初中部,路上遇见黄锡荣和薛人文。我到初中部,唐铁生、老冯、老谢正在谈志桢小学筹集制服及初中部募捐图书基金而演戏的事。我总不大赞成卖钱,他们谈得很有劲,我也犯不着打断他们的兴致,我又回到文庙薛家。八圈打完了,又打四圈。带娃娃和梦麟玩,娃娃老是怕他们家的狗,他们家的狗也是太多了。黄锡荣也不爱看打牌，我们各人拉了各人的孩子到隔壁陈家珪处，她娃娃又在不安逸了，我又去找了一趟吴常有的皮店。牌老是打不完，我实在是饿了，好容易牌才打完了。吃饭很好，又有馒头，我们因为娃娃捣乱没有吃得好。饭后唐铁生又为找薛家三小姐串京戏的事，和薛人文大吵，听得都烦了。放气了，我们才去看戏，我请客（我、凤竹、薛人静、薛太太、黄百华、黄锡荣、丁玫、自莪，一共八个人），薛人文在家替凤竹看娃娃。戏并不好，胡闹一阵就完，秦湘君也没有唱几句。下雨打伞回家，我还替黄锡荣抱了一段孩子。

5月6日　水

天晴了，我一定要先回去了，在唐铁生处吃面，黄志莪招待唐和我，谈到以前学校里的事。九点钟的样子，叫了一匹马，我一定要下乡了。先到姜家，还没有起来，卖点心的也没有开门，于是到文庙。凤竹说昨晚睡得好，今晚又是全本的《浔阳楼》，好戏，我叫她不要回去，我明天要大考，必须得回去才行。出南门骑上马，快的很而且很舒服，路遇梁大妈，马快，没有来得及说几句话。跟他们大伙食一同吃，自然吃的不好。下午上两课，写条子给老陈带进城，说梁大妈进城了，可在城里多玩两天，但不要打牌。下了课又搬图书馆，从楼下搬到楼上去，费了很多的事，所幸有学生来帮忙。晚饭后和老秦、老晋一同到公路上去散步。一个人睡的很舒服，夜里还是要醒一次。

5月7日　木

昨天晚上就把地理题目出好了，早上叫杨先生写，我还以为有国文，预备了一早晨，第四节课我考地理。下午战时讲座，请新来的唐俊伟老师讲重庆(他是新近教育部派来的),湖南人,说话听不懂,尤其是演讲时更听不懂。晚上改作文累的很,没有改几本就睡了。

5 月 8 日　金

第一节课考历史,改作文,和秦、晋两人散步。

5 月 9 日　土

第一节考国文,第二堂考博物,第三、四课做作文,真是把我忙昏了。学生又能作弊,一早上又在图书馆里改作文。中饭吃饺子,我又包又擀,吃了三大碗,比我们自己做的差多了。吃完了饺子,大家皮都胀了,和秦、晋二人去村子的小山上唱戏玩,教晋《打渔杀家》,预备明天郊游会上表演。我们从山上下来,碰到学生排队去泅龙湾,老晋被老朱拖了去,我和晋回家休息一下。从小路走,我已经觉得累了,不想去泅龙湾了,于是我们走到海口桥"去思碑"下坐着,泡两碗茶,要四两花生米,吃的很高兴。夕阳西下,我们信步而归。晚上吃炸饺子,因为花生吃的太多了,一点也吃不下了。晋启生来谈李之吾事,李昨天来今天一早就走了。又谈经小川之为人说话不小心,不注意学生学赌钱,想赚钱等的毛病。

5 月 10 日　日

天好,凤竹今天总该回来了。

5 月 11 日—6 月 3 日

二十来天未记日记,该记之事颇多:(1) 凤竹"特别"在五月二十五六日来的?(2)梁大妈走了,我们两个人带孩子;(3)学校开一次与新民村村民叙别大会,搭台子演戏,我和老薛等老师演了一幕《灯痕》;(4)进城看秦湘君,最后一次,《八搜邹应龙》(因为秦湘君最近自杀死了);(5)进城和唐铁生吵了一架。

7 月[①]

似乎已经多年未记日记了,这一阵子也太不安定。六月中旬,学校由新民村搬到龙洞闸上,又上了两星期的课才大考。凤竹和娃娃没有到闸上,一直住在城里,先是没有佣人,自然苦得很,常写条子来骂我。直到放假了,才找到一个俞大嫂,还不错。我在乡下和秦炳龙、唐铁生、李俊伟、金应元四个人住一间房,糟得很。才去的时候,窗子是坏的,房子造在山坡上,窗子又没有布糊,糊了纸,雨一打,风一吹,马上就通了,油灯都点不亮,后来窗户上糊了布才好一点。凤竹和娃娃住在城里,到现在也快一个月了,吃唐铁生他们的伙食还没有给钱呢。凤竹在城里还是住在武庙寒假中我们住的那一间房,除了天花板没有外,别的都还要得。最好自然是有电灯,在乡下住久了,有油灯点了还是够的,乍看见电灯虽然不太亮,亦大有好感。学校七月八日行落成典礼,同时放假,但我七日进城,孙凤竹还大生气。我知道她来月经,我还骂她叫我回来干什么。七月八日的落成典礼我没有参加,开校务会议我自然也没有到。七月九日妹妹生日,晚间借学校办公室请客,一百五元一桌的金碧餐厅的菜,一共用了有两百元,我说为妹妹用两百元也是值得的。妹妹现在什么话都会说,又调皮又有趣,吴忠煌最喜欢她了,一天总要

来看她几次。三姐要去沅陵,把小龙、小虎的衣服寄来了不少,又增加了她不少的美态,妹妹是什么人都喜欢她的。这一个月来事也是太多了,学校的事,我也不耐烦去说它,总之还是闹意见,我攻击你,你攻击我。李之吾先是当着学生的面骂晋启生,后来晋启生又当着学生的面骂李之吾,朱啸云也骂李之吾,我简直怕听这些事。杨苏陆来信,要我们去合川二中做事。胡尔干也从宣威特地来邀老冯,顺便也想我到宣威去。我们都觉得做作"回汤豆腐干"不太有意思,所以结果胡尔干大失所望而回。到闸上去的时候,我和晋启生招待他一天,进城我又请他在金碧餐厅吃了一次饭。胡尔干说每一到放假就想到我,他告诉我不少的新消息。刘伟光和惠小姐结婚已经生了孩子,且刘伟光性情大变,他在马龙一私立中学当校长,常到昆明做生意,发大财。丁宗许在昆明中国农业银行做事,终日吊儿郎当。刘孝乐、李先柔结婚已生一女孩。两年不见,同学变化也大多了。前两天又下乡去了一次,因为想预订龙洞里面的房子,给朱啸云叫她的女儿占去了。我下乡到龙洞,把房子木器布置好,又进城来。这一阵子和凤竹很好,她为我不进城骂我,我知道她是为了想我,我也就很高兴了。

7 月 14 日　火

昨天说好该到薛家去吃包子,昨天下午去看薛人文,晚上未在她家吃饭,她气死了,所以今天一定得去。早上我带妹妹到东岳庙初中部去玩,金应元赢钱请客炸酱面,叫校工把妹妹抱了回去。天热,昨夜未盖被子受了冷,胸口难过,吃不下多少。下午把妹妹打扮的漂漂亮亮的,到南门文庙去。他们也请了梁行素,吃的是生煎馒头,我也没有吃多少。晚上去看《群英会》，妹妹先睡着了，于是我们就决定晚上住在薛家。我们一同去看，先是秦湘玲的《双摇会》，然后才是《群英会》。赵君玉做的不错，但看的人太少，连梦麟都睡着了。晚上回文庙。

7月15日　水

薛库长今晨启程赴东川，一早他们一家都忙乱起来，很多人很多东西，弄到十点钟才算完。我们客人也送行到南门口，他们上滑竿，妹妹还跟着叫爷爷呢。又回到薛家吃中饭，玩扑克。吃中饭，我吃了一个大馒头、两碗饭，胀死了。下午又听留声机，真的现在听留声机也变成一种很不容易的事了。到昭中去了一趟，见到王济元和陈家珪，陈家珪肚里又有了一个娃娃。太阳下山了，抱了妹妹回来。

7月16日　木

天下雨，说好的薛家三小姐来玩的也不能来了。下午，黄自荛拖凤竹去打牌，打了八圈，输了一百五十元，她很生气的回来了。下午，秦先生来说新角唱，他已经替我们买了票。把日记翻开，太长久没有记日记了，补了一点，晚上看戏去。娃娃很顺利的睡了。我们以为很早，谁知已经在唱《骂殿》了，是新来的人，一个小女孩子唱的还不错，就是声音太细了一点。接着又是一个小花旦，唱《梵王宫》，这个更好一点，扮相美，一笑就更好，做得到还好，唱却唱的不好。最后还是秦湘玲、周福海的《新经堂》，比秦湘君差多了。散戏回来下雨，还好雨不大，鞋也没有湿。我们到了薛家又找到晋启生，他今天才从乡下回来。着了凉，胸口疼。

7 月 17 日　金

工作一直十分努力,下午睡了一大觉。我们和唐铁生、唐盛璞他们在一起吃饭,吃的很好,可惜就是不大按时候开饭。吴忠煌最喜欢我们家妹妹了,一天总要来找她几趟,对别人她一点兴趣也没有,和我们家妹妹玩得最好了。晚上,薛人文叫人送了两张票子看戏,我们去的算是早的了,今晚人多。带了妹妹去看戏,我抱了一段,吴忠煌又抱了一段,妹妹拍手说好看好看,一直到戏快完了,才睡着。《霓虹关》完了是《汾河湾》,最后是《野猪林》,还算好,在昭通也算难得的了。

7 月 18 日　土

下午,薛家三小姐来学昆曲,经小川也来拉胡琴。他学了一支"昔日有个民生……"已经学得有点差不多了。三小姐还学了一支《游园》的"梦回莺啭"。孙凤竹买了十块钱的锅贴请客,天还未黑,送他们回去。李之吾和他的弟弟带了大批的行李进城来了。

7 月 19 日　日

早上李之吾打门,说要走了,我先还是说他的弟弟要走,谁知道隔壁费世平说李之吾自己也要走了,于是赶紧起来,去金碧餐厅前送行。他走了,送的人倒不少,我们等他们的车开了就走了。经小川说这下了了晋启生的愿,他该高兴了吧。回来,他们都还没有吃中饭,又吃了小烧饼。妹妹睡觉,醒来后吃饭。薛人文他们来了,凤竹又和吴太太约好了要去卢太太家取白果,于是我们到薛家去。路上有雨,幸亏带了伞的。教三小姐唱《游园》"袅晴丝",自然又在她家吃饭了。妹妹的眉毛上给竹棍子捣了一下,有点破,凤竹大骂俞大嫂。趁天还没有黑回家,妹妹已经要睡了。

7 月 20 日　月

晋启生全家进城,住我们以前住的那间房。早上经小川找我们谈中学部合并的事,说是经费不够。我说若是经费真的不够,押上房子,有办法平复。谁知他并没有通知冯品三,反而通知了学生,说到闸上上课,冯品三大不高兴,要不干,连老禹也不干了。于是成为李之吾走后又一波澜,我是一向不参加意见的。今日把凤竹吃的油浸白果封起来,说是八个月后才可以开来吃,我亲自到园门口去买小罐子来装。下午陈家珪来找晋启生、黄锡荣、黄柏华、小毛子等又来了。魏忠慎酒醉,一来就倒在我们床上,连鞋子睡了,还是禹如山来拖他去打牌,他才醒。我在《大公报》上看到张钟兰一篇《谈生活》,大骂这一班醉生梦死、在堕落中生活的人。我把这篇文章给丁致看,丁说做这个文章的人未必自己就能够做到。

7 月 21 日　火

晋启生家小毛子过生日,五点钟在金碧餐厅大宴各位老师。晚上除了吃饭外,还有唐铁生请看戏。上午陪唐铁生到银行取钱,晚上把娃娃带来也去赴宴,俞大嫂也带去的。忽然我的肚子疼了起来,回到武庙上茅房,一直到戏院子里肚子才好了一点。酒席也没有好好的吃,晋启生多吃了一点酒,在人家柜台里躺倒大谈。到八点半,我的肚子好了点,他吃的酒也醒了点,于是去戏院。这是小金牡丹和崔美艳的《樊梨花》,接着是秦湘玲和苗溪春《送京娘》。周福海的《追韩信》,陈慧林的《伐子都》《带金殿》跌扑还不错。晚上我归来,妹妹又来尿醒了。

8 月—9 月

老是在城里住着也不是事,晋启生和老冯、老薛夫妇都走了。秦炳震又要逼我到女中去教书,后来我决定不去,于是决定下乡,以示不走。其实我心里很想走,但没有地方去,怎样走呢? 我们是八月十五号下乡的,住龙洞,房子挺好的,是原先龙团长修的,有天花板,房间很大。我先下乡,把房子布置好,家具也很齐全,住下我们都很满意,推开窗户就是花园,门前有流水洞,洞里有有名的泉水。住着,我们希望有客人来看看我们的好所在,可是没有人来。开学了,姜亮夫夫妇才来(姜原来是不认识,他的太太,我们也不认得,但说起来却又都知道,他认识我们的大姐),住一天就走了。就是在这一天之中,姜亮夫和我说好,到昆明后,和熊校长说好后,立即打电报来请我去当讲师。于是害得我老是等着,做事也就不定心了。学校开学上课了,王建明暂时代教务主任,禹如山训导主任,唐铁生事务主任。我教初三古文、史地、师范国文及师范历史,仍有不少的课,十五小时,每天早上由龙洞跑到闸上去上课,也够累的了。新来的教员也有几个,像吴静琪、叶太太似乎都差劲,只有一个中山大学的姓什么我想不起来了,还受学生的欢迎。我上课老没有心思,老是在等姜亮夫那边的电报。但是却先接到了老冯的电报,他们都到了重庆,冯当国立第二华侨中学初中部主任,晋当高中部教务主任,老薛也在那儿教书了,打电报来要我去。若是姜那边的事不成,我一定到四川去。原来我们回家的计划第一步,就是到四川,但我先答应了姜,不好不等他的回音就到别处去。上课不定心,藏到黄锡荣房里吃东西,说闲话。姜是九月五日动身走的,到十五日才有电报来,是凤竹在龙洞街得到的。电报局的人拿给她的,她派人送信来,叫我回去。课也没有上,回龙洞和她商量大事,照原定的计划,我们都先进城。第二天我去闸上上课,顺便把我要走的事跟学生说了,三个女生都哭了,大概这两年来在昭通,学生的印象还是不坏的。下午把这消息告诉唐铁生,他们似乎并不一定要坚持留我。十七日,我进城找经小川,他也并不强留我,如此正好。凤竹也把家全搬到文庙,住在薛家。教育部派张兰堂来校查看,于是他们让我再下乡几天,这几天也是怪无聊的,讲书自然也讲不好了。进城过中秋节,又在薛家住了几天,这几天倒还是过得舒服。可是也着急,车子也找的够麻烦的,一直到九月二十九日才坐上车子走路。

9 月 29 日　火

昨天就可以走的,但昨天下雨没有走。今天早上还是有雨,一去打听,说今天一定走,于是挑了行李就走。凤竹、妹妹她们只送到大门口,我不好亲凤竹就亲妹妹几下,妹妹一点也不知道我是要出门,还高兴得很呢,凤竹心里一定有点难过吧。我同新吾一同到元宝航空站,他找一个老乡介绍我们坐车的周事务员,他对我说可不必给钱,请司机吃吃饭就是了。车是运飞机去泸州的两辆车,一辆装着机身,下面坐了不少人,一辆装着翅膀,翅膀只有底下好坐人,坐着,头就碰到了飞机的翅膀。我先坐在翅膀底下,没有开车就已经难过了。同车的有蒋院长太太的母亲,小孩子多极了,全都挤着,还有一个宁波人带一个女人。一直到十二点车才开，没有一个人送。车开了，我难受极了，于是只有照宁波人的办法，坐在汽车边上的栏杆上，两手抓住飞机的翅膀，这样才不闷，但确实很危险，手没有劲就会跌下去的。天还没有黑，就到了得胜坡，司机不开了，一点办法也没有，只好听他的。王司机还不错，招呼我们一同到山背后镇子上去找人家住，找到一家客店，自然不用说，是污秽的。所幸遇到卖小鸡、腊肉、白菜，我们大吃了一顿。三个人，每个人睡一张有席子的矮铺，只能盖自己的大衣，自然一夜也没有睡好。

9 月 30 日　水

夜里听见下雨，心里想坏了，不要再困在这儿一天就糟了。所幸一会儿天就晴了，但山上还是有云，到九点钟以后才开车，我坐到里面闷得吐了，快倒是很快的，一点就到威宁了。下得车来，叫人把东西搬到中国旅行社，二十五元一天的房间，好，就住吧，八元一餐。赶快出去找车子，想能够明天走最好，于是到浙江饭店去找黄驿文。介绍的人不在，江浙饭店的老板说他办法，他在叙昆路做事，叙昆路一号有交通车到曲靖，不必花多少钱。我疑心，我是把钱给他，他不高兴了。晚上我再去找他，他说不行了，人已经满了。我又到川滇东路车站，去问了一下，说要到明天早上来问才知道。我写了封信给凤竹。铺盖湿了，晒了一下，睡了一夜好觉。

10 月 1 日　木

一早把东西叫人背到葡萄井。川滇东路的车站是个庙，叫涌珠寺庙，里面有一个池子，常有水珠子冒出来，风景还不错，可是谁有心情看风景呢？等着买票，卖票的人老是不来。遇到一个军官模样的，叫卞俊庄，湖南人，他也要上昆明，一谈之下，我觉得他人还不错，于是决定和他做个伴。他找站长，我也找站长，于是总算买到了票，一百九十二元到曲靖。票买到了，心安了一点，但车子老是不开，在修。一打听，说我们坐的那辆车最坏了，毕节走了五天才到威宁。于是卞先生不敢坐了，把行李拿下来，但原来的那辆车却开走，卞先生和司机吵，司机就是不让他坐，也是没有法子。直到十二点还是没有车开，我看这儿的车子似乎没有好的，全都要修才能够开，没有法子，只好再把行李叫人背回旅馆，多花一天的钱。到旅行社先大吃一顿饭，下午再出去打听车子，车子没有什么希望。心想有张票在身上无论怎样，总可以走的，就不知道早迟，我是慢性子，也不着急，于是在威宁又住了一天。

10月2日　金

今天比昨天还要早起来，心想今天一定可以走，可是卞先生比我到得还要早。先是上一辆装酒精的车（现在没有汽油，全用酒精开车），后来站长又叫我们上一辆空军1109，是装兵到曲靖的。但这辆车还在修，轮子修好，又费了两小时，差不多到十一点才开。这个车比上次的车舒服些，坐在自己的行李上，又在前面，又是有棚子的，好多了，就是人太多了挤的很，脚常常挤的发麻。车开得倒快极了，才三点半，就到了哲觉了，司机又不肯开了，说怕抛锚，明天大概一直开到曲靖了，在宣威不停了。我倒希望他到宣威停一下，可以找找尹恭峋谈谈，但是你对司机又有什么话可说呢？只好就在这个一家新开的旅馆里住下，还算干净，没有要他们的被子，用自己的行李。有单房间，六元一天也还不错,吃饭可真贵了,十元一盘炒蛋,比威宁贵多了。这一天又是好多时候是白费的。又遇到一位湖南人汤先生,于是我们三个人坐了一处。

10 月 3 日　土

　　车倒是开的早,像在云端里走,有时又在云底下走,坐在车上看起来头晕,并不好过。到宣威还是很早,车子没有进城,只在站上停了一下,加了油就走,火腿自然也没有置成了。过宣威后车开得更快,到曲靖似乎才一点多钟的样子,找到曲靖服务社住下。曲靖大非昔比,城内一带热闹极了,一定是通了火车的关系,饭馆、旅馆多极了。我们也捡一家馆子去吃了一顿很好的午饭,饭后去曲靖城里走了一趟,晚间吃面和锅贴,也吃得很过瘾。隔壁房又有人打麻将,闹了一夜。

10 月 4 日　日

　　算准了今天可以到昆明了,因为火车无论怎样也到了。火车到底比汽车舒服多了,我脚也有地方放了,屁股也有地方坐了,就是屁股坐的不舒服。我正好在一个窗口,还可以望到外面。火车可是走得真慢,曲靖到昆明,汽车半天就到了,但火车却整整的走了十二小时,早上八点四十分开的,到晚上九点多才到。我一天没有吃,只早上在曲靖车站吃了两碗面。天也黑透了,一点也看不见,不知道车站是在哪里。因为听到姜太太讲云大事务上一塌糊涂,心想这样晚去找,大概也不会找到,于是想到找旅馆。叫挑夫,挑了东西,我也不知道进的是哪一个门,先找昆明大旅社,客满,西南大旅社也客满。于是到宝善街找到一家,长春大旅社,一进去就知道上当了,是堆货店改的,也只好住下再说吧,房间还挺贵的呢，三十六元一天。找东西吃，在一家小广东铺子里吃了一碗饭菜。又到上海浴室洗澡换衣服，很舒服。买了两本《时与潮》回旅馆，总睡不着，似乎到十二点以后，才睡着的。

10月5日　月

吃了一餐丰盛的早餐，很贵。又去修面洗头，打扮好，最后叫了一辆车，连行李带人一起到云大。把行李先放在传达室，找姜亮夫，可是找不到，别人又都不熟，于是想到靛花巷就在门口，何不先去找罗莘田呢？果然找到了罗先生，并且见到了许宝骙，他还是那个样子，谈了一会儿。罗先生再带我找姜亮夫，也没有找到，于是把我交给了王逊（清华同学，九级的人，很面熟的人），他带我去找事务主任陈盛可（清华注册处的，也是熟人）。没有地方住，暂时就住在陈主任房里。住解决了，吃饭马上就在学校包饭，伙食还不错呢。饭后才见到姜亮夫，我们都住在女生宿舍下面。我把床铺好，也简单得很，就一个行李箱子，随便哪里都可以放。熟人都说我胖了，我大概也确实是胖了。晚上，罗莘田、许宝骙、袁家骅夫妇一同请我去吃饭，在宝兴园，昆明一家旧馆子，菜还不错呢。打了一个电报给凤竹，晚上又写信，买了表、墨水等物回校。

10月6日　火

王逊带我各处跑了一下。晚上去崔之兰家唱曲，才来，就发迷唱曲子，唱曲子的人都欢迎我来。

10月7日　水

去三姐处，头班车没有搭上，在冠生园大吃点心，买了些蛋糕，带给小龙、小虎他们。到一点才有车,是到宜良的车,小站未停,快极了。下车骑马,马已涨到十元,路可是好了,全是大路,骑惯了昭通到龙洞的马,这段路真是快,一会就到了龙街。房子还是那样,人多极了,上楼,找到从文。三姐上课去了,小虎也瘦了,一点也不好玩了。三姐回来了,大笑,说我太胖了。小龙也长长了。晚饭后我们谈了许多话,听到不少好玩的消息。我睡外间,他们四个人睡一张大床。

10 月 8 日　木

在呈贡,参观三姐上课。

10 月 9 日　金

在呈贡。

10 月 10 日　土

在城里就知道今天他们要广播,等我吹笛,我若不去,又不大好,于是中午的车赶回昆明。果然崔之兰已经找过我了。到昆明没有回校,就先到靛花巷休息一会儿,找崔之兰去,顺便看了雷先生(海宗,他病了才好)。崔没有留我们吃晚饭,我们三个人,罗、许、我,只好到大新街一家小馆子里去吃饭。饭后,回靛花巷,崔之兰来,一同走小路到昆明广播电台。电台很讲究,有一个小小的礼堂,很好,有茶点吃。先是萧先生(电台里的一个人)唱《剌虎》,查阜西吹,很不错。后来罗莘田唱《弹词》,又有一个人唱的不搭调,锤子。崔之兰唱《游园》,我吹,吹的都不错。最后我唱《扫花》,不成,没有唱好。叫洋车送我们回来的。

10月11日　日

这星期起我要上课了，课在四、五、六三天，"中国通史"和"中国史学史"，还有先修班的"中国通史"，大约一共只有五六小时，松多了。写了不少封信，凤竹、宗斌、二姐等。

10月12日　月

一天没有出去，只是早上到文林街去吃了一碗面。在家里看老舍的《骆驼祥子》，下午又睡了一大觉，太睡多了一点也不好。借了几本关于通史的书来，也没有什么好的。已经有点想凤竹和妹妹了。

10月13日　火

要上课了，好像很不定心似的，预备得也不定心，得好好的预备预备了。

10月15日　木

第三课上"中国通史"，人很多，自己觉得讲得还不错，大得意。一个人跑出去吃东西，花了钱，吃的一点也不好。

10月16日　金

今天讲的一点也不好。

10月17日　土

今天有先修班的课，人不多。下午在靛花巷吃肘子，又大唱昆曲，开白，到十点才回校。

10 月 18 日　日

一早就起来出去找三姑，在门口小店吃面，吃牛肉，吃花生米，大吃一顿，花了十九元钱。到东市街花椒巷八号，三姑果然没有出去，她老多了，她十一月一日结婚，这一阵子她似乎很高兴的样子。一会儿她带我去看五姑，五姑住的房子很讲究，五姑还是那样瘦，睡在床上，说是有孩子了。在他们家吃了中饭，中饭还不错。讲讲三姑结婚的事，下雨了，一直等到雨止，我才慢慢的回家。

10 月 19 日　月

陈盛可的病今天好了，病了一星期的样子，和他一同出去吃早饭，吃面，结果学校里的司机把钱付了。买了点中国信纸、信封回来，一气写了七封信，元、宇、寰、苏、刁、汪、萧。上午又搬房，从陈盛可房里搬到姜亮夫对过的一个人住的房里，一桌、一椅、一榻，简简单单。因为搬了房，觉得许多东西都没有，于是想到去买点。先去洗澡，买笔、墨盒、镜子和面糊，又花了一百多元。回来一个人在房间里，很静。晚饭后，再写信给窦祖麟、经小川、秦炳震、黄锡荣、朱孝华等等。凤竹的信已经写到第六封了，不带威宁的一封，老接不到凤竹的信，心里不高兴。

10 月 20 日　火

今天读完张荫麟的《中国史纲》，第一次，讲到楚汉之争为止，我觉得也没有什么太好。早上，从文带小龙来敲我的门，我请他们吃早饭，花了我三十五元。后到从文住处去取袜子，在文林街二十号，和他们到一个地方,见到刘世沐(我们清华八级的同学),似乎很高兴。下午三时,似乎有警报,和陈盛可一同跑出去,人多极了。在联大背后的小山上躲警报,一会儿警报就解除了。跑警报时,遇到罗先生、许宝骙他们。五时到靛花巷去唱曲子,替许宝骙吹《断桥》,六时回来吃饭。一个人一间房是好一点,今天一天要读完一本书。除了凤竹的一封信外,老是没有人给我写信,叫人着急。

10月21日　水

今天不成了,总不定心。早上写了一封快信给凤竹,下午自己到大兴街去发信。一天糊糊涂涂的,没有读什么书。

10月22日　木

阴雨,天大冷,一天闷闷不乐的。算算无论怎样,该有信来了,谁知竟没有,真叫人难过。看书也看不下去,到这儿来就那一天算是读了一点书。

10月23日　金

仍然是阴冷。"中国通史"现在倒不怕了,讲熟了,就是怕"中国史学史"。一个女生难教得很,叫她看书,今天她又说看不懂,没有办法,我编一个大纲给她,这真是找麻烦。下午这儿跑,那儿跑,到靛花巷,罗先生不在,到马学良处,许宝骙来和他一同吃包子。到我房里来唱了一阵,一个学生也来唱,唱的还不错,就是"侉"一点。

10月24日　土

先修班的人倒多了,是"中国通史"的人少了,我心里不大高兴。天冷,虽然有太阳,但太阳一点也不热。下了课,心里一闲,又有几天可以空了,又似乎很高兴。十一点钟有警报,这次我没有跑,在王逊房里闲谈。到吃中饭差不多两点钟的时候,警报才解除,本来说好两点到崔之兰家去的,也不能去了。到四点,我才到靛花巷,罗先生不在家,只许宝骢和袁太太在,吃了碗米汤等等罗先生,已经快五点了。于是到张家,人家已经等了半天了,开始唱,闷的很,笛子也不亮,唱也唱得不好,后来笛子亮了,唱也唱得好了,唱的是《刺虎》。天黑了,罗和袁也来了,正好吃包子,大吃一顿,吃完之后又大唱。到八点才出来,去小馆子吃馄饨,许宝骢说他是我的媒人,因为在青岛住的房子是他介绍的,要谢媒。于是到翠湖服务社去吃咖啡,地方很不错,咖啡也还好,就是太甜了一点。坐了半天,罗先生教训了我一些关于读书的话,话倒都是好话。后来又谈了许多许宝骢结婚的事,他却认真起来,大发牢骚,弄得我们很难为情。在翠湖边上走,十五有大月亮,翠湖显得很美,兜了一个圈子回到学校。姜亮夫还在替人写对子,我们坐下来又谈了一谈,又谈得很久。他说他弟弟、弟媳不好的事,他是拿我当知心,什么话都讲给我听。肚子疼,睡不着,又爬起来上茅房。

10 月 25 日　日

昨晚睡迟了,早上也起的晚了,但总算看了一点《资治通鉴》,做了点笔记。下午睡了一大觉,起来已经三点钟了,有预警警报。和费孝通坐在草地上大摆龙门阵,谈到苏州东吴的事,谈得很高兴,一直谈到五点钟,才到靛花巷去睡觉。晚饭也吃不下,在袁太太那儿吃了点稀饭和饼,吃得很饱。又唱了大半天,罗先生拍《乔醋》,十点才回校。一到房,陶光、刘汉、王逊都来了。陶光也长胖了，他是到遵义去看许芝伦妹妹的，据说结论圆满。一直谈到十一点才睡，还要我明天陪他下乡去。

10 月 26 日　　月

八点钟醒了，简直睁不开眼，勉强起来了，才洗好脸，陶光就来了。一同出去吃东西，王逊付的钱，回来找姜亮夫在我房里谈。王逊拿来三封凤竹的信，不是一天发的，不知为什么今天一起到，有四号的、十二号的、十六号的。陶光也有一封许小姐来的信。和姜谈谈话，已有十点钟了，于是我便陪他下乡，我也不知道哪儿，跟着他走就是了。爬过一个小坡，也没有多少路就到了，一路上也颇为有风味，许多乡下人都在收谷子，女的特别多。到了就找到吴徵镒，一会儿就吃饭了，饭菜也很不错，可惜我们早上吃的太多了，只吃了一碗饭，一点也吃不下。饭后到一个水池子边上去吹笛子，唱得也很不错。三点多了，回吴徵镒的住处看照片。他们送我去找马车，又走了不少路。才到公路上，一辆马车来了，坐满了人，我上去坐在后面，马车下桥把我给摔了下来，手和腿都跌破了。只好起来走到堡垒附近，遇到一部拖柴的车，三元钱坐到两车站，天已经快黑了，赶快回到学校。回房就找表，简直就找不到，我一点也不定心，想才花了四百五十元买的一只表，还没有用几天就丢了，岂不是可惜。若是说凤竹在这儿，又得和我吵了，心很难过。一会儿出去，一会儿又跑进来，到罗先生处，路过从文处，又说起用功的话，心里不高兴。找罗先生，都不在，遇见诗人卞之琳，我们在小馆子里吃饭，又回到房里。迎新会开会，一个人也不来，在房里等了一会儿，罗、许、袁太太都来了，打扮的很整齐，就是崔还不来。马上就轮到我们上场，今天倒好，合唱一出《刺虎》，每人一段，都还唱得不错，没有丢人，很高兴。唱完又回到我房里来唱了一阵，姜亮夫也来了，果然手表在他房里，我这才定心。凤竹又来了一封信，今天一共是四封信，信中附了二姐、耀平的信。说起回家的事，颇引起了许多踌躇。如果现在我人在昭通，则似乎没有问题，因为早就想回家的，既然到昆明来了，半年还没有到就要走，似乎不大好。既然如此，但总是思家心切，我心里也想明年春天回去。我到十二点才睡，心事不定。

10 月 27 日　火

八时起来就写信，自然先给凤竹写信，多写了两个小时才写好。又写了不少信，给孙基昌、吴忠煌、四弟、镕和、曹书田、曹培良、二姐耀平。一共写了八封信，下午带出去发。先在门口的小店里理发，理好发，正预备去发信，又放预行警报了，人都纷纷向北门外跑。邮局也关门了，把平信丢了，快信倒反而没有发掉。下午，陶光从乡下回来了，预备住在我房里，但到现在还没有床。

10 月 28 日　水

陶光把东西搬来我房里，一上午我们在布置房间，原来我一个人住时太空了一点，没有东西，现在似乎正好，这样的房间至少能住半年就好了，不要再搬动了。明天"史学史"要正式上课了，虽然罗莘田拿了两本书来给我看，但是还没有好好看，陶光闹得我也没有好好的看书，只勉强的做了一点笔记。晚上有人来看陶光，闹了半天出去了。我看看书也累了，到床上去睡觉。

10 月 29 日　木

上梁慧茹的"中国史学史"，简直难受极了，一个人对一个人讲，讲两小时，我只讲了一个半小时就算完了轻松一下。今天讲"中国通史"，讲得很好，心里很高兴，觉得学生很欢迎似的。接到周耀平来信说回家的事，心里很踌躇一阵。下午饿了，一个人很无聊，在大楼前站着，又有学生前来麻烦，逃了回来。

10 月 30 日　金

"史学史"算是受罪，也教了下来，今天"中国通史"教的并不好，下午读了不少书，做了笔记。晚上去洗澡，一路买买东西，到那儿已经八点半了。等了一小时，洗了一小时，回来就已经十一点多了。和陶光摆摆龙门阵，一直到十二点多才睡着，明天一早又还要上课的。

10 月 31 日　土

早上起来就上课，差不多连着上了三课的样子，还好，还不算太累。回来正好吴徵镒来，中饭于是也没有在家吃，到大兴街去吃。上午领了薪水，下午想去汇钱给凤竹，汇一千，自己又剩不了几百元了，不要紧，我不用好了，反正平常只要不应酬光吃饭，也要不了多少钱的。天热，坐车到中国银行，电汇一共去了三十九元，说三天就可以到。慢慢走回来，买了一本日记簿和一本《宇宙风》，在旧书店里又翻了半天的书。慢慢走回家，也快有四点钟了，想躺躺，总不成，一会儿有人来，一会儿有人来。陶某回来了，吴徵镒也来了，快吃饭了，许宝騄也来了，于是我们再一同出去吃饭。在门口"德禄"吃的，比中上吃的好，只是稍微贵了一点。到靛花巷唱曲子,罗先生下乡尚未归来,袁太太和许宝骒、陶光、吴徵镒唱。晚上唱得过瘾,要九点半才回来。

这一本日记也花了一年多才记完,其中自然有好多空白,补也补不起来了,而且事后补记的总不免有许多遗漏。最近一阵,二姐耀平来信,都说起回家的事,很使人踌躇。抗战五年以来,老在外面东奔西跑的,过着很不安定的日子,我和凤竹也常常做回家的梦,希望能够到家就安安定定的过一阵子,也享一点福。但这愿望也总只是个愿望。最近二姐来信说回家,有路可走,水路多并不难走,他们都预备在明年春天回家。我也觉得回家很好,凤竹自然更欢喜到我们家去住一阵子。基昌已回到镇江,回家也可以见到她哥哥了,所以他来信竭力地主张回家。我来昆明半年还不到就说要走,也不好意思,我也想明年春天回去,能回家也是一件乐事。听说回家的人已经很多了,路也不太难走,还是回家吧,了这几年来的夙愿吧。到这儿也好像习惯了,人也渐渐地熟了起来,也都习惯了,环境也习惯了,冷水洗脚也勉强可以了,这儿唯一的缺点,就是有时太寂寞了一点。现在陶光来了,同住一个屋里,也热闹了一点,有人说话了,否则,一个人倦的时候,也怪难过的。已经十一点了,靖靖和她妈妈一定也都睡觉了吧,愿她们好好的睡,靖靖夜里不要闹,凤竹也睡得好,明天心情都会好的。交通真是太不方便了,信也接不到,想她们,倒不是性欲的关系,是感情,一见到我家妹妹,我似乎就很高兴似的。我也愿意常常在别人面前提到我们家凤竹。

三十一年(1942)十月三十一日　宗和

(第二十二本结束)

张宗和年谱简编

1914 年　5 月 18 日(阴历四月二十四日)生于上海。

1923 年　就读于苏州第一师范附属小学。

1924 年　就读于上海尚公小学。

1925 年　7 月,毕业于苏州一师附小;8 月,入苏州平林中学。

1926 年　2 月,入苏州县立初中。

1928 年　7 月,毕业于苏州县立初中;9 月,入苏州东吴一中。

1931 年　7 月,毕业于东吴一中;8 月,入东吴大学读书。经常为《水》
　　　　写稿子。

1932 年　2 月,入上海公学读书;8 月,入清华大学读书。

1935 年　参加俞平伯主持的清华谷音社,成为该社主要成员。

1936 年　7 月,毕业于清华大学文学院;8 月,在乐益女中教书。
　　　　在青岛青光曲社参加曲会活动,并认识孙凤竹。

1937 年　8 月,在南京励志中学教书,"八一三"后逃到合肥乡下居住。

1938 年　在汉口军事委员会伤病慰问组犒赏科报销组工作,任股长。

1939 年　2 月,在昆明和孙凤竹结婚,后去云南宣威乡村师范教书。

1940 年　7 月,大女儿张以靖出生。8 月,到云南昭通国立西南师范学
　　　　校教书。

1942 年　8 月,到云南大学教书。11 月 7 日,昆明三大学昆曲研究会
　　　　成立,为主要成员。

1943 年　2 月至 8 月,在云南大学教书,在南英中学兼课;

8 月,到重庆金刚坡扶轮中学教书。12 月,回合肥。

1944 年　2 月至 7 月,在肥西中学教书;8 月后在安徽学院教书。

5 月 11 日,凤竹逝世。

1945 年　在安徽学院教书。

1946 年　2 月至 7 月在乐益中学任校长;8 月后,在社会教育学院兼课。

1947 年　1 月 16 日,和刘文思结婚。5 月至 7 月,在南京中央社任职。

10 月到贵州大学任教。10 月 5 日,二女儿张以端出生。

1948 年　在贵州大学任教。

1948 年　3 月至次年 11 月,在花溪清华中学兼课。

1950 年　11 月 29 日,三女儿张以䣄出生。

1951 年　该年至次年 2 月　在重庆西南人民大学政治研究班学习。

1953 年　4 月调整到贵阳师范学院,但仍然住在花溪贵州大学。

9 月到贵阳师范学院上课;10 月,搬到贵阳师范学院照壁山

下新址。

1956 年　参加少数民族社会历史调查。暑假到北京开会,托沈从文购

买文物。

1958 年　"整风"第四阶段,受到全院批判。

1966 年　6 月初被揪出为"牛鬼蛇神"。

1977 年　5 月 15 日在贵阳病逝。

张宗和曲事本末

张宗和(1914—1977)，业余曲家，历史学教授，籍安徽合肥，生于上海，居苏州读书。其父及姐弟皆雅好昆曲，受家庭熏陶，师从沈传芷、周传铮学曲，习昆小生兼坤旦，并擅吹曲笛。

1932年9月，考入清华大学历史系。

1935年2月，经同学殷炎麟介绍，参加俞平伯教授主持的清华谷音社活动，成为该社主要成员。其间向"兴工"笛师陈延甫学《硬拷》《乔醋》《拆书》诸曲，携其姐张兆和、张充和参加谷音社同期聚会，曾清唱《楼会》《游园惊梦》《拾画》《问病》《看状》《小宴惊变》等曲。

1935年11月，曲家俞振飞莅社，称赞其嗓音好，并亲为其擪笛唱《絮阁》。

1936年6月，在盛大的谷音社第五次公开曲集上，与陶光合唱《折柳阳关》(饰霍小玉)。

1936年7月于清华大学毕业，旋离北平。同月，在青岛青光曲社认识青年女曲友孙凤竹(扬州人，习坤旦)，后结为伉俪。

1936年11月4日晚，在苏州大光明戏院与张充和演《情挑》。

1942年10月初，应聘执教于昆明云南大学，任讲师。与陶光等广泛联络云南大学、西南联合大学和呈贡中法大学教职员及家属中的曲友举办曲会清唱活动，并鼓励学生课余习曲。

1942年11月7日，昆明三大学昆曲研究会成立，到位代表二十余人。在曲会清唱活动中,为曲友吹笛伴奏,在为学员拍曲活动中亲自传授了《琵琶记·南浦》等出,孙凤竹则示范了《牡丹亭·游园》等出。在同期活动中,夫妇常合唱《折柳阳关》《受吐》等出。曲会曾应邀在西南联大国文系用曲牌联唱的方式清唱全本《牡丹亭》,张宗和唱《学堂》〔一江风〕。曲会还多次应昆明广播电台之约前往清唱播音,张宗和司笛,并曾唱《扫花》,与张充和合唱《游园》等。

1946年9月,到贵州花溪贵州大学执教,任副教授。在贵州大学期间,登台演出过《豆汁记》,唱腔委婉,表演细腻。

1949年年末,历史系创作一大型反霸京剧《大闹周家庄》,特请担任艺术指导,他除点拨调度外,专门为演燕青者设计一支〔一江风〕唱腔。先在校园演出,后于新华电影院公演,爆满。

1953年院系调整时,转入贵州贵阳师范学院(即今贵州师范大学)任教授。其间传授昆曲学生先后有徐家玲、全琮瑶、周忠珍、凌令时、张清和、赵德琳、张申兰等。曾排演《牡丹亭·学堂》等戏。

60年代初,被省艺校聘请,第一个在贵州开讲"戏剧史"课。又对京剧班学生卢碧霞、张佩箴、周百惠等教唱昆曲吐字发声,连名旦朱美英、张文琴也到堂学习。经常在报刊上发表一些戏剧评论和有关昆曲知识的文章。

1973年重游昆明,得晤昔年老曲友吴徵镒、张友铭等,为吹笛唱昆曲。

1977年病逝于贵阳,享年六十三岁。

昆明三大学昆曲研究会(1942—1947),业余曲社。1942年任教于云南大学的业余曲家陶光、张宗和等联络云南大学、西南联合大学和呈贡中法大学教职员及家属中的昆曲爱好者多次举办清唱曲叙,并吸引、鼓励学生课余习曲。在此基础上,酝酿组成昆明三大学昆曲研究会。1942年11月7日晚召开成立大会,到会三校学生十五人,教职员罗常培、姜亮夫、崔之兰、许宝骤、张友铭、陶光、张宗和、陈盛可、王逊等出席。通过会章后,罗常培讲演《昆曲之源流及演变》,陶光亦讲演,曲友每人唱一曲以为余兴。嗣后为学员开设开启拍曲活动,如陶光教唱《闻铃》《哭像》《扫花》《三醉》等,宗和教唱《南浦》《折柳阳关》等,孙凤竹(张宗和夫人)教唱《游园惊梦》等,许宝骤教唱《刺虎》等;还陆续开设《走雨》《思凡》《拾画叫画》《花报》《瑶台》《夜奔》《弹词》《山门》等剧目,习曲的学生逐渐增多。唱曲时司笛主要由张宗和与浦江清担任,校外曲家查阜西、许茹香等积极参加并为之伴奏。1942年11月18日晚,曲会应西南联大国文系之邀,以曲牌联唱的方式前往示范清唱全本《牡丹亭》。系主任罗常培致辞,游国恩亦讲话,张宗和唱《闹学》〔一江风〕,罗常培唱《闹学》〔掉角儿〕,袁家骅夫人唱《游园》〔步步娇〕,陶光唱《寻梦》〔江儿水〕,许宝骤唱《拾画》〔颜子乐〕,袁夫人又唱《硬拷》〔折桂令〕等。曲会还多次应昆明广播电台之约前往清唱播音。如1942年"双十节"播音:萧某唱《刺虎》,罗常培唱《弹词》,崔之兰唱《游园》,张宗和唱《扫花》(本次由查阜西、张宗和司笛);1943年元旦播音:张充和、张宗和合唱《游园》,吴徵镒唱《夜奔》,学生合唱《南浦》(本次由浦江清、张宗和司笛);1943年4月24日播音:朱德熙唱《拾画》,王年芳、汪曾祺合唱《南浦》,许茹香唱《看状》,孙凤竹、陶光合唱《折柳阳关》(本次由张宗和等司笛)。曲会举办的同期活动如:1943年5月9日下午同期(有鼓板、小锣、二胡等伴奏),张友铭、朱德熙合唱《南浦》,王年芳唱《拾画》,孙凤竹、张宗和合唱《受吐》,罗常培唱《闻铃》(陶光开白),陶光、王年芳合唱《扫花三醉》(带白),沈有鼎唱《八阳》(带白),浦江清、许宝骡合唱《赏荷》,萧启元唱《夜奔》,浦江清、孙凤竹合唱《长生殿·小宴》(带白)。零支曲目还有许宝骡唱《刺虎》、张宗和唱《思凡》、许茹香唱《刀会》等,集一时之盛。迨抗日战争胜利后,西南联大结束,各校复员,众曲友相继离滇,曲事活动渐冷落。至1947年10月陶光辞云南大学,赴台湾大学任教,曲会停顿。

整理后记

张以珉

父亲的日记，现存有七十三本，大大小小，薄薄厚厚，记录了父亲从十六岁起一直到六十三岁逝世一生的经历和生活。这些日记也跟随着他，历经了种种痛苦和快乐。抗日战争时期，父亲连夜逃出苏州城，没有来得及带走自己的日记，这些日记被丢在了苏州的家中。后来他又辗转逃到了合肥乡下，从合肥乡下又到武汉、广州、长沙、贵阳、重庆，最后到云南，在宣成、呈贡、昆明教了几年的书。抗战胜利后，父亲回到了苏州，他总以为这些日记是不见了，后来居然找到了，父亲是多么欣慰。"文革"期间，我们家的书以及父亲的信件、日记等等，通通都被抄了去。1977年父亲去世后的几个月中，被抄去的东西陆续还了一些回来，其中有六十三本日记本。"文革"后期的一天，我在路上碰见一个工人，他说他住在我们家原来的老房子里，房子里有许多书和本子，他们也没有什么用，如果我们要的话，让我们晚上去拿。那时我们已经被赶到照壁山半山腰的工人宿舍，我回家告诉父亲，他高兴极了。当天晚上我和父亲拿了扁担和箩筐，悄悄地下山，来到我们家的老房子里，看见厕所里杂乱地堆满了线装书和笔记本。我和父亲整整抬了两箩筐。回到家里，父亲整理出了十几本日记本以及一些信件，他喜极而泣地说："终于又回来了！"

有人说，日记是一个人的独白。父亲说："日记是给我自己看的，有时候我看我自己的日记就像看小说一样。"我看父亲的日记，觉得他写得那么天真烂漫、坦白真诚。在许多本日记的扉页上，他都写着自己对别人偷看他日记的气愤。父亲母亲、兄弟姐妹乃至同学，都去偷看他的日记，父亲真是好脾气，虽然生气，却又无可奈何。日记是他一生的挚爱，他无法放弃。他的日记中，记录着他年轻时的快乐幸福。他也曾是热血沸腾的青年，想着为国捐躯，想着为国为民多做一些事，甚至曾经离家出走想参军，结果被家里派人追了回来，他后悔莫及。那时的父亲是多么年轻、幼稚、可爱。日记还记录着他所经历的战争和苦难。在日机的轰炸下，他和四姑逃出苏州城，月黑风高，一路逃到木渎。此间的情形，既紧张又有趣，我看父亲的日记也像看小说一样。

父亲的日记，全是真实、坦白的话，写得也率真、直白。他的这些日记记录了他从中学到大学毕业(1930—1936年)的一段生活，记录了他从一个天真烂漫的少年成长为一个热情洋溢的青年的真实经历。他用随意真实的笔调，记录了抗战时期民众艰难的生活，记录了当时社会的种种。比如，他记录了自己和同学们一起上南京请愿的事，详细记录了蒋介石接见学生时的情形和讲话，乃至于蒋介石穿的衣服以及学生们的态度，他都写得非常详细。他还以一个普通学生的视角从一个侧面记录了当时清华大学的学潮情形(学生们组织去请愿，军队来镇压，学生们砸了汽车，抢回了被捕的学生，梅贻琦校长安抚学生们，等等)。我在整理日记时很惊奇地发现，父亲的日记中记载了他去苏州监狱探监，探望章乃器、沈钧儒、邹韬奋等人的情形。父亲当时甚至可以带报纸进去给他们看，和他们聊天。原来邹韬奋他们是二姑、三姑的老师，他们和我们家很熟,当时爷爷和二姑父(周有光)正在想办法营救他们。后来在各方面的努力下,他们终于得以出狱。我还从日记中知道,三姑父沈从文将一支曾经给三姑写了八十封情书的钢笔,送给了父亲,而这支钢笔至今还在。这钢笔也有着许多的故事,以后我有机会专文详述。

父亲是学历史的,在日记中记录的点点滴滴,都是那么详细真实,从兄弟姐妹到同学朋友,他都以真实的态度,写出他心里的想法。这让我们从中看到了他们那一代人的真实生活,也从一定程度上还原了一些历史真相。父亲的日记也记录了家庭和家族生活的种种琐碎小事。其中既有和兄弟姐妹们在一起时的快乐和幸福,与朋友们一起唱昆曲、看戏的愉悦,也有着深深的丧妻之痛和生活的艰辛与苦难。

"文革"中父亲不能记日记,但是他还是忍不住,有时悄悄地记几句。经历了种种"运动",父亲敏感脆弱的神经受不了,先是得了抑郁症,后来发展成狂躁型的精神病。父亲抑郁的时候,整天昏昏沉沉,吃不下睡不着,有时候吃七八颗安眠药都不能入眠,狂躁的时候,甚至大喊大叫,乱砸东西。我后来在父亲的日记中看到他的话:"我想忍住,不要乱砸东西,可是忍不住。"父亲常常说:"忍字头上一把刀,我的心在刀刃上走。"

小时候,父亲最宠爱我,常常给我讲故事,或是放唱片给我听,给我讲解《平沙落雁》《汉宫秋月》《雨打芭蕉》等乐曲。记得我当知青下乡的时候,我也写日记,并把写好的日记给父亲看。他看了说:"小妹,不要写了,被别人看见,要被打成反革命,抓去坐牢的。"

父亲在 1977 年 5 月 15 日突发心梗去世。他没有看到"文革"彻底结束,没有等到给他平反,甚至没有等到他的书和日记被还回来。记得我们从山上搬下来的时候，母亲伤心地落泪说："可惜你爸爸没看到这一天。"

我看父亲的日记，有时候也忍不住滴下泪来，它不是小说，却比小说更动人。从日记中，我能够想象他们当时的生活。或许因为是自己的父亲，心里更加感动和难过。通过这些日记，我逐渐地了解父亲。

日记是一个人想法和生活的记录，也许琐碎繁杂，不能算是很全面，因为它毕竟是一个人的想法和看法。我在整理的过程中，也许也存在着一些差错，希望各位读者谅解，也希望在天上的父亲理解。母亲和四姑说过，人死了以后，他的东西要五十年以后才能够公诸世人。父亲离开人世已经四十年了，我自己也有六十七岁了。我想，等我七十七岁的时候，是否有精力整理父亲的东西，也未可知了。看着父亲大大小小七十三本日记（其中缺了第十二、第十三、第二十四、第三十四、第四十三本，非常遗憾），以及众多的信件文稿，我深深地感到责任重大，我只希望在我的有生之年，能够把父亲留下的宝贵遗产整理出来。以前我并没有想过父亲的这些东西可以发表、出版，只想着给家人们看看，让家人能够更加了解父亲；现在这些日记能够得以出版，能让更多的人看到，我心里感到非常欣慰。我不敢说它非常有用，但起码它是一段真实的历史——是一段个人的真实历史，也是一段社会的真实历史。

生活有时候就是这样的，我整理日记的时候倍感辛苦，但我也从中获得了很多宝贵的财富，学到了很多东西。我快乐着，内心充满了感激。感谢我的父亲，他给我留下了这么珍贵的东西，它比所有的钱财或房产珍贵得多，它是一个人不可复制的生命精华。

2018 年 3 月

合肥张家世系表

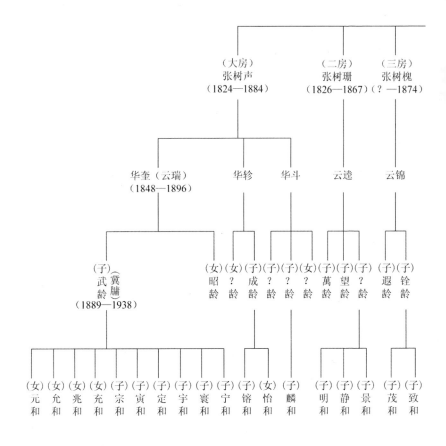

（注：表中"？"代表现有资料不详，有待查考）

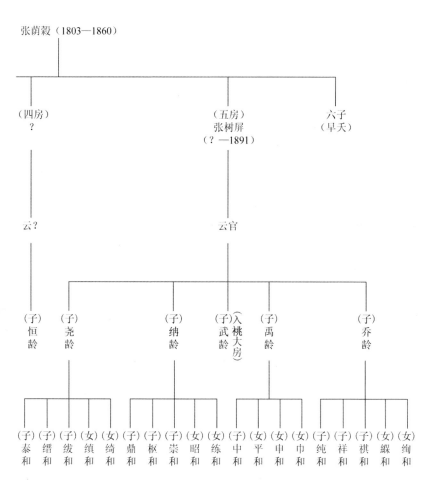